认罪认罚从宽制度中律师辩护问题研究

STUDY ON THE LAWYER DEFENSE PROBLEM OF THE LENIENCY SYSTEM OF GUILTY PLEA

郭　枭◎著

中国政法大学出版社

2022·北京

图书在版编目（CIP）数据

认罪认罚从宽制度中律师辩护问题研究/郭枭著.—北京：中国政法大学出版社，2022.4
ISBN 978-7-5764-0427-2

Ⅰ.①认…　Ⅱ.①郭…　Ⅲ.①刑事诉讼—辩护—研究—中国　Ⅳ.①D925.210.4

中国版本图书馆 CIP 数据核字(2022)第 061111 号

出　版　者　中国政法大学出版社

地　　　址　北京市海淀区西土城路 25 号

邮寄地址　北京 100088 信箱 8034 分箱　邮编 100088

网　　　址　http://www.cuplpress.com (网络实名：中国政法大学出版社)

电　　　话　010-58908285(总编室) 58908433（编辑部） 58908334(邮购部)

承　　　印　固安华明印业有限公司

开　　　本　720mm×960mm　1/16

印　　　张　22.25

字　　　数　366 千字

版　　　次　2022 年 4 月第 1 版

印　　　次　2022 年 4 月第 1 次印刷

定　　　价　98.00 元

序 言
PREFACE

2018 年新修改的《中华人民共和国刑事诉讼法》从立法上正式确认了认罪认罚从宽制度,这标志着协商性刑事司法模式成为我国刑事诉讼的主流形态。根据认罪认罚从宽制度的相关规定,律师在保障犯罪嫌疑人、被告人的诉讼权利方面发挥着十分重要的作用,律师的传统辩护功能得到进一步拓展。长期以来,我国律师在刑事案件中的辩护并未实现全覆盖,不同地区间的律师参与刑事案件辩护的比例差别比较大,辩护工作中面临很多阻力和困难。认罪认罚从宽制度的立法和实施,为提高律师辩护率和辩护质量提供了新的机遇。律师在认罪认罚从宽案件中的法律帮助和辩护,既有对抗性,更有合作性。在认罪认罚从宽案件中,如何更好地发挥辩护律师的职能作用,为犯罪嫌疑人、被告人提供更加充分和有效的法律帮助,这是新时代律师辩护工作面临的重大课题。

郭枭博士的《认罪认罚从宽制度中律师辩护问题研究》一书,对于辩护律师在认罪认罚从宽制度及其实施中的功能定位、理论基础、实践问题和辩护标准等方面进行了深入的研究。本书在研究上具有以下几个突出特点:

第一,以理论为指南,对认罪认罚从宽制度中律师辩护的原理和规律作出了有价值的探索。刑事辩护与博弈理论、法律商谈理论在底层逻辑和理念价值上具有共通性,对于破解刑事辩护制度的基本原理和运行机理具有重要的指导价值。无论是博弈理论还是法律商谈理论,都强调被告人与司法机关之间的交互性,反映了不同诉讼主体基于利益考量,将行动和策略进行动态调整的过程,旨在诉讼中能够达成各方均能够接受的共识,实现各方的诉讼价值均衡。认罪认罚从宽制度的实施,为律师辩护由传统的对抗性、博弈性走向合作性、协商性提供了比较充分的运作空间。以博弈论和法律商谈理论为切入点，该书对认罪认罚从宽制度中的有效辩护、竞合式辩护的内涵、标准和路径等进行深入的辨析，从诉讼结构、功能价值等方面深刻揭示了律师辩护的新范式。我国刑事辩护领域中的实践性的研究成果比较多，但是关于辩护的基础理论方面的研究相对薄弱，该书结合认罪认罚从宽制度的实施对律师辩护的理论分析和研究，很大程度上弥补了学界关于辩护制度理论研究深度不够的问题。

第二，以问题为导向，对认罪认罚从宽制度实施中的律师辩护的问题进行大数据实证分析，深层次揭示实践层面律师辩护的不均衡和差异化等问题。认罪认罚从宽制度从"书面的法律"到"生活中的法律"，具体的实施效果需要接受实践的检验，其中的律师辩护制度亦是如此。该书运用现代科学的大数据统计方式，采集 2019 年度的公开上网的 10 余万刑事案件裁判文书，对认罪认罚从宽案件中的律师辩护的实际情况进行定量分析，从不同地区、不同的审级和不同的辩护方式（指定辩护与委托辩护）等方面，多维度揭示律师辩护在现实运行中的实际情况，并对其中的差异化、特殊性问题进行合理化解释。通过大数据样本分析和问题揭示，该书展示了认罪认罚从宽案件中律师辩护的实际运行样态，特别是揭示了律师在认罪认罚案件中保障犯罪嫌疑人、被告人的权利方面的作用发挥的程度和限度，为相关制度完善和政策调整提供了经验基础和数据支撑。

第三，以对策为归属，对认罪认罚从宽制度中律师辩护的制度完善等提出富有价值的意见和建议。在理论和实证研究的基础上，该书结合我国刑事诉讼的制度的特点和认罪认罚从宽制度的功能设计，从刑事辩护律师的执业规范、辩护质量、指标评价和配套措施等方面，提出律师有效辩护的功能性提升的路径和对策等。特别是，对于审辨协商机制本土化过程中的律师辩护的问题和风险、认罪认罚从宽制度中的终止诉讼制度中律师的功能、公设辩护人制度等方面，进行了具有创新性的探讨，对立法、司法机关和律师行业管理部门未来对相关制度的改革和完善都具有十分重要的参考价值。

由于认罪认罚从宽制度实施的时间并不长，其运行状况和律师辩护等问题尚待全面展开，该书在相关的问题研究上也存在一定的局限性，譬如研究的样本时间跨度较短，对于律师在认罪认罚从宽个案中发挥的作用的经验性观察还不够，等等。即便存在这样的局限性，由于该书具有前述的若干突出特点，特别是在研究的理论和方法上具有开拓性，仍然代表当下该领域研究的最高学术成果。

　　该书是郭枭博士在其博士毕业论文的基础上修改后出版，作为其博士论文的指导教师，为其著作出版和学业进步感到由衷高兴，期待其在该领域的研究基础上，结合律师实践，勤于思考，勤于动笔，在刑事辩护等领域贡献更多的富有价值的学术成果。

　　是为序！

李本森

2022 年 4 月 22 日

摘　要
ABSTRACT

　　认罪认罚从宽制度中的律师辩护问题是一个兼具理论价值和实践意义的问题。伴随着《中共中央关于全面推进依法治国若干重大问题的决定》的出台，"认罪认罚从宽制度"正式进入公众视野，并最终确立为我国刑事诉讼的基本原则。与此同时，由于承载着刑事诉讼的价值内核和历史积淀，律师辩护始终占据着学术研究的重要位置，成为任何刑事诉讼制度研究中无法回避的话题。律师参与是认罪认罚从宽制度平等协商的可靠保障和风险防范的必要措施；认罪认罚从宽制度则赋予了深入研究律师辩护问题的时代契机。因此，将认罪认罚从宽与律师辩护这一对"新老"制度组合研究，不仅有助于夯实"新"制度的正当性基础，也可能使"老"制度迸发出新的生命力。本书以程序法视域下认罪认罚从宽制度中律师辩护问题为研究对象，运用实证分析、理论分析和比较分析等研究方法，通过挖掘和探讨认罪认罚从宽制度中律师辩护的理论根基和基础问题，并对域外法治国家类似问题进行当代考察，反思性地将研究问题划分为权利、方式和规范三个维度，以期为学术探索和司法实践提供帮助。

　　刑事诉讼博弈理论强调博弈主体间的交互性，反映了不同主体根据对方行动对己方策略进行实时动态调整的过程，旨在达成各方均能够接受的共识。这与认罪认罚从宽制度中律师辩护的运行结构高度契合，强调律师在认罪认罚从宽制度中进行辩护的实效性。法律商谈理论旨在通过创设以法律商谈为目标的理想状态，赋予商谈各方提出有效性主张并最终达成共识的程序性基础。这构成了认罪认罚具结正当性的必要条件，使控辩双方能够通过理性推导对协商结果进行有效性检验。具体到律师如何在认罪认罚案件中进行辩护，考虑到司法实践中控辩双方可能对案件事实、法律适用以及惩处方式存在分歧，程序性法律论辩理论旨在通过逻辑论证的方式直面上述分歧，并在你来我往式的交互论辩中将其消除。这代表着司法实践中行之有效的操作技术，反映了律师在认罪认罚从宽制度中进行辩护的实践规律。

认罪认罚从宽制度中律师辩护权的实现包括广度和深度两个层面。辩护权实现的前提是律师能够充分介入到认罪认罚案件中，因而律师辩护率的高低在某种意义上能够反映出权利保障程度的强弱。以 2019 年全国刑事一审判决书为样本进行大数据分析，通过对认罪认罚案件律师辩护率展开多维度描述，可以发现司法实践中律师辩护率的具体状况及问题成因，进而探索提升路径。关于律师参与认罪认罚从宽制度的深度，则主要建立在对律师辩护权进行规范性分析的基础上。根据履职时所发挥的作用，可将律师辩护权划分为监督性权利和主体性权利，前者旨在通过"权利制约权力"的方式实现对公权力的实时监督，确保公权力在法治轨道上有序运行；后者旨在通过"权利对接权利"的方式完成辩护律师与被追诉人的权利对接，利用信息增量确保被追诉人能够获得有效的法律帮助，弥补其与公权力之间的实力落差。基于权利保障和防范风险的需要，监督性辩护权和主体性辩护权均需进一步扩充和完善。

方式维度上，由于认罪认罚从宽制度中审、控、辩等诉讼主体间的关系发生转变，律师辩护遵循的原则需要重新定义，辩护样态和考量要素也需要再次审视。在此基础上，认罪认罚案件的律师辩护行动呈现出以论辩、商谈的形式与控方展开适度对抗的竞争式辩护和谋求互惠性的合作式辩护交织运行的局面。竞争并非单纯为了赢得对抗而压倒对方，更多体现出一种在相互论辩的形式中寻求事实真相的稳定状态；合作也多建立在以自身利益最大化为前提的有限度合作。因此，这种辩护方式可称之为"竞合式辩护"。"竞合式辩护"的基本蕴含立足于辩护身份、认知纠偏和法律论辩，实质追求着眼于揭露真相、提升效率和互惠合作，实现路径融贯于适度维权、信息获取和充分交互。同时，"竞合式辩护"在司法实践中的异化风险也需加以防范。实证研究表明，认罪认罚从宽制度并不排斥无罪辩护，无罪辩护可以成为"竞合式辩护"的一种特殊样态。

规范维度上，为了使律师在认罪认罚从宽制度中充分履职，需要构建起一套以执业能力和队伍素质为核心的质量控制系统，并完善相应的配套制度。质量控制系统立足于执业规范化，围绕事先预防和事后评价，通过建立辩护

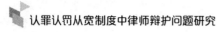

质量评价指标体系，同时加强对律师辩护的引导和纠偏，实现认罪认罚案件的有效辩护。制度保障同样不可或缺，尤其需要进一步完善那些与研究问题高度相关、理论学界广泛关注以及改革实践力所能及的制度。这至少包括创新辩护制度和协商机制、探索社会治理新路径、统一司法尺度、权利的完善与救济等方面内容。

CONTENTS // 目 录

图目录

表目录

绪 论

Introduction

一、研究缘起

伴随着《中共中央关于全面推进依法治国若干重大问题的决定》（以下简称《决定》）的出台，"认罪认罚从宽制度"一词正式进入公众视野，我国刑事司法领域开启了认罪认罚从宽制度的改革进程。[1]经过几年试点，认罪认罚从宽制度正式写入法律，并被确立为我国刑事诉讼的一项基本原则。作为近期理论研究的热点话题，认罪认罚从宽制度的实施有助于纾缓我国司法资源短缺的现实困境，提升司法程序的运行效率，是我国刑事诉讼制度现代化的应然选择。与此同时，由于承载着刑事诉讼的价值内核和历史积淀，律师辩护制度近年来始终占据着学术研究的重要位置，成为刑事诉讼制度研究无法回避的话题。尤其对于一项崭新的刑事诉讼制度，律师辩护的优劣关乎认罪认罚从宽制度存续的正当性，而认罪认罚从宽制度也为律师辩护制度向前发展提供了时代契机。因此，将认罪认罚从宽与律师辩护这一对"新老"制度组合研究，不仅有助于夯实"新"制度的正当性基础，也可能使"老"制度迸发出新的生命力。截至目前，对于律师参与认罪认罚从宽制度的研究多"蜻蜓点水"式散落于各类著作和文献中，尚待对其进行深入的梳理和系统的研究。

---

[1]《中共中央关于全面推进依法治国若干重大问题的决定》作为司法改革领域的里程碑式文件，分别提出了"推进以审判为中心的诉讼制度改革""完善刑事诉讼中认罪认罚从宽制度"等重要内容。

二、研究背景

（一）认罪认罚从宽制度

1. 认罪认罚从宽制度之刑事司法改革进路

《决定》出台后，最高人民法院、最高人民检察院、公安部、国家安全部、司法部（以下简称"两高三部"）相继出台文件贯彻落实改革意见，明确了认罪认罚从宽制度的程序选择、被告人的诉讼权利保障以及认罪认罚从宽制度的处理原则。[1]

2016年9月通过的《全国人民代表大会常务委员会关于授权最高人民法院、最高人民检察院在部分地区开展刑事案件认罪认罚从宽制度试点工作的决定》（以下简称《试点决定》）以及两高三部出台的《关于在部分地区开展刑事案件认罪认罚从宽制度试点工作的办法》（以下简称《试点办法》），决定在北京等十八个省市开展为期两年的认罪认罚从宽制度的试点工作。文件对于制度的适用原则、适用范围、审理程序、当事人权利保障以及认罪认罚不起诉等问题提出了具体要求。《最高人民法院关于进一步推进案件繁简分流优化司法资源配置的若干意见》中进一步明确了律师可以对认罪认罚从宽制度的程序选择发表意见。为进一步贯彻落实依法治国方略，推动相关制度改革，接轨国际人权标准，国务院新闻办公室在《国家人权计划（2016-2020年）》中将认罪认罚从宽制度提升至公民"获得公正审判的权利"，作为"公民权利和政治权利"的一项内容之高度。配套制度方面，认罪认罚案件的法律援助工作被提升至公共法律服务体系化、多元化与专业化建设的高度，在已确立的三类法律援助补贴标准中，将值班律师办理认罪认罚案件按照值班律师法律帮助补贴标准发放补贴。[2]两高三部在《关于开展法律援助值班律师工作的意见》中初步明确了法律援助值班律师在认罪认罚案件中的工作

---

〔1〕 参见《最高人民检察院关于贯彻落实〈中共中央关于全面推进依法治国若干重大问题的决定〉的意见》《最高人民法院关于全面深化人民法院改革的意见——人民法院第四个五年改革纲要（2014-2018）》《最高人民法院、最高人民检察院、公安部、国家安全部、司法部关于推进以审判为中心的刑事诉讼制度改革的意见》《最高人民法院、最高人民检察院、公安部、国家安全部、司法部关于全面推进以审判为中心的刑事诉讼制度改革的实施意见》。

〔2〕 参见《中共中央办公厅、国务院办公厅关于加快推进公共法律服务体系建设的意见》《司法部、财务部关于律师开展法律援助工作的意见》《司法部、财务部关于完善法律援助补贴标准的指导意见》。

职责，即提供法律帮助、提出量刑意见、见证认罪认罚具结书的签署。中华全国律师协会印发的《律师办理刑事案件规范》中补充了辩护律师办理认罪认罚从宽案件的具体操作流程。

2018 年 3 月，第十三届全国人民代表大会第一次会议通过的《中华人民共和国监察法》（以下简称《监察法》）首次将认罪认罚从宽制度纳入基本法律，被调查人主动认罪认罚可以作为监察机关提出从宽建议的依据。2018年 10 月修正的《中华人民共和国刑事诉讼法》（以下简称《刑事诉讼法》）正式将认罪认罚从宽制度确立为刑事诉讼的基本原则，在吸收试点经验的基础上完善了认罪认罚从宽制度的适用条件，初步明确了认罪、认罚的内涵，有助于认罪认罚从宽制度的全面、有效开展。[1]借鉴《试点办法》，2018 年《刑事诉讼法》主要增加了以下内容：一是将认罪认罚从宽制度确立为刑事诉讼的基本原则，赋予其普遍的法律约束力，诉讼机关和诉讼参与人在开展刑事诉讼活动中均要受其约束，被追诉人一旦认罪认罚，便享有了可以从宽处理的法定权利；二是规定了认罪认罚案件的办理程序，认罪认罚的内容要体现在起诉意见书和起诉书中，并且作为决定逮捕时被诉讼人社会危险性的考虑因素；三是赋予值班律师在认罪认罚案件中发表意见权和签署具结书时的在场见证权；四是规定了两类特殊群体的认罪认罚案件不需要签署认罪认罚具结书；五是增加了认罪认罚不起诉制度。

2019 年 10 月，两高三部出台了《关于适用认罪认罚从宽制度的指导意见》（以下简称《指导意见》），针对《试点办法》实施以来认罪认罚从宽制度的适用情况，以实践当中出现的各类问题为导向、以专家学者的理论研究成果为基础，旨在进一步提升司法实践当中认罪认罚从宽制度的适用率和精准程度，并通过全流程实施、多主体参与的方式形成制度合力。《指导意见》对认罪认罚从宽制度的基本原则等十三个方面内容作出了具体规定，为实现"繁案精审、简案速审"的诉讼目标，完善多层次刑事诉讼体系构建，对推进以审判为中心的诉讼制度改革提供参考。[2]最高人民法院、最高人民检察相应修改了司法解释，增加了人民法院、人民检察院在办理认罪认罚案件中需

---

〔1〕 参见胡云腾主编：《认罪认罚从宽制度的理解与适用》，人民法院出版社 2018 年版，第 495 页。

〔2〕 参见苗生明、周颖："认罪认罚从宽制度适用的基本问题——《关于适用认罪认罚从宽制度的指导意见》的理解和适用"，载《中国刑事法杂志》2019 年第 6 期。

要遵循的程序规范。

2. 认罪认罚从宽制度之现实必要性剖析

认罪认罚从宽制度是我国刑事诉讼制度现代化的应然选择。《决定》中同时提出了"以审判为中心的诉讼制度改革"和"完善刑事诉讼中认罪认罚从宽制度"两项内容，二者的相互关系引发了理论界与实务界的热烈讨论。一种观点认为"以审判为中心"等同于"庭审实质化"，其实质是要防止审判空洞化，强化庭审功能，使审判具有实质性。而以认罪为前提的简易程序、速裁程序由于庭审时间较短，导致一部分案件庭审功能弱化，无法达到以庭审为中心的要求，不符合"以审判为中心"诉讼制度的要求。[1]另一种观点认为"庭审实质化"是诉讼制度改革的实现路径，速裁程序作为一项诉讼分流制度，是实现"庭审实质化"的配套改革措施。还有一种观点认为"以审判为中心"具有更为丰富的内涵，其中"审判的中心地位"处于各项内涵的基础地位，"庭审实质化"则作为实现"以审判为中心"的核心途径。庭审实质化根据审理程序的不同的具有分层次的不同要求，不认罪案件要求最高，认罪的普通程序案件次之，认罪的简易程序案件再次之，认罪认罚的速裁程序案件最次，以审判为中心的诉讼制度与认罪认罚从宽制度构成刑事诉讼制度现代化的应然要求和实然要求。[2]

笔者同意最后一种观点。党的十八届三中全会提出，要"推进国家治理体系和治理能力现代化"，刑事诉讼制度作为国家治理体系的重要组成部分，刑事诉讼制度现代化在某种程序上决定着上述目标能否顺利实现。刑事诉讼制度现代化以无罪推定为基石，要求被追诉人拥有能够获得公正审判的权利，并在法庭中立的基础上与控方进行平等对话，对提交法庭的证据进行质询并且提出自己的辩护意见，还要求裁判结果根据质证和辩论情况公正作出。与此同时，被追诉人有权通过自愿认罪认罚的方式，追求程序从简、实体从宽的处罚结果，尤其对于某些犯罪事实清楚、证据确实充分的轻微案件，如果一味按照普通程序进行，遑论司法资源能否承受，也给被追诉人造成了实质上不必要的讼累。赋予被追诉人合理的程序选择权，也是域外法治国家的普

---

〔1〕参见张建伟："审判中心主义的实质内涵与实现途径"，载《中外法学》2015 年第 4 期。

〔2〕参见朱孝清："认罪认罚从宽制度中的几个理论问题"，载《法学杂志》2017 年第 9 期；顾永忠："一场未完成的讨论：关于'以审判为中心'的几个问题"，载《法治研究》2020 年第 1 期。

遍做法，包括当事人主义国家盛行的辩诉交易制度和职权主义国家逐步推行的各类刑事协商制度。可见，认罪认罚从宽制度是我国刑事诉讼制度现代化的应然选择，符合以审判为中心的诉讼制度改革要求。同时，被追诉人并未因认罪认罚而丧失公正审判的机会，仍然有权进行合理的辩护。

认罪认罚从宽制度是纾缓我国司法资源短缺的现实需求。自 2015 年 5 月 1 日立案登记制改革实施以来，各级法院受理案件数量逐年攀升。[1]如何破解司法资源短缺难题，在恪守公正底线的前提下追求司法成本最优化，已成为目前司法体制改革面临的难题。"公民的荣辱、财产、生命和自由越受到重视，司法程序就越复杂。"[2]相比于其他程序，刑事诉讼由于可能引发严重的人身处罚后果，对于程序正当性要求更高。刑事程序严格保障各诉讼参与方的诉讼权利，实行严格的证明标准，意味着需要大量司法资源投入，排除当事人自行选择的特殊情况，理论上所有案件都应当按需分配资源，必要时甚至穷尽一切手段以排除合理怀疑，追求最高程度的正当性保障。然而，司法资源不像某些自然资源，可以加大开发力度以满足需求量的增加，它变化缓慢以至于在一定时期内可以视为固定不变，需求激增与供给稳定之间势必加剧资源短缺的紧张关系。如果所有案件均按照普通程序办理，可能造成我国司法部门无法承受之重。据统计，认罪认罚案件未来至少占到全部刑事案件的八成，[3]如果给予这部分案件的被追诉人自主选择的权利，将有限的司法资源向复杂案件倾斜，对于缓解目前司法资源严重不足的难题大有裨益。

认罪认罚从宽制度蕴含着提升司法效率的价值追求。"惩罚犯罪的刑罚越是迅速和及时，就越是公正和有益的。"[4]时效性要求刑罚实施与犯罪行为的间隔尽可能缩短，以便加强刑罚对于犯罪的威慑效果，提高司法效率则是提升刑罚时效性的有效手段。认罪认罚从宽制度不仅保障了被追诉人程序选择的权利，也能够将认罪认罚的悔意与遭受刑罚时的痛楚相联系，避免其再次

---

〔1〕 根据 2018 年最高人民法院工作报告，当年地方各级人民法院受理案件 2800 万件，审结、执结 2516.8 万件，同比上年分别上升 8.8%、10.6%。据《中国法院的司法改革（2013—2018）》白皮书介绍，与之相对，司法责任制度的改革则使员额法官较过去负责审理或执行案件的法官减少了近 2/5，法院"案多人少"情况突出。

〔2〕 ［法］孟德斯鸠：《论法的精神》，许明龙译，商务印书馆 2017 年版，第 92 页。

〔3〕 参见王敏远等："刑事诉讼法三人谈：认罪认罚从宽制度中的刑事辩护"，载《中国法律评论》2020 年第 1 期。

〔4〕 ［意］切萨雷·贝卡里亚：《论犯罪与刑罚》，黄风译，北京大学出版社 2008 年版，第 47 页。

走上犯罪道路。首先，追求效率本身便代表着刑事司法制度的一种价值追求。除认罪认罚从宽制度外，我国刑事诉讼中的诉讼时效制度、程序时限制度均带有明显的效率取向。如果为了追求事实真相而一味延长时间，有限的资源陷入诉讼泥潭无法抽身，将导致更多事实真相的流失，反而影响了更多案件的公正处理。其次，司法效率的实现有助于司法公正的追求。司法公正不仅仅体现为处理结果的公正，更表现在处理过程当中。按照无罪推定原则，未被法院定罪的被追诉人不能被视为有罪。但毋庸讳言，只要刑事司法程序仍在进行，一些被追诉人的权利总是或多或少受到限制，尤其在我国未决羁押率高企的情况下，被追诉人实质上已经被施加了剥夺自由之惩罚，众多未被定罪之人承受了本不应承受的讼累。再次，对于某些认罪认罚的轻罪案件采取迅速审判和集中开庭的方式，可以大大提升司法效率。由于审理时间的缩短，有可能避免证据的灭失和诉讼参与人的遗忘，有利于发现事实真相。最后，认罪认罚案件中的各方主体具有利益同向性，各方主体在让渡部分权益的前提下获得更多利益，不再拘泥于形式上的正当性，符合各方利益追求。如果投入较少资源便能够解决多数案件，然后将剩余资源运用于少部分疑难、复杂案件，更有可能实现司法资源分配的"帕累托效率"。例如，英国早在2007 年版的量刑指南中便指出，被追诉人认罪能够使司法机关对其他案件进行更为有效的处理。[1]

3. 认罪认罚从宽制度的正当性证成

正当性是一项刑事诉讼制度被公众接受的基础，也是研究法学相关问题的起点。认罪认罚制度虽然作为一项正式制度被纳入法律，但公众对其正当性的质疑并不会因此自然消解，只有通过深入研究厘清制度正当性相关问题，才有助于其扎根于我国刑事程序体系和司法实践。

认罪认罚从宽制度以保障被追诉人辩护权为内在依托。毋庸讳言，效率是目前认罪认罚从宽制度的主流追求，认罪认罚从宽制度更多地被寄予了节约司法资源、提升司法效率的期望。司法体制改革也希望通过认罪认罚从宽制度改革实现更高层次的公正与效率相统一。[2]同时，各地试点部门皆浓墨

---

〔1〕　See UK Sentencing Council, *Reduction in Sentence for a Guilty Plea: Definitive guideline* (*Revised* 2007).

〔2〕　参见张述元："贯彻落实贵阳两个会议精神 推进以审判为中心的刑事诉讼制度改革"，载《人民法院报》2017 年 7 月 26 日，第 1 版。

重彩地描述诉讼流程如何简化与办案效率如何提高，反映出司法实践部门对于效率提升的强烈追求；理论界也将认罪认罚从宽制度视为提升司法效率的重要举措，化解案多人少的实践难题、实现司法资源的优化配置也成为论证制度正当性的重要依据。[1]

　　然而，制度的正当性得以实现，要以权利保障作为根本依托，因为权利保障不仅是制度正义的目的和指向，还是制度正当性的主要内容之一。制度的正当性作为相对抽象的概念，难以引起人们的兴趣。将权利保障纳入正当性内容，有利于制度及时被纳入公众视野，进而得到适时审视，促进制度发展。刑事诉讼的基本目的是惩治犯罪和保障人权，理想状态是刑事诉讼制度既能够高效地打击犯罪，又能够充分地保障权利。效率的提升有助力于加大犯罪惩戒力度，但如果不以权利保障为根本依托，则可能导致公权力缺乏必要制约，从而肆无忌惮地进行不必要的活动。这不仅使被追诉人的权利遭受毁坏，甚至可能造成无辜之人蒙冤受屈。为避免司法机关不计后果和不择手段追寻真相所造成的严重后果，法律制度需要在刑事诉讼当中对公权力设置必要的障碍，将权力关进法律的"笼子"里。一方面，国家通过刑事程序立法，对侦查、起诉、审判等各个环节予以规范，使其在程序的轨道上运行；更重要的是，通过赋予被追诉人辩护权，形成对公权力任意扩张的制衡。辩护权与追诉权的有效抗衡和良性对话，不仅能够保障被追诉人自身免受不必要的法律制裁，更有助于发现事实真相，使公众对于裁判结果更加信服。就刑事诉讼进程而言，认罪认罚从宽制度对于被追诉人权利保障至少要做到以下几个方面：一是保障被追诉人的审前辩护权，保证其认罪认罚的自愿性和明智性，主要包括获得律师帮助的权利、获悉证据的权利、被讯问时律师在场的权利以及反悔的权利等；二是保障被追诉人的庭审辩护权，保证其认罪认罚的真实性、合法性，主要包括对证据的质询权和发表辩论意见的权利；三是保障被追诉人的审后权利，主要指不服判决时可以上诉的权利。

　　认罪认罚从宽制度本质上是被追诉人放弃部分实体抗辩权和程序选择权，并以此为对价换取从宽处罚，进而达到刑事程序繁简分流的效果。该制度以被追诉人认罪认罚为逻辑起点，在控辩双方签署量刑具结书时正式确立，以法庭判决为逻辑终点。质言之，被追诉人认罪认罚已成为刑事程序简化的主

---

〔1〕　参见吴思远："论协商性司法的价值立场"，载《当代法学》2018 年第 2 期。

要依据，但此做法的正当性还需要进行深入探讨和合理解释。[1]我国刑事诉讼以惩罚犯罪与保障人权为基本理念，以查明犯罪事实为根本任务。[2]保障被追诉人顺利行使诉讼权利，有助于事实真相的发现。认罪认罚从宽制度所带来的程序简化，客观上与刑事诉讼程序的基本理论和根本任务存在冲突，因为被追诉人放弃了正式审判的权利，其正当性必须以自愿为支撑，否则有可能带来控方滥用侦查手段以获取有罪供述的恶果。而省略或简化法庭调查和法庭辩论的庭审阶段，也无法有效维护当事人合法权益，并且不利于事实真相的查明。被追诉人自愿认罪认罚，能够为认罪认罚从宽制度提供最低限度的正当性根基。为此，需要满足以下几方面条件：一是被追诉人得到了有效的律师帮助，只有在律师就法律问题提供了专业解答的情形下，才有可能避免被追诉人在缺乏法律知识的条件下盲目认罪认罚；二是被追诉人并非由于受到外界施加的压力，被迫作出认罪认罚决定；三是被追诉人对于案件信息充分了解，其认罪认罚是在权衡各种情况下冷静作出的综合性判断；四是被追诉人的自愿性是连续的，并且贯穿于整个刑事诉讼程序，且具有随时反悔的权利。[3]

认罪认罚从宽制度以控辩双方平等协商为外在前提。制度改革设计之初，立法者借鉴了英美法中辩证交易制度中的协商因素，为了赋予认罪认罚从宽制度以生命力，以便其能够广泛适用于司法实践，专门强调了辩方具有与控方进行协商的权利，并设定了宽宥的惩处结果，以使控辩双方实现"利益兼得"和"互惠共赢"。[4]认罪认罚从宽制度的设计初衷是控辩双方为了各自利益在一种相对平等的环境中进行协商。控辩双方在自愿的前提下平等协商，通过有效对话充分行使各自权利以达成合意，这种合意是控辩双方尤其是辩

〔1〕 参见李本森："法律中的二八定理——基于被告人认罪案件审理的定量分析"，载《中国社会科学》2013年第3期。

〔2〕 参见陈光中主编：《刑事诉讼法》，北京大学出版社、高等教育出版社2016年版，第11~20页。

〔3〕 具体做法上，第15届国际刑法大会决议指出："对严重犯罪不得适用简易程序以及不加限制地对被告人自由裁量的程序。就其他犯罪而言，立法者应确定程序的要求，并采用确保被告人与司法机关合作的自愿性质的措施，如辩护人对被告人的有效援助。建议对轻微犯罪案件进行此类诉讼，以加速刑事诉讼的进展，更好地保护被告人的权益。"参见《国际刑法大会决议》，赵秉志等译，中国法制出版社2011年版，第123页。转引自熊秋红："认罪认罚从宽的理论审视与制度完善"，载《法学》2016年第10期。

〔4〕 参见陈瑞华："'认罪认罚从宽'改革的理论反思——基于刑事速裁程序运行经验的考察"，载《当代法学》2016年第4期。

方在充分了解法律后果以及合意内容的基础上做出的理性选择。相比于对抗所占用的大量司法资源以及辩护投入的高昂成本，控辩双方的平等协商无疑既有利于保障被追诉方的权利、实现程序公正，又有助于发现事实真相、实现实体公正。在社会矛盾日渐增多地进入刑事诉讼领域、而司法资源总量变化不大的情况下，一种以平等协商为前提的控辩合作机制便成为刑事司法制度的迫切需求。这不仅有助于在占用较少司法资源的前提下解决为数众多的刑事案件，又能够使辩方避免在对抗过程中高投入同时却换来高风险的悖论难题，还符合控辩护双方对诉讼结果相对确定的心理预期。目前，我国的附条件不起诉制度、认罪认罚从宽制度，都可被视作控辩双方以平等协商为前提所达成的"刑事契约"。

认罪认罚从宽制度的平等协商除了需要保障被追诉人的权利和自愿性外，还至少需要具备三方面条件，即平等、合意和互利。平等要求在控辩双方均认可的前提下对特权和强权予以限制，以达到双方权利、义务和地位对等。合意要求控辩双方达成了共同的意思表示，并对各自的承诺负责，受各自的行为约束。控辩双方进行了对等的风险交换，控方给予了量刑宽宥的允诺，辩方作出了认罪认罚的决定。互利体现为一种合作共赢的关系，是双方合作的内在驱动力，是意图达到控辩"双赢"的意识出发点。控方可以规避无罪判决风险，实现惩戒犯罪的目的；辩方能够降低被处罚的力度。[1]此外，律师参与对于平等协商机制的构建具有不可或缺的价值，尤其是我国目前未决羁押率高企的情况下，律师参与能够有效弥补被追诉人知识层面和精神层面的不足，与被追诉人形成合力以达到与控方相对平衡的状态。国家也应投入更多资源加强法律援助制度，完善值班律师等制度建设。

（二）律师辩护制度

1. 刑事辩护的概念界定

按照法学研究的经验逻辑，界定概念、厘清范畴是展开理论研究的基础。[2]从词源上看，所谓刑事辩护（Criminal Defense），主要包括以下几方面内容：被追诉人关于公诉人无正当理由的陈述、被追诉人的权利、辩护律师

---

〔1〕　参见冀祥德："控辩平等之现代内涵解读"，载《政法论坛》2007 年第 6 期。

〔2〕　概念（Concept）是对现象的一种抽象，它是一类事物的属性在人们主观上的反映。参见风笑天：《社会研究方法》，中国人民大学出版社 2018 年版，第 24～25 页。

以及与此相关的法学理论，总结起来便是被追诉人的权利、行为、律师帮助和理论支撑。因此，刑事辩护的有效开展，离不开辩护律师的参与，尽管针对辩护律师的评价难免因人而异，但其重要性却毋庸置疑。雨果·布莱克大法官曾说："辩护律师是必需品，而非奢侈品。"[1]如今，被追诉人享有律师辩护权，已经成为国际社会普遍认同的司法原则，但对于刑事辩护的具体内涵，不同法治国家在宪法、刑事法律当中的表述不尽相同。有学者研究认为，站在权利角度，刑事辩护代表了一种公民的基本权利，包括直接反驳指控行为的以质询权、辩护权为代表的手段性辩护权利，为手段性辩护权利提供便利条件的以会见通信权、阅卷权为代表的条件性辩护权利和避免合法权利在刑事诉讼中遭受侵犯的以沉默权、上诉权为代表的保障性辩护权利；[2]站在主体角度，辩护权利的本原主体为被追诉人，辩护律师为派生主体，按照权利的来源可以将辩护权利分为"传来权利"和"固有权利"；[3]站在行为角度，刑事辩护趋向于实体辩护与程序辩护并重，并贯穿刑事程序全流程；站在职能角度，现代刑事诉讼制度要求辩护职能独立于控诉职能和审判职能，三者应形成相互制约的关系。[4]就我国而言，《中华人民共和国宪法》（以下简称《宪法》）在第130条明确赋予了被告人有权获得辩护的权利，《刑事诉讼法》也将被告人的辩护权设置为一项基本原则，并且人民法院有保障权利行使的义务。

2. 我国刑事辩护制度的立法进路

《刑事诉讼法》自 1979 年正式颁布至今，经过三次修改，其中关于刑事辩护制度的修改主要包含以下内容：

刑事辩护制度修改一度被学术界评为 1996 年《刑事诉讼法》修正的四大亮点之一。[5]一是介入刑事诉讼的时间，将辩护人从审判阶段前移至审查起

---

〔1〕 See *Gideon v. Wainwright*, 372 U. S. 335, 344（1963）。

〔2〕 参见顾永忠："刑事辩护的现代法治涵义解读——兼谈我国刑事辩护制度的完善"，载《中国法学》2009 年第 6 期。

〔3〕 关于传来权利和固有权利的划分，参见林山田：《刑事程序法》，五南图书出版股份有限公司 2004 年版，第 204~205 页。

〔4〕 参见顾永忠："刑事辩护的现代法治涵义解读——兼谈我国刑事辩护制度的完善"，载《中国法学》2009 年第 6 期。

〔5〕 另外三大亮点分别是废除了收容制度、取消了免予起诉制度和庭审模式改革。参见崔敏：《中国刑事诉讼法的新发展——刑事诉讼法修改研讨的全面回顾》，中国人民公安大学出版社 1996 年版，第 1 页。

诉阶段。1979 年《刑事诉讼法》规定法庭至迟在开庭审理前 7 日通知被追诉人，并且告知其有权委托辩护人，意味着辩护人可能只有 7 天时间准备辩护。1996 年《刑事诉讼法》将公诉案件的被追诉人委托辩护人的时间提前至审查起诉阶段，相对而言给予辩护人更为充分的准备时间。二是增加了强制指定辩护的对象，在聋、哑、未成年人的基础上增加了盲人和可能被判处死刑的被追诉人，强调了被追诉人由于经济困难或者其他原因无法委托辩护人时，人民法院"可以"指定法律援助律师为其辩护。三是强化了辩护职能，律师被赋予了申请调查取证权和向侦查机关了解案件情况的权利，并且有权在庭审时对公诉方的证据进行质询。[1]总体而言，1996 年《刑事诉讼法》对刑事辩护制度的完善有所增加，但是仍然存在辩护律师的职能定位不清、律师在侦查阶段的诉讼地位不明、辩护权利行使不畅等问题。[2]

与此同时，律师制度也进行了较大改革。1980 年《中华人民共和国律师暂行条例》曾将律师定位为"国家的法律工作者"，律师是隶属于司法行政机关法律顾问处的事业编制工作人员。我国于 1996 年首次颁布的《中华人民共和国律师法》（以下简称《律师法》），明确了律师"依法取得律师执业证书，为社会提供法律服务的执业人员"的定位，并严格限制了律师的执业条件，要求律师应当在"一个律师事务所执业"，法律援助制度也同步建立起来。2001 年《律师法》将司法考试和学历要求引入执业资格。2007 年《律师法》将律师的工作属性由国家工作人员变为当事人的代理人。由此观之，律师制度改革作为刑事辩护制度改革的"先行者"，为刑事辩护制度改革探寻着方向。

相较于 6 年前，2012 年《刑事诉讼法》的修正对律师辩护制度作出了更大幅度的修改，集中围绕辩护权利、辩护职能以及配套制度展开，实现了与 2012 年修正的《律师法》的有效衔接。择其要者包括：一是将《宪法》中"尊重和保障人权"的内容作为《刑事诉讼法》基本任务，凸显了人权保障。二是确定了不得强迫自证其罪原则，明确要求"严禁刑讯逼供和以威胁、引诱、欺骗以及其他非法方法收集证据，不得强迫任何人证实自己有罪"，符合程序科学性。三是强化了刑事法律援助制度，在 1996 年《刑事诉讼法》的基

---

[1]　参见肖胜喜："新刑诉法对辩护制度的重大发展"，载《中外法学》1996 年第 3 期。
[2]　参见顾永忠："刑事辩护制度的修改完善与解读"，载《甘肃政法学院学报》2011 年第 6 期。

础上，将"可能被判处无期徒刑"和"尚未完全丧失辨认或者控制自己行为能力的精神病人"纳入强制指定辩护对象，并且将法律援助起点提前至侦查阶段，公安司法机关均有义务为符合条件的被追诉人通知辩护。四是进一步丰富了律师辩护权利。手段性辩护权利方面，增加了律师对于逮捕的建议权、申请回避的权利和死刑复核建议权，明确了律师在审前阶段提交无罪证据的权利，申请非法证据排除的权利以及强化了对证人和鉴定意见进行质询的权利；条件性辩护权利方面，全面调整了律师会见权和阅卷权；保障性辩护权利方面，考虑到律师职业的特殊性和风险性，此次修正赋予辩护人在依法执业受到阻碍时对违法办案人员的申诉控告权，明确了辩护律师的保密权以及限制了侦查机关随意追究律师法律责任的权力。可以看出，2012 年《刑事诉讼法》对于手段性辩护权利的修改内容较大，某种程度上增加了辩方的"武装"，有利于控辩双方进行"平等对抗"，实现庭审实质化。可以说，此次修正为"以审判为中心"的诉讼制度改革奠定了一定的法律基础。不可否认的是，2012 年《刑事诉讼法》关于会见权、阅卷权等关键条文的用语仍然模糊，缺乏刑事辩护的实施性、制裁性和救济性条款，也未建立起刑事法律援助的评价标准，给刑事辩护的实践运行带来某些严峻的挑战。[1]

伴随着 2014 年我国司法体制改革拉开帷幕，辩护制度也发生了较大变化：一是"刑事辩护全覆盖"制度的推进，有望使指定辩护的适用范围得到全方位扩大；二是"法律援助值班律师"制度的推行，可以使部分被追诉人获得值班律师的紧急法律帮助。[2]"以审判为中心"的诉讼制度改革和认罪认罚从宽制度的试点，对律师辩护效果和辩护方式产生了较大影响。

2018 年《刑事诉讼法》中辩护制度改革主要体现在值班律师制度正式确立以及认罪认罚从宽制度中律师的参与，主要包括：一是进一步调整了律师执业资格，排除了被开除公职和被吊销律师执业执照人员；二是在看守所、法院驻派值班律师，明确了值班律师的法律帮助权；三是审查起诉阶段应当听取律师的意见，律师可以提出实体、程序方面的法律建议；四是初步建立起律师参与认罪认罚案件的方式；五是辩护人有权对量刑建议提出异议；六

---

〔1〕 参见顾永忠："我国刑事辩护制度的重要发展、进步与实施——以新《刑事诉讼法》为背景的考察分析"，载《法学杂志》2012 年第 6 期；潘申明、刘宏武："论刑事辩护制度的革新——以新《刑事诉讼法》为基点"，载《法学杂志》2013 年第 3 期。

〔2〕 参见陈瑞华："刑事辩护制度四十年来的回顾与展望"，载《政法论坛》2019 年第 6 期。

是增加了缺席审判程序中律师参与的内容。[1]但与此同时,多达80余种由监察委员会管辖的罪名,律师在调查阶段无法提供法律帮助。此外,尽管《监察法》率先写入了部分认罪认罚从宽制度内容,但由于律师在调查阶段无法介入,被调查人客观上丧失了与监察委进行量刑协商的能力。质言之,目前近六分之一的罪名,被追诉人在移送审查起诉之前的律师辩护权无法得到有效保障,客观上造成了律师辩护空间的萎缩。

3. 我国刑事辩护制度的时代契机

律师参与空间层面上,国家司法机关在立案、侦查、采取强制措施、起诉和审判过程中,将对被追诉人的利益进行某种程度的限制甚至剥夺,律师参与其中对维护被追诉人的合法权益至关重要。例如,美国联邦法院通过一系列判例,要求刑事诉讼中的某些关键时间节点必须有律师提供法律帮助,这些关键时间节点至少包括正式起诉前的羁押讯问、精神病鉴定和辩护等环节。[2]我国自1979年发布的《刑事诉讼法》实施以来,律师参与刑事诉讼的阶段自审判阶段向审前阶段逐步前移,纵向上延伸了律师提供法律帮助的空间。这一方面有利于律师及时出现在被追诉人身边,防止其合法权益遭受侵害,适时提供帮助并提出权利救济申请;另一方面使律师能够尽早熟悉案件,提前做好相关准备,有益于庭审过程的顺利进行,充分发挥庭审对事实真相的发现作用。同时,伴随着认罪认罚从宽制度和刑事案件律师辩护全覆盖改革的实施,逐步形成了委托辩护、通知辩护和法律援助三管齐下的刑事辩护新格局,律师帮助的受众群体由特定人群扩大为所有适用普通审判程序和审判监督程序的被追诉人,以及适用速裁程序、简易程序的没有委托辩护和指定辩护的被追诉人,这进一步扩大了律师参与的横向空间,对于强化被追诉人权利保障、防止冤假错案具有积极意义。

然而,相较于域外法治国家和地区,目前我国律师参与刑事诉讼的空间仍然十分有限。侦查程序方面,例如针对涉案财物处置所采取的强制性侦查活动就将律师排除在外,某些涉案财物有可能作为定罪、量刑的关键证据,对程序走向和裁判结果产生至关重要的影响。同时,这些财物也涉及被追诉

---

[1] 参见樊崇义:"2018年《刑事诉讼法》最新修改解读",载《中国法律评论》2018年第6期。

[2] 参见孙远:"论程序规则的出罪功能及其限度——以程序违法的实体减轻效果为中心",载《政治与法律》2020年第2期。

人的财产利益，处置不当有可能侵害其合法权益，而缺乏律师制衡的侦查机关有时会做出一些出格之举，甚至演变成利用公权力违法插手经济纠纷的局面。强制措施方面，除逮捕外，拘留、指定监视居住等羁押性强制措施的决定也排除了律师的参与，成为侦查机关自行决定的行政化手段。而在审判程序中，二审程序和死刑复核程序以书面审为常态、开庭审为例外的审理方式，都严重限制了律师的参与空间，甚至可能导致程序流于形式。此外，我国的法律援助制度起步较晚，仍有很多方面需要完善，包括援助律师的专业水平如何提升、值班律师能否尽职履责以及法律援助经费如何保障等问题，都可能掣肘刑事辩护制度的发展。

律师辩护效果层面上，刑事辩护制度改革的意义，主要在于被追诉人能够获得更为有效的法律帮助，法律帮助的效果影响着制度改革成败和被追诉人自身权益保障。纵观《刑事诉讼法》历次修正，律师辩护活动规范和律师辩护制度保障两方面不断得到加强。活动规范层面，我国法律逐步将会见通信权、阅卷权进行程序前移，扩大了律师辩护的空间；律师在审查起诉阶段被允许向被追诉人核实证据，检察机关在审查逮捕和审查起诉时要听取辩护律师的法律意见等内容，对于拓宽辩护渠道、形成辩护合力等方面具有重要意义。此外，《律师法》《律师办理刑事案件规范》等规范性文件进一步明确了律师对于当事人的忠诚义务，要求律师不能未经当事人允许发表对其不利的辩护意见，并应当事先与委托人就辩护意见进行协商，以便在消除双方分歧的基础上进行有效辩护。制度保障层面，初步形成了控、辩、审三方诉讼构造，强化了庭审实质化和法庭审理功能；确立了无罪推定原则，明确了公诉机关负有证明案件事实的法定义务；律师执业权利受阻时可以向检察机关申请监督。刑事辩护制度进一步向科学化、规范化方向发展，律师辩护效果也进一步得到加强。

然而，我国目前仍未推进无效辩护制度，无法对被确立为无效辩护的案件进行程序性制裁；[1]律师作为被追诉人代理人前提下的忠诚义务内涵也较为模糊，至少应当确立有效维护被追诉人合法权益的积极义务和不得损害被追诉人利益的消极义务；[2]对于侦查机关、检察机关与律师沟通的相关法律规定较

---

〔1〕 参见陈瑞华："刑事辩护制度四十年来的回顾与展望"，载《政法论坛》2019 年第 6 期。

〔2〕 参见陈瑞华："刑事辩护制度四十年来的回顾与展望"，载《政法论坛》2019 年第 6 期。

为笼统，导致沟通严重形式化；部分律师业务水平有待提高，尤其是法律援助律师的录取标准尚未完全确立，短缺的法律援助经费也难以形成有效激励。

认罪认罚从宽制度进一步促进了刑事辩护制度发展。一方面，认罪认罚从宽制度为刑事辩护制度的发展提供了契机。认罪认罚从宽制度从试点到正式写入法律历时两年时间，加上之前速裁程序的两年试点共计四年时间。在此过程中，律师辩护制度始终受到理论界和实务界的重视，并且催生出一种新的刑事辩护制度——值班律师制度。值班律师制度能够为没有委托辩护人、不符合指定辩护条件的被追诉人提供法律帮助，成为委托辩护、指定辩护的有效补充。认罪认罚从宽制度原则上没有案件类型和罪名的限制，并且贯穿于刑事诉讼全阶段。法律要求所有被追诉人均应得到律师辩护或法律帮助，辩护律师、值班律师提出的法律意见，检察机关也应当听取。这一方面保障了律师的执业权利，更重要的是提升了律师与公诉方进行对话的频率，为双方进行有效协商提供了制度保障。[1]正是由于认罪认罚从宽制度与值班律师制度改革打下的良好基础，刑事案件律师辩护全覆盖得以顺利提出，进一步完善了刑事辩护制度。例如，认罪认罚从宽制度试点期间，试点地区刑事法律援助案件数量大幅提升。[2]

另一方面，律师辩护在认罪认罚从宽制度中的重要性逐渐显现。刑事诉讼程序具有打击犯罪和保障人权的双重属性，打击犯罪的属性主要通过掌握国家资源的公权力机关在对犯罪人的追诉过程中体现，保障人权的属性表现为对这一过程所进行的程序控制，以辩护权的行使作为外在表征。理想状态下，控辩双方在平等态势下进行充分对抗，以达到发现事实真相的终极目的。但理想状态往往是难以企及的状态。由于公权力机关具有天然的强势地位，

---

[1]　据山东省检察机关统计，近三年来先后接受律师办案申请预约6万余件次，查询案件信息9.6万余件次，接待辩护人、诉讼代理人2.4万余人次，为5.4万余起案件提供阅卷，其中提供电子卷宗光盘3000余张，有力保障了律师在检察环节的执业权利。参见郭树合："让律师在检察环节执业畅行无阻——山东：以'制度化'监督构建新型检律关系"，载《检察日报》2019年8月5日，第4版。

[2]　最高人民法院、司法部在扩大试点部署工作会上指出："通过刑事辩护全覆盖试点，大幅提高了律师辩护率，广东适用普通程序审理的案件律师辩护率达92.8%，北京一审案件律师辩护率达95%。截至2018年9月底，8个试点省份扩大通知辩护的案件8万多件，超过10万名被告人因此获益，对加强司法人权保障、维护司法公正发挥了重要作用。"参见蔡长春："最高人民法院、司法部部署：扩大刑事案件律师辩护全覆盖和律师调解试点工作"，载《法制日报》2018年11月30日，第1版。

如果没有外在干预，辩护权不太可能得到天然保障，不平等状态下得出的判决也必然有损于事实真相的发现，这既无益于打击犯罪的目标，也无法得到被追诉方和公众的认可。尽管国家出台各类文件不断规范刑事程序运行，但权利保障之路依然任重而道远。众所周知，与域外法治国家相比，我国被追诉人拥有的权利不够完善，而这些原本有限的权利在刑事程序的实际运行中又经常会大打折扣。此种情况下，认罪认罚案件被追诉人通过放弃程序权利而获得的实体对价能否成为"有效补偿"本就存疑。加之被追诉人身陷囹圄、权利受限，并且不具备专业法律技能，难以独自开展行之有效的辩护工作，律师提供法律帮助的意义愈发重要。律师不仅在审前阶段可以为被追诉人进行法律分析，告知不同的选择可能面临不同的法律后果，避免被追诉人由于公权力胁迫或认知不足所导致的错误决断；也能够与追诉机关进行更为充分的协商，有助于确认被追诉人认罪认罚的自愿性也有助于发现事实真相。可以说，只有存在律师辩护，认罪认罚从宽制度才可能真正发挥价值。

三、研究现状

（一）研究综述

就本书所关注的律师参与认罪认罚从宽制度的相关问题展开来看，学界对此已有眷注，但多为针对某一方面所进行的研究，缺乏专门的系统性梳理。认罪认罚从宽制度自 2016 年试点伊始，跃升为学术研究热点话题，学术专著和文献发表数量连年呈现较大幅度增长。以 2017 年认罪认罚从宽制度中期报告为"分水岭"，学术研究方向逐渐从理论构建转向实践剖析。有学者立足宏观层面探讨了认罪认罚从宽制度的体系化构造、内涵与边界、适用程序与范围、证明标准、价值取向、权利保障与权力制约等内容。[1] 有学者则通过以刑事速裁程序为基础进行的理论和实证研究，反思了认罪认罚从宽制度中控辩协商的幅度、法庭审理对象、被追诉人认罪认罚自愿性以及认罪认罚从宽

---

〔1〕 参见陈光中、马康："认罪认罚从宽制度若干重要问题探讨"，载《法学》2016 年第 8 期；陈卫东："认罪认罚从宽制度研究"，载《中国法学》2016 年第 2 期；顾永忠："以审判为中心背景下的刑事辩护突出问题研究"，载《中国法学》2016 年第 2 期；王敏远："认罪认罚从宽制度疑难问题研究"，载《中国法学》2017 年第 1 期。

制度对现在诉讼结构的突破等问题。[1]总体而言，学者们对认罪认罚从宽制度高屋建瓴的理论分析和制度反思的"面"的研究已取得较为丰硕的学术成果，而针对具体问题的"点"的研究亟待深入展开。律师如何参与认罪认罚从宽制度便属于兼具理论价值与实践意义的"点"的问题，目前对该问题的研究主要集中于以下内容：

辩护权利方面，基于值班律师在认罪认罚从宽制度以及律师辩护全覆盖中的重要地位及作用，[2]有学者聚焦于值班律师辩护权利的保障与完善，认为值班律师应被赋予阅卷权、会见权和出庭辩护权。[3]实务部门工作人员也注意到由于值班律师无法阅卷、不能独立会见、不出庭也无需承担辩护义务而导致的法律帮助权的虚化。[4]有学者通过调取某地案卷进行实证分析，发现认罪认罚案件中由于被追诉人不享有充分的知悉权，导致法官审查自愿性的方式模糊乃至形式化，没有具体的审查标准和审查指引，无法保障被追诉人认罪认罚的自愿性。建议赋予被追诉人充分的知悉权，构建实质化的自愿性审查机制。同时侦查阶段公安机关要充分履行告知义务，保障被追诉人的诉讼权利。[5]只有在认罪认罚从宽制度中建立辩护律师和值班律师的二元分立模式，切实保障辩护权，才能使制度具备充分的正当性。辩护权保障可以

〔1〕　参见陈卫东、胡晴晴："刑事速裁程序改革中的三重关系"，载《法律适用》2016 年第 10 期；李本森："刑事速裁程序试点实效检验——基于 12666 份速裁案件裁判文书的实证分析"，载《法学研究》2017 年第 5 期；李本森："刑事速裁程序试点研究报告——基于 18 个试点城市的调查问卷分析"，载《法学家》2018 年第 1 期；李本森："我国刑事案件速裁程序研究——与美、德刑事案件快速审理程序之比较"，载《环球法律评论》2015 年第 2 期；陈瑞华："'认罪认罚从宽'改革的理论反思——基于刑事速裁程序运行经验的考察"，载《当代法学》2016 年第 4 期；陈瑞华："刑事诉讼的公力合作模式——量刑协商制度在中国的兴起"，载《法学论坛》2019 年第 4 期；魏晓娜："结构视角下的认罪认罚从宽制度"，载《法学家》2019 年第 2 期；李麒："工具理性和底限正义：刑事速裁程序辩护的价值"，载《山西大学学报（哲学社会科学版）》2018 年第 1 期。

〔2〕　参见顾永忠："刑事辩护制度改革实证研究"，载《中国刑事法杂志》2019 年第 5 期。

〔3〕　参见陈光中、肖沛权："刑事诉讼法修正草案：完善刑事诉讼制度的新成就和新期待"，载《中国刑事法杂志》2018 年第 3 期；陈瑞华："认罪认罚从宽制度的若干争议问题"，载《中国法学》2017 年第 1 期；高一飞："名称之辩：将值班律师改名为值班辩护人的立法建议"，载《四川大学学报（哲学社会科学版）》2019 年第 4 期；杨波："论认罪认罚案件中值班律师制度的功能定位"，载《浙江工商大学学报》2018 年第 3 期。

〔4〕　参见王中义、甘权仕："认罪认罚案件中法律帮助权实质化问题研究"，载《法律适用》2018 年第 3 期。

〔5〕　参见周新："认罪认罚从宽制度立法化的重点问题研究"，载《中国法学》2018 年第 6 期；周新："认罪认罚被追诉人权利保障问题实证研究"，载《法商研究》2020 年第 1 期。

通过扩大认罪认罚案件中指定辩护的范围、法律援助律师应当提供有效辩护、在立法上确认协商的合法性等制度完善方法，切实保障被追诉人的基本权利。针对被追诉人能否反悔的问题，学者们多主张原则上不宜限制被追诉人的上诉权。[1]被追诉人反悔虽然会对本人和司法机关带来双向风险与负担，但具有正当性。一方面，被追诉人的反悔权应视为辩护权的重要组成部分；另一方面，反悔权与自愿性保障密切相关。因此，应当赋予被追诉人反悔权，但同时也需施以约束机制：一是严格设定被追诉人反悔的启动前提；二是对在恶意反悔中起不良作用的律师进行制裁。也有学者对此持不同观点，认为被追诉人一般不应享有反悔权，除非认罪认罚的主观性、事实基础出现问题，或者具结书未对检察机关和法院裁判产生约束。反悔不影响有罪供述作为证据使用，但因为检察机关违反约定或法院未采纳量刑建议所导致的反悔，应当给予量刑补偿。[2]

针对律师对认罪认罚案件如何进行辩护的问题，有学者基于中国刑事辩护实践中始终存在的"唯庭审主义"的辩护模式，提出一种适用于认罪认罚案件的辩护样态，即"交涉性辩护"。[3]"交涉性辩护"强调辩方以认罪认罚作为交涉条件，通过与控方积极展开交涉，力图换取不起诉的决定或量刑优惠，从而弱化庭审时的对抗性。

律师辩护的效果关涉被追诉人切身利益，有效辩护的理念同样应贯彻到认罪认罚案件中。[4]认罪认罚案件由于诉讼流程明显加快，辩护空间缩小，应当更为关注律师参与的实质效果，即辩护的"实效性"；必须在刑事诉讼的关键时间节点确保有律师参与，以保障被追诉人认罪认罚具备"四性"。[5]

〔1〕 参见熊秋红："比较法视野下的认罪认罚从宽制度——兼论刑事诉讼'第四范式'"，载《比较法研究》2019年第5期。

〔2〕 参见秦宗文："认罪认罚案件被追诉人反悔问题研究"，载《内蒙古社会科学（汉文版）》2019年第3期。

〔3〕 参见李奋飞："论'唯庭审主义'之辩护模式"，载《中国法学》2019年第1期；李奋飞："论'交涉性辩护'——以认罪认罚从宽作为切入镜像"，载《法学论坛》2019年第4期。

〔4〕 有效辩护，是指律师接受委托或指定担任辩护人后，忠实于委托人的合法权益，尽职尽责地行使各项诉讼权利，及时精准地提出各种有利于委托人的辩护意见，与有权作出裁决结论的专门机关进行了富有意义的协商、抗辩、说服等活动。参见陈瑞华："有效辩护问题的再思考"，载《当代法学》2017年第6期。

〔5〕 即自愿性、真实性、明智性和合法性。参见卞建林、陶加培："刑事诉讼法学：推动刑事程序法治繁荣发展"，载《检察日报》2019年1月5日，第3版。

由于值班律师不是辩护人，办案机关希望值班律师配合案件处理，值班律师制度的参与有效性难以保证。[1]对于认罪认罚案件中有效辩护的评判标准，有学者建议参考辩诉交易中美国律师协会制定的标准，辩护律师在认罪认罚案件中应做到：一是全面告知诉讼权利，详细讲解认罪认罚程序；二是准确把握案件的事实及证据情况；三是积极进行程序性辩护，及时终结诉讼程序；四是认真进行量刑协商，为被告人争取最理想的法律后果。[2]也有学者基于我国司法现状，认为目前尚不具备引入无效辩护的条件，只有从现实出发，以完善立法为基础，以严格司法为保障，着力提升律师素质和辩护能力，才能促进刑事辩护有效实现。[3]

（二）研究评价

总体而言，理论界现有研究成果呈现出以下几方面特点：

1. 研究成果值得借鉴

首先，理论界已经充分认识到认罪认罚从宽制度中律师辩护权的重要价值，本书得以在借鉴相关研究成果的基础上，将研究重心聚焦于实证研究和辩护权的信息交互作用等方面。其次，现有学术成果通过对参与主体和适用程序进行的理论探讨和实证研究，揭示了值班律师在认罪认罚从宽制度中的重要地位和作用，以及现阶段值班律师参与认罪认罚案件存在的局限性。再次，认罪认罚案件中独特的辩护方式引起了学界重视，为进一步深入研究提供了契机。最后，现有研究将有效辩护理念融入认罪认罚从宽制度中，有针对性地提出了律师在认罪认罚案件中的重点参与阶段和辩护目标。此外，现有研究提供了多样化的研究方法，其中的实证研究法和理论研究法也成为本书的重要研究方法。

2. 研究缺乏宏观性、系统性

尽管越来越多的学者认识到律师参与认罪认罚从宽制度的重要作用，但综述内容反映出现有研究大多偏重其中某一方面，缺乏立足于不同视角进行的系统性研究，尤其缺乏对背后的基础性问题、具有共性的理论根基进行深

---

[1]　参见熊秋红："'两种刑事诉讼程序'中的有效辩护"，载《法律适用》2018年第3期。

[2]　参见李本森："美国刑事无效辩护制度及其对我国的借鉴"，载《北方法学》2016年第6期；闵春雷："认罪认罚案件中的有效辩护"，载《当代法学》2017年第4期。

[3]　参见顾永忠："关于'完善认罪认罚从宽制度'的几个理论问题"，载《当代法学》2016年第6期。

入的思考。笔者认为，对认罪认罚从宽制度中律师辩护问题进行多视角、立体化的研究，有助于形成对该问题较为全面的系统性学术成果，也是挖掘问题所折射出的现实因素和背后所代表的理论根基的前提。而通过对理论根基进行深入思考，又有助于对该问题进一步的深入研究。因此，目前理论界对于律师参与认罪认罚从宽制度已经进行了不少卓有成效的研究，但对于一些具体问题，例如认罪认罚案件的类型化辩护方式，尽管有学者进行了一定的研究，但实践中仍然存在诸多困惑亟待消解，其中一个重要原因可能是研究受到理论视野的局限，并未立足于全局的高度。为此，对于认罪认罚从宽制度中律师辩护问题的研究，需要采用系统性思维，立足于宏观视角，在对域外相关经验进行比较考察的基础上，借鉴实证分析、理论分析等研究方法，形成综合性、系统性的研究成果，为解决司法实践中遇到的问题提供有力支撑。

3. 部分研究处于空白阶段

我国学界已关注到律师参与对认罪认罚从宽制度的重要性，这不仅关涉当事人权益保障，还能够为制度树立正当性根基。然而，律师参与的充分与否是认罪认罚被追诉人权益能否得到有效保障的重要前提，这需要通过对司法实践的观测，以最终得到的数据结果作为评判依据。目前，由于缺乏对此的实证研究，相关的数据情况仍隐而未现，导致我们无法立足于全局掌握认罪认罚被追诉人得到律师辩护的整体情况。此外，律师参与此类案件不能仅作为一种当事人权益得到保障的"宣示"，更应当是法律专业人士提供的实质性帮助。这种帮助不仅要求立足于新视角对辩护权进行全新的解构，同样迫切需要形成一种适用于认罪认罚案件的独特的类型化辩护方式。最后，现有研究成果虽已关注到此类案件的有效辩护问题，但对于如何规制律师在认罪认罚案件中的无效辩护鲜有提及。形成一种能够推而广之的规范化体系，不仅有助于满足被追诉人的需求，提升辩护的实质效果，也易于形成评判辩护质量的客观标准，推动辩护制度向前发展。

四、研究路径

（一）研究对象的确定

鉴于理论研究现状，本书选择立足于"权利—方式—规范"三方视角对认罪认罚从宽制度中律师辩护的相关问题进行探讨。谈到律师辩护，辩护权是无法绕开的话题，也是首先需要关注的问题，因为保障权利是刑事诉讼存在的根基和灵魂。辩护权的实现不仅指被追诉人自行辩护，更离不开律师的专业辩护。对于控辩双方不存在根本性分歧的认罪认罚案件，律师辩护权的实现建立在律师参与认罪认罚案件的广度和深度两个层面。前者可以通过考察认罪认罚案件律师辩护率得出，后者主要建立在对律师辩护权进行规范性分析的基础上。律师参与广度层面，通过对律师辩护率进行实证考察，获悉司法实践中律师参与认罪认罚案件的真实情况，进而分析成因，探索提升路径。律师参与深度层面，律师辩护权的行使旨在防止被追诉人被迫、虚假认罪认罚，同时保障其自主作出决定前，对于即将面临的诉讼进程和处罚后果具有清晰的认知，进而形成不轻易反悔的意思表示。通过对律师辩护权进行规范性分析，将其划分为监督性辩护权和主体性辩护权，详审其特殊性与现实问题，最终提出具有建设性的权利扩充与完善方案，以便对认罪认罚被追诉人的权利形成有效保障，并夯实认罪认罚从宽制度的正当性根基。

辩护方式则涉及律师如何具体参与到认罪认罚案件当中，这是区别于非认罪认罚案件的独特的类型化辩护方式。辩护方式会受到辩护理念、诉讼主体等因素的影响，在指导原则、路径设计等方面需要充分考虑认罪认罚从宽制度的独特性，过于强调对抗性的辩护方式可能无法与制度运行兼容，也难以取得良好效果；完全排斥对抗也难以达到权益保障目的，甚至可能丧失辩护存在的意义。因此，认罪认罚案件的律师辩护行动需要兼顾适度竞争与互惠合作。竞争体现为力求使更多辩护意见形成裁判基础的意志，合作则建立在以信息分享为核心要义的有限度协作。类型化辩护需要具体运用到司法实践中，尤其对于审前阶段更为重要的认罪认罚案件，类型化辩护的实践展开不应当局限于审判阶段，侦查阶段和起诉阶段均需予以重视。此外，无罪辩护可能与被追诉人认罪认罚存在一定的冲突，两者是否能在同一制度中兼容需要加以论证，通过裁判文书进行的实证研究有助于审视目前司法机关的态度。需要强调的是，鉴于本书研究主题，此处的辩护方式不包括被追诉人的自行辩护。

为了使律师在认罪认罚案件中充分发挥辩护职能，需要构建起一套以执业能力和队伍素质为核心的质量控制系统，同时完善相应的配套制度，为实现有效辩护提供良好的执业氛围和制度保障。质量控制系统主要涉及正向促进和反向纠偏两个层面。正向促进建立在认罪认罚案件律师执业规范化基础上，通过建立辩护质量评价指标体系，客观公允地评价律师在认罪认罚案件不同阶段的辩护质量。反向纠偏则立足于制约律师辩护质量的多层次因素，包括宏观层面的制度性因素、中观层面的结构性因素、微观层面的律师执业能力和伦理道德水准等因素，通过制定切实可行的措施予以规制。此外，伴随着时空场景的转换，尤其是我国目前处于刑事诉讼制度改革的转型时期，除了需要以科学的态度和敏锐的眼光对认罪认罚从宽制度中律师辩护问题进行深入细致的研究，还需要以前瞻性的视野和开拓性的思维对配套制度进行审慎思考，以便最大限度促进有效辩护的实现。

（二）比较对象的确定

认罪认罚从宽制度作为一项富有中国特色的制度创新，域外法治国家并没有一项与之完全相同的制度。但基于认罪认罚从宽制度鼓励被告人认罪、放弃完整审判权等特征，可将其纳入到认罪答辩制度中予以比较考察。[1] 就其中的律师辩护问题，域外法治国家积累了丰硕的学术成果和实践经验，可以提供较好的参考样本。纵观域外法治国家的认罪答辩制度，以当事人主义国家的辩诉交易制度影响最为广泛。辩诉交易制度稔熟于美国，发端于英国，本书首先选取这两个国家进行比较研究。而基于我国刑事诉讼程序的强职权主义特征，职权主义国家的认罪协商制度与认罪认罚从宽制度具有更多相似之处，具有极高的参考价值，其中以德国和法国的制度最具代表性。此外，日本和意大利将辩诉交易制度进行移植并加以本土化的过程，对认罪认罚从宽制度未来的进一步完善具备借鉴意义。因此，本书选择上述六个国家作为比较对象，重点关注其中的律师辩护问题，以期为研究主题提供参考。

（三）研究方法的确定

本书主要采取以下研究方法：

一是实证分析法。学术研究需要立足于本国司法实践的实际运行状况，避免研究成果一经问世便被"束之高阁"，而实证分析法则是把握实践命脉最直接的研究方法。加之本书所研究的问题极具实践色彩，需要通过对认罪认罚从宽制度中律师辩护问题进行实践考察，洞悉司法实践的运行规律和不足，进而有针对性地提出解决方案。基于研究问题和研究条件，本书选取其中具

---

〔1〕 也有学者将其称为"放弃审判制度"，参见熊秋红："比较法视野下的认罪认罚从宽制度——兼论刑事诉讼'第四范式'"，载《比较法研究》2019 年第 5 期。

备较强实证研究价值的认罪认罚案件律师辩护率作为主要研究对象，辅之律师在认罪认罚案件中进行无罪辩护的情况。前者以 2019 年刑事一审判决书为样本进行大数据分析；后者以北京、天津、上海等经济发展水平较高的直辖市一审刑事判决为样本进行统计分析，以期获得相应的研究成果。实证研究方法是本书重要的研究方法，是引出本书后续研究内容的基础，也保证了本书具备相应的资料价值和实用性。

二是理论分析法。首先，对认罪认罚从宽制度中律师辩护问题进行深入的理论思考，提炼出研究问题背后隐含的独特理论依据；其次，对认罪认罚从宽制度中律师辩护问题的特征、价值进行探讨，在此基础上阐明其中存在的问题；再次，在对认罪认罚案件律师辩护率进行实证研究的基础上，对律师辩护权进行理论分析，进而形成一种认罪认罚案件所特有的类型化辩护方式；最后，力争初步完成认罪认罚从宽制度中律师辩护的规范化建设。理论分析法是本书最基本的研究方法，主要通过研读现有文献资料、融合实证研究成果，提出具有建构意义的理论设想，使本书具备较强的理论价值。

三是比较分析法。"对于发展中国家的法律改革，比较法研究是极有用的，通过比较法研究可以刺激本国法律秩序不断地批判，这种批判对于本国法的发展所做出的贡献比局限在本国之内进行的教条式的议论要大得多。"[1]通过对他山之石进行比较考察，提炼出普适性的要素，进而对本书研究问题提供借鉴。比较分析不仅要全面搜集国内相关文献，更要注重搜集一手外文文献，避免翻译过程所引发的歧义。在对域外法治国家的认罪答辩制度进行横向比较的基础上，以其中的律师辩护问题作为切入点，汲取能够适应于我国国情的理论和实践成果。

五、研究创新与不足

(一) 研究创新

总体而言，本书主要在以下几个方面进行了创新：

1. 挖掘出较为贴近研究问题的理论根基

本书将刑事诉讼法律博弈理论、法律商谈理论和程序性法律论辩理论引

---

〔1〕 〔德〕K. 茨威格特，H. 克茨：《比较法总论》，潘汉典等译，贵州人民出版社 1992 年版，第 27 页。

入到研究问题中，进而为认罪认罚从宽制度中律师辩护的运行结构、结论正当和实践方式提供了理论根基。

2. 对认罪认罚案件律师辩护率进行了大数据分析

本书选取了2019年全国认罪认罚案件一审判决书作为分析样本，以不认罪案件和认罪不认罚案件判决书作为比较样本，重点观察在律师辩护全覆盖改革背景下，制度被正式纳入法律并运行一个完整自然年后的律师辩护率情况。这种分析方式通过对裁判文书进行不留遗漏地批量提取和数据分析，能够有效避免抽样分析造成的误差，更有可能得出全面、客观的结论。

3. 立足于信息交互视角对认罪认罚从宽制度律师辩护权进行了全新解读

与以往研究更多强调权利保障的意义和价值相区别，本书聚焦于律师辩护权对于认罪认罚被追诉人获取信息的突出作用，在此基础上对律师辩护权进行了规范性解构和分类，并有针对性地提出了扩充和完善的建议。

4. 论证得出了新的类型化辩护方式——"竞合式辩护"

本书重新审视了认罪认罚从宽制度中各诉讼主体间的关系，基于理论根基确立了律师辩护需要遵循的原则，并立足于司法实践中律师辩护样态的转变和需要考量的因素，认为认罪认罚案件的律师辩护行动呈现出以论辩、商谈的形式与控方展开适度对抗的竞争式辩护和谋求互惠性的合作式辩护交织运行的局面，继而提出了"竞合式辩护"的概念，作为认罪认罚案件特有的类型化辩护方式。

（二）研究不足

基于研究条件所限，本书对域外法治国家的比较考察不够全面和深入，尤其是职权主义国家和混合模式国家的研究资料相对匮乏，这阻碍了对域外法治经验的借鉴和吸收。此外，律师辩护是一个实践性很强的问题，研究结论尤其需要得到实践的检验和批判。理论研究需要紧扣主题进行，但司法实践并不局限于此，而是往往在多重因素的交织叠加下显得错综复杂。因此，本书的创新之处和阐述内容难以确保完全精准，研究方式也需要在融贯相关问题的基础上进一步深入，最终通过观察实践运行状况，验证结论的可靠性。

第一章
认罪认罚从宽制度中律师辩护的理论根基

　　学术研究的意义，除了发现司法实践中的问题并提出相应解决方案，更需关注问题所反映出来的客观规律，以及哪些基础理论能够为问题的研究提供支撑。[1]因此，任何学术研究若要具备长久的生命力，挖掘出背后具有本源性意义的基础理论至关重要，否则难以脱离研究时间和条件所带来的局限性。在众多刑事诉讼的基础理论中，无罪推定、正当程序、人权保障等通识性理论对多数研究都具有重要意义，对本书研究主题也不例外。囿于篇幅所限，本书希望重点介绍与研究主题直接相关的理论根基，为进一步深入研究提供支撑。刑事诉讼博弈理论强调博弈主体间的交互性，反映了不同主体根据对方行动对己方策略进行实时动态调整的过程，旨在达成各方均能够接受的共识。这与认罪认罚从宽制度中律师辩护的运行结构高度契合，强调律师在认罪认罚从宽制度中进行辩护的实效性。法律商谈理论旨在通过创设以法律商谈为目标的理想状态，赋予商谈各方提出有效性主张并最终达成共识的程序性基础。这构成了认罪认罚具结之正当性的必要条件，使控辩双方能够通过理性推导对协商结果进行有效性检验。具体到律师如何在认罪认罚案件中进行辩护，由于司法实践中控辩双方可能对于案件事实、法律适用以及惩处方式存在分歧，程序性法律论辩理论旨在通过逻辑论证的方式，直面上述分歧并在你来我往式的交互论辩中将其消除。这代表着司法实践中行之有效的操作技术，反映了律师在认罪认罚从宽制度中进行辩护的实践规律。

---

　　〔1〕　参见陈瑞华：《刑事诉讼的前沿问题》，中国人民大学出版社 2016 年版，第 617 页。

第一节　运行理据：刑事诉讼博弈理论

　　法律诉讼受到规则、时效和当事人动机等因素的影响，尤其是刑事诉讼中控辩双方实质上并不平等的角色定位，决定了诉讼行为更加偏向于一种带有策略性的博弈行为。这种博弈行为对交易成本将产生重要影响，一味秉持独自决策的理念有可能导致法律运行成本不断攀升。刑事诉讼博弈理论要求律师以交互视角考虑问题，充分考量辩护所追求的实际效果和与之对应的成本叠加，进而选择最优的策略。

一、法律博弈理论的内涵

（一）法律博弈论的基本假设

1. 个人主义

　　理性人追求个人主义的实效最大化，实效可能来自于多方利益，不仅包括经济因素，还包括非经济因素，例如刑事诉讼中辩护律师的声誉、尊严以及被追诉人的刑期减让等。[1]每个人的偏好来自于长期进化过程中自然法则的约束，进而演化成一种相对稳定的偏好类型。虽然这种假定对于具体生活中行为的描述有时会显得苍白和单维度，尤其对于法律行为中的主体，但个别差异并不会对社会总体行为产生较大影响，抽象的科学研究也并不要求理论成为真实情境的绝对复刻。[2]合作博弈关注行为人在共同承认的契约之下如何进行理性决策，面向利益如何分配；非合作博弈则旨在解决各方如何在符合自利前提下形成合作，面向博弈之过程。两种类型均要求行为主体在利益得失思量之下自愿作出，因此法律博弈论将个人主义作为基本假定，也成为了法律经济分析的主要范式之一。

2. 理性

　　基于经济人的假设，西方古典经济学在以资源配置为内核的前提下不断

---

　　〔1〕　博弈论作为现代数学的一个分支，已成为经济学的重要分析工具。经济分析主要由经济人、市场均衡和偏好稳定三种假定有机构成。参见［美］加里·S. 贝克尔：《人类行为的经济分析》，王业宇、陈琪译，格致出版社、上海三联书店、上海人民出版社2015年版，第3页。

　　〔2〕　参见［美］加里·S. 贝克尔：《人类行为的经济分析》，王业宇、陈琪译，格致出版社、上海三联书店、上海人民出版社2015年版，第20~21页。

强化理性行为假设，突显了个人利益最大化的价值选择。[1]这种将完全理性作为认识客观世界前提的个人中心主义认识观，在面对信息不完全的外部环境和行为能力受限的现实状况时难有发挥空间。与此相对，博弈论中的理性假设则建立在新古典经济学注重策略目标与策略行为相互影响之上，将关注重点从目标实现转向行为选择，强调行为与目标的适配性，从而摆脱行为能力和信息密度对理性预设的束缚。取得信息与消化信息的信息成本也意味着行为主体很难成为无所不知的绝对理性人。静态博弈中，博弈主体被假定为有限理性，其行为具有以工具理性为表现形式的实质理性特征。博弈主体能够判断出行为与结果之间的关系，并据此对行为进行排序选择。[2]而在动态博弈中，尤其在情报不完全情境中，博弈者的理性呈现出探索理性的特征，以贝叶斯理性和博弈理性为表征。前者强调信息不完全情境之下的理性，通过运用贝叶斯公式对部分未知状态进行分析的主观概率予以修正，据此选择策略行为（贝叶斯准则）；后者强调行为能力受限状态下的理性，由于博弈主体间的相互影响，一方的策略选择将限制另一方理性状态下可供选择的策略行为。此外，一个运行良好的制度往往也能够自发产生理性的结果，有时甚至能淡化行为主体是否理性的影响要素。国外有学者的研究表明，在一场组织有序的拍卖活动中，交易者的智商对于拍卖效率不会造成太大影响。[3]此外，博弈论不但假设行为主体基于理性行事，同时也理性地假设其他主体同样如此。

3. 主体间交互

博弈涉及多主体间策略的相互关系，单独主体可能面临很多问题，但任何一个问题都不会是博弈问题，也不会是法律问题。博弈的结果取决于所有主体的行动而非单一主体的行动，单一主体的行动主要取决于对方可能的策略。博弈论便是研究主体间相互影响及其均衡的理论，博弈均衡指主体间相互作用以及每个个体的策略取决于他对其他主体的预测所形成的均衡状

---

〔1〕　参见王国成："西方经济学理性主义的嬗变与超越"，载《中国社会科学》2012 年第 7 期。

〔2〕　参见［美］格若赫姆·罗珀：《博弈论导引及其应用》，柯庆华、闫静怡译，中国政法大学出版社 2005 年版，第 2 页。

〔3〕　See Gode D. K., Sunder S., "Double Auction Dynamics: Structural Effects of Non-Binding Price Controls", *Journal of Economic Dynamics and Control*, Vol. 28, No. 9., 2004, pp. 1707-1731.

态。[1]此时，博弈中的任何主体能够取得的利益至少部分取决于其他主体的策略，从而形成主体间的交互影响，主体便可能试图通过采取行动策略性地激励其他主体以获取利益。博弈论在个人主义基础上引入交互视角，对准了行为主体间相互影响的策略行为和均衡后果，揭示了个体理性与集体理性的复杂关系。[2]

（二）法律博弈论的构成要素

1. 博弈者

博弈者指参与博弈的行动主体，也是意图通过博弈最大化自身利益的行动主体。博弈中至少有两名博弈者，两名博弈者是竞争与合作、相互利用与相互依存的关系。博弈者可以是自然人、法人、国家和社会团体。博弈者只能通过博弈选取最优化的行动策略，但无法控制博弈的结果，因为博弈结果取决于各博弈方共同的行动以及一些偶发因素。

2. 博弈者的行动

博弈的行动涉及博弈者如何将博弈的内生思想外化为策略的描述。博弈者在博弈进行过程中的每个时点的决策变量组成了博弈者的策略集。如果将博弈过程的参与各方视作一个整体，以某一博弈者为视角中心，博弈者观察到的其他博弈者的外在行动表现便成为其作出决策的自变量，博弈者本身的行动则是受自变量影响而实时变动的因变量。因此，博弈中的主体行为除了具有人类本能的自然属性外，还蕴含了更具本质特征的社会属性，即完成了个体性与交互性的统一。"以完全自利的个体行动为圆心，在与外界和他人的交互作用中不断延伸影响半径和加深被影响的程度，"[3]博弈者的行动因此被区分为个体行为和社会行为。其中个体行为是基于行为人在完全信息状态下以个体利益最大化的理性选择行为，此时行为主体之间不存在交互，没有交易成本。社会行为可以划分为策略行为和交互行为。策略行为将行为主体之间的相互作用考虑在内，揭示信息不完全对交易成本的影响，以及个体理性与集体理性之间的偏差，但囿于所有行为主体将视域局限于自我利益范围之

---

[1] 参见［美］格若赫姆·罗珀：《博弈论导引及其应用》，柯庆华、闫静怡译，中国政法大学出版社 2005 年版，第 4 页。

[2] 参见王国成："西方经济学理性主义的嬗变与超越"，载《中国社会科学》2012 年第 7 期。

[3] 王国成："交互行为视野下博弈论与当代经济学的交汇及发展"，载《经济研究》2007 年第 12 期。

内，只有达到自己认为的理想效果时才有可能相互合作。韦伯认为，"实证性、正当性和形式性是策略行为在法律范围内制度化的一般特征"。[1]交互行为则反映出行为主体之间、主体与外部环境之间的客观联系，强调通过言语等媒介加以协调的互动关系。行为者虽然仍然具有实现自我利益的目的条件，但需要考虑到主体间的整体利益。此外，博弈者的收益不仅仅源自利己行为，某些利他行为甚至能够使博弈者产生更大收益。然而博弈者的利他行为并非总是关乎利益，道德义务也能够驱使博弈者选择利他行为从而实现合作。例如，检察官、法院和律师等法律工作者的职业操守有时会升华出追求正义价值的移情心理，此时他们收获的利益除了现实利益之外，更多体现为内心的愉悦满足和较高的社会评价。移情心理要求博弈者站在他方视角、基于他方立场、参照他方态度、感受他方体验，从而能够有效预测他方下一步行动，以便作出最优反应。[2]这一点在司法裁判中表现得尤为明显。例如，公诉方虽然代表国家追诉犯罪，尽其所能地使犯罪行为受到法律制裁，但某些公诉人员不仅基于公诉立场，且往往会站在社会角度看待引发被追诉人犯罪行为的原因和事后的态度，并据此进行综合评价。这种深蕴正义契机的行为将对正义的实质性实现产生重要作用。

3. 博弈者的收益

博弈者的收益是指博弈者在博弈过程中依照自己的行动策略以及在其他博弈者行为策略的影响下最终取得的利益。收益按照是否具有物质属性，可以划分为物质收益与非物质收益；按照表现形式，可以划分为外在收益与内心满足。收益因博弈论在不同领域的运用具有不同的表现形式，在刑事司法领域可以呈现出量刑幅度差、案-件比差、工作量差等表现形式。博弈者进行博弈的目的是取得较高的收益，或者提升未来取得高收益的预期，此时的博弈者可称之为理性的博弈者。

4. 博弈均衡

博弈均衡基于以下原理：博弈者的所有行动策略集中，没有博弈者能够在与之形成交互关系的他方给定行动选择的情况下通过变更行动决策而增加

---

[1]　［德］尤尔根·哈贝马斯：《交往行为理论》（第1卷：行为合理性与社会合理化），曹卫东译，上海人民出版社2018年版，第324页。

[2]　参见［美］肯·宾默尔：《博弈论与社会契约》（第1卷：公平博弈），王小卫、钱勇译，上海财经大学出版社2003年版，第39页。

收益，博弈者此时的行动策略因此成为对他方行动策略的最优化反应。[1]根据上述原理得到的解便形成了纳什均衡，这也成为博弈论发展的核心要义（图1）。纳什均衡的前提是各博弈方没有预先形成共谋，不存在双方均需受其约束的具有强制执行力的契约，所以纳什均衡主要针对完全信息静态非合作博弈。[2]贝叶斯均衡、子博弈精炼则是在纳什均衡的基础上，针对信息不完全博弈和动态博弈所形成的预见。

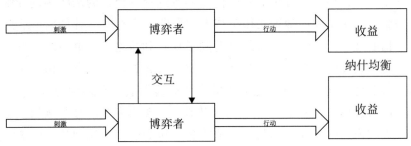

图1　博弈均衡模型

（三）法律博弈的形式划分

1. 静态博弈

静态博弈是指博弈者彼此隔离，每一博弈者在不清楚其他博弈者行动时作出行动，所有博弈者的行动可以视作同时作出。[3]静态博弈按照行动作出的时间性，可以划分为标准形式博弈和扩展形式博弈。标准形式博弈以"囚徒困境"为基本模式。这一博弈模式中，警方逮捕了两名犯罪嫌疑人，但掌握的证据不足以对其中任何一名嫌疑人的全部罪行指控，除非获得至少一份自白。在对两人的隔离审讯中，警方告知犯罪嫌疑人供述或不供述所可能带来的后果。如果两人都不供述，他们将被指控轻罪并判处2年有期徒刑；如果一人供述，一人不供述，供述的人将被判处1年有期徒刑，不供述的人将被判处8年有期徒刑；如果两人都供述，均被判处7年有期徒刑（图2）。

---

〔1〕　参见［美］道格拉斯·G. 拜尔等：《法律的博弈分析》，严旭阳译，法律出版社1999年版，第17页。

〔2〕　See John F. Nash, JR., "The bargaining Problem", *Econometrical*, Vol. 18, No. 2., 1950, p. 18.

〔3〕　参见［美］道格拉斯·G. 拜尔等：《法律的博弈分析》，严旭阳译，法律出版社1999年版，第7页。

犯罪嫌疑人1 犯罪嫌疑人2	供述	不供述
供述	−7，−7	−1，−8
不供述	−8，−1	−2，−2

图2　囚徒困境博弈模型

　　由于两名犯罪嫌疑人彼此信息隔绝，并且对方的行为将对自己的刑期产生影响，因此犯罪嫌疑人1决定是否供述时，会首先预判犯罪嫌疑人2的决策。当犯罪嫌疑人2供述时，犯罪嫌疑人1如果供述将被判处7年有期徒刑，不供述将被判罚8年有期徒刑，此时应当选择供述；当犯罪嫌疑人2不供述时，犯罪嫌疑人1供述将被判罚1年有期徒刑，不供述将被判罚2年有期徒刑，仍然应当选择供述。犯罪嫌疑人2的选择同理。因此，两名犯罪嫌疑人最优选择均为供述，将导致分别被判罚7年有期徒刑的结果，属于帕累托无效率的策略组合。与此相对，两名犯罪嫌疑人如果均选择不供述，处境将比其他策略组合更好，从而形成（不供述，不供述）的帕累托效率策略组合。之所以造成这一结果，主要源于博弈者无法遵循帕累托最优选择而引发了负外部性，即个体理性所导致的集体非理性。但此时如果博弈各方在进行决策前已经达成一个具有强制约束力的契约（例如，黑社会性质组织制定规章，要求成员不得向警方透露任何信息，否则未来将向泄密者及其家人报复），将外部性内部化，从而避免上述情况出现。每一种标准形式的博弈至少对应一个扩展形式博弈，扩展形式博弈更关注行动决策的先后顺序和每名博弈者作出决策时所掌握的信息量。[1]扩展形式的囚徒困境博弈模型如下图所求：

<hr>

〔1〕　参见［美］道格拉斯·G.拜尔等：《法律的博弈分析》，严旭阳译，法律出版社1999年版，第9~11页。

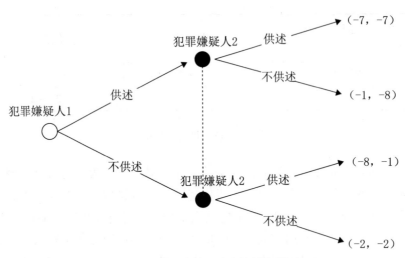

图 3　扩展形式的囚徒困境博弈模型

扩展形式博弈包括结点、分支、向量、信息集四个要素。结点表示博弈主体，率先作出行动的博弈主体用空心表示，后面的都用实心表示；分支表示博弈者的决策行动；向量表示博弈决策的结果，完全信息博弈的向量是博弈各方的共同知识；如果两个结点用虚线相连，表示博弈者不清楚自己实际处于哪个结点，此时属于不完全信息博弈，没有虚线相连的博弈属于完全信息博弈。[1]

2. 动态博弈

动态博弈是指所有博弈者依次作出行动的博弈，博弈者由于在行动时已经知晓其他博弈者的行动，因此博弈者之间形成策略选择方面形成交互作用，这种作用将影响到博弈者的行动选择。重复多次的静态博弈，由于第一次博弈的结果已被各方知晓并对随后的博弈产生影响，所以可被视作动态博弈。[2]动态博弈分为一次性动态博弈和重复博弈。一次性动态博弈与扩展形式的静态博弈类似，区别在于后发方能够知晓先行方的策略行动。重复博弈分为一次性博弈、重复无限次的博弈和重复有限次的博弈，无限次重复博弈

---

〔1〕　参见［美］道格拉斯·G. 拜尔等：《法律的博弈分析》，严旭阳译，法律出版社 1999 年版，第 10 页。

〔2〕　参见［美］道格拉斯·G. 拜尔等：《法律的博弈分析》，严旭阳译，法律出版社 1999 年版，第 26 页。

由于博弈者之间交互的无限次重复所催生的"触发策略"而使帕累托改善成为可能，[1]代表各方达成合作成为可能，但这仅属理想情况。与现实情况相似的则是有限次重复博弈。有限次重复博弈由于博弈次数将影响到剩余博弈结构，导致博弈的最终结果无法实现帕累托最优。克服这一现象的方式包括有限理性、多重纳什均衡、关于未来和其他博弈者的不确定性等。[2]以信息不确定性为例，我国 2018 年《刑事诉讼法》第 12 条确立了法院定罪原则，意味着被追诉人未经法院审判前，不得被视作有罪，自然不需要承担证明自己无罪的责任。与此同时，当某些不利线索出现时，如果被追诉人没有提出合理解释的理由或依据，公安司法机关便有可能推测被追诉人是在故意隐瞒真相，据此调整策略行为（例如，采取限制人身自由的强制措施、提出更重的量刑建议）。[3]

二、认罪认罚从宽制度中律师辩护问题研究的实效主义范式

实效主义法学既不关注立法者的目的是否良善，也不过分聚焦法律规范体系的融贯，而是将目标锁定于法律运行的现实表现。法律博弈论通过对现实问题和规范问题进行研究使实效主义法学成为可能，越来越成为某些法律问题或法律制度实效研究的主导范式。

（一）认罪认罚从宽制度的法律博弈论分析

1. 认罪认罚从宽制度博弈分析的优势

利用法律博弈论分析认罪认罚从宽制度除了研究方法创新之外，至少包括两方面优势：一是法律博弈论强调博弈主体间的互动，能够站在不同博弈主体的多方视角下进行综合分析；二是法律博弈论与认罪认罚从宽制度中律师辩护的运行结构高度契合，反映了不同主体根据他方行动对己方策略进行实时动态调整的过程，最终目的是达成一个各方均能接受的共识。通过法律

---

〔1〕 一个触发策略是指博弈中一个博弈者的行动引发其他博弈者永久转换为采取另一种行动。触发策略能够实现需要两个前提：一是惩罚的威胁必须可置信，即该策略行动与博弈的纳什均衡一致；二是采取惩罚的威胁所导致的贴现利益比不采取更大。参见［美］道格拉斯·G. 拜尔等：《法律的博弈分析》，严旭阳译，法律出版社 1999 年版，第 33~34 页。

〔2〕 关于有限理性、多重纳什均衡和未来与其他博弈者的不确定性，参见［美］道格拉斯·G. 拜尔等：《法律的博弈分析》，严旭阳译，法律出版社 1999 年版，第 36~43 页。

〔3〕 美国法院在被告人行使沉默权时，可以通过"陪审团指示"阻止陪审员基于被告人沉默而进行的推论，将基于陪审员想象带来的不利影响降到最低。See 450 *U. S.* 303 (1981).

博弈论进行定性分析，有助于清晰呈现出认罪认罚从宽制度中律师辩护的运行过程及影响因素，为进一步研究提供依据。

2. 博弈模型的选择

认罪认罚从宽制度具有顺序性和阶段性的特点。首先是认罪阶段，其次是认罚阶段，贯穿其中的量刑协商类似一种"讨价还价"的过程。[1]根据这一特点，本书在博弈论的众多模型中选取鲁滨斯坦讨价还价博弈模型和蜈蚣博弈模型作为分析工具。鲁滨斯坦讨价还价博弈模型是由鲁滨斯坦在 20 世纪 80 年代提出的包含交替出价和无限阶段的博弈模型，随后在此基础上进行调整，为博弈方增加了每一轮讨价还价的成本和打断谈判的退出选择（Exit Option）。[2]简单介绍：博弈双方就眼前的 1 美元进行轮流出价谈判以决定其归属，由一名博弈者首先发起一个收购金额，对方可以认可或反对，认可则谈判终止，否则需要给出新的报价。由于货币具有时间价值，谈判的拉锯时间越长，双方损失越大。

蜈蚣博弈模型由罗森塔尔于 20 世纪 80 年代提出，两位博弈者在博弈过程中有两种选择：一种是向前，最终走向合作；另一种是向下，终止博弈。如下图所示：

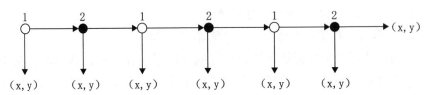

图 4　蜈蚣博弈模型

3. 博弈分析

认罪认罚中的协商属于有限次动态博弈，控辩双方限定于法定诉讼时间内作出决定，并且控辩双方的信息均不完全，辩方无法完全掌握控方准备用于起诉的信息，控方同样无法完全获悉辩方的亲历信息。审前阶段的博弈主

---

〔1〕　参见王敏远、杨帆："认罪认罚从宽制度的新发展——《关于适用认罪认罚从宽制度的指导意见》解析"，载《国家检察官学院学报》2020 年第 3 期。

〔2〕　参见〔美〕格罗赫姆·罗珀：《博弈论导引及其应用》，柯庆华、闫静怡译，中国政法大学出版社 2005 年版，第 48 页。

要发生于控辩双方。首先是认罪阶段的博弈。如果被追诉人选择不认罪，意味着其将进行无罪辩护，相比于认罪后的量刑减让，无罪辩护成功后的收益显然更大。但由于我国无罪判决率畸低，其中很大一部分还是来源于自诉案件。[1] 如果将这一部分案件排除，仅考虑公诉案件，无罪判决率几乎不具备统计学意义。如果被追诉方明知自己构成犯罪，却寄希望于通过无罪辩护谋求脱罪，这种决策不仅失之理性，不符合博弈论假设，也无法对控方形成有效制衡，难以形成博弈效果。因此，辩方在认罪阶段并无太多选择，控辩双方也很难形成有效博弈，博弈重点更多集中于认罚阶段。在认罪的基础上，实体从宽和程序从简是辩方追寻的利益，交易成本体现为认罪认罚后未获得相应收益的风险。控方收益增多体现在案-件比优化、工作量降低等方面，交易成本体现为形成错案、量刑减让和信息不完全状态下的量刑不当。假设：

控方在认罚阶段如果同意从宽，则收益为 A，交易成本为 B，B 应小于 A，否则检察官没有动力完成认罚程序；如果不同意从宽，由于不再适用认罪认罚从宽程序，则收益和成本均为 0（相对于正常诉讼的变量）。

辩方认罚后的量刑 a，不认罚的较重刑为 b，较轻刑为 c，a<c<b。最终法院判处 b 刑的概率为 p，判处 c 刑的概率是 1-p，EC 代表被追诉人的预期刑罚（刑罚期望值）。

根据期望值公式，则：

辩方认罚情况下 EC=a

不认罚情况下 EC=pb+（1-p）c，控辩双方博弈支付矩阵如下图所求：

控方＼辩方	认罚	不认罚
从宽	A-B，-a	-B，-pb-（1-p）c
不从宽	0，-b	0，-pb-（1-p）c

图 5　控辩双方博弈支付矩阵

---

〔1〕　有学者经研究发现，律师作无罪辩护的案件，最终法院作出无罪判决的仅占 10.81%。如果排除自诉案件，比例更是低至 0.039%。参见顾永忠："刑事辩护制度改革实证研究"，载《中国刑事法杂志》2019 年第 5 期。

就控方而言，如果辩方认罚，A−B>0，则控方的最优策略是从宽；如果辩方不认罚，−B<0，控方的最优策略是不从宽。就辩方而言，由于（从宽，不认罚）在司法实践中不可能出现，属于无效策略集，因此控方从宽只可能在辩方认罚的前提下才能出现；如果控方不从宽，则需要比较−pb−（1−p）c与−b的大小。由于 p 只可能小于1，所以−pb−（1−p）c 一定大于−b，被追诉人选择不认罚构成占优项。此时便出现了（认罚，从宽）和（不认罚，不从宽）的双重纳什均衡。作为一项法律原则，《指导意见》虽然并未强制性要求给予作出有罪供述的被追诉人以量刑从宽的优惠，但不予从宽仅可能出现在几种特殊情况中。同时，（不认罚，不从宽）的纳什均衡是建立在辩方预判控方不会给予从宽的基础上作出的对抗性决策，如果控辩双方经过有效协商，这种对抗性有可能得到消弭。因此，（认罚，从宽）是能够使认罪认罚程序实现帕累托最优的纳什均衡状态。认罪阶段和认罚阶段组成的完整博弈可以通过蜈蚣博弈模式展示如下：

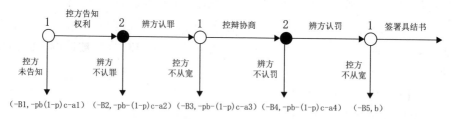

图6 认罪认罚博弈模型

伴随着刑事诉讼进程的深入，控方资源投入日益增多，即交易成本增加，B1<B2<B3<B4<B5；同理，a1、a2、a3、a4 指辩方交易成本，源于未决羁押时间延长，即程序从宽利益的部分丧失。

（二）贝叶斯定理：基于被追诉人是否认罪的辩护策略分析

贝叶斯定理是一种应用额外信息的接受对相关概率进行更新和修正（主观判断）的规则，[1]属于博弈论中的概率统计工具。其立论基础可以表述为：

如果：样本容量≈总体容量

则：P（样本中事件发生）≈P（总体中事件发生）

---

〔1〕 参见［美］道格拉斯·G. 拜尔等：《法律的博弈分析》，严旭阳译，法律出版社 1999 年版，第 251 页。

换言之，即使事物的内在属性难以把握，观察者可以通过与事物内在属性相联系的事物出现的概率判断事物内在属性存在的概率。贝叶斯定理目前被广泛运用于人工智能、生物学、统计学、法学等领域，域外法治国家在司法审判中大量将其应用于证据法责和证明责任以消除不确定性难题。贝叶斯定理具有如下表述形式：

$$P(A|B) = \frac{P(A) \times P(B|A)}{P(B)}$$

其中 P（A）为先验概率，表示无论 B 是否出现 A 均会出现，即 A 独立于 B 出现的概率，在 B 出现之前已经确定；P（A|B）表示只有当 B 出现时，A 才会出现的概率，在当次博弈中作为先验概率，在重复博弈中被随后的博弈用作后验概率；$\frac{P(B|A)}{P(B)}$ 为标准相似度。上述公式提示人们可以将新发现的信息与目前掌握的信息相结合，虽然无法百分之百确定事实存在，但可以计算出事实存在的概率。换言之，与事物相关的信息的更新意味着事物出现的概率需要相应更新。司法实践中，司法机关通过对现有证据所呈现出的信息判断案件事实发生的概率，通过证据信息所认定的案件事实无法达到绝对的确定性，只能是通过经验法则和证据规则进行推论后得到的盖然性结论。[1] 结论的盖然性不断通过新加入的证据信息得到更新，司法机关也相应更新对于案件的认知和判断。贝叶斯定理能够根据案件证据所呈现出的信息对案件事实发生的概率进行判断，这一点完全契合了证据运用的要求，因此得到域外法治国家司法裁判的广泛适用。

囿于论题所限，本书不对贝叶斯定理如何在证据认定事实方面作全面考察，主要关注辩护律师根据被追诉人是否认罪对案件事实发生的概率进行初步判断，进而提供有价值的法律建议，促成或阻止被追诉人认罪认罚。这里主要涉及两种情况下律师的判断：一是被追诉人认罪；二是被追诉人不认罪。《指导意见》明确要求，对被追诉人定罪并不因其作出有罪供述而降低标准，即对于此类案件仍需达到"排除合理怀疑"的要求。如果在缺乏被追诉人自白，亦即被追诉人不认罪的情况下，公诉机关掌握的其他证据尚未达到这一证明标准时能否启动认罪认罚程序，目前法律规定阙如。此处假设公诉机关

---

〔1〕 参见张保生："事实、证据与事实认定"，载《中国社会科学》2017 年第 8 期。

掌握的除被追诉人自白以外的其他证据已经达到了定罪标准，按照国外相关学者研究，结合国内司法实践经验，将通过证据认定犯罪发生的概率设定为91%。[1]如果犯罪事实确系被追诉人所为，其不供述的概率设定为10%；如果并非其所为，不供述的概率设定为95%。[2]如果被追诉人认罪，根据贝叶斯定理，被追诉人实施犯罪这一事实在独立于认罪这一事实的前提下为真的概率［P（A）］是0.91，被追诉人实施犯罪的前提下认罪的概率［P（B｜A）］是1-0.1=0.9，被追诉人不论是否实施犯罪均认罪的概率［P（B）］可由全概率公式得出，[3]P（B）=被追诉人实施犯罪事实前提下认罪概率（0.91×0.9）+没有实施犯罪事实前提认罪概率［（1-0.91）×（1-0.95）］=0.8235。因此，被追诉人认罪正确的概率为：

$$P(A|B) = \frac{P(A) \times P(B|A)}{P(B)} = 0.91 \times 0.9 / 0.824 = 0.9939$$

这意味着，被追诉人认罪后，犯罪事实确系其所为的概率由90%攀升至99.4%。

如果被追诉人不认罪，则：

P（A）=0.91

P（B｜A）=1-0.9=0.1

P（B）=0.91×0.1+（1-0.91）×0.95=0.1765

$$P(A|B) = \frac{P(A) \times P(B|A)}{P(B)} = 0.91 \times 0.1 / 0.1765 = 51.56\%$$

在被追诉人不认罪的情况下，犯罪事实系其所为的概率由90%跌至51.56%，已经无法达到定罪所要求的证明标准概率。贝叶斯定理为理性博弈者提供了一种根据信息随时调整策略的方法，能够成为不完全信息动态博弈

---

〔1〕　美国学者开普兰于1968年首次提出一个刑事证明标准的数学模型，布莱克斯通在此基础上总结出著名的"布莱克斯通比率"，确立了"排除合理怀疑"证明标准概率约为90.9%。我国学者在此基础上进行研究，将定罪证明的概率标准设定为90%。参见桑本谦、戴昕："真相、后果与'排除合理怀疑'——以'复旦投毒案'为例"，载《法律科学（西北政法大学学报）》2017年第3期；何家弘、刘品新：《证据法学》，法律出版社2004年版，第352页。

〔2〕　有学者经实证研究，被追诉人审判阶段认罪的比率为85%左右，不认罪占15%左右。由于不认罪的案件中应当包含部分确实无罪的案件，故此处将被追诉人犯罪但不认罪的比率设定为10%。参见顾永忠："以审判为中心背景下的刑事辩护突出问题研究"，载《中国法学》2016年第2期。

〔3〕　全概率公式：P（B）=P（BA₁）+P（BA₂）+...+P（BAn）=P（B｜A₁）P（A₁）+P（B｜A₂）P（A₂）+...+P（B｜An）P（An）

中参与者进行决策时的选择工具，意味着博弈对手信息的微小不确定性可能在随后的博弈中被放大。[1]此处需要强调的是，博弈论建立在博弈者理性的前提之上，即充分认识到选择对结果可能产生的影响，并且遵循趋利避害的行动向导，而这一点恰恰是被追诉人所难以具备的。一方面，被追诉人并非法律专业人士，很难对犯罪事实具有清晰、客观的判断；另一方面，被追诉人往往囿于自由受限，身陷囹圄的精神煎熬和远离社会的情感冲击使其难以作出绝对理性的判断。因此，辩护律师提供的专业法律帮助异常重要。理想状况下，如果辩护律师介入时机恰当，当事人在决定是否作出有罪供述之前应当首先征求律师意见，律师则根据当前掌握的信息作出专业判断、提出法律建议。如果被追诉人在听取律师对案件充分研判的基础上仍然拒绝认罪，根据上述推导，被追诉人无罪的概率将陡然升高，辩护律师对认罪认罚的建议应当慎之又慎。此外，被追诉人的个人属性亦会对结论产生影响，[2]例如共同犯罪中被追诉人预先与同案犯达成了攻守同盟，此时由于非合作博弈转化为合作博弈，从而导致上述推导模型失效。

（三）认罪认罚从宽制度律师辩护作用分析

通过上述分析，控辩双方欲实现帕累托均衡的最优解，需要各方在保持理性和拥有足够多的信息的前提下进行充分协商。站在辩方角度，被追诉人需要克服锚定效应的影响，[3]放眼未来，争取利益最大化。同时，被追诉人的决策应以充分信息为依托。如果没有律师的帮助，被追诉人很难独自实现上述两方面需求。首先，被追诉人在被采取强制措施后的境遇与过去大不相同，身陷囹圄后带来的巨大的落差感导致其徘徊在急于迅速摆脱恶劣环境和对诉讼前景不抱希望两个极端之间，即使被追诉人曾为法律专业人士，也很难在这种情况下进行理性思考。此时，家属无法为其出谋划策，追诉机关不可能设身处地为其着想，只有律师能够向其提供客观、理性、符合实际的建议，帮助其摆脱锚定效应所带来的不良影响。根据博弈论分析，理性人的决

---

〔1〕　参见［美］格若赫姆·罗珀：《博弈论导引及其应用》，柯庆华、闫静怡译，中国政法大学出版社 2005 年版，第 42 页。

〔2〕　例如，少数被追诉人可能虚假认罪或者提出非理性的无罪辩护要求。

〔3〕　所谓锚定效应，指的是人们在对某人某事做出判断时，易受第一印象或第一信息支配，就像沉入海底的锚一样把人们的思想固定在某处。参见"沉锚效应"，载百度百科 https://baike.baidu.com/item/沉锚效应/11010988? fromtitle＝锚定效应 &fromid＝5726509&fr＝aladdin，最后访问时间：2021 年 1 月 21 日。

策需要建立在掌握充足信息基础之上，如果博弈方互相之间信息不透明，这种信息不对称（Asymmetric Information）将会影响双方的行动决策，[1]进而阻碍各自实现利益最大化。这种信息不对称一方面体现在追诉机关无法完全掌握被追诉人知悉的犯罪信息；另一方面表现为被追诉人不了解追诉机关掌握的证据信息以及准备起诉的指控信息。此时律师一方面需要进行充分地调查取证，并在有效沟通基础上协助追诉人员获取无罪和罪轻的信息；另一方面需要在查阅案卷后进行法律研判，将关键的证据信息以及分析得到的判断信息与被追诉人进行交互，最大化完善辩方的信息完整度。例如，美国律协发布的《刑事辩护标准》便要求辩护律师在辩诉交易中需要调查所有与案件相关的信息，包括检察官掌握的起诉证据信息，并且应当将信息尽可能全面的告知被追诉人。[2]

此外，在鲁滨斯坦讨价还价博弈模型中，控辩双方存在双重纳什均衡的不确定性，帕累托最优解并非必然达成的结果。主要原因是存在被追诉人是否认罪认罚控方均不予从宽的情况，这主要针对《指导意见》第8条提到的几类特殊犯罪。对此，律师需要与追诉机关沟通了解被追诉人实施的犯罪行为是否属于上述情况，是否存在某些情节导致上述条款的不适用，或者在被追诉人的多起犯罪行为中剔除掉某些不适用的犯罪。在蜈蚣博弈模型中，尽管随着诉讼流程的推进，追诉机关和被追诉人的交易成本均在升高，但双方的感受度则天差地别。公诉机关的交易成本主要体现为工作时间的投入和业绩考评的压力，这两方面成本具有阶段性上升的特点，在诉讼的某一阶段内总体变化并不明显。[3]与之形成鲜明对比的是，遭受羁押的被追诉人的自由始终处于被限制状态，交易成本的攀升对其切身利益更容易产生直观影响。鉴于追诉机关尤其是侦查机关前期履行告知义务的动机不足（尚未将认罪认罚比率纳入对侦查人员的业绩考评），即使告知也存在浮于形式或告知不全面的可能性，因此需要律师为当事人供给更加全面、细致的法律咨询。同时，律师综合目前掌握的信息后，需要对被追诉人的认识进行及时纠偏，避免其

---

〔1〕 参见［美］道格拉斯·G.拜尔等：《法律的博弈分析》，严旭阳译，法律出版社1999年版，第83~84页。

〔2〕 参见王喆："美国辩诉交易中的控辩协商——以'审判阴影模型'为视角的思考"，载《兰州大学学报》2019年第2期。

〔3〕 例如，被追诉人在审判阶段认罪认罚，对检察机关工作量的影响不再明显。

错误认罪认罚或由于信息不对称而丧失部分认罪认罚从宽利益。

三、法律博弈理论的必要补充

法律博弈理论作为一种法律经济学分析工具，为律师如何在认罪认罚从宽案件中进行辩护提供了理论参考，但仅凭这一理论的单独运用并不足以完全揭示研究对象的复杂性。建立在对研究对象进行充分思考的基础上，法律博弈理论需要结合以下几方面因素，才更有可能充分展现价值。

（一）职业伦理

法律博弈理论建立在辩护律师恪守职业道德的基础之上。律师只有全身心投入到为被追诉人争取合法权益的事业之中，才有可能既不头脑发热又不冷眼旁观，冷静而热心地为当事人提供力所能及的法律服务。但律师并非圣贤，同样存在逐利性。通过提供法律服务谋求生计是律师职业的现实基础，律师为当事人尽力辩护，与其说是出于职业荣誉感和责任感，毋宁说出于经济利益的驱动。这并非否认大部分律师为当事人利益而操劳奔波的职业操守，而是指出律师同样存在其他任何职业从业人员所无法避免的动机。经济利益有时能够对律师的服务质量起到异乎寻常的作用，这种作用可能是正面的，也可能是负面的。高质量的法律服务同其他商品一样价高者得，因此私人委托的律师与国家指派的律师所提供的法律服务质量可能有所差别，尤其是不具有出庭辩护资格的值班律师，往往不会提供高质量的法律服务。而目前刑事案件不允许风险代理的收费方式，进一步加剧了对律师职业伦理的挑战。相同代理收入下的劳动时间差异，会形成不同的单位时间收入。已经收取的固定费用诱使律师加快结案以处理更多案件，即使按照小时收费，由于存在收费上限，律师也更有可能倾向于建议被追诉人认罪认罚以尽快结案。[1]

（二）个体心理

过于自信、盲目乐观、风险偏好、情绪自控能力等心理因素均可能对认罪认罚的决定产生影响。[2]法律博弈论强调博弈者的理性，如果博弈者过多

---

〔1〕　参见［美］斯蒂芬诺斯·毕贝斯：《庭审之外的辩诉交易》，杨先德、廖钰译，中国法制出版社 2018 年版，第 15~17 页。

〔2〕　关于心理因素的具体介绍，参见［美］斯蒂芬诺斯·毕贝斯：《庭审之外的辩诉交易》，杨先德、廖钰译，中国法制出版社 2018 年版，第 33~43 页。

受到心理因素的影响而陷入隧道视野，[1]将无法引导各方走向利益最大化的纳什均衡，从而导致帕累托无效率。心理因素的作用不仅仅局限于被追诉人，律师和司法人员同样也会受其影响，由于高认知带来的强烈自尊心，某些极端情况下甚至更有可能引发本可避免的激烈对抗。但总体而言，律师对调整自身心理和纠正被追诉人心理偏差两方面具有不可替代的作为。精湛的专业技能和良好的职业操守有利于律师保持理性平和的心态，而能够解决好自身情绪问题的律师才更有可能帮助被追诉人克服心理障碍。理性的律师和相对理性的当事人，无疑更能打动公诉人员，从而带来更加有利的协商结果。公诉人员受到被追诉人表现出的理性影响而对其作出社会危险性降低的判断，同时意识到对方将作出息诉服判的理性选择从而给自己带来案-件比降低等切身利益，[2]将更有可能果断作出有利于被追诉人的决定。

（三）专业技能

影响理性的除了心理因素，还包含专业技能。这主要针对律师而言，因为我们不可能要求被追诉人具备较高的法律素养。恰恰相反，刑事案件大部分被追诉人的法律知识储备并不丰富。为实现有效博弈，律师至少应具备三方面专业技能：一是法律判断能力，能够通过证据信息判断是否构罪；二是较强的量刑能力，对于被追诉人可能承担的刑罚作出较为清晰的预判；三是沟通商谈能力，有能力设计出较为有效的商谈预案，并通过曲尽其妙的临场表达博得良好的效果。拥有良好专业技能的律师能够迅速识别有利信息并加以运用，而缺乏专业技能的律师则无法带领被追诉人与公诉方进行博弈，只能将争取客观、公正博弈结果的希望寄托于公诉人员的勇于担当和敢于作为，将被追诉人的命运拱手交由博弈对方。

---

〔1〕 所谓隧道视野，指的是选择性地集中于某一目标而不考虑其他可能性的一种倾向。主要表现为：其一，在信息收集上，人们倾向于寻找那些能证实他们已有观点的信息，而对于他们已有观点不符的信息视而不见；其二，在对已有信息进行解释时，人们倾向于赋予那些支持自己当前观点的信息以更高的证明力，赋予那些与自己当前观点不符的信息较低的证明力，甚至忽视、压制这些信息；其三，一旦形成某一观点或某种信念后，人们会倾向于质疑与该观点或信念相冲突的信息，把那些模棱两可的信息解释成支持该信念而不是与该信念不符的材料。即使作为该信念基础的信息后被证明是错误的，持该信念的人可能仍然坚持该信念。并且，信念越强烈，信念坚持的时间越长，就越难被挑战。参见董坤：“检察环节刑事错案的成因及防治对策”，载《中国法学》2014 年第 6 期。

〔2〕 检察机关将“上诉”作为案-件比中的件数评价指标之一。

第二节 正当理据：法律商谈理论

哈贝马斯的法律商谈理论是以理性商谈为目标的理想商谈理论，而非对法律实际运行中如何进行商谈的经验性描述。与其将法律商谈理论视作判断具体裁判结果作出过程的方式，毋宁作为评价法律运行程序背离理想状态程度的批判性工具。[1]

一、法律商谈理论的基础要素

（一）学理媒介：普遍语用学

卡尔·比勒（Karl Bühler）将语言定义为"交流知识的工具"，立足于符号学，运用工具论模式（Organonmodell）关注语言表达结构的分析，并赋予语言三项效用，即反映形势的领悟效用、描述言语者阅历的表达效用和向受众提出主张的诉求效用，其中言语者与接受者的语言交互暗含了交往理论因素。哈贝马斯认可言语者、接受者和世界互为三角关系，但同时也指出比勒仅重视言语的领悟效用而忽略了另外两个效用，最终通过对工具论模式的改造，强调了具有言语和行为能力的主体间以沟通作为中介所进行的互动。[2]哈贝马斯认为言语具有两方面功能，认识世界功能和语用功能，后者因为能够使对话者走向共同的理解并达成共识，因而具有优先性。[3]运用到诉讼程序当中，双方当事人、当事人与检察官往往互为言语者和接受者，双方又共同构成言语者向法官描述案件事实和己方意见，提出诉讼请求；法官则作为接受者接受这些信息并作出判断。语言成为行为沟通的协调机制。策略行为中，主体能够通过言语施加影响以实现自身意图；规范行为中，言语通过传承文化价值使主体间达成共识，并伴随着行为的进行不断重复；戏剧行为中，言语作为自我表现的审美表达而忽视了陈述的真实性和以言行事的人际意义。[4]

---

〔1〕 参见［荷］伊芙琳·T. 菲特丽丝：《法律论证原理——司法裁决之证立理论概览》，张其山等译，商务印书馆 2005 年版，第 70~71 页。

〔2〕 参见［德］尤尔根·哈贝马斯：《交往行为理论》（第 1 卷：行为合理性与社会合理化），曹卫东译，上海人民出版社 2018 年版，第 349~350 页。

〔3〕 参见［英］詹姆斯·戈登·芬利森：《哈贝马斯》，邵志军译，译林出版社 2015 年版，第 32 页。

〔4〕 参见［德］尤尔根·哈贝马斯：《交往行为理论》（第 1 卷：行为合理性与社会合理化），曹卫东译，上海人民出版社 2018 年版，第 126~127 页。

语言在三种行为模式中并未形成主体间行为与目的的融贯，各自汇聚了语言作用的一个面向。哈贝马斯认为语用学层面的语言能够通过反思的方式使交流各方达成沟通，进而与世界产生关联。语言能够成为交往行动媒介是因其融合了三个面向后所实现的功能：一是表达功能，即语言符号构成的内容与客观世界中的情景具有对等性和一致性；二是调整功能，即语言符号构成的内容能够转而影响输出方和接收方主体间的关系；三是表现功能，即语言符号构成的内容能够体现出表达者内心的意思表示。语言通过上述三种功能实现了主体间的商谈并有望达成相互理解。

(二) 承载母体：生活世界

哈贝马斯认为，承载母体是具备沟通技艺的言语者在进行交互过程中就现实中已经存在或应当存在的为达成一致的交往实践（Kommunikative Praxis）所成立的必要条件。生活世界是由所有解释确立起来的，具有客观性，是具有言语能力和行为能力的交往主体被抛入其中共同分享的意义语境。"交往行为的主体总是在生活世界的视域中达成共识。"[1]哈贝马斯批判接受了波普尔三个世界的划分标准，将生活世界分为由主体经验总体性表达的主观世界、真实命题予以呈现的客观世界、受规范调整的社会世界所构成的表层结构、赋予交往主体进行言语行动能力的个性、受规范手段引导的社会和代表交往主体相互理解知识储备的文化所构成的深层结构。[2]主体与客观世界相互作用是目的行为产生的前提；主体与客观世界、社会世界相互作用是规范行为产生的前提；主体与主观世界、客观世界和社会对象均相互作用是交往行为产生的前提。主观世界、客观世界和社会世界在交往行为中并非简单叠加，而是通过语言被融合成一个系统。言语者在这个系统中是通过有效性质疑所施加的表达来与三个世界发生关联。

卢曼则站在社会学角度对法律的承载母体进行了祛魅。他的创生系统论认为，现代社会随着政治、经济的高速发展，承担不同社会功能的部分高度分化，各个系统形成了科层制的纵身导控系统，以便于系统内部进行有效

---

〔1〕〔德〕尤尔根·哈贝马斯：《交往行为理论》（第 1 卷：行为合理性与社会合理化），曹卫东译，上海人民出版社 2018 年版，第 30、97 页。

〔2〕参见刘志丹："交往如何可能：哈贝马斯普遍语用学新探"，载《中南大学学报（社会科学版）》2012 年第 1 期。

管理，[1]降低混乱所导致的系统性风险。自组织系统通过各自的运行模式和管理机制整合成构架严密的组织开展自组织活动（Autopoiesis），系统间相互隔绝却共同渗入、掠夺并吞噬着生活世界。系统之间、系统与生活世界之间彼此作为生活环境而依存，但系统又通过自体再生、自我刻画和自我衍生以实现自我隔离，拒绝信息的流通和交互。系统之间、系统与生活世界之间无法彼此影响，系统的自我调整和自我变革主要取决于系统对外部信息选择性地接受。以法律生成、运用为制度内核的法律系统同样如此。法律系统的生成无视了来自生活世界的可能输入，仅依靠系统对外部世界进行局部回应，开展来自系统内部的自我反思。主体对于受其约束的规范构成发表意见的路径被封堵，立法演化成系统内部法律共同体的伦理游戏规则。法律适用尤其是法律裁判的最终作出，有可能演变为法律共同体内部的"黑箱"操作，裁决结果是否合法将被由法律规范逻辑推导得出的循环论证的合法律性所取代。卢曼认为法律证立及其接受只有抛开合理性、正义性、有效性等相关概念后，才有可能借助系统论的手段被理解。但与此同时，卢曼也承认需要通过还原真相和赋予权利向未参与者给出理由，[2]以达到判决的正确性要求。托依布纳在卢曼的系统中加入某些互动元素，认为系统因为边界模糊而产生的结构性耦合为自我改变向共同进化产生了可能。生活世界在遭到系统入侵和掠夺的同时也保留部分公共空间，这部分空间也成为人们借此表达诉求、发泄不满和排解情绪以影响和改变系统的平台和窗口。

（三）评价标准：真理共识论

哈贝马斯的真理共识论受"语言转向"的后现代哲学思潮影响，建立在对真理符合论的批判基础之上。真理符合论认为语句或语句表达的命题之为真的条件是所指涉的事体（Sachverhalt）实际存在，即事体成为事实（Tatsache）并且与语句或命题具有一致性。[3]这一理论听起来似乎非常合理。古典主义哲学自古希腊亚里士多德提出真理符合论以来，便将其奉为圭臬，鲜有

---

〔1〕　参见陆宇峰："'自创生'系统论法学：一种理解现代法律的新思路"，载《政法论坛》2014 年第 4 期。

〔2〕　参见 ［德］罗伯特·阿列克西：《法律论证理论：作为法律证立理论的理性论辩理论》，舒国滢译，商务印书馆 2019 年版，第 264~265 页。

〔3〕　参见 ［德］罗伯特·阿列克西：《法律论证理论：作为法律证立理论的理性论辩理论》，舒国滢译，商务印书馆 2019 年版，第 128~129 页。

质疑声音。康德关于本体界与现象界的抽象对立、黑格尔对于辩证运行领域中本质和现象的思辨，[1]以及洛克、贝克莱、罗素、维特根斯坦各自提出的近代哲学理论，均是以真理符合论为基础的哲学思想的典型代表。[2]然而，真理符合论忽视了一个根本性问题，与语句或语句陈述的命题所相符的事实究竟是什么？这种相符性的判断标准从何而来？要求人们通过语句陈述的命题与之相符的事实如何能够获取？这种事实的发现最终仍然需要另一个命题登场。而命题终归属于一种主观判断，以此为出发点去追寻客观的同一性如何能够做到。并且，两种主观判断的同一性仍然属于一种主观判断，谁有权作出这种判断。这也有可能使真相的判断陷入无尽论证的循环之中。哈贝马斯在皮尔斯的基础上对这一问题进行反思与重构，引出了建立在有效性主张之上的真值问题，以及交往共同体概念。哈贝马斯发现不仅言语的真实性需要依赖其所对应的事实，事实本身也依赖言语而存在，解决真相发现的问题可以通过一种真理共识的理论加以解释。首先，皮尔斯从命题和世界的两极概念中引申出了带有诠释者共同体的三级概念。命题的真值与其说是与命题所描述的事实相符合，毋宁说表达者在陈述命题过程中提出的可批判性的有效性主张（Gültigkeit），为了使主张得到认同，需要通过"获得证明的有效性"（Geltung）加以辩护和捍卫，最终合理推动诠释者共同体取得一致的同意。[3]"皮尔斯将真值理解为一种'合理的可接受性'，亦即对具有可批判性的有效性主张的确认的思想。"[4]然而，这种有效性主张的提出和确认仍然被划定在一个特定的历史时间和社会范围的理想的诠释共同体之内，对于使其脱离外界的束缚条件，形成能够超越情境的无条件的有效性主张的问题仍然有待解决。哈贝马斯敏锐地发现了造成这种问题的根源在于蕴含在语句或命题中的事实性和有效性之间的张力，只有将一定时间框架内的交往共同体间所形成的共识，超越其达成时的限制性条件，才有可能在事实性和有效性之间形成协调关系。哈贝马斯没有选择真理符合论秉持的本体论前提，而是站

---

[1] 参见［德］哈贝马斯：《在事实与规范之间：关于法律和民主法治国的商谈理论》，童世骏译，生活·读书·新知三联书店2003年版，第13页。

[2] 参见刘志丹："哈贝马斯真理共识论"，载《广西社会科学》2012年第8期。

[3] 参见［德］哈贝马斯：《在事实与规范之间：关于法律和民主法治国的商谈理论》，童世骏译，生活·读书·新知三联书店2003年版，第17~18页。

[4] 参见［德］哈贝马斯：《在事实与规范之间：关于法律和民主法治国的商谈理论》，童世骏译，生活·读书·新知三联书店2003年版，第18页。

在了实在论立场，认为真理与其说是言语在表达过程中自带的本质特征，毋宁说是表达行为在对言语进行判断过程中所呈现出来的特征。纵然真理作为言语表达过程中的本质特征仍然得以保留，表达的整体也无法完全代表它，而是通过作为该表达的主体在言语活动过程中向其他主体发出的要求对方认可并承认其作出的判断具备有效性的主张加以实现。[1]哈贝马斯将其范围拓展于生命世界的各个领域，得出了有效性主张的三个维度：对规定性命题的有效，即真实性；对主观的真诚，即真诚性；对规范的正确，即正确性。[2]

（四）实现路径：交往行动和商谈

哈贝马斯将行为类型通过行为意旨和行为语境两个维度进行区分，前者分为以手段为意旨的和以交流为意旨的，后者分为社会的和非社会的。工具行为（Instrumental Action）是以手段为意旨的非社会的行为，策略行为（Strategic Action）是以手段为意旨的社会的行为，交往行为则是以交流为意旨的社会的行为。[3]交往需要协调的地方在于交往的一方面临三种选择：策略行为、中止交往和论辩性话语（Argumentative Discourse）。[4]策略性行为旨在确保自己利益而不需要考虑对方目的；中止交往意味着双方相互交谈的结束；论辩性话语则开启了一条道阻且艰的漫长之路，通过发现影响彼此交流的观点差异和阻碍，确定是否存在重新开始沟通的可能性。知识具备一种命题结构（Propositional Structure），合理性（Rational）并非具有语言和行为能力的人对命题的占有，而更多展现为对命题的运用。[5]知识的显性表征是言语，隐性表征是导向目标的行为。前者能够将知识表达出来，后者则体现出主体的能力。我们可以此为评价标准判断主体和行为是否合理。交往行为是为了交往和具体表达而采用的断言（Behauptung）。交往行为通过与客观世界的实在发生关联、目的行为通过与客观世界中的应在发生联系达成可以批判

---

〔1〕　参见童世骏：《批判与实践：论哈贝马斯的批判理论》，生活·读书·新知三联书店 2007 年版，第 110 页。

〔2〕　参见［德］哈贝马斯：《在事实与规范之间：关于法律和民主法治国的商谈理论》，童世骏译，生活·读书·新知三联书店 2003 年版，第 20 页。

〔3〕　参见［德］尤尔根·哈贝马斯：《交往行为理论》（第 1 卷：行为合理性与社会合理化），曹卫东译，上海人民出版社 2018 年版，第 360~361 页。

〔4〕　参见［美］莱斯利·A. 豪：《哈贝马斯》，陈志刚译，中华书局 2002 年版，第 41~42 页。

〔5〕　参见［德］尤尔根·哈贝马斯：《交往行为理论》（第 1 卷：行为合理性与社会合理化），曹卫东译，上海人民出版社 2018 年版，第 24 页。

和论证的状态。[1]可以经受批判和论证的方式加以还原构成行为合理性的必要条件,在此基础上也能够推出交往理性(Kommunikative Rationalität)的要求,即具有论证能力的主体间抑制纯粹的个体意愿而自愿达成意见的一致。同时主体间为了共识而确立起共同分享的承载母体的主体间性。共同分享的承载母体是交往主体进行交往的前提,交往行为使主体与生活世界的存在发生关联。论证(Argumentation)就是用论据对有争议的有效性进行检验的过程,论据的强度取决三方面因素,即语境、理由和能否使参与者信服。站在主体参与者面对论证时的反应也可以判断其行为是否具有合理性,即接受辩论则具备合理性,拒绝辩论则是不合理的,而不在于两种情况的结果如何。尽管只有客观世界才可以称得上与一切真命题相关,但哈贝马斯坚持使用波普尔的三个世界标准作为行为过程的关系系统,并认为三个世界共同构成了交往主体间世界系统来源。哈贝马斯根据行为与不同世界的关系,将其划分为策略行为(Strategisches Handeln)、规范调节的行为(Normenreguliertes Handeln)、戏剧行为(Dramaturgisches Handeln)和交往行为(Kommunikatives Handeln)。策略行为作为一种间接沟通,针对孤立的行为者,带有功利主义色彩,主要为达成行为者的目的,并构成了博弈论的基础;规范调节行为作为一种共识行为,带有规范调节的意味,代表着社群成员的行为,具有满足普遍期待的价值取向,最终将已有的规范共识付诸实行;戏剧行为则是一种自我表现行为,带有一些主观主义色彩,强调互动者相互间通过对经验表达加以修饰从而控制主体间的相互渗透。三种行为各自代表了交往行为的一种临界状态。

交往行为同样带有互动色彩,但并非局限于目的的达成、规范的实施或互动者之间的主观世界的交融,而是关注具备行为和言语能力的互动者之间通过一定手段所建立起的人际关系,即行为者与主观世界、客观世界和社会世界的三重世界关联。哈贝马斯认为交往行动应当具备双重要件,即独立行动(Selbständige Handlunhen)的特征和行动人相互间的批判性反思。[2]前者作为行为要件,后者则引申成有效性要件。与丹托将身体活动和操作活动(Operation)视作基本行为(Basic Actions)的观点相左,哈贝马斯认为两者

〔1〕 参见 [德] 尤尔根·哈贝马斯:《交往行为理论》(第 1 卷:行为合理性与社会合理化),曹卫东译,上海人民出版社 2018 年版,第 25 页。

〔2〕 参见 [德] 尤尔根·哈贝马斯:《交往行为理论》(第 1 卷:行为合理性与社会合理化),曹卫东译,上海人民出版社 2018 年版,第 127 页。

仅是行为的连带现象，构成行为的要素，但并非能够代表行为本身。[1]身体活动是行为进行时主体必要的准备活动，但仅靠这样一种活动，并不能使行为付诸实现，因为没有技术规范或社会规范的指引，身体活动对于行为计划的实现不具有任何意义，其本身也丧失了存在感。维特根斯坦在此基础上认为在一系列技术规范或社会规范指引下完成的操作活动，由于无法通过行为的第二个构成要件——有效性标准进行判断，所以仍然未与世界建立起有效联系。至此，哈贝马斯提出了行动有效必须同时具备真实性、正确性和真诚性的观点。这里的有效性并非行动本身具有"有效性"，而是指行动主体的有效性主张得到主体间的认可。与其他三种行为一样，交往行为也是以目的论结构作为基础，通过协调所有参与方可达成行为人的目的，但协调方式与关注则各不相同。交往行动的有效性主张自带批判性反思的属性，行动主体间对于有效主张产生异议时，这种批判属性允许商谈性辩护介入其中。按照如此理解，交往行动实质是指向一种商谈性过程，商谈参与者在交往共同体面前通过辩护向听众证明自己的有效性主张。[2]通俗地讲，商谈是交流各方对于有效性主张未达成共识的情况下，在消除分歧的驱动下，说话者通过列出理由以支持其有效性主张，力图促成共识的一种反思性交流。[3]商谈的过程是将人们输入的信息进行加工，最终产出对于有效性主张的承诺或解除。这种过程是经验无涉的（Erfahrungsfrei），因为经验仅仅作为商谈的前提条件而非商谈的结论，[4]商谈的过程无法产生任何经验的增量。商谈得出的事实得以证立的根据是商谈各方的合意，这种合意具有假设的特性，所以具有理论依赖性（Theorie-Abhängig），[5]并且能够进行批判性检验。

（五）环境资质：理想的沟通情境

由于生活世界经常遭到系统的入侵而被殖民化，商谈有可能被扭曲而变

---

〔1〕　参见［德］尤尔根·哈贝马斯：《交往行为理论》（第 1 卷：行为合理性与社会合理化），曹卫东译，上海人民出版社 2018 年版，第 128~129 页。

〔2〕　参见［德］哈贝马斯：《在事实与规范之间：关于法律和民主法治国的商谈理论》，童世骏译，生活·读书·新知三联书店 2003 年版，第 398 页。

〔3〕　参见［英］詹姆斯·戈登·芬利森：《哈贝马斯》，邵志军译，译林出版社 2015 年版，第 40 页。

〔4〕　参见［德］罗伯特·阿列克西：《法律论证理论：作为法律证立理论的理性论辩理论》，舒国滢译，商务印书馆 2019 年版，第 133 页。

〔5〕　参见［德］罗伯特·阿列克西：《法律论证理论：作为法律证立理论的理性论辩理论》，舒国滢译，商务印书馆 2019 年版，第 133~134 页。

得无效，人们可能言行不一。哈贝马斯希冀设计出一种理想的沟通情境（Sprechsituation）作为前提性理论预设以消除沟通障碍，以一种逼近理想的方式免除压制和不平等，仅仅凭借理由的强度和非强制但有秩序的竞赛去赢得普世观众群体（Ein Universal Auditorium）的认可。[1]为了符合交往行为有效性的三个主张要求，理想的沟通情境要求参与主体必须对表达事实具有正确认识且沟通行动符合规范性要求并且发自肺腑。因此，理想的沟通情境至少包括以下四个方面：一是进入的机会均等。所有潜在的商谈参与者均有同等的机会参与、启动商谈，并且有质询、发问和答辩的权利。二是行为的机会均等。所有商谈参与者均有同等的机会进行论证、阐述、声明、诠释，能够对任何参与者的任何有效性主张进行证立、证否或对之反驳。三是商谈环境的开放性前提。商谈环境向所有参与者平等的开放，使他们有平等的机会陈述情感、好恶和愿望。参与者商谈行为的相互协调以及情感通联的彼此融洽能够确保参与者彼此间沟通的真诚性。四是商谈自由的现实化前提。商谈参与者能够自由地作出承诺或主张，或对其他参与者发布的命令、提出的主张、作出的承诺予以反驳、禁止或接受，并对自己的有效性主张进行辩护，以实现权利、义务的平等性，避免某些参与者形成专制特权。理想的沟通情境作为一种商谈时预设的条件和重要工具，决定了商谈的结论何以成为通过商谈而有效建立起来的共识（Begründeter Konsens）。[2]

（六）核心要求：商谈理性

对于理性的探讨与反思构成了哈贝马斯法律商谈理论的核心要求和出发点。创设于古希腊七贤的"理性"一词，亚里士多德将其区分为理论理性和实践理性，前者是以科学原理为目标的证明和推导，形式逻辑作为对其的概括；后者以伦理的善为目标，以实践推理为概括。[3]交往行动的合理性（Rationalität）建立在语言媒介的基础之上，通过语言将主体间的互动有机联结，最终目的使主体间达成理解（Verständigung）。[4]换言之，交往行动的合

---

〔1〕 参见［德］哈贝马斯：《在事实与规范之间：关于法律和民主法治国的商谈理论》，童世骏译，生活·读书·新知三联书店2003年版，第280页。

〔2〕 参见［荷］伊芙琳·T. 菲特丽丝：《法律论证原理——司法裁决之证立理论概览》，张其山等译，商务印书馆2005年版，第62页。

〔3〕 参见周祯祥："理性、规范和面向司法实践的法律论证"，载《政法论丛》2015年第2期。

〔4〕 参见［德］哈贝马斯：《在事实与规范之间：关于法律和民主法治国的商谈理论》，童世骏译，生活·读书·新知三联书店2003年版，第4页。

理性无关行动目的，不以行动目的是否达成为目标，而是要求行动主体通过交往与其他主体达成主体间的人际关系，这成为交往理性与目的理性的根本区别。如果主体运用语言作为媒体与他人进行理性交往，就需要采用主体间均能够理解的语言，本着以言施行的态度，为交往行为预设一种能够形成相互理解的先验前提，这种前提构成了行为有效性的三要素。在康德的实践理性之后，商谈理论通过交往理性缝合了极具自由主义色彩的实践理性理论所造成的理性与"文化的生活形式和政治的生活秩序"之间的"裂痕"，[1]这也是由于在霍布斯、卢梭、黑格尔的自然状态与罗尔斯的原初状态中所形成的行为主体以个人为中心为保护利益而制定契约所致。卢梭的整体主体进路和康德的单体主义进路所提供的共和主义方案和个人主义方案，均无法调和个人自主和公共自主的二元对立。[2]卢梭的"社会契约论"将合法之法建立在笼统的公意基础之上，最终可能将社会带入多数人暴政的深渊；康德寄望于单体理性的"绝对命令"，最终带来的也只能是立意高远的空中楼阁；[3]罗尔斯则通过用"无知之幕"下的"原初状态"演绎推理出由平等自由原则和效率、差别原则构成的正义二原则。[4]另一方面，交往理性也切断了实践理性通过自我立法的方式为社会实践直接提供规范的幻想。

二、法律商谈理论的目标：融贯法律的双重张力

法律本身带有内部张力和外部张力，每一层面的张力共同构成了法律合理性的二值编码，这决定了法律如果无法实现合理性的量的变更，将直接造成二值编码缺失所引发的合理性的质的丧失。因此，法律需要在内外两个层面上融贯双重张力，以实现法律的合理性要求。

（一）内部张力：法律的有效性和合法性

法律的确定性和将法律作为判决之合法运用主张构成了法律有效性，即

---

〔1〕　参见［德］哈贝马斯：《在事实与规范之间：关于法律和民主法治国的商谈理论》，童世骏译，生活·读书·新知三联书店2003年版，第1页。

〔2〕　参见高鸿钧："通过民主和法治获得解放——读《在事实与规范之间》"，载《政法论坛》2007年第5期。

〔3〕　参见高鸿钧："通过民主和法治获得解放——读《在事实与规范之间》"，载《政法论坛》2007年第5期。

〔4〕　参见［美］约翰·罗尔斯：《正义论》，何怀宏等译，中国社会科学出版社1988年版，第17~118页。

合法律性（Legalität）的两个向度。前者依靠以国家强制制裁为后盾的社会整合功能行为期待之落实，后者通过制定和运用法律程序对这种稳定期待合法性之担保予以确认。[1]同等有效的法律规范可能在具体案例中发生适用上的相互矛盾和互相冲突，如何确定哪一个法律规范不仅是"显见可运用的"（Prima Facie Anwendbar），还是"恰当的"（Angemessene），哈贝马斯借用了德沃金的融贯性理念和克劳斯·贡尔特对证立商谈和运用商谈理论进行区分的理论来解决这一难题。第一步是运用诠释学将不同法律规范进行权衡。因为法律规范运用前提之描述性成分仅仅可能与具体案例的某个情景相关，所以关键在于哪些情景对于具体案例的事态性把握更为重要，即关于情景理解最重要的事态性描述与法律规范所能涵摄的事态性描述部分具有等值关系。但由于对未来情景理解关键的事态性描述之不确定性，往往会造成法律规范与其运用前提的描述性成分之间的错值或缺口。第二步便是通过运用商谈弥补这一缺口。运用商谈按照规范的描述性成分与具体案例之特征组合的适配性进行排序定位，双方契合的清晰度将决定是否能够搭配进入稳定关系。由此可能产生规范之间彼此融贯性关系的紧张，因为新的规范可能相对历史判例所依据的规范更加适用，按照这一构想有可能要求对历史判例的不断重构，而历史判决的重构又会造成现行规范的重构（尤其是判例法国家），从而将现行法律规范体系淹没至"涟漪效应论据"（Ripple Effect Argument）的历史漩涡之中。针对这种紧张关系，哈贝马斯认为可能从两方面进行解答。首先是通过正当程序倡议对现实情境和规范涵摄的相关问题进行商谈式廓清，程序性权利能够确保法律共同体（法官、检察官、律师）和当事人享有自己的权利并满足对于最终判决确定性的期待。但是对于每个案例都需要通过复审整个不停运行的规范体系以获取优选规范的话，将可能导致整个司法体系不堪重负，对此提出的解决方案是"程序主义的法律观"。法律商谈是一种"强意义"的程序合理性概念，传统的范式性法律理解达到自我稳定是通过自我指涉的法律系统内部标准进行调校和修正，但不同法律范式之间的诠释可能产生冲突和矛盾，而程序主义的法律观通过反思调动起相异法律观彼此间的开放和具体案例中的相互辩论。法律的确定性和有效性间的张力最终也将通过

---

[1]　参见［德］哈贝马斯：《在事实与规范之间：关于法律和民主法治国的商谈理论》，童世骏译，生活·读书·新知三联书店2003年版，第244~245页。

程序加以调和。法律不仅应当具有社会学意义上的有效性,还应当是自由的法律,即具备合法性(Legitimität)。合法性要求法律具有所有人都能够和其他人共享平等的自由,以达成相互间权利的普遍互认;而大家自由的共存也恰恰是建立在以权利互认的合法性基础的法律秩序之上。[1]法律的合法性意义之蕴含需要通过法律商谈参与者在自由和平等的前提下所形成的社会整合力才能够得以兑现,而形成这种整合的基础恰恰是法律商谈的程序合法性。

(二)外部张力:法律实证性和正当性

法律的实证性代表了法律必须经由人们有意识拟订的社会规范结构所体现。[2]这种社会规范结构并非恒久的固定不变,仅仅是暂时代表了目前人们生活状态的缩影。一旦人们的生活状态发生改变,这种社会规范结构也会随之而发生变化。法律的实证性具有这样的不稳定状态,以至于在制订它的意志面前时时面临可能被废止的危险。上文提到,现代社会不仅包括通过互信、理解、价值进行整合的生活世界,也有通过金钱和权力为媒介以建构方式进行的整合系统。这些系统据以自我调节的再生产迫令通过法律规范赋予其合法性来源,法律据此能够成为生命世界与系统之间联合的纽带和融合的媒介,从而具有了更多出于世俗压力之下的社会整合功能。但如果缺乏了带有理想主义色彩的合法性压力,法律很难仅仅依靠处于不稳定状态的实证性实现黏合效果。因此,法律需要具备商谈共同体自决实践的共识,并与以事实为基础的法律实证性形成结构性交叉。法律的实证性确保对规则的平均遵守,法律商谈的自决理念则确保法律具有正当性。[3]法律商谈需要在法律共同体内形成自决。[4]法官、检察官、律师具有相同的教育背景,处理相似的业务内容,受共同的职业伦理规范;他们也共享相同的专业语言,具有共同的价值

[1] 参见[德]哈贝马斯:《在事实与规范之间:关于法律和民主法治国的商谈理论》,童世骏译,生活·读书·新知三联书店2003年版,第38页。

[2] 参见[德]哈贝马斯:《在事实与规范之间:关于法律和民主法治国的商谈理论》,童世骏译,生活·读书·新知三联书店2003年版,第46页。

[3] 参见[德]哈贝马斯:《在事实与规范之间:关于法律和民主法治国的商谈理论》,童世骏译,生活·读书·新知三联书店2003年版,第47页。

[4] 德国社会学家马克斯·韦伯认为法律共同体是由某种共同的特质维持或形成的其成员间因共识而达成协议的群体,其特质是具有同质性,这种同质性以出生、政治、道德、宗教信仰、生活方式和职业等社会因素为表现。"参见[德]马克斯·韦伯:《经济与社会》(上卷),林荣远译,商务印书馆1997年版,第327页;转引自韩旭:"律师辩护意见被采纳难的多视角透视",载《海南大学学报(人文社会科学版)》2008年第4期。

取向和思维模式，甚至在一些法治国家中三类群体之间的人员流动也十分常见。法律职能作为核心构成所带来的职业同质性使法官、检察官、律师成为通常意义上的法律共同体。法律规范的正当性取决于自由平等的法律共同体成员通过理性商谈最终同意借助于法律来调节其共同生活。[1]更为重要的是，法律共同体将这种合法且有效的法律规范作为实实在在的政治意志的表达，不仅停留在道德层面，也统摄了伦理层面和实用层面。因此，法律规范不仅是道德商谈的成果，还离不开另外两类商谈的开展。一方面，政治意志除了道德洞见之外，还包括法律共同成员的生活方式和利益取向，形成彼此间目的和价值的交织杂糅；另一方面，法律作为评判和行为规范校准的媒介不再将目光局限于法律共同体，而将全体社会成员纳入商谈参与者行列。全体参与者形成联合体通过法律商谈将道德理由、伦理理由、实用理由引入政治意志生成理由的范围，进而实践理性的全部范围均有可能对法律规范合法性予以证立，法律规范的实证性和正当性主张之间的张力将得到融合，共同成为法律约束力的来源。

（三）司法检验：判决的自洽性和合理的可接受性

在司法领域，法律的张力主要表现为法的确定性原则和法律的合法运用两者之间的张力，[2]即司法裁判必须同时具备判决的自洽性和合理的可接受性，才能够满足法律秩序的社会整合功能和法律的合法性主张。前者表明其根据法律秩序作出；后者要求在同案同判的基础上得到充分的论辩而被参与者合理地接受，裁判结果的作出能够体现出脱离偶然情境、与法律制度相符之必然。德沃金坚持的法律义务论认为法律以一种高度抽象的面貌作为纽带对社会进行整合，哈贝马斯因袭这一观点，并且认为交往行动在生活世界中所确立的相互承认的关系在复杂社会中只能通过法律抽象化为普遍的形式。带有反思性质的交往行动在一定法域内为法律人相互承认的抽象的法律关系提供机制，由于这要求参与主体间互为视角的"论辩实践"，[3]据此将其核

---

〔1〕 参见王夏昊："德沃金司法裁判方案的重构与批判——以法律论证理论为基础"，载《政法论丛》2017年第3期。

〔2〕 参见［德］哈贝马斯：《在事实与规范之间：关于法律和民主法治国的商谈理论》，童世骏译，生活·读书·新知三联书店2003年版，第245页。

〔3〕 参见［德］哈贝马斯：《在事实与规范之间：关于法律和民主法治国的商谈理论》，童世骏译，生活·读书·新知三联书店2003年版，第274页。

心要求—交往行动三个方面的有效性主张悉数纳入法律。欧文·菲斯试图采取程序原则和诠释准则对司法判决的有效性进行程序性辩护，通过司法独立、充分听取当事人意见、判决公开、对法官自由裁量权进行限制以及举证责任和证明标准等方面的确立，确保司法裁判能够符合现行制度并且为各参与方所接受。这在一定程度上解决了裁判的自洽性问题，但缺乏法律商谈理论的程序原则和诠释准则本身的合法性则存在疑问，有可能成为服膺于法治但绝非同质的职业阶层的自我合法化的职业伦理规范。[1]哈贝马斯融合了德沃金的法律义务论以及阿列克西、克劳斯·贡尔特、阿尔纽等人的论辩理论，认为最终裁判结果的合理可接受性应当将其形成过程中对交往性商谈的满足程度作为衡量标准，并且应当在此过程中不断吸纳包括伦理、道德和实用方面来源的论据。[2]

三、认罪认罚从宽制度中律师辩护问题研究的理性主义范式

公诉方与辩护方在认罪认罚案件中形成的对处罚结果的共识凝结了双方通过商谈达成的共同意思表示，是控辩双方提出的获得对方确认的有效性主张的结合，形成了主体间对等的权利和义务关系，可以划入刑事合意的范畴。认罪认罚合意将对法庭的裁判结果产生重要影响，因而带有了准裁判文书的性质，并且与法律秩序的形成异曲同工。这要求合意系控辩双方通过法律商谈后形成的理性决定，以使其同时具备自洽性和合理的可接受性。

（一）刑事合意的理论界定

1. 刑事合意的概念及划分

法学意义上的合意主要指两个或两个以上的法律主体就某些法律事项达成一致的意思表示，从而在法律主体间形成一种法律意义上的权利和义务关系。合意所生成的权利与义务往往相互对应，一方的权利必然伴随他方的义务，反之亦然。权利、义务关系是合意的目的和结果，又会反作用于合意，对其产生约束力，没有特殊原因违背合意将承担不利后果。民事诉讼中的合意由于具备终结诉讼程序的功能，出于当事人意思自治和节省司法资源的目

---

〔1〕 参见［德］哈贝马斯：《在事实与规范之间：关于法律和民主法治国的商谈理论》，童世骏译，生活·读书·新知三联书店2003年版，第276页。

〔2〕 参见［德］哈贝马斯：《在事实与规范之间：关于法律和民主法治国的商谈理论》，童世骏译，生活·读书·新知三联书店2003年版，第282页。

的，审判机关往往鼓励诉讼当事人尽早达成合意，例如民事诉讼程序正式开庭前一般会组织当事人调解，并且审判过程中各方当事人随时有权通过调解终结诉讼程序。法院对当事人合意的内容一般不会干涉，除非发现非自愿、胁迫等极端情况。刑事诉讼中的合意主要指刑事诉讼当事人就程序性或实体性法律事项达成一致的意思表示，旨在对刑事诉讼程序或实体结果施加影响，对合意形成的各参与方或其他诉讼参与人产生约束力。[1]主要表现为以下几种诉讼活动：其一，被追诉人对控诉方提出的诉讼主张或者作出的诉讼行为，作出承诺的意思表示；其二，控辩双方在被追诉人承认的基础上进行商谈，达成合意；其三，司法机关依法对被追诉人承认的控辩合意进行审查，并根据合法有效的合意对案件进行处理。[2]按照参与主体划分，刑事合意可以分为权力—权利型合意、权利—权利型合意。前者形成于公力合作的诉讼模式，主要指司法机关与被追诉人达成的合意；后者形成于私力合作的诉讼模式，主要指被害人与被追诉人达成的合意。[3]按照形成阶段划分，刑事合意可以分为侦查阶段的合意、起诉阶段的合意和审判阶段的合意。侦查阶段的合意主要指权利—权利型合意，侦查机关不适合成为合意主体，因为侦查机关此时的法定职责是通过开展各种侦查活动以确定侦查方向、全面收集证据、查明案件事实、抓捕犯罪嫌疑人。[4]允许侦查机关与被追诉人达成刑事合意，不利于证据的全面搜查，尤其是对被追诉人有利的证据，并且可能诱发侦查机关为减轻履行职责强迫被追诉人作出某种意思表示的风险。起诉阶段的合意由检察机关、被追诉人及辩护人达成，除此之外，审判阶段法官可以与辩方达成合意。审辩合意主要包括由法官与被告人或法官主导促成控辩之间形成的新的合意，尤其是控辩合意未果或者法庭不认可合意内容的情况下，法官主持控辩双方开展新的协商所达成的结果。[5]某些域外法治国家存在此类做法。例如，德国的审辩协商便是由法官与辩护律师达成的合意。由于刑事

〔1〕 参见王新清、李蓉："论刑事诉讼中的合意问题——以公诉案件为视野的分析"，载《法学家》2003 年第 3 期。

〔2〕 参见王新清："合意式刑事诉讼论"，载《法学研究》2020 年第 6 期。

〔3〕 关于诉讼模式的划分，参见陈瑞华：《刑事诉讼的前沿问题》，中国人民大学出版社 2016 年版，第 397~426 页。

〔4〕 参见陈卫东："认罪认罚从宽制度研究"，载《中国法学》2016 年第 2 期。

〔5〕 参见刘军、潘丙永："认罪认罚从宽主体性协商的制度构建"，载《山东大学学报（哲学社会科学版）》2020 年第 2 期。

诉讼涉及当事人重要权利的处分，除了法律维度，道德维度的重要性同样突出。[1]加之我国强调实体真实的价值追求，刑事合意曾被认为可能有损于法律和道德，立法机关一度对此持保守态度。伴随着带有合意性质的相关制度纳入法律，刑事合意逐渐得到了公众认可，但仍需受到法律的监督和约束，刑事合意的达成、生效、撤销都需要法律予以专门规定。

2. 刑事合意的表征

刑事合意是基于刑事诉讼主体间进行法律商谈的结果。理想刑事合意的达成不应当出自公权力居高临下式的孤傲判断，也不应当源自被追诉人单方的独白式供述，而是合意参与方通过不断交涉、理性商谈、相互影响最终形成的结果。各诉讼参与方以法律规范为纽带形成彼此共存的"生活世界"，有同等机会参与、启动商谈，并且有质询、发问、答辩的权利；有同等机会进行论证、阐述、声明、诠释，能够对己方的主张进行证立，对对方的主张进行确认或反驳。各参与方均有启动或终止商谈的自由，具有不受胁迫作出意思表示的权利。通过真实、正确、真诚的商谈性言语进行相互沟通，合意的内容不仅符合现行法律规范的要求，也需要得到各参与方的共识。区别于民事合意，刑事合意需要受到法律规范和司法审查的制约。例如大多数刑事犯罪案件，即使被害人与被追诉人达成和解，被害人同意不予追究对方刑事责任，国家机关往往也只能在量刑方面予以考量，一般不会终止追诉。因为犯罪行为不仅侵害了个人权益，也损害了社会秩序所代表的国家利益和社会公众利益，被害人一般无权代表国家完全免除被追诉人的责任。基于此，刑事合意需要受到司法机关的审查确认，这一方面体现了刑事合意中的国家意志，另一方面通过确认合意系当事人自愿作出和是否存在事实基础以维护当事人的合法权益。刑事合意的效力处于不稳定状态。除法官与被追诉人达成的刑事合意外，其他刑事合意需要通过法庭审查确认才能够转化为司法裁判，在此之前对被追诉人并不产生强制约束力。同时，被追诉人具有随时反悔的权利，因为合意的形成源自参与方自愿作出的意思表示，这种意思表示的自由蕴含着允许变更的因子。被追诉人一旦作出新的意思表示，合意的共识基础不复存在，之前作出的意思表示当然失效。然而，国家机关却不应当享有对于合意的反悔权。民事合意的参与方在合理期限之前均有反悔的权利，因为

---

〔1〕　参见［美］罗纳德·德沃金：《法律帝国》，许杨勇译，上海三联书店2016年版，第1页。

双方形成合意的地位处于绝对平等状态,相应的权利和义务也应当对等。而刑事合意的国家参与方由于背靠强大资源后盾,在合意的形成过程中明显处于强势,适当压缩其权利有利于形成各参与方的平衡。同时,国家在刑事诉讼中除投入部分资源外,其余成本基本由被追诉人承担,被追诉人承担更大风险的情况下理应享有更多权利。此外,国家机关具有追寻事实真相和保障人权的法定职责,其对于合意的反悔意味着对之前作出的意思表示的否定,这也表明国家机关在之前的合意达成过程中履职不到位。如此一来,国家机关履职失误的不利后果反而由被追诉人承担,因而国家不应当具有对合意的反悔权。但也存在例外情况。国家机关不应当享有针对实体问题形成的刑事合意的反悔权,但可以行使针对程序性问题形成的合意的反悔权,这种情况往往发生在法院、检察院发现适用程序不当时,可以提出程序回转的要求,旨在通过普通程序发现事实真相,这在客观上也更有利于保障被追诉人的辩护权利。

3. 刑事合意的双重张力

刑事合意的内在张力主要表现为刑事合意的合法性和合法律性。刑事合意的合法性是指合意的达成出自确保当事人自愿以及各参与方权利互认的规范基础之上,要求各参与方以尽量平等的商谈姿态形成意思表示的一致。刑事合意在经法庭审理转化为裁判结果前并不具备确定性,所以合法律性主要是指将合意作为裁判结果之合法运用主张,合意形成的过程充分满足对上述稳定期待合法性之担保。刑事合意的外在张力主要表现为刑事合意的实证性和正当性。刑事合意的实证性要求合意达成的过程、方式、效力等方面通过法律规范预先予以明确,参与方通过专业人士的帮助了解合意的过程和结果。同时,实证性使合意处于效力不稳定状态,被追诉人具有随时反悔的机会。刑事合意的正当性是内在合法性的外在延伸,取决于自由平等的法律共同体成员和当事人通过理性商谈,最终同意借助达成合意的方式来调节自身权利并对最终裁判结果施加影响。具体到司法实践中,刑事合意的合法律性和实证性构成了合意内容的自洽性,标志着各参与方在达成合意过程中遵守了现行法律规范,具有鲜明的法律职责属性。合法性和正当性构成了刑事合意合理的可接受性。由于带有沟通磋商的成分,合理的可接受性要求合意的结果得到充分的商谈自由而被参与者合理地接受,并且由于贯彻同案同判的原则而能够体现出脱离偶然情境、与法律制度相符之必然。

（二）"认罪认罚从宽"内涵新解：以"刑事合意"为视角

认罪认罚具结书的内容属于控辩双方通过协商达成的共同意思表示，是控辩双方共同向法庭提出的建议。[1]量刑建议中的合意参与方分别为检察院、被追诉人及其辩护人，因此属于公力合作模式下的权力—权利型合意。合意的形成需要以控辩双方达成一致意见为基础，合意内容包括定罪、量刑和程序适用，合意的效果旨在实现程序正当前提下的诉讼经济，以及对被追诉人的从宽处罚。合意本质上属于公诉权与辩护权之间的相互配合和妥协。由于合意只有得到裁判权的确认才能生效，这也形成了合意效力的不稳定状态。理想合意的形成需要经历出示诉讼证据、交换法律意见、确认案件事实、产生合意结果等几个步骤，并最终在庭审阶段进行效力的确认。

1. "认罪"：事实问题的合意

根据《指导意见》第 6 条对"认罪"的定义，首先需要明确"罪行""犯罪事实"的涵旨。[2]罪行是一个实体法概念，主要指符合一定条件的现实行为。立法层面表现为关于个罪的犯罪构成，司法层面则表现为现实中的具体行为具有构成要件该当性。[3]犯罪事实则属于一个程序法概念，与构成要件同源于意大利的犯罪确证理论，两者伴随着程序法与实体法分离而在各自法域内确定下来。[4]因此，罪行与犯罪事实的内涵基本上一致。这一点可以在最高人民法院出台的关于法定量刑情节的司法解释和相关文件中得到印证，被追诉人承认罪行的涵义等同于认可犯罪事实，即向司法机关呈现出自己认知范围内的客观事实，不同的表述可能是为了实现程序法与实体法之间的衔接。[5]但这里对认罪的内涵界分并非出于同义反复的强调，而是呈现出控辩双方通过商谈达成合意的逻辑图景。认罪要求被追诉人表达自己对于犯

---

〔1〕　参见闫召华："论认罪认罚案件量刑建议的裁判制约力"，载《中国刑事法杂志》2020 年第 1 期。

〔2〕　《指导意见》第 6 条规定："……认罪认罚从宽制度中的'认罪'，是指犯罪嫌疑人、被告人自愿如实供述自己的罪行，对指控的犯罪事实没有异议。……"

〔3〕　参见赵廷光："论罪行"，载《中国法学》2004 年第 3 期。

〔4〕　参见［日］齐藤由纪："犯罪事实与构成要件"，齐虹丽译，载《昆明理工大学学报（社会科学版）》2009 年第 3 期。

〔5〕　关于如实供述罪行和如实交代主要犯罪事实的表述，参见《最高人民法院关于处理自首和立功具体应用法律若干问题的解释》《最高人民法院关于处理自首和立功若干具体问题的意见》《最高人民法院、最高人民检察院关于办理职务犯罪案件认定自首、立功等量刑情节若干问题的意见》。

罪事实的认知信息，这种表达需要具备真诚性、真实性。真诚性要求被追诉人认罪系出于自愿真诚的态度，而非逃避处罚、避重就轻，否则将对其认罪态度形成否定性评价，[1]但不包括"对行为性质提出辩解"；真实性要求被追诉人向追诉机关供述主要罪行，但不认可一些不重要的事实不影响已经形成的肯定性评价。司法实践中，检察机关讯问时通常会给予被追诉人主动供述犯罪事实的机会，但囿于表述能力的差异和记忆的不准确，检察机关之后会对事实予以补充并要求被追诉人确认。被追诉人无法表述或不主动表述的特殊情况下，检察机关也可能先指出准备指控的犯罪事实，例如案件已达到确实、充分的证明标准。此时，检察机关由信息的接收方转为信息的发布方，但也需具备真诚性和真实性。检察机关提出的指控事实应当具有真实性，如果系虚构则可能是诱供行为所致，获取的口供将作为非法证据予以排除；检察机关在商谈过程中应当具备真诚性，确保被追诉人具有认罪认罚的选择权。由于控辩双方进行的是一种反思性交流，所以应当列出理由支持其所陈述的事实，并且为了更好地消除异议，可以通过适当地反驳对方主张以进行批判性检验。需要特别指出的是，《指导意见》提到了有条件的"探索证据开示制度"，旨在为被追诉方提供足够的信息来源，为其自愿认罪创造一种理想的商谈情境。

2. "认罚"：法律适用的合意

根据 2018 年《刑事诉讼法》和《指导意见》的规定，"认罚"主要指被追诉人认可将要接受的处罚。认罚建立在公诉机关与被追诉人对案件定性不存在分歧的基础上，代表了双方针对法律适用通过商谈达成的合意。追诉机关在商谈时需要首先履行"权利告知和听取意见、认罪教育"的职责，从而营造出一种理想的沟通情境。被追诉人只有清楚了解自身权利以及作出有罪供述后将要承担的责任，作出的意思表示才可能真实，才会将反悔的可能性降到最低。侦查机关将认罪认罚的情况写入起诉意见书的行为不属于合意，而属于侦查机关接收信息后作出的单方意思表示。犯罪嫌疑人可以要求侦查机关写入认罪认罚的情况，对方并无拒绝的权力，不符合合意的构成要件。起诉阶段，检察机关与被追诉人及其律师针对法律适用问题展开商谈并"尽

---

〔1〕 参见苗生明、周颖："认罪认罚从宽制度适用的基本问题——《关于适用认罪认罚从宽制度的指导意见》的理解和适用"，载《中国刑事法杂志》2019 年第 6 期。

量协商一致"，控辩双方的合意结果最终以量刑建议的形式呈现。认罚阶段的商谈尤其强调正当性，被追诉人悔罪伏法，认识到曾经实施的行为对社会造成的危害，认可司法机关的处理符合法律规范要求。追诉机关出具的量刑建议应当符合法律规范，尽管除法律效果外还需要考虑社会效果和政治效果，但应当控制在法定刑幅度之内。此外，认罚合意有利于促成谅解合意的达成，被害人的拒绝将造成从宽幅度的酌减。[1]但被追诉人与被害人达成的谅解合意并非形成认罚合意的前置条件，谅解合意未达成不具有终止认罚合意的效果。被害人与被追诉方的沟通也需要符合理性商谈的要求，旨在使双方实现相互理解。如果被害人提出的要求过于苛刻，明显不合常理，即使未形成合意，也不应当影响案件的处理结果。

3. 程序选择的合意

当事人不认可案件采用快速审判程序处理的，不会直接导致认罪认罚遭到否决的效果，但有可能对公诉机关建议的处罚结果产生作用。[2]认罪认罚从宽制度体现出的多元化价值追求在司法实践层面呈现出不同的表现形式，其中"及时惩罚犯罪、推动繁简分流、节约司法资源"主要通过案件审理的程序选择予以落实。被追诉人不同意适用较为简易的审理程序（确实不符合适用条件的除外），一方面可能使司法机关认为被追诉人认罪认罚缺乏真诚性，后期具有反悔的可能；另一方面造成上述价值目标无法实现，增加了诉讼成本。同时，如果对案件结果已经能够排除合理怀疑，并且当事人的有罪供述系自决作出，选择普通程序审理对其也并无太多益处。因此，2018年《刑事诉讼法》《指导意见》虽未明确规定控辩双方需要达到程序选择的合意，但这对最终的量刑建议将产生影响。

4. "从宽"：合意的异步兑现

从宽并非检察官、法官给予的"恩惠"，而是被追诉人享有的法律"阳光"。从宽处罚是控辩合意对于被追诉人利益的兑现，但由于量刑建议转化为最终裁判后才能发生效力，所以这种兑现并非同步，而错位为异步兑现。裁判结果作出前，被追诉人仍然不确定是否能够享受到量刑优惠，而追诉机关

---

〔1〕 "认罚"考察的重点是犯罪嫌疑人、被告人的悔罪态度和悔罪表现，应当结合退赃退赔、赔偿损失、赔礼道歉等因素来考量。参见苗生明、周颖："认罪认罚从宽制度适用的基本问题——《关于适用认罪认罚从宽制度的指导意见》的理解和适用"，载《中国刑事法杂志》2019年第6期。

〔2〕 参见周新："认罪认罚从宽制度立法化的重点问题研究"，载《中国法学》2018年第6期。

此时往往已经通过被追诉人的自白获取了新的证据，等同于兑现了部分合意利益。为了弥补合意异步兑现造成的不平等，法律明确赋予被追诉人反悔的权利，并且要求法院"一般应当"采纳以控辩合意为基础的量刑建议，降低合意兑现的不确定性。检察机关代表国家权力机构与被追诉人进行商谈，法院的充分尊重给予其确定性，也使商谈结果具备更强的合理的可接受性。同时，控辩合意、被追诉方与被害方达成合意后，认罪认罚具结书的签署表明犯罪行为造成的纠纷本质上得到解决，控辩对抗和被追诉方与被害方的冲突得到较大程度的消弭。量刑建议不被采纳的特殊情况主要包括被追诉人反悔和非自愿认罪认罚以及案件缺乏事实基础，"其他可能影响公正审判的情形"主要指量刑建议畸重或畸轻，〔1〕这意味着控辩双方的商谈违反了真实性、正确性或正当性，合意的形成并非出自参与方理性商谈的结果，自然不具备有效性。

（三）法律商谈理论的引入：从"合意"走向"共识"

法律商谈的目的是达成有证立根据的共识（Begründeter Konsens），这成为商谈各方提出有效性主张之正当性的必要条件。〔2〕各参与方通过法律商谈达成合意，并对合意的有效性进行理性推导式的检验，最终形成合意有效的共识。合意的有效性不仅在于认知，更在于兑现，因而合意的有效性不局限于其中体现出的内容，还包括商谈各方达成共识的程序性基础，这代表了一种普遍关切的利益。

1. 权利面向

权利与其说是主体以占有者姿态所进行的隔绝和疏离，毋宁说是法律秩序的一部分。这种秩序预设了主体间以作为相互承认的自由、平等的法律同伴所形成的协作，前提是彼此间存在相互关涉的权利和义务。〔3〕按照哈贝马斯的观点，法律只有同时具备正当性、实定性和可强制执行性，才可能是有效的。如果说后两者主要指法律由公认的权威机构制定并且使用强力确保得以执行，通过司法部门对违反法律的行为进行惩戒，那么法律的正当性则以公民自由的理性服从为基础。因为根据商谈原则，法律的有效性取决于作为

---

〔1〕 参见陈卫东："认罪认罚案件量刑建议研究"，载《法学研究》2020年第5期。

〔2〕 参见［美］莱斯利·A. 豪：《哈贝马斯》，陈志刚译，中华书局2002年版，第62页。

〔3〕 参见［德］哈贝马斯：《在事实与规范之间：关于法律和民主法治国的商谈理论》，童世骏译，生活·读书·新知三联书店2003年版，第111页。

相关者的所有现实世界的组成人员对正当程序保障下的引申式法律创设过程的认同，亦即有效性前提便是形成的法律秩序预设了主体间相互确保自由、平等的权利基础。抛开复杂的程序性要件，认罪认罚中合意与法律秩序的形成异曲同工。参与方对于其在合意形成过程中赞同的内容，自然也会自愿的服从。合意的价值也体现在确保个人和集体的权利彼此协调。合意的正当性具有二值编码，既不应缺乏对被追诉人基本权益的恰当关切，[1]也不应过分迁就权利保障而忽略公共利益。[2]个人利益与公共利益的平衡造就了认罪认罚从宽制度，任何一方的缺位都将带来无法弥补的裂痕。合意转变为共识，需要各方通过法律商谈消除合意效力的不稳定状态，这不仅需要各参与方在考虑他方同意的基础上作出互利的妥协，更要求权力与权利相互的尊重与平衡。这至少包括以下几个方面：一是被害人合法权益得到充分保障。目前各法治国家越来越重视对于被害人权益的保障，承认被害人刑事诉讼的主体地位已逐渐成为法治进步的潮流和标志，在我国也具有异常重要的意义。司法实践中，部分被害人会因为对判决不满而上访，这一方面源于裁判文书的说理性有待加强，更重要的是被害人的诉讼主体地位未得到认可，无法作为商谈主体参与到诉讼进程中，对于诉讼结果难以真诚的支持。认罪认罚从宽制度要求公诉机关在确定惩处结论前需要尽可能考虑到被害方是否谅解以及对此的态度，体现出对被害人权益的重视。二是被追诉人顺畅行使辩护权利。被追诉人作为商谈主体，其权益得到充分保障意味着合意具备正当性基础。三是权力行使的谦抑与克制。一方面，量刑建议作为检察机关代表国家与被追诉人进行商谈的结果，法院应当充分尊重。即使发现内容明显不当，也应当允许控辩双方再次商谈，达成新的共识。如果上级法院发现下级法院判决存在错误，也应尽量克制改判的冲动，以发回重审为原则、直接改判为例外。另一方面，检察机关量刑建议本质上属于求刑权，是起诉权的下位权，不必然决定裁判结果。面对法院提出调整量刑建议的要求，检察机关应当审慎考虑而非冲动回绝，避免权力内部的冲突损害到当事人的权益。

---

[1] 认罪认罚从宽制度重视被追诉人辩护权利的保障，例如认罪认罚具结书签署时必须有律师在场。

[2] 根据《指导意见》第8条第1款规定，被追诉人认罪认罚后可以从宽，而非一律从宽；部分犯罪性质和危害后果特别严重、犯罪手段特别残忍、社会影响特别恶劣的案件不适用认罪认罚从宽制度。

2. 方式面向

按照哈贝马斯的观点，共识的正当性并非仅仅源自各方最终达成什么样的合意内容，而更多取决于法律商谈的形式特征。法律商谈的形式特征能够将策略取向和沟通取向的选择或行为相分离，又可以通过外部限定选择空间的强制性使两者相协调。[1]首先，应当允许利益相关方具备参与商谈的机会。这主要强调被追诉人具有启动认罪认罚程序的权利，可以主动要求与公诉机关就案件情况进行商谈。同时，允许被害方了解案件的进展情况，并对认罪认罚的适用发表意见。其次，被追诉人商谈时提出的主张需要适当明确，并且举出相应论据。论据作为一种理由，它不仅对被追诉人提出的主张加以确认，同时合理推动参与商谈各方接受相应主张。[2]公诉机关对于主张的反驳同样需要理由，而非基于权力的任性，只有这样，你来我往式的商谈才有可能持续下去并形成共识。再次，商谈过程免于胁迫、阻挠或不公正的规范。[3]最后，商谈结果允许各参与方进行反复的批判式检验，以实现所有参与方都能够接受的内容。法律商谈应当能够在事实层面和规范层面上自由地跳跃，以缓解合意的内外部张力。认罚合意虽然建立在认罪合意基础之上，但如果在认罚商谈中双方发现对犯罪事实的认识仍存分歧，应当允许返回认罪商谈。这不仅有利于探知实体真实，更重要的是尊重被追诉人作为商谈的主体性地位，避免后期合意的破裂反噬前期商谈的成果。法律商谈的前提是主体间相互表达言语的理解，这也是达成共识的前提。不论事实商谈抑或法律适用商谈，使用的工具必定是充满法律专业术语的语言媒介，所以应当为认罪认罚的被追诉人配备律师作为商谈代表。

3. 效果面向

"规范的法律理论有必要同经验的社会科学研究保持联系，一方面从后者的研究当中获得证明，另一方面为后者的研究提供参照。"[4]法律商谈在认罪

---

〔1〕 参见［德］哈贝马斯：《在事实与规范之间：关于法律和民主法治国的商谈理论》，童世骏译，生活·读书·新知三联书店 2003 年版，第 145 页。

〔2〕 参见［德］哈贝马斯：《在事实与规范之间：关于法律和民主法治国的商谈理论》，童世骏译，生活·读书·新知三联书店 2003 年版，第 277 页。

〔3〕 参见［英］詹姆斯·戈登·芬利森：《哈贝马斯》，邵志军译，译林出版社 2015 年版，第 42 页。

〔4〕 参见［德］哈贝马斯：《在事实与规范之间：关于法律和民主法治国的商谈理论》，童世骏译，生活·读书·新知三联书店 2003 年版，第 707 页。

认罚从宽制度中的效果需要通过司法实践进行检验。法律商谈的效果可以通过以下几方面予以考查：一是商谈代表的选任是否合理。这集中体现为律师是否提供了有效辩护，以及被追诉人对于律师提供的法律帮助是否满意。二是合意转化为共识的比率。法律商谈的合意只有转化为司法裁判，才能形成稳定的效力，此过程中通过法院进行的审查排除了胁迫等非法因素的影响以及案件不具备事实基础的障碍。共识的达成意味着商谈的过程充分且合理，也侧面印证了律师法律帮助的有效性。三是合意转化为共识的及时性。在具备了正当性和自愿性的基础上，快速审理有益于被追诉人尽早摆脱讼累，也有利于实现诉讼经济目标。一方面，可以通过认罪认罚案件适用速裁程序、简易程序的比例进行考查，案件适用快速审理程序说明控辩双方的大部分诉争已得到消除；另一方面可以从诉讼流程的具体耗时中得到直观的反映。

第三节　实践理据：程序性法律论辩理论

认罪认罚从宽制度中，各参与方的角色定位有所区别，尤其是被追诉人并非自愿加入其中，其多项权益也受到限制，但法律总体上允许被追诉人以自身利益为取向采取行动。在受到时效限制的刑事诉讼程序中，辩护律师的及时加入有助于满足被追诉人的利益需求，也能够确保被追诉人的认罪认罚系自愿作出。尽管律师同样负有维护法律实施和还原事实真相的义务，但如何获取一份对被追诉人有利的裁判结果应当作为其首要关注的问题。为达成这一目标，律师需要掌握一套在司法实践中行之有效的操作技术，程序性法律论辩理论反映了律师在认罪认罚从宽制度中进行辩护的实践规律。

一、法律论辩与普遍理性实践论辩

论辩是就命题真实性或正确性进行检验的行为整体，包括实践论辩和法律论辩。[1]普遍实践论辩（Allgemeiner Praktischer Diskurs）通过论据将道德、

---

〔1〕　实践论辩（praktische Diskurse）是规范性命题之正确性的论辩，法律论辩是在法律、法教义学和判例等受限条件下进行普遍实践论辩之特殊情形。参见罗伯特·阿列克西：《法律论证理论：作为法律证立理论的理性论辩理论》，舒国滢译，商务印书馆 2019 年版，第 221 页。

伦理和实用问题形成关联，而法律论辩也同时向三者开放。[1]法律论辩则代表了一种带有程序意味的普遍实践论辩，通过对其主张的论辩规则进行证立而获得合理性。换言之，法律裁判作为一种特殊情形下的规范性命题，通过法律论辩予以证成。法律论辩以理性方式对规范性命题予以证立，前提是需要遵循一系列的论辩规则和程序性技术，从而为法律裁判的正确性提供某种普遍、可靠的理性基础。[2]而基于法律职业共同体的先验共识能力，诉讼参与主体可能就案件的裁判结果达成共识。[3]麦考密克对此持相同观点，认为支持实践理性的理由同样能够对法律推理正当性予以证成，由此将其纳入到实践论辩的涵摄范围之中，尽管实践理性并不能总是为法律推理带来确定的结论。[4]

（一）论辩规则正当性证成

亚里士多德将实践话语的有效性要求归为行为规范的正确性，规范性命题的正确性应当通过论辩方式予以阐明。规范性命题虽非经验无涉和完全排斥主观情感，但其正确性无法借助自然主义、直觉主义以及通过主观因素和描述因素得到加强的情感主义加以检验，[5]这一确立价值判断和义务判断的过程构成了实践论辩。哈贝马斯认为诉诸理想的沟通情境下通过论辩建立起来的共识意味着达到了可接受性标准，这种共识得到了所有论辩参与方的认可而且合乎理性的要求。阿列克西在这一观点的基础上认为所有建立在理性规则基础之上的实践论辩便是理性实践论辩。但即使规范性命题论辩规则的遵守得以证成，也并不足以说明其具有正确性，因为理性论辩规则的正当性尚未得以阐明。

对于理性论辩规则的证立需要借助另一个层面的规则，但无穷递归的证

───────────

〔1〕 参见［德］罗伯特·阿列克西："法律的不确定性与司法的理性——评哈贝马斯《事实性与有效性》第五章"，冯威译，载《中国应用法学》2017年第2期。

〔2〕 参见焦宝乾："论证、法律论证及相关名词辨析"，载《法律方法》2006年第0期。

〔3〕 哈特认为："在司法过程中，法官与当事人正是因为能够在法律语言的核心意义上存在共识而得以依据法律规则解决个案问题。"参见褚国建："疑难案件与法律推理——麦考密克之《法律推理与法律理论》评析"，载《清华法治论衡》2009年第2期。

〔4〕 麦考密克将法律案件区分为简单案件和疑难案件，简单案件主要运用演绎推理证明，疑难案件需要在此基础上进行二次证明。麦考密克所称的法律推理与法律论辩的内涵高度重合，本书并非专门对此进行研究，因而不强调两者间的差别。参见［英］尼尔·麦考密克：《法律推理与法律理论》，姜峰译，法律出版社2005年版，第8页。

〔5〕 参见［德］罗伯特·阿列克西：《法律论证理论：作为法律证立理论的理性论辩理论》，舒国滢译，商务印书馆2019年版，第218~219页。

立将可能陷入汉斯·阿尔伯特提出的"明希豪森三重困境"（Münchhausen Trilemma）之中。[1]对此，阿列克西提出了证立这些规则的四条进路。一是技术层面的证立方式。技术证立将理性论辩规则作为实现某种目的的手段，这种目的代表了各参与方以一种论辩的方式消除分歧、弥补隔阂，以达到稳定的状态。姑且不论论辩结果充满不确定性而导致难以保证实现目的，即便如此，目的的正当性也需要证成。如果将真理、正义等众所公认的价值作为论辩目的，则依然难以摆脱自我论证的怪圈：将真理和正义作为价值目标的同时，却又通过目标来证明手段的正当。二是经验层面的证立方式。经验证立具有较强的实用主义特点，认为论辩规则事实上被公众所接受，或者能够产出与现行规范相符合的结果，便具备了正当性的条件。这种证立方式能够通过规范确信与规则结果之间的矛盾进行证否，也表明规则在现行条件下有可能存在，但存在并非一定合理。事实与理性之间的张力难以通过规则予以消解。三是语言层面的证立方式。这种方式通过将规则定性转化为最受采纳的旨在讨论建构规范性陈述的语言游戏规则体系，规则体系的呈现代表了公众对语言的接受，进而替代了对规则的证立。这种证立方式有可能构建新的规则体系，但严格意义上并不算一种证立，并且由于缺乏互动而显得过于独断。四是语用层面的证立方式。这种证立方式建立在规则的有效性基础上，对于某些人类行为方式具有建构性作用，但这种规则在实践中的数量多少甚至是否存在仍是未知。虽然四种进路均存在不同程度的缺陷，但对于论辩规则的论辩参与者们，只要对于选择哪种方式达成共识，进而按照其规则进行，便说明已经具备了理性要素。

（二）论辩规则和形式

阿列克西的普通理性实践论辩的重要意义不仅在于提出了论辩理论的规范性向度，更重要的是在程序性向度内提出了五组论辩规则和一组论辩形式。基本规则包括逻辑规则、真诚性规则和两组基于语言共通性的适用于表述的规则。[2]逻辑规则基于有效性而非真实性向度的义务论，要求论辩参与方的陈述前后融贯，除非施加相应的限制条件；真诚性规则要求论辩行为符合哈

---

〔1〕　关于"明希豪森困境"，参见〔德〕罗伯特·阿列克西：《法律论证理论：作为法律证立理论的理性论辩理论》，舒国滢译，商务印书馆 2019 年版，第 220~221 页。

〔2〕　参见〔德〕罗伯特·阿列克西：《法律论证理论：作为法律证立理论的理性论辩理论》，舒国滢译，商务印书馆 2019 年版，第 232~236 页。

贝马斯关于商谈有效性要求中的真诚性要求，确保共识并非建立在欺骗的基础之上；表述规则要求同样情况同等对待和同等表述，作出主张的论辩参与者应当推己及人地思考。理性规则包括普遍证立规则和建立在哈氏的理想的沟通情境之上的论辩规则，包括自由进入规则、论辩自由规则和论辩自愿规则。理性规则无法在所有的论辩过程中实现，更多体现出一种对标性意义。自由进入规则和论辩自由规则保证论辩参与者主张、反驳、论辩、申诉的自由；论辩自愿规则确保上述所有活动在自愿的前提下作出。论证负担规则涉及论辩各方建立在效力惯性基础上对于证明负担的分配，包括可普遍化规则、增加论辩对象规则、证明责任转移规则以及相关性规则。[1]可普遍化规则指论辩方曾经提出的主张具有效力惯性，除非他能够证明这种惯性已经消失；增加论辩对象规则要求论辩前提同样具有效力惯性，除非论辩参与方具有明确的理由对此怀疑；证明责任转移规则赋予论辩方的主张以效力惯性，除非他方出示反证；相关性规则禁止无关主张或陈述进入论辩。论述形式涉及对实践论辩价值判断的特征加以表述。证立规则包括可普遍化规则、反思性规则、可实现规则。[2]此处的可普遍化规则进一步明确了论辩者推己及人地认同其所提出的主张，并且通过论辩公开增加了达成共识的可能，这类似于罗尔斯提到各方在无知之幕后作出的决定；反思性规则要求论辩观点应当能够经受批判性检验；可实现规则要求论辩结果应当能够通过经验知识转化为现实。过渡规则主要指实践论辩转向其他论辩形式的类推规则，旨在解决包括事实认定、沟通问题和论辩自身的问题。[3]

普遍理性实践理论的上述规则是建立在实践合理性六大原则的基础之上，但原则和规则之间并非一一对应的关系，一个规则可能具备多个原则基础，一个原则可能同时支持多个规则。[4]论辩规则很难完全得以实现，并且一些

〔1〕 参见［荷］伊芙琳·T.菲特丽丝：《法律论证原理——司法裁决之证立理论概览》，张其山等译，商务印书馆 2005 年版，第 97 页。

〔2〕 参见［德］罗伯特·阿列克西：《法律论证理论：作为法律证立理论的理性论辩理论》，舒国滢译，商务印书馆 2019 年版，第 232~236、250~254 页。

〔3〕 参见［德］罗伯特·阿列克西：《法律论证理论：作为法律证立理论的理性论辩理论》，舒国滢译，商务印书馆 2019 年版，第 232~236、254~257 页。

〔4〕 六大原则分别是：连贯性、效率性、可检验性、融贯性、可普遍化和真诚原则，原则与规则的对应关系参见［荷］伊芙琳·T.菲特丽丝：《法律论证原理——司法裁决之证立理论概览》，张其山等译，商务印书馆 2005 年版，第 103~104 页。

规则的实操需要结合具体情况、具体条件因时制宜。例如，过渡规则转变为事实认定规则时便需要自然科学的介入，并且由于基本事实的不确定性导致难以预判所有情况。同时，论辩规则无法确保最终形成具有实质内容的合意，即使形成了合意也不可能具备强制执行力，随时可以撤销。最后，论辩规则有可能形成相互矛盾的主张或命题均得到证立的情况。此时，法律论辩理论作为普遍理性实践论辩理论的一种特殊情形，旨在将论辩空间限制在法律规范框架范围内，通过尽可能明确论辩步骤以达成论辩结果。

二、法律论辩理论

普遍理性实践论辩无法保证形成共识，但法律程序一定要以最终裁决作为程序终点，裁决的合理性一定程度上取决于各方是否对此达成共识，因此需要对实践论辩的规则和形式作出一定修正。司法裁判需要具备合理性和正确性，运用可靠的法律规则作为法律推理的前提，通过事实判定规则对事实证据进行认定。法律论辩强调两个以上的主体间针对法律适用和事实认定进行的探讨和辩论，重在论辩之过程，并不将论辩结果的内容作为唯一强调的因素。法律论辩的合理性取决于旨在谋求法律主张可接受性相关的证立过程的程序属性，各种证立规则在程序属性的加持下得以创立。法律论辩并不强调客观真实，而是关注法律条文适用是否合理或妥当。所以法律论辩理论本质上属于程序性论辩理论。法律论辩可以分为内部证成和外部证立。内部证成旨在实现通过既定的大、小前提最终逻辑的推导得出合理的法律判断，外部证立需要解决既定前提本身的有效性问题。[1]实践论辩由于缺乏程序理性而无法确保其结论具有真实性、确定性和及时性，法律论辩能够通过赋予其及时的共识和普遍遵循的规范而完善上述缺陷。[2]例如，辩护律师提出一个主张，旨在得到法官或者检察官的认可。这个主张必须以合乎程序要求的方式提出，才有可能得到处于统一法律秩序约束之下的其他参与方的认可；主张也必须是有依据的，否则辩护律师无法判断与其具备同样理性的参与方是否能够认可该主张，除非辩护律师本身便是非理性或是不尽职的。阿列克西

---

〔1〕 参见周祯祥："理性、规范和面向司法实践的法律论证"，载《政法论丛》2015年第2期。

〔2〕 参见［荷］伊芙琳·T. 菲特丽丝：《法律论证原理——司法裁决之证立理论概览》，张其山等译，商务印书馆2005年版，第66页。

将法律论辩划分为内部证成和外部证立，麦考密克将裁判结果的形成划分为演绎推理和次级推理。此部分以阿列克西的法律论辩理论为主要研究脉络，同时结合了麦考密克的法律推理理论尤其是价值分析方法。

（一）内部证成（Interne Rechtfertigung）

阿列克西在卢勃列夫斯基关于法律裁决论证理论的基础上，以演绎推理中的逻辑三段论为基础展开，发现了一系列内部证成规则。内部证成的法律推理三段论可以分为简单形式和普遍形式，其中简单形式如下：

（1）（x）（Tx→ORx）

（2）Ta

（3）ORa   （1）（2）[1]

简单形式符合普遍实践论辩理论中理性规则的表述规则对于形式正义的要求。其中（1）揭示了一个法律规范及其适用情境；（2）呈现出符合法律规范适用情境的实际发生的情况，亦即事实情况与法律规范描述情境具有规范相关性（Normative Relevanz）；（3）是在（1）（2）基础上最终形成的法律判断。简单形式意味着为保证法律判断结论的唯一性，必须在引入普遍性规范的基础上，连同事实命题逻辑推导作出，主要强调法律规范与案件事实的适配性。同时，法律规范中的适用情境往往不止一种，可能存在包含"并且""或者"等逻辑联结词的合取命题和析取命题，或者通过"并非"排除适用某些实际情境。为了确保实际发生的案件事实符合法律规范描述的适用情境，便需要事实认定规则。简单形式结合事实认定形式，便形成了如下的普遍形式：

（1）（x）（Tx→ORx）

（2）（x）（Mlx→Tx）

（3）（x）（M2x→Mlx）

……

（4）（x）（Sx→Mnx）

（5）Sa

---

［1］ 参见［德］罗伯特·阿列克西：《法律论证理论：作为法律证立理论的理性论辩理论》，舒国滢译，商务印书馆 2019 年版，第 271 页。

（6）ORa　　　　　（1）－（5）[1]

（2）－（5）主要指事实认定的形式，为了尽可能地消除案件的争议，需要近乎穷尽地通过分解适用情境展开逻辑推理，使案件事实与法律适用达到最大程度的契合。内部证成所体现出来的法律涵摄代表了法律判断作出的基本逻辑形式，证成结论由于运用演绎逻辑而具备正当性。换言之，内部证成属于一种符合逻辑规则要求的思维形式，由于内部证成能够体现出法律适用的严谨性和正当性，曾一度被西方法治国家和我国法学界奉为圭臬。内部证成的形式正义要求人们严格按照论辩的形式，从一个或若干命题中挖掘出结论性命题，证成结果需要符合逻辑要求，而不必过分关心具体内容。

首先，内部证成的形式正义要求发起诉讼的原告需要负担证明责任，表现到刑事诉讼程序中，便是公诉机关负有证明被追诉人有罪和罪重的责任。程序法规则要求公诉方提起诉讼时必须具有明确的指控请求，这一请求是以内部证成为基础得出的主张。其中的小前提需要得到以符合证据规则的方式进行的证明，如果未达到法定证明标准则意味着小前提的缺失，被追诉人将被合乎逻辑地宣告无罪。[2]其次，只要能够将特定情境确定为小前提并且找到能够将小前提涵摄于规范范围之内的大前提，一定能够形成特定的结论。再次，面对纷繁复杂的实际情境，哪些事实有利于佐证己方主张、哪些有可能反驳对方主张，需要结合法律规范予以选择，所以格外考验法律专业素养。"法律专业知识的专有者和有能力获得法律专家支持的人更有机会赢得诉讼"，[3]律师对于当事人的作用可想而知。最后，证成逻辑本身无法带来知识增量，与证明规则间的界限也泾渭分明，强调诉讼结论需要符合证成逻辑能够体现出对于理性精神的景仰。内部证成的一个关键作用便是通过演绎推导使不能够从现行法律规范中直接延伸出来的隐而不彰的经验命题完整呈现出来，[4]识别错判概率的提高以及形式正义的满足能够促进正义的达成和实现法的安

---

〔1〕 参见［德］罗伯特·阿列克西：《法律论证理论：作为法律证立理论的理性论辩理论》，舒国滢译，商务印书馆2019年版，第277~278页。

〔2〕 参见［英］尼尔·麦考密克：《法律推理与法律理论》，姜峰译，法律出版社2005年版，第42页。

〔3〕 ［英］尼尔·麦考密克：《法律推理与法律理论》，姜峰译，法律出版社2005年版，第44页。

〔4〕 参见［德］罗伯特·阿列克西：《法律论证理论：作为法律证立理论的理性论辩理论》，舒国滢译，商务印书馆2019年版，第279~281页。

定性。

然而，法律规范含义本身带有模糊性，内部证成无法实现对相近甚至相互冲突的规范之间进行的选择。对于成文法国家，法典语言具备更高的一般性特征以便涵摄更多的生活情境，机械的执行逻辑演绎无法填补此举遗留的解释空间；判例法也由于法官作出判决的历史局限性存在上述问题；甚至某些疑难案件根本无法在现行法律规范内找到合适的法律依据。[1]根据维特根斯坦提出的"家庭相似性"理念，[2]范畴与范畴、概念与事物之间无法达到绝对的一一对应关系，所以法律规范也无法做到完全将事实涵摄于适用情境之中。换言之，内部证成蕴含着对前提进行外部证立的法律发现的内在需求。麦考密克看来，法律所体现出来的社会秩序是立法、执法或司法实践中不同利益群体价值相互竞争妥协的结果，所以法律不可能作出价值中立。[3]同样，法律论辩也无法脱离这一价值体系单独完成，麦考密克据此认为即使强调形式主义的内部证成（演绎推理）能够体现出某种程度的价值权衡，但对于大小前提的外部证立对价值判断的需求则更加突出。

（二）外部证立（Externe Rechtfertigung）

波斯纳曾指出，内部证成仅仅具备形式上的严谨性，对前提的选择和判断更多出自裁判者的直觉和内心判断，这也导致裁判结果具有相当程度的不确定性。[4]法律论辩成立的前提或者最终形成的司法裁判能够得到证立，不但取决于按照演绎逻辑的推理模式从大、小前提必然或合理地推导出结论，更关乎于大、小前提本身的正确性或合理性，前提作为法律论辩理论体系之基石，其稳固程度关乎整个法律论辩理论之倾倒或矗立。[5]因此，理性的法律论辩应当体现在两个层面：首先是法律论辩符合形式逻辑要求，通过逻辑推导将小前提涵摄于大前提意指的情境之中，即具备形式上的理性，这主要指内部证成；更重要的是建立在准确认定事实基础上的合理适用法律，这涉

〔1〕 参见［英］尼尔·麦考密克：《法律推理与法律理论》，姜峰译，法律出版社2005年版，第62~68页。

〔2〕 See E. Rosch, C. B. Mervis, "Family Resemblances: Studies in the Internal Structure of Categories", *Journal of Cognitive Psychology*, Vol. 7, No. 4., 1975, p. 575.

〔3〕 参见［英］尼尔·麦考密克：《法律推理与法律理论》，姜峰译，法律出版社2005年版，第225页。

〔4〕 参见［美］理查德·A·波斯纳：《法理学问题》，苏力译，中国政法大学1994年版，第55页。

〔5〕 参见王洪：《法律逻辑学》，中国政法大学出版社2008年版，第268页。

及到最终论辩结果在实质上的可接受性问题，即具备实质上的理性，[1]这关涉到对内部证成前提之外部证立。

内部证成的前提可以分为三类：实在法规则，亦即内部证成之大前提，即现在的法律规范；经验命题，指内部证成的小前提，意指能够被法律规范文本含义涵摄于内的具体现实情境；除前两者外的第三种前提，意指外部证立的规则和形式，[2]这也表示内部证成除了遵循本身的规则和形式外，外部证立的规则和形式也对其施加重要影响，两种规则和形式本身也存在一定的联系。例如，由于经验命题关涉的内容千姿百态，可能归属于不同门类的自然科学和社会科学体系，并且本身往往具备很强的不确定性，此时纯粹的法律论辩无法对经验合理的论证起到关键作用，需要过渡到专门对事实问题进行证立的证据规则，普遍理性实践论辩中的过渡规则便发挥作用。经验命题论辩的方法包括自然科学法则、理性推测规则和举证责任规则，[3]很难穷尽所有可能的情况。对于法律适用，麦考密克将法律规范如何理性的选择归类于三个问题：解释问题、关联性问题和定性问题，解释问题源于规范与案件事实的适配性不明确，关联性问题源于案件事实没有合适的法律规范可以适用，定性问题源于不确定具体情境是否能够被法律规范中的适用情境所涵摄。阿列克西的外部证立和麦考密克的二次证立均主要围绕上述问题的解决展开。阿列克西侧重于规范性向度，提出了法律论辩的具体规则和形式；麦考密克侧重描述性向度，强调对于法律论辩模式的描述分析。

阿列克西的外部证立规则分为六组。[4]第一组同时也是最重要的规则是建立在内部证成最简化模式下的解释规准：

(1)　(x)　(Tx→ORx)　(R)

---

[1]　参见王彬："逻辑涵摄与后果考量：法律论证的二阶构造"，载《南开学报（哲学社会科学版）》2020年第2期。

[2]　参见［德］罗伯特·阿列克西：《法律论证理论：作为法律证立理论的理性论辩理论》，舒国滢译，商务印书馆2019年版，第282~283页。

[3]　参见［荷］伊芙琳·T.菲特丽丝：《法律论证原理——司法裁决之证立理论概览》，张其山等译，商务印书馆2005年版，第110页。

[4]　主要包括：（1）解释的规则和形式；（2）教义学论辩的规则和形式；（3）判例适用的规则和形式；（4）普遍实践论辩的规则和形式；（5）经验论辩的规则和形式；（6）特殊的法律论辩形式。参见［德］罗伯特·阿列克西：《法律论证理论：作为法律证立理论的理性论辩理论》，舒国滢译，商务印书馆2019年版，第283页。

（2）（x）（Mx→Tx）（W）

（3）Ma

（4）ORa　　　　　　（1）－（3）[1]

R 代表法律规范，W 代表法律规范在符合语词使用规则下对 R 作出的解释。法律论辩语境下，解释规准最重要的作用便是对（x）（Mx→ORx）进行证立，进而可将解释规准划分为六种具体的论述形式。[2]六组具体的论辩形式所采纳的方式、考量的要素和论辩的重要性均存在差异。司法实践中，六组职能各异的论辩形式有可能导致针对同一种情况形成不同的结果，论辩结论也具有一定的不确定性。针对可能出现多种结果的情况，人们通常采取排序的方式来消除这种不确定性，但针对解释这一带有主观色彩的价值判断方式，仅仅以确定次序的方式很难得到普遍认可。阿列克西引入建立在奥斯汀语用行为基础上的言语行为理论，指出法律论辩与其说要确定不同论辩方式的次序，毋宁是通过确定论辩的规则和形式以提高结论的合理性。[3]语义学解释，亦即通过法律语言或自然语言进行文义解释能否得到 W，进而证立或证否（x）（Mx→ORx）。语义学解释仍然仅能适用于较为简易的案件，即实在法规则涵指的经验命题比较清晰、经验命题涵摄于实在法规则的条件较为明确的案件。如果实在法规则较为模糊，则语义学解释很难发挥作用，便需要适用于发生学论辩的目的解释。目的解释强调对立法者意图的回溯，要求解释结论保持与立法者意图的一致性。如果立法者立法的意图便是通过法律规范 R 将 W 涵摄于内，或者通过法律规范 R 追求目标 Z，[4]如果将 W 纳入 R 的适用情境将导致目标实现，[5]那么 W 也将得到证立。同时，如果 W 成为 Z 的必要条件，[6]则 W 也能够得到证立。目的解释同样存在一个难题，即立法

---

[1]　参见［德］罗伯特·阿列克西：《法律论证理论：作为法律证立理论的理性论辩理论》，舒国滢译，商务印书馆 2019 年版，第 286 页。

[2]　六组具体的论辩形式包括：语义学解释、发生学解释、历史解释、比较解释、体系解释和目的解释，参见［德］罗伯特·阿列克西：《法律论证理论：作为法律证立理论的理性论辩理论》，舒国滢译，商务印书馆 2019 年版，第 287 页。

[3]　参见（台）颜厥安：《法与实践理性》，中国政法大学出版社 2003 年版，第 148 页。

[4]　例如，通过规范电信诈骗犯罪的适用情形以保障人民群众财产安全。

[5]　例如，W 属于电信诈骗的适用情形之一。

[6]　例如，主观故意之于故意杀人。

者意图难以明确，而立法者之经验意图和文义解释均牵涉对事实的判断，[1]所以包含两者的以历史情境作为证立或证否理由的历史解释便至关重要。历史解释旨在强调历史上的实践导致的结果并非理想，而这一判断也需要予以证立。比较解释则是对标域外法律状况，这主要用于法学研究之中，司法实践尤其是刑事诉讼程序中不具备适用空间。体系解释主要涉及法律条文之间的逻辑关系。客观目的解释中的"目的"不包括立法者目的，而是将应然要求事态（Gebotener Zustand）作为前提，依据客观理性而非主观意志进行的法律论辩，是受现行有效法律秩序框架约束的参与主体作出的理性决定，对于论辩结论的可接受性予以格外的关切。这里的难点主要在于客观应然事态之确立。由于法律规范的目的具有复合性，[2]规范的目标之间、规范之间的目标均可能互斥。此时论辩便需要一个能够被视为普遍类型的、具有法律权威的"承认规范"（Criteria of Recognition），亦即法律原则。[3]如何从承认规范推导出有待证立之规范，便需要引入基于评价性和主观性的后果主义考量论辩。

　　后果主义论辩是一种略带主观价值判断的论辩方式，旨在明确为何从可供选择的众多法律规范中将其中一个规范作为论辩的前提。面对并非由唯一标准衡量且客观性并不牢固的价值尺度，[4]论辩参与方需要首先对于可供选择的法律规范可能形成的假定论辩结论予以考量，这并非仅仅关注针对特定情境进行论辩的结果，同样需要挖掘隐藏在法律规范所推导出的普遍结果，以便符合未来同等情况同等处理的形式正式要求。[5]内部证成的形式正义能够给予论辩结论以终局性的理由，实现结论的安定性。但由于这种推导方式并不对法律所蕴含的价值标准进行详细阐释，而这些问题对于论辩结论又具

---

[1]　参见［德］罗伯特·阿列克西：《法律论证理论：作为法律证立理论的理性论辩理论》，舒国滢译，商务印书馆2019年版，第293页。

[2]　例如，很多刑法规范兼具打击某些犯事行为和维护某类社会秩序稳定之目的。

[3]　参见［荷］伊芙琳·T.菲特丽丝：《法律论证原理——司法裁决之证立理论概览》，张其山等译，商务印书馆2005年版，第77页。

[4]　例如，公益、正义、权利等。

[5]　"后果主义论辩会在所有考虑因素中确定一个首先规则作为最优标准，但由于后果主义论辩综合了各种价值的综合判断，甚至对这些价值的对立结果进行协调，借助了多项标准做出判断。"因此，后果主义论辩带有功利主义要素，但体现出的是"规则功利主义"而非"行为功利主义"。参见［英］尼尔·麦考密克：《法律推理与法律理论》，姜峰译，法律出版社2005年版，第107~111页。

有重要意义，同时论辩又在价值标准组成的法律框架内运行，所以对于价值进行判断的后果主义论辩也为法律论辩的形式正义提供了依据。另一方面，形式正义赋予法律的安定性和权威性在论辩过程中便能够予以体现，代表了司法的短期收益，而后果论辩则寻求将司法的长期收益进行贴现后与短期收益之和的最大化，两者的有机结合更有利于司法实践平稳运行，实现法律效果、政治效果和社会效果的统一。后果主义论辩有可能跳出法律论辩的形式而转向其他论辩形式，[1]从而导致完全不同的论辩结果。为保障论辩在法律秩序框架内运行，论证负担规则要求法律论辩相较于其他论辩具有优位，除非具备合理理由打破。[2]同时，后果主义论辩不允许采纳一个与现行法律秩序相抵触的法律规范作为前提，论辩产生的结论也必须在符合实际情境的前提下具有法律依据。法律作为一整套具有效力的规范集合体，相互之间应当具有融贯性。如果规范之间产生冲突，论辩的程序属性需要使在同一现实情境下产生相互抵牾结论的法律规范彼此融贯。法律论辩结论的正确性不能脱离法律规范体系的约束。因此，后果主义论辩需要接受融贯性和连贯性的检验。

融贯性要求法律论辩结论能够与现行法律秩序中的法律价值相协调，即在某些情况下法律原则可以直接作为法律论辩的前提。[3]法律论辩结论的实质合法性要求与法律中蕴含的基本原则和价值形态融为一体，符合社会主流意识形态，这只有在论辩双方通过广泛而充分地交换彼此掌握的信息前提下进行论辩产生。[4]首先，法律规则之间的融贯性本身便具有重要的价值，这意味着法律条文之间具有紧密的逻辑性，也能够限制自由裁量权的过分行使。其次，如果将一项规则作为前提进行法律论辩将导致不公正或不适宜的结论，[5]考虑其他大前提可能是恰当的，所以融贯性并非仅仅意味法律规范对于现实情境的扩展适用，也包括限缩适用。[6]但原则作为前提的法律论辩结

---

〔1〕 例如，一些抛开法律问题，仅仅抓住情理问题展开的辩护。

〔2〕 参见［德］罗伯特·阿列克西：《法律论证理论：作为法律证立理论的理性论辩理论》，舒国滢译，商务印书馆2019年版，第305页。

〔3〕 参见［荷］伊芙琳·T. 菲特丽丝：《法律论证原理——司法裁决之证立理论概览》，张其山等译，商务印书馆2005年版，第85页。

〔4〕 参见［比］马克·范·胡克：《法律的沟通之维》，孙国东译，法律出版社2008年版，第267页。

〔5〕 这体现出融贯性论辩与后果主义论辩的交叉。

〔6〕 参见［英］尼尔·麦考密克：《法律推理与法律理论》，姜峰译，法律出版社2005年版，第176页。

论无法产生终局性效果，因为需要时刻接受其他原则的考验。再次，只有在法律论辩达到包含所有前提的饱和状态时，才能被称为是终局的。最后，基于价值判断的法律原则虽然不必然成为法律论辩的前提，但为论辩划定了合法的界限，这也为那些没有法律规则可以明确适用的疑难案件进行类推论辩成为可能。类推论辩具有如下表现形式：

(1)（x）（Fx V Fsim→OGx）

(2)（x）（Hx→Fx）（W）

(3)（x）（Hx→OGx）　　　　　　（1）（2）[1]

适用类推论辩的案件需要证立基于相同的法律原则，作为前提的现实情境高度雷同，这也理所当然的需要通过经验命题的论辩方式证立，法律规范之间所共享的价值也由模糊变得清晰。换言之，类推论辩要求法律上类似的案件应当具有相似的处理结果，这是基于普遍实践论辩的表述规则和过渡规则在法律规范约束下的特殊情形。连贯性则要求法律论辩的结论要符合如下司法戒律："你不可冒犯既定的和有拘束力的法律。"[2]换言之，法律规范体系的形式正义要求法律条文间的编排能够实现逻辑自洽，否则由于不同的法律规范在调整社会现象时可能发出的不同甚至相互矛盾的指令而导致无法实现社会整合，造成社会秩序的紊乱。此时，连贯性论辩体现出一定的后果主义论辩要素，也要求基于论辩结果考量，基于不同法律规则所产生论辩结论的社会后果之间不应当相互矛盾。[3]连贯性论辩要求针对同样的案件适用同样的法律规范并作出同样的判决，遵循先例有助于实现法律适用的前后一致性。但"人不能两次踏入同一条河流"，实践中几乎无法找出两起完全相同的现实情境。相比于寻找共同点，将注意力聚焦于差异点可能更加可行，这样更有可能区分出差异点是否能够构成相异法律论辩结论的前提。即使两起案件的现实情境十分相似，彼时判例形成的条件也发生了巨大变化，例如法律规范的修改或者刑事政策的变化，使同案同判成为并非亘古不变的法则。但

---

〔1〕 参见［德］罗伯特·阿列克西：《法律论证理论：作为法律证立理论的理性论辩理论》，舒国滢译，商务印书馆2019年版，第344页。

〔2〕 参见［英］尼尔·麦考密克：《法律推理与法律理论》，姜峰译，法律出版社2005年版，第191页。

〔3〕 参见王彬："逻辑涵摄与后果考量：法律论证的二阶构造"，载《南开学报（哲学社会科学版）》2020年第2期。

法的安定性和对司法裁判之信任保障（Vertrauensschutz）要求判例具有适用惯性，任何论辩者若想将判例与目前的现实情境予以区别（Distinguishing）并推翻（Overruling）这一惯性，便需要承担进行证立的论证负担。[1]连贯性论辩在实现路径上则依赖于法教义学，需要遵循法教义学语句上的通说。[2]一方面，某些法律论辩需要在法教义学语境下借助纯法律概念对具体情境加以涵摄；[3]另一方面，法教义学也排除某些论据加入法律论辩，例如，刑事政策只有通过教义学论辩才有可能进入法律论辩场域。[4]因此，"当能够使用教义学论述时，则必须使用之"。[5]

三、认罪认罚从宽制度中律师辩护问题研究的逻辑范式

认罪认罚从宽制度不应异化为确立检察官意志的橡皮图章，律师也不应成为可有可无的见证机器，被追诉人更不应被视作认罪悔罪的宣讲工具。由于控辩双方可能对于案件事实、法律适用以及惩处方式存在分歧，法律论辩旨在直面上述分歧并通过你来我往式的交互沟通最终将其消弭并达成共识。案件事实的确立关乎证据规则的审查，法律适用的明确涉及法律关系和逻辑涵摄的判断，两者均通过抽象的思考和论证得出结论，由此产生的分歧呈现出思辨式的属性。而思辨式分歧意味着论辩各方可以假定只有唯一正确的答案存在，[6]但法律论辩不可能仅仅包括思辨分歧，有些分歧在考量了所有因素后仍然无法形成公认的结论，惩处方式即量刑结果的判断则落实到了具体司法实践方案，由此产生的分歧呈现出实践式的属性。[7]职是之故，法律辩论的主要目的和功能便是消除控辩双方产生的思辨性分歧和实践性分歧，最终引导双方对于案件事实、法律适用和定罪量刑达成共识。具体到认罪认罚

---

〔1〕 参见［德］罗伯特·阿列克西：《法律论证理论：作为法律证立理论的理性论辩理论》，舒国滢译，商务印书馆2019年版，第339页。

〔2〕 即纯法律概念。

〔3〕 例如，某种行为是否构成正当防卫。

〔4〕 参见雷磊："法律方法、法的安定性与法治"，载《法学家》2015年第4期。

〔5〕 ［德］罗伯特·阿列克西：《法律论证理论：作为法律证立理论的理性论辩理论》，舒国滢译，商务印书馆2019年版，第335页。

〔6〕 例如，虽然盗窃罪与侵占罪有时较难区分，但最终必须择一定罪。

〔7〕 参见［英］尼尔·麦考密克：《法律推理与法律理论》，姜峰译，法律出版社2005年版，第238页。

案件中，控辩双方对于现实情境和涵摄规范可能产生分歧，但这种分歧属于思辨性分歧，往往通过有效的论辩能够得出双方均认可的结论。尤其是律师与检察官展开论辩的场合，基于法律职业共同体的身份，具有相似的法律素养和共同的法律语言，思辨性分歧的消弭具备可能性。但对于从宽的幅度，结合目前检方倡导的精确量刑建议，控辩双方通过法律论辩最终形成统一、精确的量刑共识则并非易事。很多情况下，最终的量刑建议除了主要案件事实和法律规范等因素作用，还需要掺杂现实情境的考量，[1]这已经超越了纯粹法律论辩范畴，需要引入实践论辩的某些规则。

（一）效力向度

不同的法学流派对于规范问题的合理性基础具有不同的认识，例如自然法学派强调实质合理性、实证法学派强调形式合理性、社会法学派强调经验合理性。法律论辩理论强调程序理性，与自然法学派均秉持价值可知的认识论立场。但相比于自然法学派强调内容合理性和追寻固有道德，法律论辩理论旨在承认价值多元化的基础上将重心放在通过论辩程序达成共识，即相信法律论辩程序是通向合理结论的途径，结论的可接受性建立在遵守论辩程序的前提上。同时，法律论辩形成的结论并非普遍有效，它仅仅具有对各参与方形成约束力的理性基础，日后甚至可能由于情势的变更而被修正或取消。

（二）方式向度

辩护律师与检察官可能在某种程度上相互影响，辩护律师通常需要为其当事人构筑起稳固的立场，希冀通过言之有据的论辩促使对方接受己方的观点，前提是给一个对方难以抗拒的理由。由于律师与检察官几乎接受了相同的法律教育和资格考核，对于案件事实的认定和法律规范的适用具有近似的职业敏锐性，即使面对相同问题得出了不同结论，也有可能激起双方基于法律共同体所持有的相似预期。辩护律师通过法律辩论进行描述与重构，从而将案件基本情况呈现在检察官面前，督促检察官严格遵照证据规则，通过对现有证据进行不偏不倚地审查后认定案件事实。针对经验事实开展几轮反复论辩后，检察官与辩护律师有可能对内部证成的小前提达成共识。如果检察官与辩护律师对于内部证成的大前提产生分歧，辩护律师通过对案件事实的分析详细阐述自身将其归类于某法律关系的判断依据，同时结合后果主义论

---

〔1〕　例如，被追诉人的个人情况、家庭情况和成长经历。

辩和目的论辩规则，给出涵摄类似现实情境的法律规范，并且说明这是符合法律价值体系判断的可供选择的方案。该辩护行为通过对内部证成的大前提进行外部证立，向检察官开示法律论辩能够适用的法律规范，进而为量刑建议提供行动方案。即使由于认识偏差或某些外部因素，控辩双方未达成共识，律师的辩护行为也可以跨越审前阶段进入到审判程序，在庭审程序中通过与公诉人展开论辩的方式向法官提供可能的裁判规则，旨在与法官最终达成共识以捍卫被追诉人利益。

具体而言，认罪、认罚、从宽三个阶段以及包含其中的程序选择均被法律赋予不同程度的协商因子。在认罪阶段，律师可以主要围绕证据规则和经验法则以证明有效的事实。此阶段的论辩可能会超越法律范畴，迈入实践论辩领域，进而适用过渡规则或解释规准确定主要案件事实。认罚阶段，在案件事实已基本明确的基础之上，采取法律论辩规则引入可能适用的法律规范，并通过后果主义论辩和目的论辩，将论辩过程赋予正义和理性色彩，或者通过搜寻对被追诉人有利的判例力求论辩结论能够与先例实现连贯，前提是无论是具体的现实情境抑或法律规范的效力以及背后所体现出的刑事政策，判例与目前的案件均具有高度的相似性。律师在符合职业伦理要求的前提下力争被追诉人利益最大化的行为必须在法律秩序允许范围之内，[1]这也为检察官或法官提供了一个可供选择的法律规范束，成为他们作出法律决定时不应忽视的理由，最终引导论辩各方走向共识。从宽阶段，律师相比于检察官的优势在于能够摆脱书面案卷材料的束缚，亲自深入到被追诉人家庭、工作单位以及其他与量刑相关的场景中挖掘素材，发现无法从书面材料当中获悉的重要信息，并以此作为论辩时的依据。需要注意的是，律师掌握的这些额外信息需要尽可能"装扮"（不是伪装）成法律范畴内的建议，以便其能够融入代表论辩结论的量刑具结书和司法裁判之中。

（三）权利向度

上文提到，法律论辩对于经验命题的判断需要律师提供脱离纸面材料的现实情境要素，追求真实性的过程并非必须达到真理的标准，而是论辩双方对于经验事实达成共识。而对于法律规范的论辩则是立足于论辩方与法律条

---

〔1〕　参见［英］尼尔·麦考密克：《法律推理与法律理论》，姜峰译，法律出版社2005年版，第118页。

文之间形成的诠释性共识，这需要结合前瞻性的结果主义论辩和回溯性的连贯性论辩和融贯性论辩。普遍实践论辩无法保证确定的结论，但法律论辩基于时间、角色分配等层面均受到现行法律秩序约束的情况下对于结论具有现实需求。内部证成代表着法律论辩的形式正义，外部证立则体现了论辩结论的实质正义，所以以法律论辩为过程诞生的结论具有双重正义性，能够实现司法裁判的安定性和合理的可接受性。律师参与则构成法律论辩双重正义的要求。律师如果仅仅形式上参与到论辩之中而不发挥实质作用，则存在异化成见证人的风险；实质性参与则需要赋予律师以相应的权利，否则律师的辩护行为将不存在展开的前提条件，卓有成效的辩护更是无从谈起。因此，辩护权利不仅是面对国家公权力时的防御手段，更是法律论辩有效展开的内在需求；不仅代表了法律赋予被追诉人的一项重要人权，也体现着法律论辩结论对法律价值"最大公约数"的探索。

刑事诉讼程序中充斥着多种多样的权利需求。被追诉人的权利、被害人的权利、律师的权利以及代表公共利益的公权利。权利之间的对抗往往不是非此即彼的思辨性分歧，更多呈现出难以抉择的实践性分歧的特点。尤其在复杂案件中可能存在着权利的交织、冲突和对抗，司法机关往往需要经过审慎权衡以确定权利的位阶和实现的顺序，此时不同的权利共同构筑成需要通盘考虑的权利束。[1]因此，司法机关应当严肃对待认罪认罚从宽制度中的律师辩护权利，权利也需要理性、平和地行使。

---

〔1〕　参见［英］尼尔·麦考密克：《法律推理与法律理论》，姜峰译，法律出版社2005年版，第247页。

第二章
认罪认罚从宽制度中律师辩护的基础问题

任何刑事诉讼制度改革，都不应以牺牲权益为代价，否则便丧失了制度存在的根基和灵魂。律师辩护，承载着权益保障的使命和追求，关涉被追诉人的自由乃至生命，在被追诉人不认罪的案件中，律师参与的重要性毋庸置疑。而对于控辩双方不存在根本性分歧的认罪认罚案件，律师提供法律帮助是否同样必要，是需要首先厘清的问题。因此，本章从律师参与认罪认罚从宽制度的必要性出发，立足于平等协商、风险防范和制度正当三方视角，论述律师参与的重要作用。观念是指导行为的准则，面对一项较为崭新的刑事诉讼制度，律师参与认罪认罚从宽制度所引发的司法观念的转变，构成本章探讨的第二个问题。律师参与究竟能够为认罪认罚从宽制度赋予多少"善"也是需要关注的问题，故价值判断构成本章探讨的最后部分。上述内容的厘清，将为后续章节的研究内容夯实基础。

第一节　律师参与认罪认罚从宽制度之必要性

一、认罪认罚从宽制度平等协商性的可靠保障

（一）被追诉人协商自愿之保障

哈贝马斯在对民主法治国家中可能存在的协商行为进行审视时强调，协商一致的前提是各主体充分表达自身意愿，并且这种意愿得到相互间的承认；基于这种共同意愿所达成的共识，成为协商主体的行动准则。[1]而传统对抗

----

〔1〕　参见［德］哈贝马斯：《在事实与规范之间：关于法律和民主法治国的商谈理论》，童世骏译，生活·读书·新知三联书店2003年版，第146页。

式司法强调刑罚的报应功能和预防功能，可能引发国家公权力与公民私权利之间无法协调的冲突，容易导向全胜全败的诉讼结局，忽略了大量充斥于社会中的妥协与共存。我国自 1996 年以来对《刑事诉讼法》的数次修正，均以加强控辩双方有效对抗为重要目标，例如证人出庭、交叉询问、赋予被追诉人一系列保障性辩护权利等方式增加了辩方的法庭对抗能力。鉴于我国刑事诉讼强职权主义的特征，为防止辩方权利无法得到有效保障，通过法律的修改增加对抗性无可厚非。然而，认罪制度的勃兴，意味着仅仅通过增强对抗性的方式寻求正义并非唯一选择，尤其是认罪认罚从宽制度试点以来，合作性司法理念越来越受到重视，[1]协商也成为控辩双方由对抗走向合作的必由路径。被追诉人的自愿加入，构成了协商的首要关切。

　　任何事物的发展，如果完全放任而不施加必要限制，有可能从一个极端驶向另一个极端，认罪认罚从宽制度也不例外。虽然我国刑事诉讼制度改革强调要"以审判为中心"，充分发挥庭审实质化作用，定罪量刑均需达到法定证明标准，例如证据中存在口供，也不能仅仅以此定罪，而需要其他证据印证。但不可否认，口供仍然是目前很多案件的主要证据，并且是侦查工作的主要突破口，尤其在监察委负责调查的案件中，由人至案的特点决定着无论如何要拿下口供，尤其是被调查人认罪的口供。司法机关能够提供实体从宽的处理，也是基于被追诉人的认罪认罚。由于缺乏律师在场等保障措施，被追诉人在人身自由无法得到保障的情况下，被置于讯问的密闭场所独自面对司法机关，内心的胆怯与现实的压迫交织，作出的认罪认罚决定很难被认为是完全自愿。毫不夸张地说，如果缺乏了律师的法律帮助，认罪认罚从宽制度有可能演变成公权力的治罪利器，刑事诉讼制度改革可能因此陷入停滞。因此，律师尽早介入到此类案件中，向当事人传达决定作出前所应掌握的必备知识和经验，根据专业技能帮助其分析案件走向，使其了解未来面临的进程选择和可能承担的实体后果，是保障被追诉人自愿认罪认罚的有力举措。

　　（二）被追诉人协商能力之保障

　　按照哈贝马斯的交往行动理论，交往行动是交往双方在对外在世界具有

---

〔1〕　关于"合作性司法"的具体内容，参见陈瑞华："司法过程中的对抗与合作——一种新的刑事诉讼模式理论"，载《法学研究》2007 年第 3 期。

充分认知的基础上，根据内在自然所作出的具有领会可能性的行为或语言。[1]交往双方作出的行为或语言能够得到对方的理解和认可，前提是该行为或语言对于自身是真诚的，对方观之是真实的。这意味着交往行动要符合自己内心的意愿，既具有自愿性，又能够理性地按照内心意愿作出，即具有交往能力。质言之，交往行动只有同时具备内心的自愿性和外在的交往能力，才可能具备正当性。缺乏自愿性的交往活动只会沦为强权对弱小的压迫和欺诈，缺乏交往能力则无法达到有效的实施行为和清晰的意思表达。判断交往一方是否具备交往能力，要结合其认知水平、身处环境和精神状态等因素考量，但这仅是基础要求，不能因为交往一方并非精神病人或者未患有其他严重疾病，就轻易作出判断。尤其在可能涉及剥夺人身、财产权利的刑事程序中，被追诉人并不具备公诉方的专业知识和长年累月积攒的司法经验，且处于身陷囹圄的困境之中，在缺乏他人的帮助下，势单力薄的被追诉人很难与手握强大公器的追诉人展开平等协商，因而法律的帮助便至关重要。刑事诉讼始终强调赋予被追诉人律师帮助的重要性，这不仅能够提升被追诉人的协商能力，也有益于配合法官对当事人作出的决定进行审查。[2]在此类案件中，法官需要通过审查自己内心确认的决定系被告人自愿作出的真实意思表示，此时律师在这一过程中甚至可被视为同盟，配合法官基于专业角度进行审慎思量。此外，交往活动的任何一方应当具备发起对话的权利，而缺乏经验和专业技能的被追诉人对此显然无法知悉，没有律师提醒，仅靠公诉方缺乏制裁措施的告知职责，很难保障被追诉人有意识地独自启动协商。

（三）协商结果有效控制之保障

在刑事诉讼制度改革态势下，传统的分配正义观越来越难以适应实际情况的需要，校正正义观逐渐渗透到公法视域中。传统观点认为，分配正义适用于当事人地位不平等的犯罪和刑罚，校正正义则属于当事人地位平等的正义，主要适用于契约领域。随着英美国家中辩诉交易制度的勃兴，控辩双方

---

〔1〕 参见孙云、孙镁耀主编：《新编哲学大辞典》，哈尔滨出版社1991年版。

〔2〕 正如达马斯卡所言："随着自由放任精神渐趋式微，人们也越来越难以推定司法的目标可以通过允许诉讼当事人自行选择最符合其利益的程序形式来得到实现。弃权，无论是真正基于单方意愿的还是由双方谈判所导致的，现在越来越常规地受到法官的审查。"参见［美］米尔伊安·R·达玛什卡：《司法和国家权力的多种面孔——比较视野中的法律程序》，郑戈译，中国政法大学出版社2004年版，第149页。

签署的协议逐渐带有了契约属性，对于双方均具备约束力。考量到专业力量对比，协商过程主要由律师主导的辩方与检察官进行。控辩任何一方违约，均将承担不利的法律后果。控方违约可能导致以下三种后果：一是经受漫长的庭审程序；二是被法院责令履行协议；三是原判决被撤销。〔1〕辩方违约则意味着协议中量刑优惠即告无效。律师的参与旨在防止被追诉人接受一份无法换回实质利益的协议。契约的重要属性包括签约主体平等、意思表示真实、能够合理履行。基于此，认罪认罚从宽制度中的量刑具结书便带有了公法契约属性，即控辩双方基于平等地位签署了代表本方真实意愿的契约，并且准备在接下来的诉讼程序中履行。特殊之处在于一旦违约，这份协议能否单独或结合其他证据作为被追诉人不利的证据使用。审前协商中，律师通过专业技能的施展和商谈过程的记录，对协商过程施加足够影响，使更多对当事人的有利因素进入到协商结果中，确保认罪认罚具备受益性，防止协商结果成为当事人的单方"悔过书"；庭审中，律师出场能够使法官在对案件进行审查时，不只考虑公诉方的一面之词，而是通过听取针对指控的正反两方意见得出客观公允的判断，并且有助于防止公诉机关无故撤回对被追诉人有利的协商结果。因此，律师帮助不仅对保证被追诉方在认罪认罚具结书签署时的自愿性和明智性至关重要，同样对签署后的履行和控制发挥着难以替代的作用。

二、认罪认罚主体风险防范性的必要措施

作为一项重要的刑事诉讼制度改革，认罪认罚从宽制度能够发挥引导程序分流的效果，即以被追诉人认罪认罚为前提，控辩双方利益着力点发生转移，利益获取方式也由对抗转为合作。被追诉人自愿、明智地采用认罪认罚的"让步"方式与控方进行协商以寻求利益最大化，但由于这一过程极具专业性，"牵涉到丰富的法律内容，只有具备较高专业素养、受过特殊技能训练的律师才能够帮助被追诉人在面对充满高深的法律适用问题时作出正确决定，有效保障权益"。〔2〕对于被追诉人不认罪案件，存在事实辩护和法律辩护两种可能性，事实辩护并不需要掌握复杂的法律规定，运用得当也可能起到良好

---

〔1〕　参见左卫民等：《简易刑事程序研究》，法律出版社 2005 年版，第 60 页。

〔2〕　Judith L. Maute，"Allocation of Decisionmaking Authority Under the Model Rules of Professional Conduct"，*U. C. Davis Law Review*，Vol. 17，No. 4.，1984，pp. 1049-1116.

的效果，甚至当事人偶尔会因其亲历性在陈述事实方面更具优势。但在其已作出有罪供述的案件中，控辩协商往往以事实辩护可能性的丧失为代价，此时仅存法律辩护的机会，法律辩护则带有专业技能壁垒，效果主要取决于辩护人的法律专业水平。而绝大多数被追诉人并不具备相应能力，如果缺乏法律专业人士为其提供尽可能的帮助，很难取得相对理想的结果。尤其在与公诉人员商谈过程中，境遇、能力和心态决定了被追诉人仅凭自身无法与对方展开有效协商。况且，律师享拥有被追诉人不享有的阅卷、调查取证等权利，能够更为全面的了解案件情况，既避免了被追诉人在未掌握足够信息时陷入错误认识，又能够对是否应当认罪认罚提出有效的建议。因此，律师提供的法律帮助有助于防范被追诉人因认知障碍而导致的错误认罪。有学者通过实证研究发现，司法实践中存在一定数量的无辜之人错误认罪的情况，造成这一现象的主要缘由之一便是被追诉人主观认知不足而引发的错误意思表示。[1]被告人作出错误意思表示的成因主要包括因精神异常而对过往情境产生了认识错误、因技能不足而对法律规范的涵摄范围产生的错误认识，这两种认识均不易被外界所察觉，所引发的错误认罪后果隐蔽性较强。如果没有律师的及时介入，被追诉人往往难以获悉自己的认罪是基于认知障碍，进而无法采取适当措施予以推翻，可能导致无辜者蒙冤的错案发生。律师面对此类情况，一方面需要充当心理引导者，说服被追诉人冷静思考，回忆案发时的场景；另一方面需要就被追诉人的行为进行法律分析，帮助其了解行为的法律性质和应当承担的法律责任。尤其是在法律关系纷繁复杂的经济犯罪案件和刑民交叉案域，律师抽丝剥茧式的法律分析，有助于分门别类地厘清不同行为应当承担的法律责任，避免混淆民事责任和刑事责任。

除此之外，被追诉人有时可能会主动地虚假领罪。究其成因，主要包括主动型虚假认罪、被迫型虚假认罪、逃避型虚假认罪。其中主动型虚假认罪的影响因素主要包括外在因素和内在因素，其中内在因素影响下的以保护亲友为目的"顶包"认罪出现的风险较高，有学者曾就此问题进行实证研究，结果表明"顶包"认罪出现的比例仅次于遭到刑讯逼供的被迫认罪。[2]这在

---

〔1〕 参见史立梅："认罪认罚从宽程序中的潜在风险及其防范"，载《当代法学》2017年第5期。

〔2〕 参见何家弘、何然："刑事错案中的证据问题——实证研究与经济分析"，载《政法论坛》2008年第2期。

国内危险驾驶案件当中尤其突出，父母替儿子顶罪、妻子替丈夫顶罪的情况屡见不鲜。被迫型认罪主要是由于侦查人员刑讯逼供或者采取非正常的审讯策略所致。无罪推定作为一项基本刑事原则被域外主要法治国家承认，也本土化为我国刑事诉讼的基本原则，[1]但由于侦查机关以打击犯罪为主要职责，长期的侦查工作难免使侦查人员带有了一定的有罪推定意识，即使在被追诉人权利保障色彩浓郁的美国也无法避免。尽管美国联邦法院确立了审讯时的米兰达规则，但极具有罪推定色彩的雷德审讯法仍然受到警界热捧。[2]虽然我国法律为避免非法证据流入刑事诉讼程序而对获取方式的合法性作出了严格要求，但不可能禁止讯问犯罪嫌疑人时运用审讯技巧，某些审讯技巧在讯问场所的封闭环境下容易对犯罪嫌疑人产生强烈的压迫感。不夸张地说，越是没有犯罪经验的人越可能由此产生虚假供述。相比于其他程序，认罪认罚从宽程序对口供的依赖程度更强，由此产生的虚假供述风险性可能更高。逃避型虚假认罪主要源于我国目前未决羁押率高企、无罪判决率畸低的事实，站在"理性经济人"角度衡量，在无法尽快结束漫漫审前羁押状态、获得无罪判决可能性又较低的情况下，程序从简、量刑从宽的处理结果往往成为被追诉人的首选。有学者指出，如果律师的作用无法实质性发挥，被追诉人有可能基于屈从型自愿签字具结，[3]甚至可能由此催生出一种建立在协商性和自愿性看似得到充分保障的基础上，有别于冤假错案的新型刑事司法错误。[4]

相对于追诉人，被追诉人对建立了委托关系的律师往往更加信任，即使是法律援助律师，也代表着被追诉人的利益，被追诉人更可能向律师吐露心声。而且由于律师具备丰富的实践经验，在与被追诉人商谈过程中往往通过只言片语便可能发现"顶包"的情况，如果及时劝说并告知法律后果，有可能使被追诉人改变主意，必要时也可将此作为一项辩护理由。律师及时行使会见通信权，能够告知被追诉人如果选择认罪认罚，未来可能面临的诉讼流

---

〔1〕《刑事诉讼法》第 12 条规定："未经人民法院依法判决，对任何人都不得确定有罪。"

〔2〕关于雷德审讯法，参见赵东平："论美国'九步审讯法'中的'夸大策略'及其借鉴意义"，载《暨南学报（哲学社会科学版）》2014 年第 10 期；陈欢："美国的'九步审讯法'及其启示"，载《人民检察》2015 年第 7 期。

〔3〕参见郭烁："认罪认罚背景下屈从型自愿的防范——以确立供述失权规则为例"，载《法商研究》2020 年第 6 期。

〔4〕参见王迎龙："协商性刑事司法错误：问题、经验与应对"，载《政法论坛》2020 年第 5 期。

程和实体结果，以及被讯问时的权利与义务。例如，讯问结束后有权核实笔录，发现记录有虚假内容时可以要求侦查人员更正，否则有权拒绝签字。此外，律师可以通过阅卷和调查取证，立足于专业视角进行判断，对认罪认罚的选择与否提出专业建议，避免当事人在缺乏律师帮助、控辩失衡的状态下，受到信息不对称、早日摆脱讼累心理、遭受长期羁押、讯问策略或刑讯逼供等影响虚假认罪。

三、认罪认罚从宽制度正当性的应然要求

文艺复兴时代，司法女神的雕像开始出现在各欧洲法院。女神双目紧闭，并且延续了古罗马左手持天平、右手持剑的造型。天平代表了法庭通过诉讼程序对当事人提供的用以证明法律事实的材料进行权衡，提供材料充分的一方将最终赢得法庭的支持，另一方则会遭受惩罚。[1]紧闭的双眼凸显了"用心灵观察"，天平和宝剑则用来实现正义。天平开始时应当处于水平状态，这代表着控辩双方力量的平等。可见，公平是实现正义的基础和原则，缺乏了公平的基础，正义将无从谈起。同样对于正义的主题，罗尔斯认为正义归根结底取决于人们如何划分利益，而这主要体现为建立在权责分配制度基础上所构建成的社会结构。[2]其中的主要制度，即包括政治制度和经济制度，也包括法律制度和其他的一些社会安排。人们在政治制度、经济制度、法律制度及其他一切社会安排中自愿达成了对彼此产生约束力的"原初契约"，以正义原则为目标，而正义原则又是那些拥有自由的理性人在自利目标的驱动下处于一种"平等"的初始状态下决定接受的。[3]正义原则将调节"原初契约"所衍生出来的所有进一步契约，指导所有社会生活和政治活动。参加社会合作的人们共同选择这种安排所有基本权利和义务划分原则的方式便是"公平的正义"（Justice as Fairness）。[4]具体到刑事诉讼制度，域外法治国家很早便将"控辩平等"作为一项重要的刑事诉讼原则，认为只有赋予控辩双

---

〔1〕 参见田琳："正义女神为何'蒙蔽双眼'"，载《人民法院报》2011年6月3日，第8版。

〔2〕 参见〔美〕约翰·罗尔斯：《正义论》，何怀宏等译，中国社会科学出版社1988年版，第7页。

〔3〕 参见池忠军："罗尔斯的正义之逻辑及其哲学基础"，载《中州学刊》2004年第1期。

〔4〕 参见〔美〕约翰·罗尔斯：《正义论》，何怀宏等译，中国社会科学出版社1988年版，第8~11页。

方以"平等武装"，才能够实现程序过程中的有效对抗。而现在，"平等武装原则"作为一项刑事诉讼原则被广泛运用于法治国家当中，代表了控辩双方对等的权利义务关系。[1]尤其要充分保障相对弱小的辩方权利，以求达到平衡效果。这有点类似于"无知之幕"状态下，社会地位、阶级出身、先天资质、自然能力、社会状况均不为人知；而通识性事实和人类后天构建的用以掌控生活的组织和法则则被人了解。人们无法判断自己处于优势还是劣势，自然无法选择利于强者或者弱者的原则。但是他们拥有关于社会的一般信息，以选出适合要调整的社会的原则。控辩协商中的"一般信息"便指法律共同体所共享的专业技能和职业操守。理想状态下，能够保障控辩方双方力量的绝对平衡，甚至将双方调换位置也不影响诉讼程序的有效进行。职权主义国家尽管以发现案件真相为最终目标，也始终重视辩方的权利保障。不论当事人主义国家，还是职权主义国家，辩方是以对案件事实的否认和法律适用的辩论作为抗争手段，一旦放弃则意味着刑事程序的终结。这有可能是因为控方的指证无可辩驳，也可能是基于理性选择下的利益互换，这种理性选择应当在一种"平等"的状态下作出，否则将导致正义的湮灭。我国法律赋予被追诉人量刑从宽的权利，作为其放弃对案件事实和法律适用抗辩的对价。律师加入到辩方阵营，帮助被追诉人争取放弃权利的对价，才有可能推动控辩双方趋近于"平等"的初始状态，从而使认罪认罚从宽制度中的正义天平保持平衡。

第二节　认罪认罚从宽制度中律师辩护之理念

一、有效辩护理念

（一）基于诉讼合意的有效辩护理念

社会生活中，合意指双方当事人意见一致，法律领域中，合意也用来表征当事人双方意思表示一致。通常意义上讲，合意被排除于公法领域，主要适用于私法领域，但基于其蕴含着诚信、平等、合作、协商等精神的丰富内涵，合意对于协调公众利益和私人权益之间关系、理顺国家法律运行、推进

---

〔1〕 参见谢佑平、万毅："理想与现实：控辩平等的宏观考察"，载《西南师范大学学报（人文社会科学版）》2004年第3期。

国家政策实施具有重要意义。同时，合意也符合控辩双方的利益。就公诉方而言，合意能够减少司法资源投入、提升诉讼效率，并且可以降低败诉的风险；就被追诉方而言，合意意味着平等协商的可能，在有限的选择下甄别出最优选项，进而收获处罚方面的优惠。近年来，不光英、美等普通法系国家在刑事程序当中进行合意协商，德、法等大陆法系国家以及日、意等混合主义国家均将合意纳入了刑事程序的适用范围。大体而言，刑事诉讼的合意代表了参与协商的各诉讼主体就定罪量刑和程序适用等问题所达成的能够约束各协商主体的，旨在对程序和实体结果发挥重要影响的一致的意思表示。[1]

根据《指导意见》对于制度的诠释，诉讼合意在此类案件中主要体现为"认罪""认罚"的合意和程序选择的合意。其中"认罪"的合意要求控辩双方对犯罪事实没有争议，"认罚"要求控辩双方就量刑问题达成一致意见，程序选择的合意要求控辩双方就适用普通程序还是快速审判程序达成共识。2018年《刑事诉讼法》明确要求，速裁程序的适用需要建立在人民法院未发现不适用情形并且当事人认罪认罚的基础上。认罪认罚从宽制度中，控辩双方的诉讼合意意味着被追诉方放弃了公正审判的权利，以换回量刑上的从宽处罚，同时降低了被审前羁押的可能。尽管权利受到克减，但由于收获了过程和结果的补偿，被追诉人能够心甘情愿地接受。这意味着控辩双方在平等、自愿提前下达成的诉讼合意，使国家因节省司法资源、提升诉讼效率而获益，被追诉人收获了实际关照而得利。然而，由于控辩双方天然存在的实力鸿沟，需要时刻关注刑事诉讼中合意的作出是否代表着被追诉方真实的意思表示，以避免公权力侵蚀个人权利的风险。申言之，在认罪认罚从宽制度中树立有效辩护理念至关重要。具体而言，有效辩护理念的树立，有助于促使律师尽职履责，弥补被追诉人专业和经验方面的不足，增强辩方实力，保障其意思表示是在对合意结果进行充分预判的前提下作出；同时使辩方认识到，相比于其他选项，诉讼合意是目前可能选择的最优项。另一方面，有效辩护理念也有助于防止公权力对私权利的不当处分，确保双方进行充分协商，达成各方均满意的诉讼合意。

---

〔1〕 关于刑事诉讼合意的内容，参见王新清、李蓉："论刑事诉讼中的合意问题——以公诉案件为视野的分析"，载《法学家》2003年第3期；闵春雷："认罪认罚从宽制度中的程序简化"，载《苏州大学学报（哲学社会科学版）》2017年第2期；贾志强："论'认罪认罚案件'中的有效辩护——以诉讼合意为视角"，载《政法论坛》2018年第2期。

　　（二）推动程序运行的有效辩护理念

　　本质上讲，刑事诉讼程序是公诉机关代表国家追诉犯罪的过程，辩方在这一过程中力图自证清白或者逃避责任，控辩双方由于利益导向不同往往难以避免对抗，合理甚至激烈的对抗有助于保障人权、发现真相，但所有过程均通过激烈对抗完成则将成为国家无法承受之重，也有可能使刑事诉讼程序丧失应有之功效。作为解决上述矛盾的较优项，诉讼合意在此背景下得以进入公法领域。诉讼合意的达成，能够使辩方在定罪、量刑等基本问题上放弃与国家的对抗，减缓双方冲突，使国家能够调动有限的司法资源解决更多的案件。资源调动过程本身便需要耗费资源，同时会延缓程序的运行，因此减少资源的调动能够更大程度的节约资源，并且使程序运行更加顺畅。认罪认罚从宽制度中，被追诉人认罪认罚能够使刑事程序进入简化模式，甚至可能提供更多的犯罪线索，有助于侦查机关后续工作的顺利开展。然而，由于被追诉人能力所限，尤其在审前阶段被追诉人往往难以独自启动认罪认罚从宽程序；公诉机关局限于部门利益等因素，难以全面照顾到被追诉人的各种想法和意愿，律师介入则构成了对当事人能力的有效补充和对公诉机关的善意提醒。《指导意见》明确了被追诉人在刑事诉讼各阶段均享有认罪认罚的权利，诉讼合意在不同阶段达成，国家司法资源的投入和给予被追诉人的从宽幅度将有所差别。在控方和被追诉人基于多方原因难以有效推动程序运行的情况下，律师适时、有效的介入，有利于及早启动认罪认罚从宽程序，争取更多优惠利益、节省国家司法资源、推动程序高效运行。此外，对事物的推动力往往产生于事物自身之外，律师在认罪认罚从宽制度中的卓越效应，虽有可能源于其面对当事人的工作展示需求，客观上却成为推动程序运行的重要力量。

二、多元化辩护理念

　　（一）辩护方式多元化

　　传统刑事诉讼程序中，律师主要采取在法庭上与公诉人进行对抗，进而说服法官采纳己方观点的辩护方式，辩护往往"决战于法庭"。辩护思路主要以无罪辩护和量刑辩护为主，偶尔夹杂程序辩护。辩护过程充满对抗性，效果却往往差强人意。有学者就十八届四中全会以来律师辩护相关问题进行实证研究，在律师敢于进行无罪辩护的比例较低，仅占所有样本案件不到两成的情况下，审判机关最终作出无罪判决的案件也只能占到律师提出无罪抗辩案件的 10.81% 和全部案件的 1.8%，[1]而 2016 年之前根据《中国法律年鉴》数据得到的无罪判决率甚至从未高于 0.1%。[2]究其根源，除我国以审判为中心的刑事诉讼制度改革仍需推进之外，至少还存在以下两方面原因：一是审前阶段许多案件由于事实不清、证据不足或情节轻微而被撤销案件或被不起诉程序过滤，给进入到审判阶段的案件留出的辩护空间较小；二是辩方基于风险与收益考量，鉴于无罪辩护成功率畸低的现实情况，更倾向于选择量刑辩护。[3]因此，律师辩护方式的选择受到现实中多方面因素影响。

在适用认罪认罚从宽程序的案件中，被追诉人已经供认了案件主要事实，公诉机关也据此进行了查证并依照法律规定给予了量刑建议，辩护空间被进一步压缩。律师如果无法及时调整辩护方式以适应此类案件的特点，那么将无益于最终的辩护效果。此时，传统意义上对抗式的辩护方式将难以发挥作用，律师应当树立多元化辩护理念，寻求辩护方式的多元化。这至少包括：审前阶段帮助当事人理解认罪认罚从宽制度本身的内涵和其可能面临的程序运行和处理结果；通过与侦查人员、检察人员进行协商以变更强制措施、寻求从宽量刑；合理运用多种辩护权，在审前阶段及时介入案件；庭审过程中转变思路，辩护风格从冰冷对抗转变为注重法理与情理的说服。

（二）辩护对象多元化

两高三部在总结前期试点经验的基础上，在《指导意见》中将被追诉人是否认罪认罚作为审查逮捕和继续羁押必要性的重要因素。同时，在相对不起诉制度中新增了认罪认罚不起诉。据此，被追诉人认罪认罚可能成为是否被采取未决羁押措施以及在轻微案件中能否被不起诉的重要考量要素。[4]有学者通过实证研究发现，审前阶段被采取非羁押性强制措施的被追诉人，最终判决非监禁刑的比例很大，[5]而检察机关如果决定对犯罪嫌疑人不起诉，

〔1〕 参见顾永忠："刑事辩护制度改革实证研究"，载《中国刑事法杂志》2019 年第 5 期。

〔2〕 相关数据源自 2009 年至 2016 年《中国法律年鉴》中公布的"全国法院审理刑事案件被告人判决情况统计表"。

〔3〕 参见夏伟："基于 Logistic 回归的无罪判决生成路径的实证分析"，载《中国刑事法杂志》2018 年第 5 期。

〔4〕 参见刘方权："认罪认罚从宽制度的建设路径——基于刑事速裁程序试点经验的研究"，载《中国刑事法杂志》2017 年第 3 期。

〔5〕 参见王彪："刑事诉讼中的'逮捕中心主义'现象评析"，载《中国刑事法杂志》2014 年第 2 期。

意味着案件程序提前终结，犯罪嫌疑人立刻能够重获自由。因此，认罪认罚案件中，律师的辩护对象已实现多元化，不仅包括庭审时针对实体问题的无罪辩护和量刑辩护，程序性辩护元素也更加丰富。辩护的主战场某种程度上前移至审前阶段，例如强制措施的辩护、是否起诉的辩护以及量刑辩护；说服的对象也从以法官为主转变为警官、检察官、法官并重。此外，庭审时的辩护也不再局限于定罪和量刑问题，更多是配合法官完成对被追诉人认罪认罚是否出自内心真实意思表示的确认。

（三）律师身份多元化

辩护方式和说服对象的多元化意味着律师辩护身份的多元化。传统意义上，律师基于委托代理身份获得辩护权，应当忠实于当事人利益，成为当事人权益的忠诚捍卫者，在诉讼"战场"中冲锋陷阵。而在认罪认罚案件中，律师更多作为被追诉人的商谈代表、提供法律意见和建议的专家，甚至有时会成为公诉方、审判机关的协助者。律师只有及时适应这种身份的变化，才有可能对辩护方式和说服对象加以调整，在认罪认罚案件中取得良好的辩护效果。

三、有限的独立辩护观

（一）以维护被追诉人合法权益为抓手

根据 2018 年《刑事诉讼法》规定，辩护人负有对委托人的忠诚义务，主要体现为积极义务和消极义务两个方面。[1]积极义务要求律师应当积极履行为被追诉人维权的职责，努力为被追诉人寻求最好的法律后果，而非优先考虑自身利益或其他因素。积极义务的履行，要求律师具备良好的专业素养和职业道德，并且具备履行义务的能力。我国法律规定律师的职业准入较为严格，要求必须通过法律职业资格考试后，在律师事务所实习满一年，经律协考察合格后才拥有执业资格。2017 年《律师法》将"被开除公职或者被吊销律师、公证员执业证书的"人排除在律师群体之外，进一步抬高了律师执业门槛，保证了律师具备履职的初步要求。积极义务的履行主要通过提供优质法律服务来完成。具体而言，一方面通过及时行使包括会见、提供法律咨询、阅卷、调查取证在内的各项辩护权，更好发挥律师作用、提升辩护效果；另

---

〔1〕　鉴于我国刑事诉讼中的辩护人以律师为主，并且本书研究问题局限于律师辩护相关问题，除非特别说明或法律规范中明确区分的情况，下文中的辩护人不包括除律师以外的其他辩护人。

一方面是通过详细的法律论证和庭前准备，与被追诉人形成合力，取得良好的庭审效果。消极义务的履行要求律师对知悉的委托人信息予以保密，并且不得同时代理同一案件中的双方代理人，不得代理有利益冲突的案件。消极义务的承担除由法律明确规范之外，也受益于律师的职业操守。律师负有忠诚义务，主要原因在于当事人的合法权益需要律师在具备履职能力的前提下尽职尽责地维护，根本原因则在于相对于国家追诉机关，被追诉人实力薄弱，需要律师提供的法律帮助。质言之，律师是辩方实力的有力补充。既然如此，律师树立何种辩护观便至关重要。尤其是多数认罪认罚案件的无罪抗辩之路已被堵死，辩护律师如果仅严格遵循被追诉人的意见，沿着公诉机关预设道路前行，其在此类案件中的价值将大打折扣。中华全国律师协会通过发布《律师办理刑事案件规范》，旨在确保律师的辩护行为建立在被追诉人同意的基础上，并且律师应当在尊重事实和法律的前提下，以对被追诉人有利为出发点开展工作。至于何为有利于被追诉人，便涉及律师的职业判断。鉴于认罪认罚从宽制度改革仍在进行之中，存在一些对被追诉人不利的风险，律师作为被追诉人的忠实盟友和实力保障，只有秉持独立辩护理念，才有可能较好地履行辩护义务，维护被追诉人合法权益。

（二）以律师的公益责任为依托

律师不仅需要通过积极有效的辩护行为保障当事人利益，还需要承担一定的社会公益责任，后者也成为律师进行独立辩护的依托。一方面，律师在执业过程当中应当维护国家和社会的公共利益。2018年《刑事诉讼法》要求辩护律师的保密义务不能危害国家和社会公共利益，如果在执业过程中发现被追诉人的行为可能对公众利益产生严重危害时具有及时告知的义务。其他法律规范中也对律师执业提出了相关要求，例如律师在法庭上需要遵守法庭纪律，发表言论的边界也应当控制在不会危及公共利益和他人权益的范围内，并且在执业过程中不允许通过鼓动当事人采取破坏公共秩序等方式以达到目的。另一方面，律师也负有对法庭的真实义务。2017年《律师法》要求律师要做到"三维护"，并且律师的辩护理由应当具备事实基础和法律依据。认罪认罚案件中，由于当事人已经作出了有罪供述，社会危险性降低，危害国家和社会公共利益可能性也随之降低。律师的独立辩护观以此为基础，主要表现为对当事人有利的真实义务。例如，当事人虚假、被迫认罪时，律师可以不完全遵从当事人的意见，而是根据客观事实进行独立辩护。律师通过与公诉机关展开积极有效协商，合理维护当事人权益，不以是否违背当事人意志为唯一的考量要素。

（三）独立辩护观的限缩

目前，学术界通过对独立辩护理论进行反思，普遍认为绝对的独立辩护观不论在理论设计还是实践表现中，均已不符合我国刑事辩护制度的发展潮流。[1]之所以在此提出独立辩护观，是因为认罪认罚从宽制度凸显了律师参与对于被追诉人权益保障和制度平稳运行的价值，律师也需担负起相应义务。在辩护空间本就被压缩的情况下，律师如果一味遵循被追诉人意见，仅靠公诉人员对职业道德的把控，过分强调认罪认罚被追诉人的供述义务，制度的正当性根基可能遭到侵蚀。独立辩护观应当建立在充分沟通并适度尊重被追诉人意见的基础上，律师尽可能与被追诉人就辩护思路和辩护策略协调一致。如果观点最终无法统一，律师可以询问被追诉人是否能够按照自己的思路继续为其辩护，如果不同意可以更换辩护人。律师如果认为被追诉人的要求可能侵害公共利益或者损害职业伦理，也可以主动解除委托。此外，辩护职能的本质属性在于维护当事人权益，当事人不应当因律师的辩护活动而遭受更为严重的刑事处罚困境，例如罪重辩护，或者出于私利做出的"表演性辩护"。因此，律师在当事人作出有罪供述并且对处罚结果不持异议的案件中所树立的独立辩护观，应当属于一种受限于被追诉人意志和律师职业伦理的不完全的独立辩护理念。

第三节　认罪认罚从宽制度中律师辩护之价值

一、刑事诉讼程序之价值标准厘析

人们通常将价值区分为工具价值和固有价值，即作为方法的善和作为目的的善。[2]哈贝马斯则从逻辑属性上将价值与规范（正当性）进行了区分，

---

〔1〕　参见陈瑞华："独立辩护人理论的反思与重构"，载《政法论坛》2013年第6期；宋远升："律师独立辩护的有限适用"，载《法学》2014年第8期；陈虎："独立辩护论的限度"，载《政法论坛》2013年第4期；吴纪奎："从独立辩护观走向最低限度的被告中心主义辩护观——以辩护律师与被告人之间的辩护意见冲突为中心"，载《法学家》2011年第6期。

〔2〕　参见《不列颠百科全书》第4卷，"价值学"条，中国大百科全书出版社1985年版，第306页；转引自陈瑞华：《刑事诉讼的前沿问题》，中国人民大学出版社2016年版，第165页。

认为规范具有普遍约束力，带有义务性，有效性主张取决于规范本身和实际运用的正当；价值具有相对约束力，带有目的导向，有效性主张随着实际情景不同而有所区别，代表了场景中主体间的"可偏好性"（Vorzugswürdigkeit Von Gütern）。相对于规范内含无条件接受的普遍义务，价值则体现出其对于主体所形成的相对吸引力，甚至彼此间在同一场景中可能形成竞争关系。[1]价值并无高下之分，主要取决于不同主体间的偏好程度，最终在同一个体系内共同形成兼收并蓄的复合体。

法的价值在法律认识领域和实践领域的具体形态，除蕴含着价值的一般特性外，还包含着两种理解：一是法律在调整社会关系时所能够保护的价值，包括正义、平等、公平等，即"目的价值"；二是法律自身具备的良好品质和属性，即法律的"形式价值"。[2]因此，法律的"目的价值"可以理解为这些普适性的价值在实现过程中所发挥出的作用，属于法律的外部价值。法律的"形式价值"可以理解为法律的内在价值，通过对法律进行内部审视，所体现出的法律本身所固有的、人们推崇、值得向往的独立品质。同理，刑事诉讼程序价值也包括两个方面：一是刑事诉讼程序具体运行过程中所要实现的价值目标，即程序的外在价值，用于考量刑事诉讼程序否有助于形成公正的裁判结果；二是刑事诉讼程序是否正当、合理的评判标准，即程序的内在价值，用于判断刑事诉讼程序本身是否具备优良的品质。[3]

就内在价值而言，刑事诉讼程序作为一项认识活动，担负着查明事实真相、准确适用法律的职责。通过诉讼各方积极、有效的参与，确保有罪之人被定罪处罚，无辜之人免受法律追究。同时，刑事诉讼程序又是一项动态协调活动，运行过程中协调着获悉事实真相和自身独立价值的选择和实现。刑事诉讼构成一场诉讼参与人共同对法官施加影响，最终形成裁判的过程，这一过程中法官不仅处理各诉讼参与人的权利、义务关系，也要做好国家利益与个人权益的权衡和选择。只有充分保障诉讼主体卓有成效的参与，充分考虑他们各自的权益和诉求，最终的裁判结果才有可能得到各方的认可与支持，诉讼主体的实体权益才会得到有效保障。否则，不论最终裁判结果是否公正，

---

〔1〕 参见〔德〕哈贝马斯：《在事实与规范之间：关于法律和民主法治国的商谈理论》，童世骏译，生活·读书·新知三联书店 2003 年版，第 315~316 页。

〔2〕 参见朱景文主编：《法理学》，中国人民大学出版社 2012 年版，第 47 页。

〔3〕 参见陈瑞华：《程序正义理论》，中国法制出版社 2010 年版，第 167 页。

由于刑事诉讼程序内在价值的缺乏，裁判结果将无法得到诉讼主体和公众的尊重和认可。因此，刑事诉讼程序的内在价值要求在各诉讼主体的卓有成效的参与下，裁判者对各方一视同仁、平等对待，经过侦查、审查起诉、庭审等环节，根据法庭调查后的证据和理性的分析、证明，在认真听取诉讼各方主张和审慎评议诉讼主体辩论的基础上及时进行裁决。刑事诉讼程序的内在价值最终以程序公正为着眼点，至少包含以下几方面要素：对及时性的关切、当事人作为诉讼主体充分参与、法官的中立、裁判结果具备合理依据以及程序运行的自决。[1]只有如此，才能有效维护诉讼主体的利益，增加公众对于刑事裁判结果的认可。

此外，刑事诉讼程序也需要具备能够产生公正结果的能力，如果裁判者按照程序总是形成错误判决，那么不论程序内含多么丰富的独立价值，均将遭弃。有学者研究提出了公正结果的四项标准，即准确性标准、形式正义性标准、法律适用与裁量自由的平衡标准、个人正义和社会目标之间的平衡标准。[2]有学者认为裁判公正除了裁判程序公正外，还要求裁判主体公正、裁判客体的平等、法律的公正、裁判规则的平等适用等因素。[3]上述两种意见均要求公正的裁判结果意味着裁判主体根据公正的法律和裁判规则恰当行使自由裁量权，最终做出准确的裁决。公正的裁判结果既要具备合法性和权威性，又应合乎理性。前者体现在各国宪法和法律之中，要求只有法院能够确认被告人是否有罪，法院的裁判具有最终权威；后者要求审判结果是通过多方诉讼主体的共同参与下，经刑事证明活动而形成。此外，刑事诉讼程序还能够使刑事实体法的规定从抽象走向现实，并且在裁判结果所欲实现的诸目标发生冲突时进行适当的权衡。

二、认罪认罚从宽制度之价值目标臧否

目前，程序的效益价值虽越来越受到重视，但主流法治国家多已不将追求绝对程序公正作为主流价值目标。所谓程序的效益价值，主要指刑事程序的设计和运用应当符合经济效益的要求。[4]刑事程序的效益价值能够加快审

---

〔1〕　参见陈瑞华：《刑事诉讼的前沿问题》，中国人民大学出版社 2016 年版，第 168～182 页。

〔2〕　参见陈瑞华：《刑事诉讼的前沿问题》，中国人民大学出版社 2016 年版，第 183～186 页。

〔3〕　参见蒋德海："论裁判公正"，载《政治与法律》1995 年第 5 期。

〔4〕　参见陈瑞华：《刑事诉讼的前沿问题》，中国人民大学出版社 2016 年版，第 191 页。

判速度，防止证据材料的灭失，增加发现事实真相的可能性；有利于使诉讼主体早日摆脱讼累，尽快维护各方当事人权益。某种程度上，程序的效益价值有助于兼顾其内在价值和外在价值。有学者研究总结出了刑事程序效益价值的三条标准：刑事程序尽可能简化、刑事程序迅速高效率运行、刑事程序能够优化配置资源，[1]总结起来，就是投入较少的司法资源，获取较多的司法产出。伴随着我国步入经济转轨和社会转型阶段，各方利益错综复杂、各种犯罪手段花样翻新、各类案件逐年升高，导致司法资源日渐捉襟见肘，处理案件所需成本与固有资源之间形成了日渐紧张的关系。[2]在此背景下，认罪认罚从宽制度以被追诉人作出有罪供述并且愿意接受公诉机关作出的处罚为前提，能够适用的多种快速审理程序有助于使我国刑事诉讼程序在付出较低司法成本的前提下处理更多案件。

认罪认罚从宽制度能够有效提升司法机关单位时间内处理案件的数量，进而减少司法成本投入，具有较高的效益价值。在审前阶段，被追诉人认罪认罚有助于公诉机关及时获取口供、快速破案。一直以来，国家基于打击犯罪、维持秩序的需要，将认罪态度作为一种预期刑，而被追诉人的供述内容决定着其认罪态度的好坏。但伴随着非法证据排除规则的确立，公诉机关合法获取被追诉人口供的难度越来越大。认罪认罚从宽制度之所以能够纾缓成本与效率难题，源于追诉机关与被追诉人达成的合意。被追诉人主动供认罪行，意味着放弃了自行开展无罪辩护的机会，本质上属于一种利益自损行为。其之所以作出如此选择，缘于能够得到额外利益作为补偿，即预期刑的减少。而且由于这种自主选择的行为，使判决结果对被追诉人来说由"他律"转为"自律"，从而具有更高的接受感和服从度。审判阶段，认罪认罚从宽制度有助于避免控辩双方在庭审时展开过于激烈的交锋，缩短因对定罪、量刑意见不同所带来的旷日持久的庭审活动，节省司法资源。同时，被追诉人的公正审判权应当得到有效保障，这不仅是权益维护的要求，同样关涉事实真相的发现。以被追诉人认可公诉机关出具的量刑建议为前提条件的速裁程序写入

---

〔1〕 参见陈瑞华：《刑事诉讼的前沿问题》，中国人民大学出版社 2016 年版，第 193~194 页。
〔2〕 具体数据参见魏晓娜："完善认罪认罚从宽制度：中国语境下的关键词展开"，载《法学研究》2016 年第 4 期。

法律，标志着包括普通程序和快速审理程序在内的三级审判程序确立。[1]普通程序坚持程序正义导向，速裁程序侧重效益价值，简易程序则居中调和。刑事审判的目的不单单是追求某一价值，而是力求使三者最大限度达到"统一"。如果一项刑事诉讼制度仅仅为了追求诉讼效益而缺乏正义性和发现事实真相的能力，必定无法具备长久的生命力。笔者经对认罪认罚从宽制度改革试点地区的经验总结进行考察，抓取其中典型做法，按照目标划分为提升诉讼效率、强化权利保障、增强改革效果三个方面。如下表所示：

表1 各认罪认罚从宽制度试点地区具体做法和目标[2]

地区	具体做法	目标
北京	1. 区办案管理中心和羁押部门分别设立"速裁法庭"；2. 法官助理、书记员阅卷并草拟判决书；3. 推行数字化会见、庭审文书批量生成	提升诉讼效率
	1. 推进法律援助站建设，值班律师以法律援助形式担任辩护人；2. 推进刑事案件律师全覆盖	强化权利保障
	制定常见认罪认罚案件量刑指引，确保规范化量刑	增强改革效果
天津	1. 将社会调查评估提前至审前阶段；2. 简化速裁程序强制措施手续；3. "直接到庭"审理模式；4. "互联网+诉讼服务"建设	提升诉讼效率
	1. 看守所播放宣讲视频，确保被追诉人认罪认罚的意思表示系充分了解情况的前提下自愿作出；2. 明确规定反悔权	强化权利保障
	推进量刑规范化	增强改革效果
江苏	1. "四五"办案模式；2. "一步到庭"诉讼模式；3. 社会调查工作前置；4. "刑拘直诉"诉讼模式	提升诉讼效率
	1. 制度类案证据审查指引；2. 量化分级从宽处罚制度；3. 探索第二审程序认罪认罚从宽制度	增强改革效果

---

〔1〕 参见魏晓娜："完善认罪认罚从宽制度：中国语境下的关键词展开"，载《法学研究》2016年第4期。

〔2〕 参见胡云腾主编：《认罪认罚从宽制度的理解与适用》，人民法院出版社2018年版，第287~409页。

续表

地区	具体做法	目标
山东	1. "一站式"集约化速裁模式；2. 远程视频提讯开庭；3. 简化审前环节和庭审程序；4. 对上一阶段签署具结书、明确知悉相关法律后果或被告人书面明示无需法律帮助的，不再提供法律帮助	提升诉讼效率
	1. 法院与法律援助机构建立工作联席机制；2. 探索值班律师转任法律援助辩护律师机制	强化权利保障
	完善量刑标准	增强改革效果
广州	1. 案件集中办理；2. 简化法律文书；3. 简化审批流程；4. 远程视频协商、开庭，电子签章、电子卷宗流转；5. "先定罪、后量刑"协商式机制；6. "刑拘直诉"办案模式	提升诉讼效率
	在检察院设立法律援助律师工作站	强化权利保障
	1. 人员集中办理；2. 探索将重罪案件纳入适用范围；3. 全流程协商；4. 量刑规范化；5. 庭审时进行实质化审查	增强改革效果
郑州	1. 建立速裁审判庭和速裁中心；2. 构建"一站式"办案模式；3. 远程视频开庭；4. 实行刑拘直诉办案模式；5. 取保候审手续全程化	提升诉讼效率
	建立值班律师库	强化权利保障
	1. 量刑规范化；2. 协商启动模式；3. 速裁程序增加法庭调查	增强改革效果
西安	1. 建立快审法庭和"三方视频"远程提讯系统；2. 制定快审机制	提升诉讼效率
	探索将重罪案件纳入适用范围	增强改革效果
福清	1. 简化庭审模式；2. 尽量适用速裁或简易程序；3. 社区评估高效化；4. 速裁程序集中立案、集中送达、集中开庭；5. 承办法官独任签发文书	提升诉讼效率
	1. 赋予值班律师准辩护人地位；2. 强化对法律帮助的监督；3. 充分告知权利	强化权利保障
	1. 制定《量刑细则》；2. 庭审重心转身认罪认罪真实性、自愿性和合法性审查；3. 速裁程序必要时可进行法庭调查和辩论；4. 审查起诉阶段证据开示	增强改革效果

从表 1 可以看出，8 个试点地区中，除江苏、西安在试点经验总结中没有主要提及强化权利保障的具体做法外，其余 6 个试点地区的具体做法均涉及三方目标。按照数量分析，8 个试点地区共推出 63 项具体做法，其中为提升诉讼效率的具体做法 32 项，占 50.8%；为强化权利保障的具体做法 11 项，占 17.5%；为增强改革效果的具体做法 20 项，占 31.7%。改革试点地区的做法中一半以上是为了能够提升诉讼效率，充分发挥效益价值；三成左右的做法是为了增强改革效果，集中体现在规范量刑和庭审程序、拓展制度适用范围；不到两成的做法涉及权利保障，集中体现在律师提供法律帮助和完善被追诉人各项权利方面。虽然仅按照具体做法的数量进行统计难免失之偏颇，但也可管窥一二。行为往往代表着内心思想的外在表征，各地认罪认罚从宽制度改革试点更加注重诉讼效益的追求，对于权利保障方面相对缺乏关注。其中虽然不乏一些关于值班律师的亮点做法，但总体而言，认罪认罚从宽制度的程序正当性和产生公正裁判结果的能力可能会因此受到质疑。

三、律师辩护对认罪认罚从宽制度价值目标之匡正

（一）价值权衡：恪守程序正义

法的价值实现过程，不仅是价值形态识别和确认的过程，也是一个在各种价值之间折中、平衡的过程。[1]就刑事程序而言，其外在价值、内在价值和效益价值之间在实践过程当中有可能发生冲突。例如，程序的正义性并不必然产生公正的裁判结果，有时甚至会成为阻碍，而程序的经济性则是以被追诉人放弃某些诉讼权利为代价，要求对所有被追诉人不加区分的严格适用普通程序必然是无法达到的理想状态，甚至可能违背被追诉人的真实意愿。有学者认为，对于认罪认罚从宽制度所代表的协商性司法制度，由于控辩双方"在诉讼事项上不存在争端"，程序"所强调的主要是快速完成定罪量刑的使命"，程序正义作为一种"诉讼对抗性价值"，丧失了存在的前提和基础。[2]从表 1 也不难看出，我国在试点实践中更多关注的是如何实现"快速完成定罪量刑"的价值，半数以上的做法也是基于此目标展开。然而，不同形态的价值共同构建了法律的正义价值取向，正义在面对不同情境中往往会

---

〔1〕　参见朱景文主编：《法理学》，中国人民大学出版社 2012 年版，第 54 页。
〔2〕　参见陈瑞华：《刑事诉讼的前沿问题》，中国人民大学出版社 2016 年版，第 241~242 页。

展现出差异化的价值形态。立足于法律所追求的元价值，任何价值形态不应当因为与其他形态产生冲突而被绝对的选择或放弃。[1]司法实践中，价值形态相互冲突的情况时有发生，针对不同案件作出不同的取舍与权衡，以便实现整体价值的兼顾是非常必要的。[2]同理，刑事诉讼程序如果仅仅考虑国家和社会公共利益，缺乏对被追诉人利益的必要维护，必将导致公共利益与个人权益间的失衡状态，对刑事诉讼程序的正当性造成损害。公诉部门代表国家和社会公共利益发动对犯罪行为的追诉活动，被追诉人与手握公器的办案机关实力相差悬殊，仅凭自身很难采取有效的行动。刑事诉讼程序的正当性便主要体现在对强大公权力的限制与对相对弱小私权利的保障，这样才有可能避免刑事诉讼程序沦为丛林法则的强权活动，维持控辩双方最基本的平衡。所以，即便在被追诉人认罪认罚的案件当中，程序正义也是一条不能逾越的底线，主要体现在以下两个方面：

一是被追诉人必须具有程序选择权，并且在自愿和明智的状态下享有。这一方面要求被追诉人具备程序主体地位，享有法律赋予的诉讼权利，自主选择行使或放弃哪些权利；另一方面要求被追诉人能够得到律师的法律帮助，否则面对强大的追诉机关，不论是经验还是专业水平，控辩双方将处于严重失衡状态。缺乏律师的法律帮助，被追诉人在公诉机关的高压态势下，很难理性的权衡利弊，诉讼过程将演变为国家为打击犯罪而进行的表演。

二是裁判者要保持中立性和权威性。刑事诉讼程序本质上是控辩双方为了各自目标进行角逐的过程，即使被追诉人已经认罪认罚，但最终结果仍需经过裁判者的确认。庭审程序可以适当简化，但不能省略，否则司法的最后一道防线将沦陷。退一步讲，假如审前程序存在不公正行为，只要司法裁判者的中立性和权威性仍在，刑事程序中的不公正因素便存在被清除的可能性。但裁判者如何才能保持中立性和权威性？除了自身的职业素养和道德操守之外，很重要的因素便是双方力量的均衡。试想，被追诉人独自面对经验丰富、业务精良的公诉人员，如何向裁判者陈述自己遭受的不公，裁判者面对公诉方来势汹汹的长篇论述和被告人毫无经验的只言片语，可能作何判断？只有律师始终站在被追诉人身边，才更有可能实现裁判者"兼听则明"。

---

〔1〕 参见冯玉军：《法理学》，中国人民大学出版社2018年版，第74页。
〔2〕 参见朱景文主编：《法理学》，中国人民大学出版社2012年版，第56页。

所以，认罪认罚从宽制度需要恪守程序正义底线，前提是律师提供有效的法律帮助。不仅如此，程序正义也有利于被追诉人息诉服判，[1]减少上诉和反悔，有助于提升诉讼效率。

（二）价值目标：追求结果公正

刑事诉讼制度改革要求充分发挥法庭对于事实判断和量刑确认的作用，尤其对于疑难复杂的案件，应当投入更多的司法资源。认罪认罚从宽制度的确立，则通过案件程序的有序切换，完成了司法资源在不同案件需求中的转移。由此，形成了认罪案件和不认罪案件并驾齐驱的格局。[2]如果说前者旨在通过完备的审判程序以促进程序正义的实现，后者则力图通过合理的差别化对待以实现司法资源的优化配置。然而，我国刑事诉讼采事实真相说，《刑事诉讼法》要求裁判应当具备事实基础和法律依据，有罪和罪重的事实和情节的认定要在司法机关立足于调查获悉的证据基础上，依据法律的尺度作出。[3]基于此，我国刑事诉讼以追求结果公正为根本价值目标，认罪认罚从宽制度也应符合这一目标。根据《最高人民法院、最高人民检察院关于在部分地区开展刑事案件认罪认罚从宽制度试点工作情况的中期报告》，试点期间的认罪认罚案件中，适用速裁程序的占68.5%，适用简易程序的占24.9%，两者累计高达93.4%；根据《最高人民检察院关于人民检察院适用认罪认罚从宽制度情况的报告》，认罪认罚从宽制度全面实施后，截至2020年10月，认罪认罚案件中适用速裁程序的占27.6%，适用简易程序的占49.4%，两者累计高达77%。[4]这意味着绝大多数认罪认罚案件的法庭调查或法律辩护环节被简化甚至省略。如何在被追诉人的公正审判权被极大压缩的情况下实现结果公正的价值追求，成为认罪认罚从宽制度面临的一项挑战。认罪认罚案件的裁

---

[1]　几乎所有认罪认罚从宽制度试点地区都将上诉率、反悔率总结为一项经验成果，这客观上减少了程序流转的时间。参见胡云腾主编：《认罪认罚从宽制度的理解与适用》，人民法院出版社2018年版，第287~409页。

[2]　参见熊秋红："比较法视野下的认罪认罚从宽制度——兼论刑事诉讼'第四范式'"，载《比较法研究》2019年第5期。

[3]　参见陈光中主编：《刑事诉讼法》，北京大学出版社、高等教育出版社2016年版，第102页。

[4]　张军："最高人民检察院关于人民检察院适用认罪认罚从宽制度情况的报告"，载中国人大网 http://www.npc.gov.cn/npc/c30834/202010/ca9ab36773f24f64917f75933b49296b.shtml，最后访问时间：2021年5月26日。

判结果是否公正，主要体现在两个方面：一是被追诉人放弃公正审判权利所获得的量刑从宽对价是否公允。权利的价值无法精确衡量，放弃权利的对价更加难以判断，如果想赋予这种交换以正当性，既需要量刑的规范，又应当使双方具备"讨价还价"的能力。尤其对被追诉人，需要以律师提供的法律帮助作为参考，而且只有如此，被追诉人才能够更加认可双方协商的结果。二是需要防范被追诉人非自愿认罪、虚假认罪的风险。因此，律师的参与对于此类案件结果的正当性具有举足轻重的作用。可以说，缺乏律师辩护的认罪认罚案件，其结果的正当性有可能受到诉讼当事人和社会公众的普遍质疑。

第三章

域外认罪答辩制度中律师辩护
问题的当代考察

域外很多国家都建立了鼓励被告人进行认罪答辩的制度。各司法区所采取的认罪答辩制度大致分为四种类型：一是量刑激励型；二是指控激励型；三是事实激励型；四是合作协议型。[1]立足于比较法角度，认罪认罚从宽制度作为一项富有中国特色的改革创新，域外法治国家并没有一项与之完全相同的制度。但基于认罪认罚从宽制度鼓励被告人认罪、放弃完整审判权等特征，可将其纳入到认罪答辩制度中予以比较考察。

第一节　传统当事人主义诉讼模式国家

一、美国辩诉交易制度中的律师辩护

（一）美国辩诉交易制度概述

1. 辩诉交易制度的历史考察

根据《布莱克法律辞典》，辩诉交易（Plea Bargain）亦称答辩协议（Plea Agreement），主要指控辩双方达成的协商，被追诉人通过认可部分罪行以换取检察官同意对被追诉人施以较轻的处罚或对其他指控的撤销，[2]一般涉及针

---

〔1〕　参见熊秋红："比较法视野下的认罪认罚从宽制度——兼论刑事诉讼的'第四范式'"，载《比较法研究》2019 年第 5 期。

〔2〕　See Bryan A. Garner, *Black's Law Dictionary*, Thomson Reuters, 2004, p. 3657. A negotiated a-greement between a prosecutor and a criminal defendant whereby the defendant pleads guilty to a lesser offense or to one of multiple charges in exchange for some concession by the prosecutor, usu. a more lenient sentence or a dismissal of the other charges.

对指控进行的交易或针对量刑进行的交易，或两者兼而有之。针对指控进行的交易也被称为罪数交易（Charge Bargain），是在刑事指控前达成的协议，检察官同意被追诉人对较轻的罪名认罪或对部分罪名认罪，并承诺放弃对较重罪名的指控或对剩余罪名的指控，以换取被追诉人认罪或者不抗辩。[1]辩诉交易制度肇始于欧洲文艺复兴时期的英国。15世纪的英国法案允许治安法官直接受理部分轻罪的起诉，典型的便是非法狩猎。如果被追诉人不认罪，治安官可以将该行为作为重罪起诉；如果被追诉人认罪，则可作为即决犯罪（Summary Offense）直接判决，即被追诉人认罪有可能换得较轻处罚的回报。[2]美国于19世纪刑事司法改革中引入了辩诉交易制度，后于20世纪70年代正式确认其合宪性。《美国联邦刑事诉讼规则》（Federal Rules of Criminal Procedure）随即于1974年修改时在第11条"答辩"（Pleas）部分增加了辩诉交易程序（Plea Agreement Procedure）。经过两百多年的实践发展，辩诉交易制度已渗透到美国司法系统的各个部分，成为刑事案件处理的重要方式。从罪名上看，从最早的违反禁酒令等轻罪到谋杀等重罪，甚至包括危害国家安全、恐怖活动犯罪等敏感案件，[3]都可进行交易。据统计，全美97%以上的刑事案件是通过认罪答辩结案的，联邦法院审理案件适用比例更高，虽然其中部分案件是被追诉人主动认罪，并未经过辩诉交易，但所占比例很低。[4]

2. 辩诉交易制度的产生原因

一是诉讼理念方面。辩诉交易制度可以说是对抗性刑事司法制度（Adversarial Criminal Justice System）的产物。该制度将诉讼看成是双方当事人解决争议的一种方式，即使是刑事诉讼也不例外。而辩诉交易本质上是辩方将自己的陪审团审判权利（Right to Jury Trial）作为协商的筹码（Bargaining Chip）

---

〔1〕 See Bryan A. Garner, *Black's Law Dictionary*, Thomson Reuters, 2004, p. 3657. 1. A plea bargain in which a prosecutor agrees to drop some of the counts or reduce the charge to a less serious offense in exchange for a plea of either guilty or no contest from the defendant; 2. An agreement made before criminal charges are filed whereby a prosecutor allows a defendant to plead guilty to a lesser charge or only some of the charges in exchange for dismissal of the higher or remaining charges.

〔2〕 参见杨正万：《辩诉交易问题研究》，贵州人民出版社2002年版，第18页。

〔3〕 参见胡云腾主编：《认罪认罚从宽制度的理解与适用》，人民法院出版社2018年版，第450页。

〔4〕 参见胡云腾主编：《认罪认罚从宽制度的理解与适用》，人民法院出版社2018年版，第449~450页。

与控方换取量刑的优惠，最终促成案件的处理。既然双方当事人已经达成一致意见，法官便没有必要加入其中。二是诉讼制度方面。其一，英美国家基于当事人主义模式独特的起诉便宜主义，检察官根据法律授权而享有广泛的、几乎不受限制的起诉裁量权，可以基于惩戒犯罪和各方利益考量独自决定需要对哪些罪名进行指控以及按照何种罪名指控。而在相对严格的起诉法定主义国家，检察官不具备自主决定起诉的权力，缺乏如英美同行般的交易能力。其二，独特的程序分流机制。传讯（Arraignment）和答辩（Plea）是英美刑事诉讼中正式审判之前的程序，旨在获取被追诉人答辩，同时向其释明诉讼权利。除非由于被追诉人进行无罪答辩导致控辩双方产生原则性分歧，案件将直接进入量刑程序。[1]三是诉讼效率方面。其一，实体法上犯罪化和轻刑化的立法趋势导致刑事案件量大幅攀升，司法资源越来越难以承受。例如，美国近年来每年诉讼案件约1亿件，联邦法院审理的约200万件，如果均正式审判，司法系统势必崩溃。[2]其二，陪审团审判（Jury Trial）程序繁琐复杂，程序负担过重可能导致诉讼流程过久，被追诉人审前被长期羁押。四是诉讼风险方面。伴随着科技手段日新月异，犯罪手段花样翻新，尤其与违禁品、金融、职权等领域高度相关的疑难犯罪案件，由于涉及复杂的层级或者行业壁垒，案件侦破的难度较大，犯罪嫌疑人的有罪供述往往会对案件破获起到异乎寻常的作用。加之对被追诉人权利保障的日益重视和正当程序对于非法证据排除的要求，以及国家对打击犯罪投入资源的增多，使得控辩双方对于诉讼结果均充满不确定性。辩方通过辩诉交易获得较轻缓处罚和较快捷的诉讼流程，控方获得有效定罪，使得控辩双方对诉讼结果均产生较为清晰的预判。

3. 辩诉交易制度的交易主体

《美国联邦刑事诉讼规则》第11条在答辩协议程序（Plea Agreement Procedure）中规定了控辩之间可以通过协商达成交易，交易主体分别是检察官、律师或被追诉人。[3]答辩协议的存在和性质至迟于审前传讯（Arraignment）

---

〔1〕　参见魏晓娜："辩诉交易：对抗制的'特洛伊木马'？"，载《比较法研究》2011年第2期。

〔2〕　参见胡云腾主编：《认罪认罚从宽制度的理解与适用》，人民法院出版社2018年版，第454页。

〔3〕　参见陈卫东主编：《刑事辩护与代理制度：外国刑事诉讼法有关规定》，中国检察出版社2017年版，第379页。

时公布，法官原则上不得直接参与辩诉交易谈判，也无法命令检察官起诉，但法官参与的情况并非罕见。例如法官会通过解释他在法庭上的量刑原则来说服被追诉人接受交易条件，或者说服检察官接受辩方提出的条件或者提出新的条件。[1]警察不参与辩诉交易，而被害人虽然享有部分的知情权，公诉人员也应当与其沟通案件进展情况，必要时甚至可以听取其对案件的看法，但并不意味着被害人具有否决辩诉交易的权利。[2]

4. 辩诉交易制度的交易内容

谈到交易内容，首先需要了解美国刑事诉讼制度中的答辩类型。被追诉人在传讯中可以作出无罪答辩、认罪答辩和不辩护也不认罪的答辩，[3]后两者均为有罪答辩。区别在于不辩护也不认罪的答辩需要得到法庭同意，法庭并非一定会同意这种答辩，而是需要在个人利益和公共利益的权衡之下作出决定。[4]如果被追诉人由于刑事诉讼中的行为被民事起诉，不辩护也不认罪的答辩的适用范围会仅仅局限于刑事诉讼程序。这种答辩在根据同一行为提出的民事诉讼中不能作为证据使用。辩诉交易中的被追诉人认罪，意思是指被追诉人对可能被指控的罪名作有罪答辩。[5]

指控交易包括撤销交易和降格指控交易。前者指公诉人员为了获得被追诉人对某些罪名的认罪供述，从而将准备指控的其他罪名作为交易对价不予起诉；后者指检察官基于同样理由同意将犯罪行为按照较轻的罪名起诉。[6]量刑协议指检察官与被追诉人之间达成协议，内容为被追诉人承诺认罪或对指控不提出异议，以换取较轻的判决，通常由法官批准。[7]对于撤销协议和降格指控协议，法官在传讯时并非必须接受，只需在拒绝前允许被追诉人撤

---

〔1〕 参见 [美] 约书亚·德雷斯勒、艾伦·C. 迈克尔斯：《美国刑事诉讼法精解：第二卷·刑事审判》，魏晓娜译，北京大学出版社 2009 年版，第 184~185 页。

〔2〕 参见胡云腾主编：《认罪认罚从宽制度的理解与适用》，人民法院出版社 2018 年版，第 450 页。

〔3〕 *Fed. R. Crim. P.* 11（a）（1）.

〔4〕 *Fed. R. Crim. P.* 11（a）（3）.

〔5〕 *Fed. R. Crim. P.* 11（c）（1）.

〔6〕 参见秦宗文："认罪认罚案件被追诉人反悔问题研究"，载《内蒙古社会科学（汉文版）》2019 年第 3 期。

〔7〕 See Bryan A. Garner, *Black's Law Dictionary*, Thomson Reuters, 2004, p. 3657. A negotiated agreement between a prosecutor and a criminal defendant whereby the defendant pleads guilty or no contest to a lesser offense or to one of multiple charges in exchange for some concession by the prosecutor, usu. a more lenient sentence or a dismissal of the other charges.

销答辩，并且让被追诉人知道即使不撤销，最终的处理结果也可能比协议内容预想的更不利。[1]对于量刑协议，联邦量刑委员会在量刑规范和事实基础方面提出了建议，即法官接受量刑建议的前提是量刑建议遵守量刑指南规定，除非有不遵守之合理理由，同时量刑建议能够充分反映犯罪的社会危害性，并且接受量刑建议不会损害量刑的法律目的。[2]量刑建议协议不会产生约束法官裁量权的效果，而且被追诉人无权撤销，但法官需要让被追诉人了解这一重要事实。[3]

5. 辩诉交易制度的程序

美国联邦最高法院很早便承认，宪法第六修正案中接受陪审团审判的"一切刑事诉讼"并非一定包括"轻微"案件。对于轻微案件的评判标准，经过司法实践的发展，最终推定为以 6 个月监禁刑为界，即最高不超过 6 个月监禁刑的案件，不受制于宪法上对于陪审团审判的要求。[4]被追诉人也有权基于各方面因素主动书面申请放弃陪审团审判，但需要经过法官和检察官同意。[5]被追诉人被采取羁押措施至实体裁判结果确定前，检察官与辩方均有可能达成辩诉交易，而且交易的形式并非必须是书面，甚至许多辩诉交易是在法庭走廊或休息室内达成的，特殊情况下也可能通过电话完成。[6]对于轻微案件（最高不超过 6 个月监禁刑）、轻罪案件（最高不超过 1 年监禁刑）和对这两部分案件进行申诉的快速审判程序，被追诉人可以在初次聆讯（First Appearance Before Magistrate after Arrest）的同时被传讯，并且作出认罪答辩，然后由地方法院的法官或司法官简单审理后径行下达判决；重罪案件辩诉交易可在后期的预审（Preliminary Hearing）、传讯（Arraignment）程序开展。即使法庭因为被追诉人无罪抗辩而启动了正式审判程序，只要实体性判决未作出，控辩双方便有达成辩诉交易的可能。[7]被追诉人认罪的案件中，法官只有在履行权利告知、确认答辩系自愿作出并具备事实基础后才能够接

---

〔1〕　*Fed. R. Crim.* P. 11（c）（5）.

〔2〕　See 18 *U. S. C. App. §* 6*B*1. 2（1995）.

〔3〕　*Fed. R. Crim.* P. 11（d）（2）.

〔4〕　参见［美］约书亚·德雷斯勒、艾伦·C. 迈克尔斯：《美国刑事诉讼法精解：第二卷·刑事审判》，魏晓娜译，北京大学出版社 2009 年版，第 197 页。

〔5〕　*Fed. R. Crim.* P. 23（a）.

〔6〕　参见胡云腾主编：《认罪认罚从宽制度的理解与适用》，人民法院出版社 2018 年版，第 451 页。

〔7〕　参见胡云腾主编：《认罪认罚从宽制度的理解与适用》，人民法院出版社 2018 年版，第 451 页。

受。法官应当在判刑之前举行量刑听证,在作出具体量刑判决之前可建议相关部门进行必要的调查。[1]认罪答辩意味着放弃了正式审判的机会,[2]所以有些州对于被追诉人同意辩诉交易作出了限制,例如法院不得接受因谋杀罪被指控的被追诉人的有罪答辩。

6. 对有罪辩护的审查

一是确保有罪答辩的自愿性。要求法庭应当确认被追诉人认罪的意思表示是基于内心真实意愿而作出,并非胁迫的结果,并且并非基于检察官给予了辩诉协议以外的允诺。[3]但同时,"如果未影响实体权利,将予不计"。[4]在布伦迪诉合众国(*Brandy v. United States*)一案中,布伦迪被起诉绑架,如果案件由陪审团进行审判,最高可判处死刑。布伦迪知道一名同案可能会在审判中指证他,因此选择了有罪答辩以避免死刑,最终被判处长期监禁刑。10多年后,布伦迪以有罪答辩违反了自愿性为由上诉要求撤销有罪判决。联邦最高法院对此予以驳回,认为避免死刑并非造成违背自愿性的原因,除非被追诉人认罪是基于外力胁迫或辩诉交易以外的允诺,或是因为非法关系而被诱导。[5]二是确保有罪答辩的明智性。要求被追诉人作出有罪答辩的前提是对于即将被指控罪名的严重程度、可能由此带来刑罚的上下限具有明确的认识,被追诉人也应当了解到自己即将放弃的正式审判权利,但在量刑聆讯中仍然可以保留反对强迫自证其罪权。[6]这一点与《统一刑事诉讼规则》《有罪答辩标准》要求一致。[7]亨德森诉摩根案(*Henderson v. Morgan*)中,联邦最高法院认为由于辩护律师、检察官未向被追诉人解释清楚关键因素,导致其错误认识了犯罪的性质而撤销对其的定罪;[8]伯依金诉亚拉巴马案

〔1〕 参见宋英辉等:《外国刑事诉讼法》,北京大学出版社2011年版,第120页。

〔2〕 参见卞建林、刘玫:《外国刑事诉讼法》,人民法院出版社、中国社会科学出版社2002年版,第210页。

〔3〕 *Fed. R. Crim. P.* 11(*d*).

〔4〕 *Fed. R. Crim. P.* 11(*h*).

〔5〕 397 *U. S.* 742, 755(1970);转引自[美]约书亚·德雷斯勒、艾伦·C. 迈克尔斯:《美国刑事诉讼法精解:第二卷·刑事审判》,魏晓娜译,北京大学出版社2009年版,第171页。

〔6〕 参见[美]约书亚·德雷斯勒、艾伦·C. 迈克尔斯:《美国刑事诉讼法精解:第二卷·刑事审判》,魏晓娜译,北京大学出版社2009年版,第179页。

〔7〕 *See Fed. R. Crim. P.* 11(*c*); *See Unif. R. Crim. P.* 444(*c*)(1)(1987); *See National Prosecution Standards* § 68.1(*q*)(2d ed. 1991).

〔8〕 426 *U. S.* 637(1976).

（*Boykin v. Alabama*）中，初审法院为仅依靠笔录无法证明伯依金放弃的权利性质而拒绝对其定罪。三是确定有罪答辩的事实基础。强调有罪答辩并不能作为法庭裁判的唯一依据，只有具备事实基础的有罪答辩才能被法庭认可。[1]此处并未提及不辩护也不认罪的案件，所以针对事实基础的要求对此类答辩不适用，北卡罗林那诉阿尔弗德案（*North Carolina v. Alford*）便属此类。尽管阿尔弗德作出有罪答辩的同时又声称自己无罪，但由于法官认为证据确凿，仍接受了他的有罪答辩。[2]此外，事实基础是有罪答辩成立的必要而非充分条件，这意味着缺乏事实依据的认罪必定无法得到法官认可，而具备事实基础的认罪也可能遭到法官拒绝。[3]

　　7. 辩诉交易的效力

　　首先，辩诉交易制度的独特之处在于被追诉人的认罪答辩既带有明显的证据法意义，又在诉讼程序方面具有阻却陪审团审判的功能。认罪答辩类似于民事程序中的"承诺"，这与其发源地采用当事人主义诉讼模式密切相关。[4]一方面，当事人主义诉讼模式下的陪审团审判旨在确定被追诉人是否有罪，一旦控辩双方在定罪方面消除了分歧，对抗式审判便再无必要，并且烦琐的诉讼程序将极大消耗司法资源；另一方面，当事人主义诉讼模式突出控辩双方的主体地位，充分尊重双方的程序选择和处分的权利。检察官与辩方通过多方权衡和努力后达成的辩诉协议，如果在司法实践中动辄面临因为量刑的问题遭到法官拒绝的情况，不仅前期的协商成果最终流产，辩诉交易制度也很难如现状般广泛适用。此外，美国检察官拥有较大的自由裁量权，检察官有时会为了增加定罪率而过度指控，为了使自己在辩诉交易中处于相对有利的位置，增加起诉罪名或对起诉罪名进行升格。[5]其次，法官接受认罪答辩后对控辩双方的要求不尽相同。控方应当信守承诺，因为一项认罪很大程度上依赖于检察官的许诺或同意时，可以说答辩是诱因或承诺的一部分，这种承诺必须履行。被追诉人获得救济的前提是公诉人违反了协议，而这要求交

---

〔1〕　*Fed. R. Crim. P.* 11（*f*）.

〔2〕　400 *U. S.* 25（1970）.

〔3〕　参见［美］约书亚·德雷斯勒、艾伦·C. 迈克尔斯：《美国刑事诉讼法精解第二卷·刑事审判》，魏晓娜译，北京大学出版社 2009 年版，第 179 页。

〔4〕　参见魏晓娜："辩诉交易：对抗制的'特洛伊木马'？"，载《比较法研究》2011 年第 2 期。

〔5〕　参见胡云腾主编：《认罪认罚从宽制度的理解与适用》，人民法院出版社 2018 年版，第 454 页。

易的内容应当清晰、准确。例如合众国诉奇摩尔案 （*United States v. Benchimol*）中，公诉方并未按双方约定提出量刑建议，初审法院和最高法院对此并未支持辩护律师的建议，理由是协议中并未有明确要求，所以公诉方不构成违约。[1]被追诉人只有在非自愿、不明知或没有得到律师有效帮助的情况下，可以撤回答辩。最后，控辩双方均可以在法院接受认罪答辩前撤销协议，被追诉人可以随时撤回不受限制，检察官也可以撤销要约，这在马伯里诉杰克逊案中（*Mabry v. Johnson*）中体现出来，因为"辩诉交易本身没有宪法意义"。[2]

8. 辩诉交易制度的评价

辩诉交易制度自诞生以来，人们对其评价便褒贬不一。积极评价主要集中在能够提高诉讼效率、减少案件积压、实现诉讼分流；有利于充分发挥控辩双方诉讼当事人的主体地位，控方能够最大化被追诉人的刑罚，最大限度地震慑犯罪，辩方能够实现法律成本与焦虑最小化；有利于避免证人、被害人出庭，保护其安全或避免二次伤害。[3]同时，学者们的批评声也不绝于耳。达马斯卡曾经指出，辩诉交易制度增加了被迫认罪、逃避刑罚、模糊认知、混淆权限的风险。[4]有学者通过经济学分析，甚至建议废除辩诉交易制度，因为对公诉人员外部监督的缺乏和律师面对当事人的强势地位，使辩诉交易制度有可能对司法机关的权威和无辜当事人的权益保障造成重大威胁。[5]

9. 起诉协商制度

除了辩诉交易制度，美国还设立了一种针对轻微刑事犯罪的起诉协商制度。控辩双方经过协商达成"审前转处协议"（Pre-trial Diversion Agreement），约定一定时间的考验期，考验期内暂时不对其提起公诉。只要被追诉方履行

---

〔1〕 参见［美］约书亚·德雷斯勒、艾伦·C. 迈克尔斯：《美国刑事诉讼法精解：第二卷·刑事审判》，魏晓娜译，北京大学出版社 2009 年版，第 192 页。

〔2〕 ［美］约书亚·德雷斯勒、艾伦·C. 迈克尔斯：《美国刑事诉讼法精解：第二卷·刑事审判》，魏晓娜译，北京大学出版社 2009 年版，第 194 页。

〔3〕 参见陈卫东："从建立被告人有罪答辩制度到引入辩诉交易——论美国辩诉交易制度的借鉴意义"，载《政法论坛》2002 年第 6 期；杨宇冠、刘曹祯："辩诉交易制度简论"，载《人民检察》2016 年第 11 期；虞平："从辩诉交易看如何建立我国特色的认罪程序"，载《法学》2008 年第 7 期；张进德："美国辩诉交易的改革实践及其启示"，载《人民检察》2011 年第 3 期。

〔4〕 See Mirjan Damaška, "Negotiated Justice in International Criminal Courts", *Journal of International Criminal Iustice*, Vol. 2, 2004, p. 1018.

〔5〕 参见［美］斯蒂芬·舒霍夫："灾难性的辩诉交易制度"，郭烁译，载《中国刑事法杂志》2019 年第 6 期。

了双方约定的义务，例如承认犯罪事实、全力配合调查、知悉被害人的情况下积极赔偿被害人损失等，考验期结束后履行情况一旦通过检察官审核，案件便采用不起诉的方式处理。这种制度最早出现于美国少年司法中，随后逐渐扩大至适用强制性治疗的毒品犯罪，美国国会于 1974 年颁布的《迅速审判法案》在立法层面正式确认该制度。而后司法部于 20 世纪 90 年代确立的《联邦检察官手册》详细规定了起诉协商制度的适用范围、适用条件和程序要求。[1]目前，起诉协商制度适用范围进一步扩大至公司犯罪案件中。涉嫌犯罪的企业与检察机关通过协商，最终可能达成两种协议："中止起诉协议"（DPA）和"不起诉协议"（NPA）。[2]两份协议均要求涉嫌犯罪的企业与政府进行合作并约定一定时长的考验期和需要履行的义务，并将企业是否改进合规计划作为重要评价要素。[3]区别在于 DPA 在形式上仍属一种起诉，检察官最终会将案件起诉至法院，但可以根据被追诉人在考验期内的履约情况提出动议，法院有可能根据动议撤销案件，履约情况也将作为缴纳罚金数额的考量因素；而 NPA 中涉案企业经过双方约定的考验期，并且履行了约定义务后，检察机关可以不予起诉直接结案，实现了真正意义上的不起诉，被追诉人不会因此留下犯罪记录，这也构成了与辩诉交易制度的主要差别。[4]

（二）美国辩诉交易制度中的律师辩护

美国的律师辩护包含以下几方面内容。主体地位方面，辩护律师是法庭组成人员，审理刑事案件的法庭应被视为由辩护律师、控方律师、法官、陪审团和其他法庭人员组成的实体。[5]权利保障方面，被追诉人享有律师辩护权和自我辩护权，前者包括律师选择权、获得法律援助的权利、获得非利益冲突的律师提供有效法律帮助的权利。[6]具体行为方面，对于被追诉人不认

---

〔1〕　参见陈瑞华："企业合规视野下的暂缓起诉协议制度"，载《比较法研究》2020 年第 1 期。

〔2〕　参见陈瑞华："企业合规视野下的暂缓起诉协议制度"，载《比较法研究》2020 年第 1 期。

〔3〕　参见陈瑞华："有效合规计划的基本标准——美国司法部《公司合规计划评价》简介"，载《中国律师》2019 年第 9 期。

〔4〕　参见杨宇冠："企业合规案件不起诉比较研究——以腐败案件为视角"，载《法学杂志》2021 年第 1 期。

〔5〕　参见祁建建："无罪推定、排除合理怀疑与自愿性——对认罪认罚案件和普通程序庭审定罪正当性来源的思考"，载《人民检察》2018 年第 2 期。

〔6〕　参见张艺芳："论美国刑事司法体系中的自我辩护权"，载《中国刑事法杂志》2014 年第 6 期。

罪的案件，辩护律师需要通过包括实体辩护和程序辩护在内的法庭论辩，寻找有利于被追诉人的事实和理由，促使案件无法达到定罪所要求的排除合理怀疑的程度。[1]律师辩护权（The Assistance of Counsel）作为宪法基本权利，发轫于宪法第六修正案，意指陪审团审判程序中的被追诉人均享有获得律师提供法律帮助的权利。只有称职律师代表被追诉人的利益，才能够使被追诉人拥有足以与控方平等对抗的实力。这也意味着，被追诉人在对抗式司法程序的每个"关键阶段"（Critical Stage）均应当有律师提供法律帮助，避免其合法权益遭受不法侵害，进而确保审判程序的正当性。联邦最高法院把"关键阶段"定义为如果被追诉人缺乏法律帮助，将会对其权益保障产生切实影响的阶段，无关该阶段是否处于正式的程序运行中以及是否位于庭审程序内。[2]基于此，关键阶段不仅包括被追诉人与检察官在审判中对质的活动，还包括在庭审之外可能影响被追诉人与检察官针对指控或量刑达成交易的活动，此时辩护律师可以帮助被追诉人处理相关法律事务或防御对方的攻击。1963年起，州诉讼案件中的被追诉人通过宪法第十四修正案的正当程序条款也享有了律师辩护的权利。

1. 案例的引入

（1）帕迪拉诉肯塔基州案（*Padilla v. Kentucky*）[3]

案件背景：帕迪拉是美国40多年的永久合法居民，在对一起毒品指控作有罪答辩后面临被驱逐出境的后果。随后，他声称在自己认罪之前并未得到律师及时有效的帮助，恰恰相反，律师甚至起到了相反作用，导致自己并不清楚可能遭到驱逐出境的法律后果，因为他已在此合法居住了很久。他认为如果没有这种不正确的建议，他可能不会认罪而是接受审判。肯塔基州最高法院拒绝了帕迪拉撤回认罪答辩的申请，理由是宪法第六修正案的有效律师帮助权无法保证被追诉人免受错误的驱逐建议，因为驱逐出境只是被定罪的"附带"（Collateral）后果。

联邦最高法院基于以下三方面理由撤销了肯塔基州的裁决。首先，移民

---

[1] 参见祁建建："无罪推定、排除合理怀疑与自愿性——对认罪认罚案件和普通程序庭审定罪正当性来源的思考"，载《人民检察》2018年第2期。

[2] 参见［美］约书亚·德雷斯勒、艾伦·C. 迈克尔斯：《美国刑事诉讼法精解：第一卷·刑事侦查》，吴宏耀译，北京大学出版社2009年版，第50页。

[3] See 559 *U. S.* 356（2010）.

法的修改极大提高了非公民刑事定罪的风险。由于原本涉及驱逐出境的罪行较少，法官可通过行使裁量权防止非公民被驱逐出境，但移民改革扩大了可驱逐出境的罪行范围，限制了法官减轻驱逐出境恶劣后果的权力。由于驱逐出境或遭送出境等严厉措施实际上对大量被定罪的非公民来说是不可避免的，因而对被指控犯罪的非公民来说，准确的法律建议至关重要。因此，驱逐出境是刑罚的一个组成部分。其次，在决定是否认罪之前，被追诉人有权得到"称职律师的有效帮助"（The Effective Assistance of Competent Counsel）。肯塔基州最高法院驳回了帕迪拉的申诉，理由是他寻求的关于驱逐出境的建议只涉及附带问题。然而，联邦最高法院在界定宪法规定的"合理专业帮助"（Reasonable Professional Assistance）的范围时从未区分直接后果和间接后果。在本案中，不必考虑这种区别是否适当的问题，因为驱逐出境具有独特的性质。虽然驱逐出境程序是民事程序，但驱逐出境与刑事程序密切相关，很难将其归类为直接后果或附带后果。因此，对于驱逐出境的法律意见不应从宪法第六修正案的律师辩护权范围中排除。最后，律师提供的法律帮助无效要求"低于合理的客观标准"（Below An Objective Standard of Reasonableness），而且必须存在一个合理的可能性。即非因律师的失误，诉讼结果将有所不同。第一，宪法权利的受损须与法律实践相关并具有合理期待，即律师必须就驱逐出境的风险曾向客户进行提示，因为帕迪拉认罪的后果很容易从相关法律中确定，辩护律师有义务提供正确的法律建议；第二，对于认罪后是否导致驱逐出境后果不确定的案件，辩护律师只需告知非公民被追诉人有可能发生的不利后果；第三，对可能驱逐出境的知情考虑可以使执法部门和非公民被追诉人均受益，促使他们达成协议，这一决定不会为不合理的认罪答辩打开闸门。

帕迪拉案中律师的无效法律帮助导致被追诉人"错误"认罪，联邦最高法院要求律师必须告知被追诉人认罪答辩后可能被驱逐出境的风险，因为驱逐出境是刑罚的组成部分。尽管这可能属于"间接后果"，但有效的律师帮助并不区分"直接后果"和"间接后果"，告知被追诉人间接后果也属于辩护律师的义务，这样才能确保被追诉人了解所有的刑罚后果，并在此基础上决定是否作出有罪答辩。

认罪认罚从宽制度中律师辩护问题研究

（2）密苏里州诉弗莱伊案（*Missouri v. Frye*）[1]

案件背景：弗莱伊因为无证驾驶受到指控，由于他曾三次犯有同样罪行，根据密苏里州的法律，检察官将对他提起最高刑期为 4 年的重罪指控。检察官向弗莱伊的辩护律师提出了两份辩诉交易，其中包括一份降格指控并建议 90 天监禁刑的协议。律师未与弗莱伊沟通导致协议过期。弗莱伊预审后不到 1 周又因无证驾驶被捕。随后，他在没有辩诉交易的情况下认罪并被判处 3 年监禁。弗莱伊向法院寻求救济，声称如果他知道第一份协议，将对轻罪作出有罪答辩。法院驳回了他的动议，但密苏里州上诉法院支持了他的救济申请。

法院认为：首先，律师辩护权并非仅仅适用于对抗式诉讼程序，也适用于"刑事诉讼的所有'关键'阶段"（All "critical" Stages of The Criminal Proceedings），面对辩诉交易已成为当今刑事司法体系的核心这一简单事实，97% 的联邦定罪和 94% 的州定罪是认罪的结果，辩护律师必须在辩诉交易过程中履行职责。其次，辩护律师有义务告知正式的起诉协议，确保被追诉人有可能接受对其有利的条款，何况这份协议是一份具有有效期的正式协议。执法部门和审判法院一直以来试图采取多种措施确保协议高效流转，但由于律师表现欠佳导致了协议失效。被追诉人为此需要证明权益受到侵害，即如果能够得到律师有效帮助，自己可能接受一份更加有利的认罪协议，除非检察官和法官根据州法律主动撤回或行使自由裁量权拒绝接受。"诉讼结果是否变得不同"（The Result of The Proceeding Would Have Been Different）不取决于是否对被追诉人进行审判，而要看他是否会接受先前认罪协议。此外，他还需要证明，如果控方有权取消协议或者法院有权拒绝接受协议，控方和法院都有合理的可能性取消或拒绝，但不需要弗莱伊证明认罪提议将得到检方的遵守和审判法院的接受。所以，律师未能在认罪协议到期前通知弗莱伊，低于律师有效法律帮助的客观合理标准（Objective Reasonableness Standard）。

与帕迪拉案相反，弗莱伊案中因为律师的无效法律帮助导致了被追诉人"错失"认罪机会，联邦最高法院要求律师及时向被追诉人告知检察官提出的认罪协议，这一要求已被采纳为联邦、州法院和律协的律师职业标准，辩护律师违反这一标准将可能侵犯被追诉人的辩护权。所以不论案件是否经过公

---

[1] See 566 *U. S.* 134（2012）.

正审判，行为是否对最终结果产生影响，有罪判决都有可能被推翻。

（3）拉弗勒诉库珀案（*Lafler v. Cooper*）[1]

案件背景：拉弗勒被指控犯有包括谋杀在内的四项罪行。检方提议如果拉弗勒认罪，可以撤销其中两项指控，并对另外两项指控出具 51 至 85 个月的量刑建议。拉弗勒向法庭表示认罪并接受这一提议，但随后却反悔。据称是因为辩护律师说服他相信检方无法证明谋杀的意图。在正式庭审中，被告所有罪名成立，并被判处 185 至 360 个月的刑期。在随后的庭审中，密歇根州初审法院和上诉法院均驳回了被告的诉讼请求，即辩护律师拒绝认罪的建议构成无效辩护。但联邦地区法院认定州上诉法院不合理地适用了《美国判例汇编》"斯特里克兰诉华盛顿"（*Strickland v. Washington*）和"希尔诉洛克哈特"（*Hill v. Lockhart*）中规定的有效辩护标准，于是下令履行最初的认罪协议。

法院认为：由于双方均同意律师的辩护存在瑕疵，如果此举导致认罪要约被拒绝，被告必须证明在没有无效辩护的情况下，认罪协议有合理的可能性被提交给法院，并会得到法院的接受。在这种情况下，被告人需要证明法庭审理的结果可能与律师提供有效法律帮助时有所不同。尽管公诉人认为被告是在公正的审判程序中被定罪，而宪法第六修正案唯一的目的是保护公民获得公平审判的权利，但该修正案实际上适用于刑事诉讼各个关键阶段，包括被告人应当在审前阶段获得有效的法律帮助。本案中，被告人并非试图通过适用不正确的法律原则或者法律以外的辩护策略而获得暴利，而是要求对律师未能提供有效的法律帮助进行救济。此时，法庭应当举行听证会，以确定被告是否会接受认罪协议。法庭直接下达新的判决也是不恰当的，这有可能导致新的判决仍重于认罪协议。如果要求判决不能重于认罪协议，又会限制法官的自由裁量权。在这种情况下，适当的补救办法可能是履行最初的认罪协议。

拉弗勒案强调无论被告人是否获得了公正的正式审判，审前程序的公平性都不可或缺。如果被告人由于未能得到律师的有效法律帮助，而丧失了本应获得的利益，公正审判也无法对此形成救济，并且难以抹去审前阶段无效法律帮助对辩诉交易产生的影响。刑事司法并非仅仅由审判系统构成，还包括审前的众多程序。被追诉人需要对自己在审前阶段是否认罪的决定负责，前提是获得有效法律帮助的权利得到了充分保障。

---

[1]　See 566 *U. S.* 156（2011）.

2. 《有罪答辩标准》中的辩护律师要求

目前，美国律协颁布的《刑事司法标准》已成为裁判文书的重要权威来源和刑事活动的司法指导文件，其中的《有罪答辩标准》（*ABA Standards for Criminal Justice：Pleas of Guilty*）多次被裁判意见引用，逐渐成为辩诉交易制度的权威性指南。最新版本的《有罪答辩标准》分为 4 个部分，共 15 条。第一部分为"有罪答辩的接受与处理"（RECEIVING AND ACTING UPON THE PLEA），共 8 条；第二部分为"有罪答辩的撤回"（WITHDRAWAL OF THE PLEA），共 2 条；第三部分为"辩诉讨论和辩诉交易"（PLEA DISCUSSIONS AND PLEA AGREEMENTS），共 4 条；第四部分为"刑事案件的程序分流"（DIVERSION AND OTHER ALTERNATIVE RESOLUTIONS），共 1 条。标准规范的内容包括了辩护律师与检察官之间的协商谈判，以及辩护律师和被追诉人之间的权利义务关系和应遵循的规则。

（1）关于答辩过程中的考量因素（Pleading by Defendant；Alternatives）

有效的司法要求答辩程序应当考虑到社会公众利益和被害人权益。[1]

（2）答辩过程中律师的帮助（Aid of Counsel；Time for Deliberation）

被追诉人在答辩前应当有聘请律师或接受指派律师辩护的机会，并且应当具有足够准备时间，否则不得被要求答辩。这与宪法第六修正案赋予被追诉人律师辩护权的要求吻合。

当被追诉人已适当放弃律师辩护权，并作出认罪答辩或不辩护也不认罪的答辩时，除非法官已经完成本规则所规定的告知义务，并且被追诉人在规则或法律规定的合理审议时间后再次确认认罪，否则法院不应接受其认罪答辩。[2]

（3）法官在被追诉人认罪之前的告知内容（Defendant to Be Advised）

法官在被追诉人认罪之前具有在公开法庭向其告知相关内容的义务，这

---

〔1〕 14-1.1（b）As part of the plea process, appropriate consideration should be given to the views of the parties, the interests of the victims and the interest of the public in the effective administration of justice.

〔2〕 14-1.3（a）A defendant should not be called upon to plead until an opportunity to retain counsel has been afforded or, if eligible for appointment of counsel, until counsel has been appointed or waived. A defendan twith counsel should not be required to enter a plea if counsel makes a reasonable request for additional time to represent the defendant's interests.（b）When a defendant has properly waived counsel and tenders a plea of guilty or nolo contendere, the court should not accept the plea unless it is reaffirmed by the defendant after a reasonable time for deliberation, set by rule or statute, after the defendant received the advice from the court required in Standard14-1.4.

方面与《统一刑事诉讼规则》《联邦刑事诉讼规则》的要求基本一致。

（4）对被追诉人答辩自愿性的认定（Determining Voluntariness of Plea）

法官对被追诉人答辩自愿性认定，除了需要与检察官沟通，并且询问被追诉人对于答辩协议内容是否清楚、作出答辩是否自愿、是否撤回外，还需要通过辩护律师了解相关情况。[1]

（5）法官对于事实基础的认定（Determining Factual Basis of Plea）

辩护律师可以应法官要求，向其出示相关材料以证明有罪答辩的事实基础，例如追诉机关和审判机关的程序性记录、控辩双方达成的协议以及协议达成的依据等。[2]

（6）辩护律师的职责（Responsibilities of Defense Counsel）

其一，辩护律师具有与被追诉人及时沟通、告知后果、解释咨询、仅提建议的职责。一是辩护律师与检察官进行辩诉讨论的进展情况应随时告知被追诉人，并及时向被追诉人传达和解释检察官提出的所有辩诉提议；[3]二是辩护律师进行适当调查后，应当向被追诉人提供可行的方案，并说明作出认罪决定时应当考虑的重要因素，辩护律师不应主动建议被追诉人接受认罪，除非已完成对案件的适当调查和研究；[4]三是认罪的决定应当由被追诉人作出，辩护律师只能在被追诉人明示的前提下与公诉人员达成协议；[5]四是辩护律师应尽可能在被追诉人作出任何抗辩之前告知间接后果。[6]其二，辩护

---

〔1〕 14-1.5 The court should not accept a plea of guilty or nolo contendere without first determining that the plea is voluntary. By inquiry of the prosecuting attorney, the defendant, and defense counsel……

〔2〕 See *People v. Wilkerson*（1992）

〔3〕 14-3.2（a）Defense counsel should keep the defendant advised of developments arising out of plea discussions conducted with the prosecuting attorney, and should promptly communicate and explain to the defendant all plea offers made by the prosecuting attorney.

〔4〕 14-3.2（b）To aid the defendant in reaching a decision, defense counsel, after appropriate investigation, should advise the defendant of the alternatives available and address considerations deemed important by defense counsel or the defendant in reaching a decision. Defense counsel should not recommend to a defendant acceptance of a plea unless appropriate investigation and study of the case has been completed.

〔5〕 14-3.2（c）Defense counsel should conclude a plea agreement only with the consent of the defendant, and should ensure that the decision whether to enter a plea of guilty or nolo contendere is ultimately made by the defendant.

〔6〕 14-3.2（f）To the extent possible, defense counsel should determine and advise the defendant, sufficiently in advance of the entry of any plea, as to the possible collateral consequences that might ensue from entry of the contemplated plea.

律师与公诉人员谈判时的真实义务和引导职责。一是辩护律师与公诉人员进行辩诉协商时，不得故意对法律或事实作虚假陈述；[1]二是在刑事程序启动时，如果相关法律、案件性质和具体情况允许，辩护律师应寻求案件从刑事程序中分流出来的可能性。[2]

可见，律师辩护对于维护美国辩诉交易制度的底线正义和被追诉人权益保障具有重要意义。其一，由于辩诉交易贯穿于美国刑事诉讼全流程，保障被追诉人在协商过程中的律师辩护权符合宪法要求。辩诉交易制度不应当成为被追诉人行使律师辩护权的阻碍，只有如此，才能保证被追诉人享有充分的沉默权，并在此基础上作出是否提供认罪答辩的决定，而这同样是正当程序的要求。从司法全景来看，辩诉交易制度已在美国刑事司法制度中占据了重要地位，合宪性将成为制度能否继续顺利运行的基本要求。其二，被追诉人作出认罪答辩，意味着放弃了正式审判的权利，以及对认罪答辩前遭受执法部门违法行为的救济，是一种导致随后刑事司法程序繁简转换的分水岭行为，因而对被追诉人至关重要。面对经验丰富、时间充裕的执法部门，被追诉人独自进行一场富有成效的辩诉协商可谓天方夜谭，只能寄希望于辩护律师提供的有效法律帮助。因此，司法机关对于辩诉交易中被追诉人放弃律师辩护权十分慎重，这关涉最后的程序正义，稍有不慎便可能造成正义底线的突破。

二、英国辩诉交易制度中的律师辩护

(一) 英国的辩诉交易制度

美国成立之初便从英国继承了契约的理念和实践，形成了以自由经济为主导的契约政治模式。[3]美国的很多法律制度从渊源上能够观察到英国法律制度的影子，带有一定的英国法烙印，但辩诉交易制度却稔熟于美国，后于20世纪60年代传回英国，进而在英国刑事司法实践中逐渐显现，最终形成了自己的规则。严格意义上讲，英国没有所谓的量刑优惠制度，但某些地区

---

〔1〕 14-3.2 (d) Defense counsel should not knowingly make false statements or representations as to law or fact in the course of plea discussions with the prosecuting attorney.

〔2〕 14-3.2 (e) At the outset of a case, and whenever the law, nature and circumstances of the case permit, defense counsel should explore the possibility of a diversion of the case from the criminal process.

〔3〕 参见冀祥德："论辩诉交易制度的生命基础"，载《河北法学》2009 年第 11 期。

（例如威尔士和英格兰）的法律从业人员认为有罪答辩的被追诉人应当得到三分之一的"判决折扣"。在更广泛地区的司法实践中，辩诉交易占到有罪答辩相当大的比例，检察官为了换得被追诉人的认罪答辩，往往会选择放弃对部分罪名的起诉、对犯罪行为按照轻罪起诉或者仅仅向审判机关提出一些量刑方面的意见。基于有罪答辩所带来的量刑优惠以及一些其他因素，司法实践中很大一部分案件都是通过认罪答辩解决的。[1]根据英国《1994 年刑事审判与公共秩序法》第 48 条规定，量刑优惠的幅度与有罪答辩出具的时间密切相关。被追诉人在刑事诉讼程序早期便作出有罪答辩，其收获的量刑从宽幅度会比随后作出更大。被追诉人作出有罪答辩的诉讼阶段和具体情形，将对法院最终的量刑产生影响，例如被追诉人如果在无罪辩护无望的最后阶段改为有罪答辩，法院甚至可以不予从宽。但通常而言，作出有罪答辩的被追诉人与犯有相同罪行但进行无罪答辩的相比，往往可以收获 30%左右的判决折扣。

司法实践中，控辩双方共同造就了辩诉交易制度在英国的盛行。控方如果遇到不能完成证明责任的案件，或者尽最大努力仍无法搜集到庭审中能够使己方胜诉的关键证据，他们就难以形成开庭的动力。辩方有时也不希望开庭，主要出于经济原因，这一点在指定辩护方面尤其明显。因为法律援助案件费用非常低廉，如果能够通过辩诉交易在一定时间内接手更多案件，便意味着拓展了收入来源。而且辩护律师有时倾向于形成一种职业文化，认为他们的委托人大部分实施了犯罪，不值得为这些人花费自己的时间、浪费国家的资源。[2]

"特尼尔规则"（Turner Rule）要求辩诉交易是在辩护律师与皇家检察官之间进行的协商，法官通常不参与其中，但皇家刑事司法委员会于 1993 年推行的庭前"量刑调查"，是在法官办公室中由控辩审三方共同出席，辩护律师可以向法官询问如果被追诉人作出有罪答辩时可能获得最高的量刑，法官可以回答。[3]区别于美国的辩诉交易制度，皇家检察官只能发出指控交易的

---

〔1〕 治安法院审理的案件有罪答辩率约为 90%，而刑事法院审理的案件则约为 65%，其中英格兰和威尔士的案件达到了 70%。参见白月涛、陈艳飞："论程序性从宽处罚——认罪认罚从宽处罚的第三条路径探索"，载《法律适用》2016 年第 11 期。

〔2〕 参见［英］麦高伟、杰弗里·威尔逊主编：《英国刑事司法程序》，姚永吉等译，法律出版社 2003 年版，第 324 页。

〔3〕 参见［英］麦高伟、杰弗里·威尔逊主编：《英国刑事司法程序》，姚永吉等译，法律出版社 2003 年版，第 330 页。

"要约"，无法在量刑上与辩护律师进行协商，而且最终的辩诉交易需要得到法官的批准，检察官不得干涉法官对于量刑的独立裁量权。被追诉人可以在正式审判前作出有罪答辩，法官召集控辩双方就证据可采性以及是否作出有罪答辩等问题进行听审。主持法官可以对证据的可采性及相关法律问题作出裁定，对后续的审判程序具有法律约束力。[1]为保障被追诉人的合法权益，确保有罪答辩系被追诉人自愿提出，通常须律师在场，但应当由被追诉人亲自作出，不允许辩护律师代劳。但如果被追诉人可能被判处的监禁刑不超过3个月，他可以采取邮递的方式而不需要出庭向法院提交有罪答辩。

通常认为，辩诉交易能够加速刑事诉讼流程、提升司法效率、节省资金花费，具有很强的经济价值，但这一特点并未得到公认。有学者便通过调查发现，辩诉交易并未明显减少庭审时间，或者节省的时间远远低于宣称的数字。[2]恰恰相反，辩诉交易甚至有可能增加公共开支。这主要缘于辩诉交易制度可以对警察权运行产生深远影响，使得他们在办案阶段产生不合理的期待，进而更寄希望于大批量运用逮捕措施或不考虑证据是否充分便将案件交由法院审判，最终由于内部评价体系的影响，警察会在辖区内"扫荡"情节轻微的犯罪。[3]此外，辩诉交易有可能增强法律的政治价值而削弱法律价值，有可能会挑战法律的公正底线，损害公众利益。某些特殊案件中，被告人在与检察官对部分案件事实无法达成共识的情况下，却出具了认罪答辩，此时法官通常会直接传唤证人出庭作证，并对双方争议问题形成判断，进而决定是否采纳控辩双方观点，此被称为"牛顿听诉"（Newton Hearing）。这主要为了查明案件事实问题，能够体现出英国法院对于有罪答辩基础事实的重视。

虽然与美国同为当事人主义诉讼模式国家，但英国的辩诉交易制度各方面发展缓慢。这一方面反映出英国作为对抗式刑事诉讼发源地，对于公平、正义等价值的过分坚守，相对而言则在司法改革潮流前趋于保守。囿于司法资源有限及积案增加，引进辩诉交易制度实属无奈之举，所以对于刑事程序的契约解决方式态度摇摆。另一方面也说明辩诉交易制度本身固有的缺陷可

---

〔1〕 参见卞建林、刘玫：《外国刑事诉讼法》，人民法院出版社、中国社会科学出版社 2002 年版，第 357 页。

〔2〕 See HH Judge David, *In the Crown* (1978), The Magistrate 151.

〔3〕 参见卞建林、刘玫：《外国刑事诉讼法》，人民法院出版社、中国社会科学出版社 2002 年版，第 336 页。

能带来的司法实践和价值理念的抵牾，尤其是刑事案件中通过辩诉交易进行处理的已占绝大多数，并且比例仍不断攀升，这种过分市场化的处理方式与刑事程序的价值追求能否兼容的疑问目前尚未得到有效解答。

（二）英国辩诉交易制度中的律师辩护

美国的辩诉交易制度要求被追诉人在有罪答辩和无罪答辩之间作出选择，很难有中间的模糊地带，虽然法律要求法庭确认有罪答辩的基础事实，但出于对当事人意思自治和契约精神的尊重，撤回有罪答辩的原因更多源自对被追诉人基本宪法权利的侵害，例如律师辩护权的剥夺。相比而言，英国律师在辩诉交易当中则被要求承担更多的责任。首先，辩护律师需要在被追诉人作出认罪答辩之前至少就以下两类问题进行核实：第一，被追诉人犯罪的主观情况，例如是否出于过失或自卫等因素，以及对被指控犯罪事实的陈述；第二，被追诉人是否希望作出有罪答辩。[1]其次，律师需要承担相应的责任，其中最为突出的两个责任：一是及时传递责任，辩护律师需要及时将可能的量刑优惠传达给被追诉人，并迅速设计有罪答辩后提交给法庭；二是被追诉人可能在作出有罪答辩的同时，声称自己无辜，律师需要妥善处理好这种相互矛盾的情况。第二种情况有可能给律师带来进退维谷的两难处境。《英格兰和威尔士出庭律师行为法典》（Code of Corduct of the Bar of England and Wales）对此规定："代理被告人的律师应就如何答辩提出建议。如有必要时可采用强硬措辞表达意见。但他须明确表示当事人有完全的选择自由，认罪责任由当事人承担。"[2]此时，辩护律师应当采取两步行动。第一，"如果被追诉人由于个人原因坚持认罪，但同时又声称无辜，律师应告知他不应认罪，但决定最终由被告自己作出。辩护律师只有在告知被告人有罪答辩的后果并且只能基于他有罪的前提下提交减轻申请"，[3]并且"与被告探讨为什么希望对他

---

〔1〕　参见郑曦："英国被告人认罪制度研究"，载《比较法研究》2016 年第 4 期。

〔2〕　at para. 12. 3, Annex, N A barrister acting for a defendant should advise his lay client generally about his plea. In doing so he may, if necessary, express his advice in strong terms. He must, however, make it clear that the client has complete freedom of choice and that the responsibility for the plea is the client's.

〔3〕　at para. 12. 5. 1 (a), Annex, N advise the defendant that, if he is not guilty, he should plead not guilty but that the decision is one for the defendant; counsel must continue to represent him but only after he has advised what the consequences will be and that what can be submitted in mitigation can only be on the basis that the client is guilty.

认为没有犯下的指控认罪，以及是否可以采取任何措施洗刷清白"。[1]如果被告人仍然坚持有罪答辩，则辩护律师应进一步告知他"会有什么后果，特别是增加犯罪记录方面，因为有罪答辩很难在上诉时被推翻；并且只有在他确实有罪的基础上才能代表他提出减刑申请，否则将受到严格限制，例如辩护律师无法确信被告人真心悔罪"。[2]最后，"辩护律师可以继续代理，前提是以书面形式记录被告人的认罪理由并由其签署确认，确认被告人明晰辩护律师所提意见，特别是在申请减刑方面的限制，但也应告知被告人并无签署义务；如果被告人未签署，律师应记录他的建议"。[3]这里暗含着三组相互矛盾的结论。首先，被追诉人作出有罪答辩意味着放弃了正式审判的权利，被定罪几成定局。尽管律师在有罪答辩系被追诉人主动作出的前提下继续代理合乎法律规则要求，然而辩护律师的工作本质是对当事人的合法权益提供有效保障，在其并不认为被追诉人有罪的情况下配合其进行有罪答辩似乎有违职业道德要求；其次，有罪答辩对于法庭审理案件具有很高的价值，因为这意味着被追诉人在精神状态正常情况下作出了原本禁止的行为，法庭据此作出定罪判决公正合理，问题是被追诉人私下并不认为自己有罪，辩护律师的参与反而封堵了其因基本权利受损而要求撤回答辩的通道，法庭有可能作出错误的判决却无法修正；最后，被追诉人私下告诉辩护律师自己无罪，律师很有可能相信这是事实，然而最后却作出了有罪答辩，律师在不违反法规的情况下却

---

〔1〕 at para. 12.5.1（b），Annex，N explore with the defendant why he wishes to plead guilty to a charge which he says he did not commit and whether any steps could be taken which would enable him to enter a plea of not guilty in accordance with his profession of innocence.

〔2〕 at para. 12.5.2 Annex，N（a）what the consequences will be，in particular in gaining or adding to a criminal record and that it is unlikely that a conviction based on such a plea would be overturned on appeal；（b）that what can be submitted on his behalf in mitigation can only be on the basis that he is guilty and will otherwise be strictly limited so that，for instance，counsel will not be able to assert that the defendant has shown remorse through his guilty plea.

〔3〕 at para. 12.5.2 Annex，N（a）counsel may continue to represent him if he is satisfied that it is proper to do so；（b）before a plea of guilty is entered counsel or a representative of his professional client who is present should record in writing the reasons for the plea；（c）the defendant should be invited to endorse a declaration that he has given unequivocal instructions of his own free will that he intends to plead guilty even though he maintains that he did not commit the offence（s）and that he understands the advice given by counsel and in particular the restrictions placed on counsel in mitigating and the consequences to himself；the defendant should also be advised that he is under no obligation to sign；and（d）if no such declaration is signed，counsel should make a contemporaneous note of his advice.

欺骗或误导了法庭，违背了协助法庭的义务。三组矛盾反映出英国对于辩诉交易制度所带来的诉讼效率提升和程序正当追求之间的摇摆踌躇，加之英国较之美国对于事实真相的更高追求，这不仅未赋予律师在辩诉交易制度中更多的权利，以形成对被追诉人的有效保护，反而使辩护律师承担了更多超出自身能力范畴的义务。

第二节　传统职权主义诉讼模式国家

一、德国刑事协商制度中的律师辩护

(一) 德国的刑事协商制度 (Absprachen)

德国的刑事协商制度包括起诉协商制度和量刑协商制度，其中的量刑协商仍要经过正式审判程序。德国作为职权主义国家，采事实真相说，这决定了德国的刑事协商制度应当有助于事实真相的发现，至少不能起到阻碍作用。其重要特点便是法官在协商过程中充当了重要角色，有罪供述更多展现出还原事实真相的工具价值，而非直接转化为裁判结果的依据。

1. 起诉协商制度

根据《德国刑事诉讼法典》规定，检察机关不起诉的案件可以分为五类，其中带有协商性质的有两类。一类是犯罪情节轻微，检察机关认为没有起诉必要的。[1]如果已经提起公诉，法院认为案件属于此类情况，可以在审理开始之前与检察官和被追诉人协商同意，终止诉讼程序。另一类是虽然存在起诉的公共利益，但可以通过其他方式弥补，例如要求被追诉人向慈善机构支付一定款项或履行某些给付义务的同时中止诉讼进程，待确认被追诉人确实履行义务后作出暂缓起诉决定。这种附条件不起诉适用于有罪证据充足的轻罪案件，并且需要法官同意，实际上法官几乎不会拒绝。[2]由于德国刑法典中轻罪范围较广，这种协商程序可以适用的案件范围十分广泛，并且目前已逐渐扩大至中等程度的犯罪。协商主体集中在检察官与辩护律师之间，前提

---

〔1〕　关于德国检察机关不起诉的案件类型，参见邵建东主编：《德国司法制度》，厦门大学出版社 2010 年版，第 278~282 页。

〔2〕《德国刑事诉讼法典》第 153（a）条。参见《德国刑事诉讼法典》，宗玉琨译注，知识产权出版社 2013 年版，第 283 页。

是被追诉人犯罪情节轻微，暂缓起诉决定不会危及到公共利益。然而，司法实践再一次突破规范限制，检察官与辩护律师之间进行的协商范围远超法律的规定。辩护律师与公诉人员展开商谈，为了帮助被追诉人争取不起诉的处理结果，代价可能是被追诉人需要负担高额的给付义务，但相比于最终判刑伴随的隐私曝光和不良记录带来的社会负面评价，被追诉人更有可能接受建议，并且判刑通常也伴随着罚金。例如著名的"木材防护剂诉讼"便属此类著名的案例。德国一家公司的两名经理因过失伤害罪遭到起诉并在一审中被判有罪，二审最终撤销了一审的有罪判决并发回重审。[1]在一些重大复杂案件中，暂缓起诉的决定甚至有可能突破证据充分的要求，尽管职权主义（Instruktionsmaxime）范式要求检察官应当查明事实真相，但考虑到继续进行的调查活动和庭审程序必将耗费大量时间，而且有可能出现证据不足无法定罪的风险，所以检察官会倾向于进行协商。更何况如果被追诉人确信自己无辜，以及辩护律师在与其沟通和查阅案卷后得出相同结论，很有可能不会接受这一处分决定。但是检察官可以在诉讼程序前期向辩护律师提出协商的建议，同时提醒辩护律师如果不接受则丧失再次协商的机会，诉讼程序将不再中止。这显然违背了法律原则的要求，尽管公诉人员有权建议程序中止，法官也可能同意，但公诉人员提出的建议应当建立在证据的基础上。[2]很多案件中，能够收到不起诉决定对于被追诉人来讲是非常好的结果，辩护律师往往会朝这方面努力，甚至通过调取大量证据以增加庭审难度的方式向检察官施压，并且通过协商降低被追诉人需要支付的罚金。

2. 量刑协商制度（Absprachenordnung）

德国刑事诉讼程序分为三个阶段。[3]上述三个阶段均可进行量刑协商，前提是被追诉人承认犯罪事实。尽管德国的刑事诉讼程序作为职权主义诉讼模式的典型代表，长期奉堪称模版的职权调查原则（Instruktionsprinzip）为圭

---

〔1〕 新的审判程序最终按照德国刑诉法典第 153 条 a 的规定以支付罚款的形式而被撤销，条件是两名经理提供一笔高额资金帮助某德国大学得以设立一个室内空气毒物学的教授职位。参见［德］约阿希姆·赫尔曼："德国刑事诉讼程序中的协商"，王世洲译，载《环球法律评论》2001 年第 4 期。

〔2〕 参见［德］约阿希姆·赫尔曼："协商性司法——德国刑事程序中的辩诉交易?"，程雷译，载《中国刑事法杂志》2004 年第 2 期。

〔3〕 审前程序指侦查程序和起诉程序，中间程序指检察官将案件移送法院正式提起指控至庭前审法院正式作出开庭审理决定的时段，主程序从开庭审理至判决作出止。参见胡云腾主编：《认罪认罚从宽制度的理解与适用》，人民法院出版社 2018 年版，第 470~471 页。

臬。[1]但联邦宪法法院和联邦最高法院通过数个判例从本质上逐步接受了认罪协商制度,并于 1997 年的一个具有里程碑意义的判决中承认并确立了认罪协商制度的配套规则,以便规则约束下的协商判决(Urteilsabsprache)能够与刑事诉讼法典协调一致。[2]然而,缺乏立法支持的司法实践相对于规范制度仍显得过于超前,但这一局面最终于 2009 年得到转变,《认罪协议法》的通过标志着认罪协商制度从无法可依到正式为法律所承认。最终,德国联邦宪法法院于 2013 年 3 月 19 日通过对 3 组被追诉人提起的宪法诉愿进行判决,正式确认了认罪协商制度之合宪性,[3]但在适用范围上也设置了一些限制条件,最高可能判处 15 年监禁刑和无期徒刑的案件以及可能判处 1 个月以下监禁刑的案件不允许进行量刑协商。[4]此次联邦宪法法院的解释几乎涉及协商制度的所有条款,包括强化了法官职权调查义务、扩充了透明和记录义务(Dokumentationspflicht)、限定了量刑协商的适用范围,但不允许三方面内容进入协商范围:量刑幅度调整、一揽子协议和非正式协商。[5]

《德国刑事诉讼法典》于 2017 年进行了修改,旨在增强刑事诉讼程序的高效性和实用性,其中对量刑协商制度协商程序的参与主体、协商过程、保障机制、协商公开均作出了明确规定,以使其兼容于德国的法治原则,即职权探知原则(Aufklärungspflicht)与罪责原则(Schuldgrundsatz)。参与主体方面,量刑协商通常需要法官、检察官、被追诉方三方参与,如果附带民事诉讼,还须得到附带民事诉讼原告认可,但有时法官也会单独与辩护律师进行协商。法院对于协商程序具有绝对的主导权和控制力,可以决定程序的开启和进程。量刑的建议(上限和下限)由法院提出后与控辩双方进行协商,协议在被追诉人与检察院认可后即告成立。法官作为量刑协商的参与主体和绝对掌控方有利于协议的顺利达成,因为法官的建议能够带给控辩双方尤其是

---

[1] See Stephen C. Thaman, *World Plea Bargaining: Consensual Procedures and the Avoidance of the Full Criminal Trial*, Carolina Academic Press, 2010, p. 50.

[2] 参见〔德〕托马斯·魏根特:"德国刑事协商制度新论",琚明亮译,载《研究生法学》2016 年第 4 期。

[3] 参见卞建林、谢澍:"职权主义诉讼模式中的认罪认罚从宽——以中德刑事司法理论与实践为线索",载《比较法研究》2018 年第 3 期。

[4] 参见〔德〕汉斯—约格·阿尔布莱希特:"德国量刑制度:理论基石与规则演绎",印波、郑肖垚译,载《人民检察》2018 年第 3 期。

[5] 参见高通:"德国刑事协商制度的新发展及其启示",载《环球法律评论》2017 年第 3 期。

辩方更大的履行可能。协商过程中辩护律师的参与也非常重要，需要提前准备更多的调查工作，以便更有效进行协商。[1]但消极因素相伴而行，被追诉人或辩护律师拒绝建议时由于担心其后的庭审中是否能够得到公平对待，会承受较大压力，因为能够获得较轻量刑的被追诉人不占多数。法官和检察官是否参与协商和同意协商内容，完全取决于个人判断，相比之下，被追诉人能否取得"刑罚差额"（Sanktionsschere）则带有较大的运气成分。协商过程方面，被追诉人需要提供一份认罪的自白作为对价，但法律并未要求具体包含哪些内容。即使最终达成了量刑协商，判决仍不能突破德国实体真实和罪责相符的法治原则，法院对于事实真相的发现义务并未减轻，这意味着有罪判决不得仅依据量刑协商中被追诉方提供的自白作出，而且也只允许展开量刑协商，控辩双方不允许仅以获得有罪宣告为目的进行协商，因为这不涉及量刑的协商，保安处分行为和行为矫正同样不包含在内。罪责原则同样适用于确定量刑幅度时，法院应当将所有案件情况和量刑因素纳入考虑范围，并且不排除嗣后被追诉人的行为和更具意义的情形超出了法院预先之判断时，如果之前承诺的量刑幅度有违罪刑原则，协议将不再具有约束力。保障机制方面，德国刑事诉讼法本质上仍将被追诉人的认罪行为看成一种自白证据，对于被追诉人量刑协商自愿性的保障相应转化为自白自愿性的保障，由于更多是在辩护律师查看过检察官所有调查案卷后，被追诉人才作出这种自白，因此在证据已完全披露的情况下，辩方对于量刑已经形成判断，检察官或者法官便难以用较大的"刑罚差额"诱导被追诉人作出认罪的自白。[2]此外，法官可以随时"撕毁"协议导致被追诉人面临即使提供有罪自白仍无法按照协议内容享受量刑优惠的风险，甚至有辩护律师为了迫使法庭遵守协议，联系记者对协商进展和结果进行了报道。[3]为此，《德国刑事诉讼法典》要求法院事先告知被追诉人和辩护律师背离承诺可能发生的后果，一旦量刑协议对法院失去约束力，法院应第一时间履行告知义务，并且被追诉人的自白不

〔1〕 See Alexander Schemmel, Christian Corell, Natalie Richter, "Plea Bargaining in Criminal Proceedings: Changes to Criminal Defense Counsel Practice as a Result of the German Constitutional Court Verdict of 19 March 2013", *Germany Law Journal*, Vol. 15, No. 2., 2014, p. 63.

〔2〕 See Thomas Swenson, "The German 'plea bargaining' debate", *Pace International Law Review*, Vol. 7, No. 2., 1995, p. 3.

〔3〕 参见［德］约阿希姆·赫尔曼："协商性司法——德国刑事程序中的辩诉交易?"，程雷译，载《中国刑事法杂志》2004年第2期。

得作为对其不利的证据使用。协商公开方面，量刑协商应当保持对公众的透明度，并且保证上诉法院随时可以进行审查，所以应当采用正式的程序进行。不论协商最终是否达成，量刑协商的初步沟通、正式以及非正式经过、结果均应反映在法庭审理笔录中，未进行协商也应注明。倘若协商内容发生变化，也需要及时公布。[1]量刑协商的目标并非达成精准的量刑合意，协商结果往往表现为具有一定幅度的量刑合意。协商后获得的"刑罚差额"不能过大，否则就违背了罪责原则。司法实践中，罚金刑和监禁刑通常因量刑协商可以减少至不低于2/3。[2]如果诉讼参与人最终对于上述结果不满而寻求法律救济，德国法律并未规定能够对此进行审议的中立机关。

（二）德国刑事协商制度中的律师辩护

囿于职权主义模式长期浸染，除阅卷权外，德国辩护律师权限相较于英美同行受限较多，执业风险也更大，导致德国以刑事辩护为主业的律师较少。辩护律师一方面作为被追诉人的代理人，对其负有忠诚义务，全力维护当事人利益符合职业操守；法律规定其又对法庭负有真实义务，不论是"受限制"机关论还是"双立场论"观点，核心内容均强调律师负有对法庭的真实义务，这可能导致律师难以兼顾公共利益和私人利益。[3]发轫于德国的独立辩护理论也难以调和此类难题。宪法指导案例中提到了虽然辩护律师应当配合法庭寻求符合事实真相的判决，但也应当保证被追诉人不遭受误判，不被公权力侵害。并且由于被追诉人往往缺乏必要的法律知识，辩护律师更应当保障他的权益。[4]因此，当事人利益如何能够得到有效保障应当是辩护律师首先需要考虑清楚的问题，在此基础上双方形成有效默契，并且律师不应透露执业过程中获取的当事人的隐秘信息，即使法庭提出要求也不行。另一方面，辩护律师不允许通过撒谎误导法庭，也不应当强烈建议证人、被追诉人应当做出怎样的决定。

---

〔1〕《德国刑事诉讼法典》第243、257（c）、302条。参见《德国刑事诉讼法典》，宗玉琨译注，知识产权出版社2013年版，第204、205、214页。

〔2〕参见胡云腾主编：《认罪认罚从宽制度的理解与适用》，人民法院出版社2018年版，第481页。

〔3〕参见［德］彼德·吉靳斯等编著：《德国司法危机与改革——中德司法改革比较与相互启示》，法律出版社2018年版，第113页。

〔4〕参见［德］彼德·吉靳斯等编著：《德国司法危机与改革——中德司法改革比较与相互启示》，法律出版社2018年版，第129页。

"侦查羁押"（Untersuchungshaft）是德国刑事诉讼法中限制人身自由最严厉的强制措施。羁押令只能由法官签发，侦查阶段由侦查法官签发，但检察官起诉后由审判法官决定是否签发。[1]被追诉人有权向作出决定的法官申请采用言词审查的方式进行司法审查，被追诉人及其亲属具有在羁押令签发后立即获得通知的知情权。如果被追诉人无法到庭参加言词审理，必须由辩护律师参加庭审，被追诉人没有委托辩护律师时由法院指定一名。处罚令程序虽然由检察官单方提起，但被追诉人异议并被法院受理将导致处罚令失效，所以检察官在申请前往往会与被追诉人及其辩护律师协商，例如承诺不继续提出指控和求刑请求，以换取辩方的同意，辩护律师此时也有可能提出解除被追诉人羁押和不公开听证的要求。但总体而言，处罚令程序对于被追诉人的辩护权利有所限制，由于缺乏配套的指定辩护制度，被追诉人在程序中的协商能力和协商效果值得怀疑。快速审查程序中法院如果预计可能判处被追诉人高于6个月的监禁刑，则有义务为没有辩护律师的被追诉人指定辩护，庭审过程中可以简化举证程序，以宣读讯问笔录和书面文件代替当场发问，但出席庭审的被追诉人及其辩护律师对此具有否决权。正式审判过程开始不久，辩护律师可以与审判法官进行协商，通常检察官也可以参加。辩护律师向法官提出自己即将采取的辩护策略，法官则询问被追诉人有罪答辩的可能性并相应通报可能判处的最高刑。辩护律师根据自己的专业判断以及与被追诉人沟通的情况，最终作出是否有罪答辩的决定。

二、法国认罪协商制度中的律师辩护

（一）法国的认罪协商制度

1. 轻罪矫治制度（Correctionalization）

法国直到20世纪90年代才逐渐从起诉与不起诉之间确认了"第三种路径"（*une troisiéme voie*）。[2]至此，法律不再要求检察官在所有案件中都提出指控，以期获得尽可能严厉的判决，而是通过赋予不起诉的权利使其更加着眼于确定案件的公正解决办法。这一原则体现在《法国刑事诉讼法典》第1

---

〔1〕 参见邵建东主编：《德国司法制度》，厦门大学出版社2010年版，第250~252页。

〔2〕 参见施鹏鹏："法国公诉替代程序研究——兼评'自然演进'型的司法改革观"，载《比较法研究》2015年第5期。

条的规定中。[1]现有的统计数字表明，法国和美国一样，向检察官报告的大多数案件并没有以刑事审判结束。据统计，法国有50%~80%的案件检察官没有进一步的诉讼程序。[2]法国法律将刑事犯罪分为三类：违警罪（contraventions）、轻罪（délits）和严重犯罪（crimes），初审法院分为违警法院、大审法院和巡回法院。《法国刑事诉讼法典》要求将在巡回法院进行审理的案件必须经过严格的预审程序，这意味着案件一旦决定在巡回法院审理，是否开展正式侦查的决定只能由预审法官作出，案件必须经由公诉人员进行移送。此类案件的起诉裁量相当有限，虽然检察官有权决定是否将案件移送预审法官，但移送之后便就失去了对案件的控制，之后也必须按照预审法官的建议进行处置。

但另外两类案件可以不经过预审程序，检察官有权决定是否起诉或不予立案。出于对巡回法庭繁琐起诉程序的厌恶，并且考虑到即将与辩方进行的协商，尽管法律规定所有重罪都必须在巡回法庭审判，但检察官可以通过指控犯罪者仅违反了轻罪来规避这一限制。检察官这种降低指控的权力被称为轻罪矫治，类似于美国辩诉交易中的降格指控。相比于共同点，两种制度之间的差异却更为明显。美国的检察官减少指控的承诺通常是在被告充分且不可撤销的认罪前提下作出的，辩诉交易是在控辩双方主导下充分讨价还价的"强协商"；法国检察官对一项罪行进行矫治的决定并不取决于被告人是否认罪，轻罪矫治制度是缺乏检察官和辩方充分谈判的"弱协商"。检察官可以单方作出不予立案的决定，也可以建议进行刑事调解和刑事和解，被追诉人及其辩护律师协商的筹码仅仅是省掉巡回法庭审判带来的繁琐程序。如果被追诉人决定不对罪行提出抗辩，会使审判时间缩短，否则有权拒绝检察官的矫治决定。但若被追诉人在巡回法院接受审判，将享有严格的权益保护，一旦被追诉人愿意冒风险遭受更严厉惩罚，他们有权坚持自己的案件在巡回法院受审。很难想象，现实中被追诉人敢于作出如此选择。被追诉人一旦认罪，其供词便永不可撤销，虽然审判前或者审判期间可随时撤回，但撤回与否都

---

[1]《法国刑事诉讼法典》第1条规定："为适用刑罚之公诉由司法官（Magistrate）或法律授权公诉官员发动（mise ne mouvement）与进行（exercée）。"法官的检察官和法官均可称为"Magistrate"。参见《法国刑事诉讼法典》，罗结珍译，中国法制出版社2006年版，第1页。

[2] See Yue Ma, "Prosecutorial Discretion and Plea Bargaining in the United States, France, Germany, and Italy: A Comparative Perspevtive", *International Criminal Justice Review*, Vol. 12, No. 1., 2012, p. 10.

将提交法庭考虑，所以协商将使被追诉人陷入进退维谷的两难选择。同时，法国检察官无法在立案后撤销指控，检察官一旦正式起诉，控辩双方的协商或交易将随着法院委托的正式侦查而终结。[1]即使检察官能够从专业角度向预审法官提出证据不充分等驳回事由，但此举会对其专业能力和职业声誉产生负面影响，很难想象检察官会出于协商目的冒此风险，所以协商时留给控辩双方考虑的时间也非常紧迫。

这一局面于 2016 年发生转变，虽然并非发生在公诉机关与被追诉人之间。法国议会于当年 12 月通过的《萨宾第二法案》(Sapin II) 引入了暂缓起诉制度。[2]这是法国继 2004 年引入庭前认罪答辩（CRPC）后对协商性司法制度的又一次尝试，旨在严惩企业商业贿赂行为，在推进强制企业合规制度的同时，融合了庭前认罪答辩（CRPC）和刑事和解协议，被称为"基于公共利益的司法协议"（CJTP），它直接来源于美国的"延期起诉协议"（Deferred Prosecution Agreement），这是英美的起诉和解制度第一次进入欧陆法系国家。该制度主要适用于商业贿赂等腐败案件，检察机关与涉嫌犯罪的企业可以通过协商达成附条件的和解协议。根据《法国刑事诉讼法典》第 41-1-2 条规定，CJIP 是一项不以认罪答辩为前提的刑事交易。交易双方是因腐败、贿赂、严重洗钱和财务欺诈犯罪而被起诉的法律实体。它允许企业支付高额罚款并在法国反腐败机构监督下执行合规工作计划，或在对确定身份的受害人进行赔偿后终止对企业的起诉。在萨宾二号法案实施后，第一个 CJIP 迅速签署，发出了一个明确而威慑人心的信息：刑事法庭可以迅速和有力地惩罚犯罪。在当年透明国际（Transparency International）公布的清廉指数中，法国跃居第 2 位。律师在 CJIP 的协商和执行中发挥了不可替代的作用，目前已经超过 85% 的涉案公司接受了合规工作计划，其中一半是由律师直接或者协助完成。[3]

2. 庭前认罪答辩程序

2004 年，法国首次引入了带有辩诉协商性质，同时涉及认罪协商和量刑

---

[1] 参见 [英] 杰奎琳·霍奇森："法国认罪程序带来的检察官职能演变"，俞亮译，载《国家检察官学院学报》2013 年第 3 期。

[2] 参见陈瑞华："企业合规视野下的暂缓起诉协议制度"，载《比较法研究》2020 年第 1 期。

[3] See Morgane Ferrari, "Compliance Law in the French Context: New Horizons for Legislative Policy", *International Comparative Jurisprudence*, Vol. 5, No. 1., 2019, p. 72.

协商的庭前认罪答辩程序（CRPC）。《法国刑事诉讼法典》第 8 节对该程序作出了详细规定。相比于辩诉交易制度在英美国家几乎适用于所有犯罪，该程序的适用范围限定于最高不超过 5 年的自由刑或单处罚金的轻罪，司法实践中也基本排除了案情过于简单的犯罪。[1]被追诉人认罪是庭前认罪答辩程序启动的前提要求，并且需要在律师在场的情况下以言辞的形式作出。例外情况下也可以书面形式作出，比如启动庭前认罪答辩程序的手段是通过"直接传唤"或"司法传唤"。[2]被追诉人不得放弃律师辩护权，作出认罪声明或者接受检察官提议应当是与辩护律师自由交谈的结果，并且律师应当首先查阅案卷。控辩双方均可以主动提起认罪程序，如果公诉人员的量刑提议是自由刑，提议的监禁刑罚应当不高于本应判处刑期的二分之一，并且最高只能是 1 年或者 1 年以下；而罚金刑的量刑提议也应当低于法律规定的最高金额，并且可以缓期执行。[3]如果自由刑没有缓刑，可以建议监外执行、半释放、分期执行、电子监视等调整方式，并且需要向被追诉人说明执行方式或传唤至执行法官处确定。被追诉人接到认罪提议后享有 10 天的考虑期。被追诉人如果拒绝，检察官则可以申请正式侦查或向大审法院提起公诉，与在警察局作出的声明不同，该程序之前的声明不允许作为证据使用；如果被追诉人同意，检察官便将可向大审法院法官提出认可申请。审核法官虽然没有权力修改量刑建议，但有权拒绝，接受量刑建议建立在对以下事项达到内心确认的基础上：接受的意思表示系明知、自愿作出，并且在程序运行中充分保障了被追诉人权益；考虑到被追诉人人格和犯罪情节基础上，量刑准确；认罪具有事实基础。被追诉人可以对裁判上诉，检察官亦可提起抗诉。

3. 由司法警察主导的刑事交易制度

法国是目前为数不多的允许由司法警察主导进行刑事交易的国家，该制度于《法国刑事诉讼法典》2014 年修改时被正式纳入法律，并在第 41-1-1 条作出规定，创造性地将司法警察纳入到认罪协商制度当中。该项制度是由司法警察主动提起，由检察官批准，对于判处量刑不超过 1 年的轻罪（侮辱罪除外）、支付罚金以停止公诉的犯罪、占用集体居住房屋公共空间犯罪等，

---

〔1〕 参见施鹏鹏："法、意辩诉交易制度比较研究——兼论美国经验在欧陆的推行与阻碍"，载《中国刑事法杂志》2007 年第 5 期。

〔2〕 参见施鹏鹏："法国庭前认罪答辩程序评析"，载《现代法学》2008 年第 5 期。

〔3〕 参见赵恒："论从宽处理的三种模式"，载《现代法学》2017 年第 5 期。

依照犯罪情节以及被追诉人的基本情况，要求被追诉人支付一定金额罚金或者赔偿犯罪行为导致的损失后公诉归于消灭的制度。如果被追诉人未履行约定或者法官未核准交易，检察官可转为刑事调查或提起公诉。为避免交易系被追诉人非自愿作出，刑事警察不允许在拘留期间提出，但交易也不允许被追诉人阅卷，并且可以在没有辩护律师的情况下进行，这一点遭到了法国各方质疑。[1]

（二）法国认罪协商制度中的律师辩护

在法国与英美法系的刑事诉讼模式中，辩护律师的调查取证权差异明显。在英美国家，控辩双方均负责调查、汇编和提供证据以支持他们观点。审判时公开质证和辩论，最后由法院确定被追诉人是否有罪。如果没有辩护律师进行抗辩，便无法组成对抗程序，它甚至成为追诉犯罪的组成部分，没有辩护律师进行抗辩便不能称之为一个完整的案件。法国的调查取证则体现出一个更为集中的程序，负责侦查的预审法官或者检察官可能会收集任何证据，并可能通过指控发现实体真相。侦查过程中发现的资料作为已经接受司法评估和过滤的证据具有强大的可信度，庭审更多的是确认侦查中发现的内容，这使法国的辩护律师处于相对尴尬的境遇。他们主动搜集的对被追诉人有利的信息或将成为对司法机关侦查证据的质疑，进而演变成对司法权威的挑战。对抗原则（*le principle ae contradictoire*）认为在审讯前询问证人是对案件的不当干预，但法官在刑事诉讼程序中对于司法警察询问证人并无任何限制，并且只要被追诉人没有被拘留，询问时就不需要律师在场。相对于美国法律赋予犯罪嫌疑人的程序性保护，法国法律在预备性阶段给予犯罪嫌疑人的保护非常有限。法国于1993年允许辩护律师出现在警察调查过程中，被追诉人在拘留期间可以要求得到辩护律师协助，辩护律师允许获悉案件的大致情况，能够查阅与警察拘留有关的某些文件，即与权利通知和当事人陈述有关的文件，但没有权利查阅其他的关键文件，如受害人的申诉、载有搜查和逮捕嫌疑人细节的报告、专家报告或电话录音记录。律师无权获得陈述的副本，但可以做笔记。被害人如果与重罪犯或者当处监禁刑之轻罪犯进行对质时也有权要求自己的律师到场协助。被追诉人在警察拘留期间有30分钟与辩护律师

---

〔1〕参见施鹏鹏："警察刑事交易制度研究——法国模式及其中国化改造"，载《法学杂志》2017年第2期。

磋商的时间，然后可以在每次拘留延长期间再次咨询。警察讯问和对质期间辩护律师能够在场。过去犯罪嫌疑人只有在警察拘留 (*La garde à vue*) 20 小时期满后才有权寻求法律咨询的规定被废除，犯罪嫌疑人如果已请求律师协助，警方审讯两小时内不得开始。如果律师 2 小时之后才到达，对于可能已经开始的面谈或对质，如果犯罪嫌疑人要求，这种程序必须中断，以便律师私下与委托人协商，阅读其所作的任何陈述。即使委托人不希望因私人咨询而中断面谈或对质，律师在到达时仍可以参加面谈，以确保当事人在他们的律师到达之前没有将自己定罪。辩护律师只能在面试结束时提问，无权在讯问或对质过程中发言。而且当问题的性质可能妨碍调查有效进行时，负责调查的官员可以拒绝。这种拒绝必须记录在面谈的正式记录中。在涉及有组织犯罪、恐怖主义犯罪和贩毒案件中，检察官可以将拘留延长至 72 小时，辩护律师在此期间无法与犯罪嫌疑人磋商。[1]被追诉人在拘留期间有沉默权，但不会被告知拘留时间是否会延长。辩护律师可以针对强制措施可能被延长时向司法官提出暂时恢复被追诉人自由的法律意见。在所有情况下，除讯问以外，辩护律师不得在任何调查行为（如会见证人）期间在场；犯罪嫌疑人及其辩护律师均无权查阅卷宗或要求在现阶段进行具体的调查行为。

相比之下，预审阶段辩护律师的辩护权利得到了更好保障。辩护律师允许随时查阅案卷资料，并有权请求翻译材料。被追诉人每次陈述均可要求辩护律师在场，并且可以向预审法官提出口头辩解意见，如果侦查过程中查明的犯罪事实由轻罪转向重罪，预审法官必须告诉被追诉人及其辩护律师，并听取辩解意见。调查取证方面，主要采取法官控制下检察官与辩护律师共同参与的中央调查模式，辩护律师并不享有完全独立的调查取证职能，而是由辩护人和检察官共同充当法官的辅助角色。因而，辩护律师享有证据动议权，可在侦查程序中向预审法官提出书面请求。外国学者通过实证研究，发现区别于英美国家，法国那些试图更直接地参与调查过程的辩护律师认为预审法官对案件的掌控权威毫无疑问，有些预审法官甚至采取某些手段防止辩护律师看到卷宗里的关键资料。相比于辩护律师，预审法官更有可能采纳检察官的意见，因为两个职业均被认为是实现实体真实的司法官 (*Magistrate*)，辩护

---

〔1〕　See Aude Dorange, Stewart Field, "Reforming Defence Rights in French Police Custody: A Coming Together in Europe?", *The International Journal of Evidence & Proof*, Vol. 16, No. 2. , 2012, p. 153.

律师更像一个局外人。法国辩护律师更擅长以最有利于被追诉人的方式重新阅读卷宗，而不是对可能导致罪责的问题或证据进行彻底的质疑。这种模式是一种对话和司法调解的参与，而非独立、自主或对抗性的辩护工作。传统意义上，法国辩护律师的作用更多体现在通过发表精彩的演讲以减轻处罚，辩护的重点集中于通过更有利的方式陈述侦查机关收集到的证据，但碍于职权主义国家"侦查权国家垄断主义"限制，很少主动提出新的证据或要求新的证人出庭。[1]

相对于传统审判程序，协商类程序对辩护律师的依赖性越来越强。轻罪矫治决定的作出虽然不需要征求辩护律师意见，但辩护律师可以建议被追诉人拒绝接受，从而将案件拖入漫长的巡回法庭审判程序；刑事和解、刑事调解程序往往由辩护律师与检察官共同推动，被追诉人作出决定前通常会征求辩护律师的意见；简易审判程序中，被追诉人作出认罪决定通常是经辩护律师与检察官协商的结果；立即出庭程序和庭前认罪答辩程序中，辩护律师必须参与，尤其庭前认罪答辩程序中赋予的强制法律代理制度对被追诉人依个人利益作出选择具有重要意义。虽然法律并未强制检察官在作出量刑建议时与辩护律师协商的前置义务，但最终形成的文本往往是双方协商的产物。司法协商程序的出现颠覆了传统意义上各类人员在刑事诉讼过程中扮演的角色：被追诉人必须聘请辩护律师，作为执法机关一员的检察官作出决定时需要与辩护律师协商；法官的参与度减弱，更多情况下仅被要求在庭审程序中对协商结果进行确认或驳回。这些审判程序旨在更迅速地通过刑事诉讼程序处理更多案件，这增加了辩护律师的存在感，并对他们提供的法律服务作用进行了新的界定。总体而言，法国作为职权主义国家，刑事辩护更多作为附属于中央调查的产物，而非与公诉机关进行平等的对抗与合作。因此，这些程序对辩护律师来说是一个新的挑战，是一次在更具合作性的程序中重新分配角色与形象的机遇。在这类程序中，双方当事人对问题具有直接控制权，要想充分维护被追诉人的权益，要求辩护律师具有足够的时间和技能来参与和准备辩护工作。充满争议的是，由司法警察主导的刑事交易可以在没有辩护律师在场的情况下达成，此时的讯问不是由预审法官在法院大楼内相对舒适的

---

〔1〕 See Jacqueline Hodgson, "The Role of the Criminal Defense Lawyer in an Inquisitorial Procedure: Legal and Ethical Constraints", *Legal Ethics*, Vol. 9, No. 1., 2006, p. 125.

办公室进行，而是由警察在警察局不那么舒适和充满敌意的环境中进行。此外，被拘留的犯罪嫌疑人独自面对警察，很难想象如果缺乏了辩护律师的帮助，犯罪嫌疑人与司法警察进行的交易是出于自愿而非招供的压力。

第三节　混合诉讼模式国家

一、日本认罪协商制度中的律师辩护

（一）日本的认罪协商制度

1. 裁量不起诉制度

日本刑事公诉一方面奉行起诉垄断主义，国家独享提起公诉的权利，体现了日本刑事制度的职权主义模式特征；另一方面又实行起诉裁量主义，由检察官根据情况裁量作出起诉或不起诉的决定，这一发轫于德国理论学界的"Opportunitätsprinzip"概念却极具当事人主义诉讼模式特点。日本的不起诉决定分狭义和广义两种，狭义的不起诉类似于我国的法定不起诉，主要因为不构成犯罪或者证据不足，广义的不起诉包含狭义不起诉和起诉犹豫。起诉犹豫指检察官可以在综合考虑犯罪嫌疑人主体情况、犯罪行为情况及犯罪后态度等因素后决定是否起诉。[1]为了保证检察官不滥用裁量权，日本的不起诉决定需要向各方当事人公开并得到对方同意。一方面，起诉犹豫决定需要经过嫌疑人的同意，如果对方拒绝则应当起诉；另一方面，犯罪嫌疑人及其辩护律师也应当及时将调查收集到的证据信息提交给检察官，并积极与对方沟通协商，以获得对案件不起诉的处理。裁量不起诉制度的适用范围以轻罪案件为主。但在某些特殊情况下，可能判处死刑的严重犯罪案件也有可能适用。

2. 合意制度和刑事免责制度

2016 年《日本刑事诉讼法》中增加了合意制度和刑事免责制度，作为讯问正当化改革的重要举措。一直以来，讯问始终在日本刑事诉讼程序中占据重要位置，案件事实的查明很大程度上依赖讯问所获取的口供。而随着国民法律意识的提升，通过讯问获取口供越发困难。但对于实体真实的价值追求

---

〔1〕　其中的犯罪后态度主要包括是否悔过、有无逃跑或销毁证据、是否对被害方赔偿或达成和解、犯罪过后的时间等。参见［日］山田守一：《刑事诉讼法》，张凌、于秀峰译，法律出版社 2019 年版，第 199、201 页。

不能随之降低，合意制度和刑事免责制度这种替代讯问的口供获取方式便应运而生。合意制度是吸收了部分英美法系的交易司法制度（Bargain Justice）要素后形成的一种协商制度，分为"情报提供型合意制度"和"自己负罪型合意制度"。前者要求被追诉人就"他人的案件"对侦查、审判提供帮助；后者要求被追诉人对自己的犯罪行为提供自白，作为公诉人员出具降低刑期建议的对价，目前司法实践对此尚存争议，日本的多数司法机关甚至并不认可这种合意制度。根据《日本刑事诉讼法》，合意制度主要适用于一部分财政经济犯罪和毒品枪支犯罪，可能判处死刑、无期惩役或禁锢的案件除外。[1] 2015年《刑事诉讼法等部分条文改正的法律案》中曾要求该合意主体应当是检察官和犯罪嫌疑人或被告人，但达成合意需要得到辩护律师同意，也可以在犯罪嫌疑人或被告人同意的前提下，由辩护律师与检察官直接达成合意，如果是司法警察正在侦查或者移送的案件，合意也需要检察官事先与司法警察协商并取得对方同意。[2] 但2016年修改的《日本刑事诉讼法》去掉了需要征得司法警察同意的要求，但仍应事先与其协商。[3] 为确保协议履行，检察官可以要求警察实施必要行为，所以协商主体虽然限定在控辩双方，但司法警察同样可以成为协商主体。合意过程中，犯罪嫌疑人或被告人虽然根据自己的记忆作出"自认为"真实的供述，并且提供必要的证据或其他协助，这一过程被称为"听取程序"。这个程序必须有辩护律师的参与，而针对犯罪嫌疑人或被告人的讯问则不同。如果检察官在讯问过程中承诺不起诉或暂缓起诉以换取犯罪嫌疑人或被告人的自白，得到的自白被称为"承诺的自白"，因为违反自我负罪拒绝权而丧失任意性，将被作为非法证据排除。[4] 听取程序中获得的自白不论犯罪嫌疑人或被告人是否违反合意，均可作为他人案件的证据使用，前提是检察官没有违反双方的合意。合意最终形成参与方均签署的合意笔录，但庭审时检察官有提起对合意笔录进行调查之义务，以保障笔录形成之正当性和记载内容之真实性。履行保障方面，公诉人员如果违反合

〔1〕 参见［日］山田守一：《刑事诉讼法》，张凌、于秀峰译，法律出版社2019年版，第216页。

〔2〕 参见汪海燕、董林涛："日本刑事审前程序改进趋向与评析"，载《人民检察》2015年第11期。

〔3〕 该条于2018年6月施行。

〔4〕 参见［日］山田守一：《刑事诉讼法》，张凌、于秀峰译，法律出版社2019年版，第218、489页。

意内容提起公诉，或增加了指控的罪名并请求更重的刑罚，法院将驳回起诉或不予准许，并且不得将犯罪嫌疑人或被告人自白或提供的证据作为证据使用。犯罪嫌疑人或被告人作出虚假供述将被判处 5 年以下惩役。与其他国家的刑事协商制度类似，如果合意一方违反协议，或者法院最终未按合意内容进行裁决，对方可以退出。

《日本宪法》第 38 条赋予了当事人承认不利益供述拒绝权，即自我负罪拒绝权，以平衡国家的刑罚权，但同时规定该权利在免除刑事责任时消灭的例外情况，此时回归到负有供述义务的状态，刑事免责制度便可归类于此类例外情况。与合意制度类似，刑事免责制度采取的是以口供为对价换取司法利益的模式，但适用案件范围并无同样限制。作为合意制度的重要补充，刑事免责制度甚至可以适用于包括死刑案件在内的较为严重的犯罪，尤其对于查明有组织犯罪案件具有重要意义。刑事免责制度只能由检察官在询问证人程序中向法院单方提出申请，并最终由法院决定是否免责，原则上法院均会同意请求，除非询问内容中涉及被询问人可能作出对自己不利的供述。刑事免责制度同样可能发生在刑事诉讼程序的所有阶段，但必须在询问证人前后。严格意义上讲，虽然被询问人及其辩护律师往往为了脱罪会寻求与检察官进行合作，但与合意制度不同，刑事免责制度本质上属于一种脱罪制度（Immunity），类似于美国的污点证人制度。而且一旦法院批准了免责决定，被询问人的身份将从犯罪嫌疑人或被告人转变为证人，自己负罪拒绝权保护将遭卸除，却相应增加了如实作证的义务。此外，虽然客观上刑事免责制度将为被询问人带来免除刑事责任的司法效果，但被询问人的意思表示不能够成为是否准予的考量因素，法院的批准决定也非双方协商结果，所以被询问人并无与检察官协商的筹码，制度运行过程中难以发现被询问人意见的影子。

（二）日本认罪协商制度中的律师辩护

1. 合意制度和刑事免责制度中的律师辩护

合意制度由于控辩双方约定通过提供口供换取公诉恩典而具备了协商性，协商双方是犯罪嫌疑人或被告人及辩护律师、检察官，而且合意过程中必须有辩护律师参与，合意的达成也需经辩护律师同意。对于合意中产生的供述，检察官、辩护律师均具有澄清义务，检察官需要通过侦查收集证据确定供述内容的真实性，辩护律师则需要在庭审上对犯罪嫌疑人或被告人进行询问。达成合意后，辩护律师需要在合意笔录上签名。相比而言，刑事免责制度由于缺乏协商性，表面上看辩护律师能够发挥的作用较小，但司法实践中，辩护律师经专业分析后与犯罪嫌疑人或被告人沟通确定辩护策略，进而作为代表与检察官协商的情况很有可能存在，并且由于双方专业水准相当，这种协商可能更加平等且富有成效。

2. 不起诉决定中的律师辩护

《日本刑事诉讼法》要求检察官在犯罪嫌疑人请求时，应当告知不起诉决定，如果此时犯罪嫌疑人已经聘请了辩护律师，也可一并告知。辩方如果事先收集到了有可能导致不起诉决定的资料，应当及时与检察官沟通，此时犯罪嫌疑人有可能已身陷囹圄，能够调查取证的只有辩护律师。即使犯罪嫌疑人尚未被拘留或逮捕，也很难有能力在没有辩护律师的帮助下展开调查，所以除非检察官主动作出不起诉的决定，只要存在协商因素，辩护律师便不可或缺。

3. 简易裁判程序、简易审理程序的律师辩护

检察官向有管辖权的法院提出略式命令请求时，应当预先取得嫌疑人同意。如果此时犯罪嫌疑人有辩护律师，律师的意见对犯罪嫌疑人是否同意至关重要。与略式程序不同，即决裁判程序和简易审理程序中必须有辩护律师提供法律帮助，如果被追诉人自己没有聘请，审判长必须依职权为其指定，而且采用即决审判程序处理案件必须得到辩护律师的同意，这也意味着日本的必要辩护制度已经前置到被疑人没有被拘留的场合以及轻微犯罪的案件。同时，辩护律师可以与检察官协商并最终达成协议，以期为当事人争取更多量刑优惠。

二、意大利认罪协商制度中的律师辩护

（一）意大利的认罪协商制度（il patteggiamento）

1989 年实施的《意大利刑事诉讼法典》将普通程序划分为侦查、预审和审判三个诉讼阶段，并且采纳了国会建立简易程序的建议，同时在根深蒂固的审讯程序中引入了当事人主义因素，确立了辩诉交易制度，使控辩双方逐步掌握了审判中的支配权和主导权。[1]意大利作为欧洲第一个引入辩诉交易

---

〔1〕《意大利刑事诉讼法典》第 444 条至第 448 条规定了认罪协商程序：检察官可以与被追诉人达成量刑协议，被追诉人放弃正式审判的权利，检察官则同意给予被追诉人不超过1/3的刑罚减轻；被追诉人适用该程序可以获取减轻后刑罚不能超过 2 年的监禁刑。参见陈超："比较法视野下的意大利辩诉交易制度"，载《人民司法（应用）》2014 年第 19 期。

制度的国家，引起了国际法律界的广泛关注。在新法典通过之前，意大利是少数几个遵循最严格意义上的合法性原则的国家，但这导致了大量的司法积压。由于在意大利程序中没有避免审判的机制，特赦便成为缓解法院案件过于拥挤的唯一手段，寻找其他的解决方法成为新法典起草者的首要任务。与此同时，刑事诉讼法新增了两个放弃审判程序，允许在未经充分审判情况下对被追诉人判处刑罚，即简易审判程序和当事人约定的量刑程序（*il patteggiamento*）。这些特别程序构成了意大利的认罪协商程序。

　　尽管法律明确规定了最终判处 2 年监禁刑的上限要求，但认罪协商制度并不禁止在可判处两年以上监禁刑的犯罪中使用。这仅仅意味着，在考虑了案件的所有情况后，如果检察官和辩护律师同意最终判决不超过两年监禁，那么就可以适用这一程序。2003 年修订的《意大利刑事诉讼法典》进一步扩大了认罪协商制度的适用范围，将最终判处刑罚的上限提升至五年监禁刑，从而形成认罪协商轻罪模式（*il patteggiamento*）与认罪协商重罪模式（*il patteggiamento allargato*）"双轨运行"（*la duplice configurezione*）局面。[1]认罪协商重罪模式将适用案件的范围进一步扩大至可能判处最高不超过 5 年自由刑的犯罪。意大利实行起诉法定主义，控辩双方不能在是否起诉方面进行协商，并且不能将有罪问题作为交易标的。《共和国最高上诉法院总检察长 2004 年司法行政报告》中指出，认罪协商制度在意大利所有有效判决案件中适用率达到33%。法官需要对检察官和辩护律师签订的协议进行司法审查，需要根据证据资料判断协议是否正确认定了犯罪的性质，以及当事人约定的量刑是否适当。如果法官认为达成协议不适当，可以拒绝该协议。在意大利，宪法要求法官为所有处置性司法行为提供书面理由。新刑事诉讼法通过后出现的一个争议是法官在履行对当事人协议的判决进行评估的职能时，是否应该给出理由。一些人认为，宪法规定不应适用于法官只是履行接受当事人同意的判决的职能的案件。然而，意大利宪法法院驳回了这一观点，认为即使法官在执行当事人同意的判决时，他们仍必须为判决提出书面理由。[2]意大利宪法法院的裁决强烈表明，法官不能仅仅履行橡皮图章职能，认可控辩双方达

---

　　〔1〕　参见孙志伟："意大利认罪协商程序及其对刑事案件速裁程序的启示"，载《河北法学》2016 年第 4 期。

　　〔2〕　See Yue Ma, "Prosecutorial Discretion and Plea Bargaining in the United States, France, Germany, and Italy: A Comparative Perspective", *International Criminal Justice Review*, Vol. 12, No. 1., 2012, p. 10.

成的所有协议，而必须忠实履行司法职责，确保当事人达成的协议真正符合法律。在美国，为了将一项交易提交法官批准，控辩双方必须达成协议。检察官有完全的自由拒绝向被追诉人提供交易或在开始谈判后停止交易。相比之下，意大利检察官并无绝对权力剥夺被告与执法部门达成协议的机会。检察官必须证明其拒绝被追诉方书面协商请求的决定是正当的，并且拒绝的理由须经司法评估，否则不得无理拒绝或同意被追诉人提出的协商请求。如果检察官拒绝被追诉方符合事实的交易请求，将迫使案件进入审判阶段。如果法官认为检察官不合理地拒绝被追诉方提出的交易请求，可直接给予被追诉人原来要求的减刑。

（二）意大利认罪协商制度中的律师辩护

意大利刑事诉讼法主要通过赋予被追诉人律师帮助权和沉默权，以确保认罪协商决定系当事人充分了解相关信息的前提下自愿作出。律师帮助权的有效行使离不开律师及时有效介入，同时为增强辩方的协商能力，意大利在2000年增加了律师调查取证权的规定。公诉人如果进行讯问、检察、对质、搜查、扣押或者不要求被调查人参加的检查、勘验工作之前，需要至少提前24小时向辩护律师发出通知，辩护律师在任何情况下均有权参与上述活动。如果公诉人认为延误可能影响证据收集和保护时，可以提前进行上述行为并特别指明变通理由，同时毫不迟延地通知辩护律师。如果被调查人在律师缺席的情况下按照司法警察要求作出了相应陈述，陈述内容仅能弹劾被调查人的证据而不得另作他用。与此同时，被调查人也有权要求保持沉默。[1]此外，如果被调查人没有任命辩护律师，公诉人应当为其指定。对于这些活动形成的笔录，辩护律师有权在活动结束后3日内查阅并获取副本。被追诉人一旦被拘留、逮捕或者预防性羁押，该人或者其近亲属可以任命不超过2名辩护律师，如果没有任命则可以得到1名指派辩护人提供法律帮助，并可自上述措施执行之日起同辩护律师会晤。[2]意大利于2000年在法典的第397号第11条增加了律师"辩护调查"部分。根据该部分内容，辩护律师可以在任何阶段和任何程序中进行调查，不仅可以自行调查，还可以委托技术专家和私人

---

〔1〕 参见陈超："权利主导模式下的意大利刑事特别程序研究"，载《河南财经政法大学学报》2015年第3期。

〔2〕 参见陈卫东主编：《刑事辩护与代理制度：外国刑事诉讼法有关规定》，中国检察出版社2017年版，第260~262页。

侦探协助调查，调查获取的资料归入辩护方卷宗，初步庭审结束后归入检察官的卷宗。[1]辩护律师及其委托调查人员可以根据需要为收集案件相关信息或与罪行相联系信息会见相关人员并听取陈述，如果对方已受到与案件具有牵连因素的指控，则需要通知其辩护人到场，否则获取的陈述或相关信息不得作为证据使用。如果对方没有辩护律师，则法官应当依开展调查活动的辩护人申请为其指定辩护律师。《意大利刑事诉讼法典》赋予控辩双方同等的申请保全证据的权利。[2]辩护律师可以在得到法官附理由命令的批准后强行进入私人场所，并能够请求获取公共行政机关掌管的文件材料，当涉及不可重复的技术核验时，可以申请检察官参加有关活动。[3]辩护律师有权要求证人提供证言，证人具有配合的义务并且应当如实陈述，否则将可能被判处 1~4 年监禁刑；如果拒绝陈述，辩护律师可以向公诉人或审前法官提请证言。意大利法律虽然没有明确规定认罪协商制度需要经过辩护律师的同意，但鉴于被追诉人从首次接受调查便开始拥有的律师帮助权，以及辩护律师拥有的近乎于公诉方般强悍的调查取证权，辩护律师在与公诉方进行协商时有条件掌握充足的筹码，双方此时的力量对比更有可能接近平衡。这在某种程度上解释了为何辩诉交易制度能够在身处大陆法系的意大利迅速生根发芽。

然而，同其他大陆法系国家一样，虽然意大利的辩护律师在将认罪协商制度与其刑事诉讼程序的基本原则相协调过程中付出了不懈努力，但面对大陆法系长期奉行的举证责任和法官积极参与等根深蒂固的理念，制度的运行仍然充满阻碍，甚至像迷失方向一般始终无法完全融入本国的法律环境。所以相比于辩诉交易制度在美国 90% 多的案件适用率，意大利的适用比率仍然较低，甚至低于同处欧陆的德国。毕竟，意大利的协商制度无法免除受审，只会缩短审判时间。前者可以减少罪名，而后者只能影响量刑。美国的法官不需要参与到协商的讨价还价中，因此更容易与英美法系法官"凌驾于争斗之上"的形象相协调。同时辩护律师与检察官更加积极地为各自所代表的利

---

〔1〕　参见陈卫东等："变革中创新的意大利刑事司法制度——中国人民大学诉讼制度与司法改革研究中心赴欧洲考察报告之三"，载《人民检察》2004 年第 12 期。

〔2〕　《意大利刑事诉讼法典》允许控辩双方在初步侦查中申请求法官保全证据，并且预先取证程序必须通知辩护律师参与，否则所获得的保全证据不能在庭审中使用。参见施鹏鹏："'新职权主义'与中国刑事诉讼改革的基本路径"，载《比较法研究》2020 年第 2 期。

〔3〕　参见陈卫东主编：《刑事辩护与代理制度：外国刑事诉讼法有关规定》，中国检察出版社2017 年版，第 262~265 页。

益展开各种活动，也更有利于塑造一种公平交易的平等形象。英美法官将此情况下达成的辩诉协议默认为带有契约属性的交易，如果一方违背了之前作出的意思表示，将允许另一方起诉或撤销抗辩。而在意大利，即使检察官违反了协议条款，或者法官判处了比协议更严厉的刑罚，被告的供词仍然可能有效。显然，英美被追诉人可以更肯定地获得协商利益。然而，美国的检察官却拥有比意大利检察官更有效的谈判工具。一方面，其刑罚威胁更为严厉；另一方面，检察官对于指控拥有更大的自主权。[1]因此，尽管相比于美国的控辩直接进行协商，很多大陆法系国家富有成效的协商来自于辩护律师与法官，意大利却属例外。但不论如何，辩护律师的参与对于协商的质量至关重要，也只有辩护律师尽职尽责地行使权利，才有可能避免协商制度沦为公诉机关单方治罪的工具。

〔1〕 See Mirjan Damaška, "Negotiated Justice in International Criminal Courts", *Journal of International Criminal Justice*, Vol. 2, 2004, p. 1018.

第四章

认罪认罚案件律师辩护率实证研究

律师辩护权实现的前提是能够充分介入到刑事案件中，因而律师辩护率的高低在某种意义上能够反映出权利保障程度的强弱。辩护率是被追诉人获得法律帮助的直观体现，而辩护律师则代表了为被追诉人提供法律帮助作用最为突出的主体。[1]通过对司法实践中认罪认罚案件律师辩护率进行统计分析，能够为观察认罪认罚从宽制度权利保障水平和法治化程度提供客观依据。

第一节　样本概述：以 2019 年全国刑事一审判决书 为样本的大数据分析

《最高人民法院关于人民法院在互联网公布裁判文书的规定》（以下简称《公布裁判文书规定》）的发布，正式掀开了裁判文书信息公开化的大幕，这为理论研究提供了大量的宝贵素材，使学者们通过对大数据进行实证研究而充分享受到司法公开带来的"红利"。[2]伴随着大数据时代的到来，对裁判文书提供的海量数据信息进行挖掘、整理、分析，获取司法运行现状以及存在的突出问题，进而有针对性地提出司法实践中行之有效并且能够推而广之的解决方案，同时提炼出其中蕴含的理论观点，成为一种较为崭新的研究范

---

〔1〕　从刑事诉讼发展历程看，法律对被告人辩护权的保障经历了三个阶段：一是获得辩护的机会；二是获得律师辩护的机会；三是获得律师有效辩护的机会。参见陈瑞华："有效辩护问题的再思考"，载《当代法学》2017 年第 6 期。

〔2〕　参见王禄生："论刑事诉讼的象征性立法及其后果——基于 303 万判决书大数据的自然语义挖掘"，载《清华法学》2018 年第 6 期。

式，这开创了通过大数据进行法学实证研究的先河。相比于纯理论式的抽象观点构建，[1]实证研究更加注重通过对经验世界的归纳或演绎，完成特殊情景与一般理论之间的互通。其中的定量研究主要通过研究问题确定变量，进而针对符合条件的数据信息进行阐释和研判，揭示出变量之间的相互影响和逻辑关系。囿于研究条件和技术水平，目前法学界更多地集中于对局部地区的小样本数据信息展开实证研究，得出的结论能否适用于其他地区难以验证。[2]有鉴于此，针对所要研究的问题，在具备研究条件的基础上纵观某一时期的大数据研究，能够在某种程度上克服小数据样本研究的弊端，更有可能得出全面、客观的结论。进行大数据研究，需要确定与之相匹配的数据资料的范围。根据研究问题选择最有代表性和说服力的数据作为论据，进而通过多角度、多层次的数据分析揭示背后隐藏的规律。[3]

本部分主要针对认罪认罚案件辩护率问题进行大数据研究。除部分特殊案件外，律师在程序运行的各阶段均允许介入，因此严格意义上律师辩护率也需要分为三个阶段进行统计。有学者通过对现存统计资料进行分析，得出了1997~2012年我国刑事诉讼三个阶段的平均辩护率。[4]但伴随着十八大提出全国推进依法治国方略，尤其刑事辩护全覆盖试点2017年于全国推广，我国刑事案件辩护率产生显著变化，笔者根据国家统计局官方网站公布数据计算得出了2016年以来刑事案件中三个阶段的平均律师辩护率。根据国家统计局官方网站公布的"人民检察院决定起诉被告人数""刑事诉讼辩护及代理（件）"数据，[5]可初步得出刑事案件2016~2019年各年刑事案件三个阶段

〔1〕 参见左卫民、王婵媛："基于裁判文书网的大数据法律研究：反思与前瞻"，载《华东政法大学学报》2020年第2期。

〔2〕 参见左卫民、张潋瀚："刑事辩护率：差异化及其经济因素分析——以四川省2015-2016年一审判决书为样本"，载《法学研究》2019年第3期。

〔3〕 参见风笑天：《社会研究方法》，中国人民大学出版社2018年版，第238页。

〔4〕 参见顾永忠："刑事辩护制度改革实证研究"，载《中国刑事法杂志》2019年第5期。

〔5〕 "人民检察院决定起诉被告人数"和"刑事诉讼辩护件数"大致反映了经历侦查、起诉、审判三个阶段的被追诉人数，但由于缺少了检察机关作出不起诉决定的被追诉人，可能对计算结果造成影响；"刑事诉讼辩护及代理（件）"包含了律师作为刑事被告人的辩护人和刑事被害人的诉讼代理人，后者数量远小于前者，所以不会对计算结果造成根本性影响。因为当事人委托或法援机构指派律师都是分阶段操作的，司法行政机关也是分阶段统计汇总的，并且"件数"实际上是"人数"。因此，"每阶段平均辩护数"等于"刑事诉讼辩护件数"除以3。数据来源：国家统计局官方网站，载https://data.stats.gov.cn/easyquery.htm? cn=C01，最后访问日期：2020年7月8日。

的平均律师辩护率（表 2）。

表 2　2016~2019 年刑事案件每阶段平均律师辩护率统计表

年份	人民检察院决定 起诉被告人数	刑事诉讼辩 护件数	每阶段平均 辩护数	每阶段平均 律师辩护率
2016	1 692 846	704 447	234 816	13.87%
2017	1 705 772	705 213	235 071	13.78%
2018	1 440 535	814 570	271 523	18.85%
2019	1 818 808	1 094 423	364 808	20.06%

为了观察刑事辩护全覆盖试点后刑事案件律师辩护率的变化情况，笔者根据国家统计局官方网站公布数据计算得出 2012~2015 年刑事案件三个阶段的平均律师辩护率作为对照（表 3）。

表 3　2012~2015 年刑事案件每阶段平均律师辩护率统计表

年份	人民检察院决定 起诉被告人数	刑事诉讼辩 护件数	每阶段平均 辩护数	每阶段平均 律师辩护率
2012	1 435 182	576 050	192 016	13.38%
2013	1 369 865	592 486	197 495	14.42%
2014	1 437 899	667 391	222 464	15.47%
2015	1 434 714	717 283	239 094	16.66%

将表 2 和表 3 数据对比不难看出，试点后刑事案件律师辩护率在 2018 年和 2019 年涨幅较大。但除了 2019 年以外，其余年份的律师辩护率与学者根据裁判文书研究所得结论有较大差异。[1] 根据《公布裁判文书规定》第 11 条规定，除不宜公布的案件之外，法院对于公布的裁判文书应当保留包括当事人、辩护人等重要信息，因此通过裁判文书统计所得结论具备权威性和可信度。之所以出现差异，主要原因在于上表中的计算方法较为粗略，一些可能影响最终结果的因素未被纳入计算过程，导致计算结果存在较大误差。此外，

---

〔1〕　多名学者根据裁判文书计算所得的 2015 年以来的刑事案件律师辩护率均在 20% 以上。参见王禄生："论刑事诉讼的象征性立法及其后果——基于 303 万判决书大数据的自然语义挖掘"，载《清华法学》2018 年第 6 期；顾永忠："刑事辩护制度改革实证研究"，载《中国刑事法杂志》2019 年第 5 期。

根据裁判文书统计所得结果是审判阶段的律师辩护率，司法实践中鲜有被追诉人于审前阶段有律师辩护而在审判阶段没有律师辩护的情况，相反的情况则可能出现。因此，审判阶段的律师辩护率较刑事诉讼另外两个阶段更高，上表直接将辩护人数三等分的做法在降低了审判阶段律师辩护率的同时又抬高了审前阶段的律师辩护率。由此，也可得出结论：审前阶段的律师辩护率较表中数值更低。鉴于目前没有针对审前阶段律师辩护情况进行研究的适当样本，并且相较于值班律师在审前阶段提供的法律帮助，律师参与到审判阶段中进行辩护更具形式感和实质性。因此，笔者选择对该阶段中律师参与情况进行观察，从而大体判断被追诉人获得律师辩护的情况。

裁判文书网公布的刑事判决书最早能够追溯到 2013 年《公布裁判文书规定》发布之前，2016 年修订时细化了对于公布裁判文书的具体要求，尤其是 2016 年修订时首次明确要求刑事判决书应当在互联网上公布，互联网公布的刑事判决书数量随之上升（表4）。考虑到互联网依法不公布的某些特殊类型或涉及特殊人群的案件数量有限，裁判文书网公布的刑事判决书能够涵盖绝大多数法院同期审结的案件，具有较强的代表性。鉴于本部分所要研究的是认罪认罚从宽案件律师辩护率的问题，而认罪认罚从宽制度经过在全国 18 个城市历时两年的"试验性立法"后，于 2018 年底才正式纳入刑事诉讼法，作为一项刑事诉讼制度在全国推广运行，加之刑事案件律师辩护全覆盖于 2018 年才将试点范围扩大至各地区，而 2020 年因为受到疫情影响，刑事诉讼程序处于非常规运行状态，各项数值偏差过大，同时，相对于一审，二审程序由于多数采用书面审的方式，在制度的具体操作层面尚存分歧，因此，为确保分析样本的科学性和分析结果的准确性，笔者选取了 2019 年全年认罪认罚案件一审判决书作为分析样本，辅以不认罪案件和认罪不认罚案件判决书为比较样本，重点观察在律师辩护全覆盖背景下，认罪认罚从宽制度写入刑事诉讼法并完整运行一个自然年的律师辩护率情况。这种分析方式具有如下特点：一是该方式对 2019 年网上公开文书进行全样本分析能够有效避免抽样分析造成的误差；二是该方式是通过计算机技术对裁判文书进行不留遗漏地批量提取的；三是该方式综合关键词组成检索、正则表达式匹配等方法，对提取的数据进行分类，通过多次操作反复核对，最终形成研究成果。需要特别指明的是，认罪认罚案件整体辩护率应当是基于互联网公布裁判文书案件的辩护率与未公布裁判文书案件的辩护率的加权平均结果，由于一些未公布裁判文书案件是否适用认罪认罚从宽制度仍存争议，司法实践中也未形成统一做法，为保证研究结果的客观性，本部分研究不涉及未公布裁判文书案件的辩护情况，这可能对研究结论产生一定影响。

表4 互联网公布刑事一审判决书与全国法院一审刑事案件审结数对照表（单位：万）[1]

	互联网公布刑事一审判决书数	全国法院一审刑事案件审结数	占比
2016年	89.8	111.6	80.47%
2017年	97.5	129.7	75.17%
2018年	97.4	119.8	81.30%
2019年	101.8	129.7	78.49%

笔者通过计算机技术获取了互联网公布的刑事一审判决书1 018 198份，通过将内容重复、残缺、不完整以及无法进行数据处理的文书"清洗"后，[2]最终得到有效样本781 320份，占到全部互联网公开文书的76.74%（表5）。

表5 样本情况表

样本类型	清洗前	清洗后	占比
样本总数	1 018 198	781 320	76.74%
认罪认罚案件		255 960	25.14%
认罪不认罚案件		289 197	28.40%
不认罪案件		81 646	8.02%
认罪但无法归类案件[3]		154 517	15.18%

---

〔1〕 互联网公布刑事一审判决书数来自裁判文书网，全国法院一审刑事案件审结数来自历年最高人民法院工作报告和《中国法律年鉴》。

〔2〕 总样本以Excel表格的形式呈现，每行代表一份刑事判决书，每列代表刑事判决书中的一个要素。因此，通过Excel筛选操作能够剔除掉只有标题没有内容、内容残缺和重复的判决书。

〔3〕 这部分样本源于计算机利用正则表达式对大数据分类后，发现部分不认罪案件适用了非普通审理程序，而根据刑事诉讼法，适用非普通审理程序的前提是被告人认罪，因而产生了一定数量的逻辑谬误样本。由于适用了非普通审理程序，这部分样本应当属于认罪案件，但由于研究条件所限，笔者无法将其准确划分为认罪认罚案件和认罪不认罚案件，因此对其单独归类统计。考虑到其所占比例以及本部分研究主题，笔者经过对这部分样本进行抽样检验，认为其对研究结论准确性的影响在10%~15%之间，属于可接受范围。

第二节　综览：认罪认罚案件辩护率整体情况[1]

按照 2018 年《刑事诉讼法》第 33 条的规定，辩护人可以由律师或其他符合条件的人员担任，律师辩护和符合条件的人员辩护共同构成了刑事辩护。[2]因此，与律师辩护率相比，刑事案件的整体辩护率数值会略高。认罪认罚案件同样如此（表6）。相对于其他辩护人，辩护律师在专业水准、权利行使等方面存在较大优势，律师辩护作为刑事辩护的主要组成部分，对于案件的最终裁判结果更具实质性影响。按照地域划分，律师辩护率最高的省份是宁夏，达到 55.78%；最低的是海南，为 18.34%。北京、河南的律师辩诉率与全国平均数最为接近。河南、江西、贵州、湖北、吉林、云南、浙江、广东、陕西、上海、山西、安徽、宁夏等 13 个地区律师辩护率超过了全国平均水平，其余地区律师辩诉率则低于全国平均水平。2019 年认罪认罚案件整体辩护率为 42.98%，整体律师辩护率为 39.09%。

表6　各地区认罪认罚一审刑事案件辩护率[3]

地区	案件数	被告人数量	有辩护人的被告人数	有律师辩护的被告人数	辩护率	律师辩护率	地区生产总值（亿元）	居民人均可支配收入（元）
北京	8115	9824	3835	3799	39.04%	38.67%	35 371.28	67 755.91
天津	7033	9430	3509	3469	37.21%	36.79%	14 104.28	42 404.14
河北	7115	9734	3608	3276	37.07%	33.66%	35 104.52	25 664.71
山西	3553	6762	3781	3429	55.92%	50.71%	17 026.68	23 828.46
内蒙古	3491	6804	2028	1689	29.81%	24.82%	17 212.53	30 555.03
辽宁	5305	6781	2345	2025	34.58%	29.86%	24 909.45	31 819.75
吉林	2938	4672	2036	1940	43.58%	41.52%	11 726.82	24 562.91

---

[1]　除非特殊说明，下文表格中的数据均是通过样本提取得来。辩护率=有辩护人的被告人总数÷认罪认罚案件被告人总数　律师辩护率=有律师辩护的被告人总数÷认罪认罚案件被告人总数

[2]　此处的刑事辩护不包括被追诉人的自行辩护，主要指他人为被追诉人进行的辩护。

[3]　"地区生产总值"和"居民人均可支配收入"的数据源自国家统计局官方网站，载 https://data.stats.gov.cn/easyquery.htm? cn=E0102，最后访问日期：2020 年 7 月 8 日。

续表

地区	案件数	被告人数量	有辩护人的被告人数	有律师辩护的被告人数	辩护率	律师辩护率	地区生产总值（亿元）	居民人均可支配收入（元）
黑龙江	3847	4897	2242	1844	45.78%	37.66%	13 612.68	24 253.59
上海	8571	11 618	6557	5699	56.44%	49.05%	38 155.32	69 441.56
江苏	27 330	36 676	14 285	13 713	38.95%	37.39%	99 631.52	41 399.71
浙江	14 676	21 024	9830	8935	46.76%	42.50%	62 351.74	49 898.84
安徽	5950	8055	4663	4424	57.89%	54.92%	37 113.98	26 415.09
福建	7694	9989	3308	3150	33.12%	31.53%	42 395	35 616.09
江西	7282	10 280	4252	4119	41.36%	40.07%	24 757.5	26 262.45
山东	19 169	24 095	10 616	9223	44.06%	38.28%	71 067.53	31 596.98
河南	20 448	25 702	11 288	10 277	43.92%	39.99%	54 259.2	23 902.68
湖北	15 124	19 413	9608	7879	49.49%	40.59%	45 828.31	28 319.46
湖南	9147	12 837	4953	4760	38.58%	37.08%	39 752.12	27 679.71
广东	21 609	27 916	13 126	12 217	47.02%	43.76%	107 671.07	39 014.28
广西	4250	5999	2372	2150	39.54%	35.84%	21 237.14	23 328.21
海南	873	2028	484	372	23.87%	18.34%	5308.93	26 679.48
重庆	12 682	16 696	4645	4271	27.82%	25.58%	23 605.77	28 920.41
四川	13 474	17 497	7291	6155	41.67%	35.18%	46 615.82	24 703.15
贵州	5682	8012	4039	3717	50.41%	46.39%	16 769.34	20 397.36
云南	8863	12 091	5860	5422	48.47%	44.84%	23 223.75	22 082.43
西藏	49	104	45	28	43.27%	26.92%	1697.82	19 501.3
陕西	5668	10 604	5330	5124	50.26%	48.32%	25 793.17	24 666.26
甘肃	2172	3834	1743	1413	45.46%	36.85%	8718.3	19 139.02
青海	766	1672	521	382	31.16%	22.85%	2965.95	22 617.68
宁夏	1143	2449	1503	1366	61.37%	55.78%	3748.48	24 411.89
新疆	1876	3629	1241	1023	34.20%	28.19%	13 597.11	23 103.38
合计	255 960	351 190	150 954	137 292	42.98%	39.09%		

具体到律师辩护率（表7），各地区认罪认罚案件律师辩护率平均值为37.87%，中位值是37.66%，略呈负偏态，但两者差值很小，表明各地区认罪认罚案件律师辩护率大体呈正态分布（图7），平均值能够客观反映出各地区认罪认罚案件的平均律师辩护率。相比于容易受到案件数量较大地区影响的合计数，各地区的律师辩护率权重在平均数的计算过程中占比相同，更具统计学意义，因此37.87%应当是衡量我国一审认罪认罚案件律师辩护率的量数。同理，认罪不认罚案件的律师辩护率是51.03%，而不认罪案件的律师辩护率是55.26%。从统计结果可以看出，不论是律师辩护率还是委托辩护率、指定辩护率，认罪认罚案件与其他两类案件的差异均较大，这可能由于认罪认罚案件的控辩对抗性得到较大程度消解，被追诉人委托律师的意愿相应减弱，并且此类案件中符合法律援助条件的情况较另两类案件更少。不认罪案件的三项律师辩护指标虽然高于认罪不认罚案件，但两者差异不明显，反映出相对于"认罪"，"认罚"对于律师辩护率的影响更为显著。这表明量刑辩护逐渐成为律师辩护的主流方式，这可能源于两方面因素：一是面对越来越先进的侦查手段获取的证据，被追诉人对于犯罪行为较难进行合理辩解，转而希望通过认可犯罪事实争取好的态度，但对于行为的定性通常会产生争议。例如，犯罪行为究竟定性为抢劫还是抢夺，由于两个罪名量刑的轻重不同，而这又需要专业技能予以甄别，被追诉人往往更倾向于委托律师。二是面对目前畸低的无罪辩护成功率，在案件事实基本清晰的前提下，律师出于多方考虑倾向于选择风险较低的辩护方式以求得较优的裁判结果。此外，在国人的思想观念中，相较于量刑轻重的事后评判，更加重视事实认定的准确与否，并且已揭露出的典型错案中大多源自事实认定错误，司法机关对于犯罪事实的认定也更为谨慎。由此观之，量刑辩护比事实辩护更有可能影响辩护结果，律师的倾向与司法实践中潜移默化的规律趋同。根据我国刑事法律，坦白、认罪认罚的阶段由于关涉诉讼效率的提升和司法资源的节约，将对量刑从宽的幅度产生影响，量刑辩护因此具备了贴现优势，即靠前辩护的效果往往优于即时辩护，律师辩护的目光也需要从庭审辩护向审前辩护转移。按照刑事案件律师全覆盖要求，审前辩护主体主要由辩护律师和值班律师组成，两者的权利在审前阶段差异较小，因而共同承担了审前辩护职责。

表7　律师辩护率统计表

	N	范围	最小值	最大值	均值		标准偏差	偏度		峰度	
	统计	统计	统计	统计	统计	标准错误	统计	统计	标准错误	统计	标准错误
认罪认罚案件（总）	31	37.44%	18.34%	55.78%	37.87%	1.64%	9.12%	-.061	.421	-.215	.821
认罪不认罚案件（总）	31	64.11%	22.94%	87.05%	51.03%	2.80%	15.61%	.553	.421	-.096	.821
不认罪案件（总）	31	72.86%	23.06%	95.92%	55.26%	3.11%	17.29%	.241	.421	-.520	.821
认罪认罚（委托）	31	31.47%	16.03%	47.50%	29.08%	1.29%	7.16%	.78	.421	1.359	.821
认罪不认罚（委托）	31	52.79%	17.12%	69.91%	39.20%	2.24%	12.49%	.83	.421	.225	.821
不认罪（委托）	31	54.10%	22.25%	76.35%	43.22%	2.29%	12.74%	.87	.421	.466	.821
认罪认罚（指定）	31	29.54%	1.70%	31.24%	8.79%	1.25%	6.95%	1.58	.421	2.673	.821
认罪不认罚（指定）	31	47.31%	2.14%	49.45%	11.83%	1.73%	9.61%	2.23	.421	7.009	.821
不认罪（普通）	31	32.82%	0.81%	33.63%	12.04%	1.68%	9.34%	1.03	.421	.126	.821

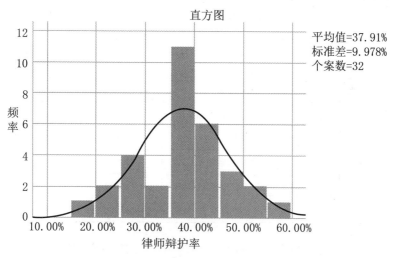

图7　各地区认罪认罚案件律师辩护率直方图

　　律师辩护本质上属于一种法律服务产品，直接受当地市场需求影响，而地区宏观经济发展水平又会直接作用于当地市场活跃程度，进而与辩护率产生关联，地区生产总值和居民人均可支配收入可以作为反映某一地区宏观经济发展水平的两项指标，律师辩护率应当与上述指标具有相关性。通过数据观测得出的结论如何？表8是两个经济指标与律师辩护率的相关性分析，结果显示两个指标之间具有相关性，这与经济逻辑吻合，但两个指标与律师辩护率并不存在相关性。这表明之前的假设并不成立，律师辩护率与代表着经济水平的两项指标不具备显著的关联，有些经济发展水平不高的地区，认罪认罚案件律师辩护率却相对较高，例如宁夏、贵州；有些经济发展水平较高的地区，认罪认罚案件律师辩护率反而相对较低，例如北京、江苏。这一结论虽然推翻了笔者关于律师辩护率经济相关性的假设，却验证了其他学者既往的研究成果。[1]由此观之，经济因素并非影响某一地区律师辩护率的关键因素，律师辩护率还会受到地区政策、法治化程度、高发案件类型等方面影响，是多种因素综合而成的结果。

表8　认罪认罚案件律师辩护率经济相关性情况

			律师辩护率	地区生产总值（亿元）	居民人均可支配收入（元）
肯德尔 tau_ b	律师辩护率	相关系数	1.000	.187	.032
		Sig.(单尾)	.	.070	.399
		N	31	31	31
	地区生产总值（亿元）	相关系数	.187	1.000	.441**
		Sig.(单尾)	.070	.	.000
		N	31	31	31
	居民人均可支配收入（元）	相关系数	.032	.441**	1.000
		Sig.(单尾)	.399	.000	.
		N	31	31	31

为了能够客观、精确地衡量我国司法文明发展状况，国家"2011计划"司法文明协同创新中心在国内率先推出了司法文明指数，该中心每年通过对各省进行量化评分，将评分作为量化评估我国各地区司法文明的指标。司法文明指数由两级指标构成，每项指标单独评分然后汇总成为各地区的司法文明指数。律师辩护问题作为司法文明的重要组成问题，也体现在司法文明指

---

[1]　关于律师辩护率的经济学分析，参见左卫民、张潋瀚："刑事辩护率：差异化及其经济因素分析——以四川省2015-2016年一审判决书为样本"，载《法学研究》2019年第3期。

数当中，主要作为一级指标"当事人的诉讼权利"下的二级指标"当事人享有获得辩护、代理的权利"。[1]该二级指标主要由律师权利行使过程中是否遇到障碍以及特定被追诉人获得法律援助可能性等问题组成。从表9可以看出，该二级指标与认罪认罚案件律师辩护率、委托辩护率、指定辩护率相关性均不显著，该项指标得分较高的地区认罪认罚案件的律师辩护率并不高，例如北京、广东、浙江、江苏，可能的合理解释首先是认罪认罚案件以轻罪为主，导致此类案件指定辩护率在司法文明指标评价体系中权重不高。此外，该指标数值除了受到辩护率影响外，还受到律师辩护权保障水平影响，说明分数较高地区的律师更有可能充分行使各项辩护权利，权利行使过程中也更加能够得到相关部门的配合与支持。然而，律师作为辩护人介入案件是权利行使的前提，律师辩护率作为该指标的评价基础，理应获得更多权重。

表9 当事人享有获得辩护、代理的权利二级指标与认罪认罚案件律师辩护率相关性情况

		律师辩护率	指定辩护率	委托辩护率
肯德尔 tau_ b	当事人享有获得辩护、代理的权利	相关系数	.108	−.028	.162
		Sig.（单尾）	.198	.412	.101
		N	31	31	31

第三节 认罪认罚案件律师辩护率多维度描述

一、按照辩护人种类划分的律师辩护率差异

根据2018年《刑事诉讼法》第35条的规定，我国刑事案件的被追诉人、近亲属有权委托律师辩护，经济困难、特殊人群以及可能被判处剥夺生命或全部自由刑的被追诉人有权获得指定辩护。对于未能委托辩护，又与法律援助辩护条件不相符的当事人，可以由值班律师在审前阶段为其提供法律帮助。通常来说，刑事辩护以委托辩护为主、指定辩护为辅，前者本质上是建立在信任与自愿前提下通过洽谈、签署合同等市场行为形成委托关系后，律师基

---

〔1〕 参见张保生："司法文明指数是一种法治评估工具"，载《证据科学》2015年第1期。

于履行代理人义务而提供的法律服务，被追诉人则寄希望通过律师帮助得以收获更加理想的案件处理结果；后者是前者的必要补充，国家通过为符合条件的人员指派法律援助律师提供服务，旨在保障弱势群体或可能遭受严重刑事处罚的被追诉人在诉讼程序中得到公正对待；值班律师的法律帮助则是在前两者缺失的情况下，国家为被追诉人提供的一种"托底"式的权利保障方式。相较于其他类案件，认罪认罚案件的控辩双方由于消除了对案件处理结果的根本性目标差异，如果仅站在被追诉人希冀取得较优裁判结果的功利角度，其委托律师的意愿恐怕不会太高，委托辩护率相较于其他案件就可能偏低。大数据揭示出的结果如何？首先观察认罪认罚案件辩护率地区间差异（表10）。安徽、上海、浙江、吉林、江苏委托辩护率较高，宁夏、陕西、贵州、山西、云南则指定辩护率较高，宁夏的指定辩护率更是高过其委托辩护率。

表 10　各地区认罪认罚案件委托律师辩护率和指定律师辩护率

地区	案件数	被告人数量	委托律师辩护的被告人数	指定律师辩护的被告人数	委托辩护率	指定辩护率
北京	8115	9824	2982	817	30.35%	8.32%
天津	7033	9430	3212	257	34.06%	2.73%
河北	7115	9734	2863	413	29.41%	4.24%
山西	3553	6762	2261	1168	33.44%	17.27%
内蒙古	3491	6804	1249	440	18.36%	6.47%
辽宁	5305	6781	1808	217	26.66%	3.20%
吉林	2938	4672	1735	205	37.14%	4.39%
黑龙江	3847	4897	1294	550	26.42%	11.23%
上海	8571	11 618	5502	197	47.36%	1.70%
江苏	27 330	36 676	12 680	1033	34.57%	2.82%
浙江	14 676	21 024	7929	1006	37.71%	4.79%
安徽	5950	8055	3826	598	47.50%	7.42%
福建	7694	9989	2978	172	29.81%	1.72%
江西	7282	10 280	3321	798	32.31%	7.76%

地区	案件数	被告人数量	委托律师辩护的被告人数	指定律师辩护的被告人数	委托辩护率	指定辩护率
山东	19 169	24 095	7077	2146	29.37%	8.91%
河南	20 448	25 702	6658	3619	25.90%	14.08%
湖北	15 124	19 413	5531	2348	28.49%	12.09%
湖南	9147	12 837	3733	1027	29.08%	8.00%
广东	21 609	27 916	9079	3138	32.52%	11.24%
广西	4250	5999	1869	281	31.16%	4.68%
海南	873	2028	325	47	16.03%	2.32%
重庆	12 682	16 696	3616	655	21.66%	3.92%
四川	13 474	17 497	4352	1803	24.87%	10.30%
贵州	5682	8012	2043	1674	25.50%	20.89%
云南	8863	12 091	3694	1728	30.55%	14.29%
西藏	49	104	24	4	23.08%	3.85%
陕西	5668	10 604	2630	2494	24.80%	23.52%
甘肃	2172	3834	993	420	25.90%	10.95%
青海	766	1672	299	83	17.88%	4.96%
宁夏	1143	2449	601	765	24.54%	31.24%
新疆	1876	3629	907	116	24.99%	3.20%
合计	255 960	351 190	107 073	30 219	30.49%	8.60%

　　经过在特定地区的两年试点，目前我国所有地区（不含港澳台地区）已于 2018 年全部被纳入到律师辩护全覆盖试点范围中。按照试点要求，辩护律师提供的出庭辩护和值班律师提供的法律帮助共同构成了律师辩护全覆盖。换言之，全覆盖的"律师辩护"作为一种广义上的概念，包含了法律帮助和狭义上的律师辩护，前者由值班律师于侦查和审查起诉阶段提供，后者主要指辩护律师的出庭辩护。由于值班律师不具备出庭辩护资格，裁判文书无法观察到其法律帮助情况，数据只能呈现出律师等的出庭辩护的情况，并且由

于普通审程序原则上应当为所有未聘请辩护人的被追诉人指定律师进行辩护，加之认罪认罚案件中的被追诉人委托律师意愿相对较弱，指定辩护应当在此类案件中发挥更为重要的作用，甚至可能逐渐成为律师辩护的主要方式。然而，数据结果并非如此（表11）。在137 292名有律师辩护的认罪认罚案件被告人中，有21.87%的被告人接受了法律援助律师辩护，有78.13%的被告人聘请了律师进行辩护，指定辩护所占比例有所提高，但也未达到委托辩护的三成，尽管未成年认罪认罚案件不在互联网上公布，而这类案件主要为指定辩护，因此认罪认罚案件实际的指定辩护率占比很可能高于21.87%，但也不太可能超过委托辩护的四成。结合我国认罪认罚案件总体辩护率处于低位运行的现状，指定辩护率未来仍具较大提升空间。尤其对那些因经济条件未委托律师但又不符合指定辩护条件，只能接受法律帮助的被告人，可以考虑将其中一部分纳入到指定辩护范围内。

表11　指定辩护占比情况

	N	最小值	最大值	均值	标准偏差
比率	31	3.47%	56%	21.87%	12.97%

就地区而言，上海的指定辩护仅占律师辩护的3.46%，而其律师辩护率高达49.05%，说明其委托辩护率很高，其他几个经济发达地区也表现出同样趋势，因此笔者推断委托辩护率与地区经济发展水平具有相关性，数据分析结果也支持了这一假设（表12）。合理的解释是可能经济发达地区的法律服务市场相对较大，被告人更倾向于聘请律师进行辩护。同时由于居民生活水平较高，符合法律援助条件的被告人比例相对较低，导致指定辩护对于律师辩护的贡献较低，形成财政收入高、法律援助率低的"倒挂"现象，这再次验证了笔者在上文中对于指定辩护率具备提升空间的判断。《中共中央办公厅、国务院办公厅关于加快推进公共法律服务体系建设的意见》中要求"加强欠发达地区公共法律服务建设"，同时"推进法律援助参与认罪认罚从宽案件办理工作"，各部门为落实文件精神相继推出的一系列文件，提升了一些不发达地区认罪认罚案件的指定辩护率，这说明各地区具备提升指定辩护率的能力和意愿。指定辩护的门槛需要适当降低，出庭辩护的覆盖面积可以继续扩大，才有可能实现真正意义上的刑事案件律师辩护全覆盖。

表 12 委托辩护率经济相关性情况

		委托辩护率	地区生产总值（亿元）	居民人均可支配收入（元）
肯德尔 tau_ b	委托辩护率	相关系数 1.000	.297＊＊	.314＊＊
		Sig.（单尾） .	.009	.007
		N 31	31	31
	地区生产总值（亿元）	相关系数 .297＊＊	1.000	.441＊＊
		Sig.（单尾） .009	.	.000
		N 31	31	31
	居民人均可支配收入（元）	相关系数 .314＊＊	.441＊＊	1.000
		Sig.（单尾） .007	.000	.
		N 31	31	31

＊＊ 在 0.01 级别（单尾），相关性显著

确保足够数量法律服务提供者的参与，是需求方获得充足法律服务的基础条件。[1]律师数量是这一条件满足程度的表层指标，其中指定律师数量呈现出某一地区司法行政部门对于认罪认罚案件开展法律援助的情况，委托律师数量则反映了一个地区认罪认罚的案源情况，被告人/辩护律师比则是通过计算供求比率进一步描绘出认罪认罚案件律师辩护的保障程度（表 13）。律师担任认罪认罚案件辩护人的数量方面，广东、江苏、河南、山东、浙江相对较多，其中广东（11722）、江苏（11505）、河南（10388）均有超过一万名律师担任过认罪认罚案件的辩护人；法律援助方面，河南、广东、湖北、山东、贵州相对其他地区投入了更多的法律援助律师为认罪认罚被告人提供保障；律师案源方面，江苏、广东、浙江、山东、河南的认罪认罚被追诉人委托了更多律师进行辩护。被告人/辩护律师比方面，安徽、贵州、上海、广东、河南的被告人/辩护律师比数值较低，安徽为 1.71，可以理解为每 17 名认罪认罚案件被告人中有 10 人有律师辩护。海南、青海、内蒙古、新疆、西

──────────

〔1〕 参见王禄生："论刑事诉讼的象征性立法及其后果——基于 303 万判决书大数据的自然语义挖掘"，载《清华法学》2018 年第 6 期。

藏比率较高，意味着这些地区承办认罪认罚案件的辩护律师数量与实际需求之间具有较大的缺口。以海南为例，被告人/辩护律师比例为10.73，表明海南有律师辩护的认罪认罚被告人仅占全部被告人数量不到1/10。被告人/委托律师比方面，海南、内蒙古、青海、新疆、宁夏数值较高，说明当地认罪认罚案件被告人聘请律师比例较低，这些地区经济发展水平也相对落后；安徽、上海、浙江、广东、北京数值相对较低，说明当地认罪认罚案件被告人聘请律师比例相对较高，这些也是经济相对发达的地区，这再次验证了上文关于委托辩护率与经济条件显著相关的结论。被告人/指定律师比方面，海南、福建、上海、西藏、新疆数值较高，贵州、宁夏、陕西、河南、云南数值较低。值得一提的是，宁夏在被告人/委托律师比偏高的情况下，被告人/指定律师比却很低，仅略高于贵州，使得认罪认罚案件整体律师辩护率高于全国平均水平。这表明相较于其他地区，宁夏的法律援助律师承担了更多本地区的认罪认罚案件的辩护工作。鉴于宁夏的指定辩护率和被告人/指定律师比均非常高，笔者专门就此情况进行了调研。通过对当地律协、检察机关工作人员进行访谈得知，成因主要包含以下几个方面：一是法律援助供应饱满。按照《司法部关于确定国家司法考试放宽报名学历条件地方的意见》《国家统一法律职业资格考试实施办法》，我国对于法律执业资格实施分级管理，分为A类、B类、C类三级，成绩要求逐级递减。对民族自治地方和经济欠发达地区的考试人员在报名条件和合格标准方面适当放宽，对于符合报名条件的考生降低成绩合格标准，只要达到相应法律职业资格所要求的合格标准，便被授予证书。宁夏作为自治区，多数辖区都被划入了放宽报名学历条件的地方，因政策优惠形成自治区内拥有大量非A证律师，加之宁夏总计600余万的人口，自治区内律师占比数量较高，同时，根据法律规范和行政司法机关对于相关问题的批复，持有B证或C证的律师，可以在其所属律师事务所以外的地域办理业务，即执业地域并未受到限制，加之宁夏总面积较小，这些律师可以根据委托或指派前往其他地区进行刑事辩护，律师门槛的降低并未限制其流动性。此外，宁夏经济水平欠发达，法律服务市场需求不高，相对于沿海经济发达城市的律师更倾向于通过市场洽谈建立委托关系，进而收取较高代理费用，法律援助费用支付的稳定性更能够吸引当地律师投身其中，因此指定辩护的律师供应量相对饱满。二是法律援助需求量大。正因经济欠发达，当地被告人的经济支付能力较弱，符合法律援助标准的比例则较高，被告人多数也希望通过法律援助获得律师辩护，指定辩护的需求比较大。三是法律援助案件补贴标准高。宁夏回族自治区司法厅、财政厅于 2018 年联合出台了《宁夏回族自治区法律援助案件质量评定及补贴管理办法》，通过对法律援助补贴的适用范围、流转程序、管理机制等方面进行明确和优化，切实保障并提升了律师办理每起案件的补贴标准，[1]并在此基础上于 2020 年出台了落实上述文件的通知，进一步规范了补贴发放、奖励评定和经费保障流程。

表 13　各地区被告人/辩护律师比、被告人/受托律师比、被告人/指定律师比

地区	案件数	被告人数量	委托律师数	指定律师数	辩护律师数	被告人/辩护律师比	被告人/委托律师比	被告人/指定律师比
北京	8115	9824	3063	849	3912	2.51	3.21	11.57
天津	7033	9430	2656	219	2875	3.28	3.55	43.06
河北	7115	9734	2130	354	2484	3.92	4.57	27.50
山西	3553	6762	1531	831	2362	2.86	4.42	8.14
内蒙古	3491	6804	771	281	1052	6.47	8.82	24.21
辽宁	5305	6781	1564	194	1758	3.86	4.34	34.95
吉林	2938	4672	1236	183	1419	3.29	3.78	25.53
黑龙江	3847	4897	1097	538	1635	3.00	4.46	9.10
上海	8571	11 618	4921	184	5105	2.28	2.36	63.14
江苏	27 330	36 676	10 552	953	11 505	3.19	3.48	38.48
浙江	14 676	21 024	6908	833	7741	2.72	3.04	25.24
安徽	5950	8055	4132	581	4713	1.71	1.95	13.86
福建	7694	9989	2452	138	2590	3.86	4.07	72.38
江西	7282	10280	2711	787	3498	2.94	3.79	13.06
山东	19 169	24 095	6647	2084	8731	2.76	3.62	11.56
河南	20 448	25 702	6574	3814	10 388	2.47	3.91	6.74

---

〔1〕　"宁夏大幅提高法律援助案件补贴标准"，载宁夏新闻网，载 https://www.nxnews.net/yc/jrww/201803/t20180306_ 4468428.html，最后访问日期：2020 年 8 月 4 日。

续表

地区	案件数	被告人数量	委托律师数	指定律师数	辩护律师数	被告人/辩护律师比	被告人/委托律师比	被告人/指定律师比
湖北	15 124	19 413	4890	2155	7045	2.76	3.97	9.01
湖南	9147	12 837	3108	1032	4140	3.10	4.13	12.44
广东	21 609	27 916	8708	3014	11 722	2.38	3.21	9.26
广西	4250	5999	1448	270	1718	3.49	4.14	22.22
海南	873	2028	162	27	189	10.73	12.52	75.11
重庆	12 682	16 696	2847	572	3419	4.88	5.86	29.19
四川	13 474	17 497	3851	1651	5502	3.18	4.54	10.60
贵州	5682	8012	1913	1767	3680	2.18	4.19	4.53
云南	8863	12 091	2929	1547	4476	2.70	4.13	7.82
西藏	49	104	18	2	20	5.20	5.78	52.00
陕西	5668	10 604	1844	1727	3571	2.97	5.75	6.14
甘肃	2172	3834	750	327	1077	3.56	5.11	11.72
青海	766	1672	190	51	241	6.94	8.80	32.78
宁夏	1143	2449	389	421	810	3.02	6.30	5.82
新疆	1876	3629	564	82	646	5.62	6.43	44.26

从全国范围看（表14），我国认罪认罚案件的被告人/辩护律师比平均值是 3.67，即每名律师在同一时间需要担任 3.67 名认罪认罚被告人的辩护人，才可以实现所有被告人均有律师为其辩护。被告人/委托律师比均值是 4.78，即每 4.78 名被告人中有一名委托律师进行辩护；被告人/指定律师比均值是 24.56，即每 24.56 名被告人中有一名指定律师进行辩护。由此观之，委托律师参与认罪认罚案件是指定律师的五倍多，指定律师参与较少加剧了此类案件律师整体人数较低的状况。由于三组数据均处于正偏态，因此实际状况可能略好于数值反映出的情况。

表 14　被告人/律师比情况统计表

	N 统计	范围 统计	最小值 统计	最大值 统计	均值		标准偏差 统计	方差 统计
					统计	标准错误		
被告人/辩护 律师比	31	9.02	1.71	10.73	3.67	.32087	1.78651	3.192
被告人/委托 律师比	31	10.57	1.95	12.52	4.78	.37822	2.10584	4.435
被告人/指定 律师比	31	70.58	4.53	75.11	24.56	3.58990	19.98770	399.508
有效个案数（成列）	31							

二、按照审理程序划分的律师辩护率差异

就能够适用的审理程序而言，相较于其他类案件，认罪认罚案件能够适用包括速裁程序在内的所有审理程序，程序适用范围最为宽泛。"速裁程序是轻罪案件落实认罪认罚从宽的程序载体，也是构建轻罪诉讼体系的有效抓手"[1]，被追诉人认罪认罚则是适用速裁程序的前提条件。通过数据观察可知（表15），2019年互联网公布的认罪认罚案件中，速裁程序审理案件数平均占比33.52%，简易程序审理案件数平均占比44.46%；速裁程序审理被告人数平均占比27.52%，简易程序审理被告人数平均占比42.18%；各地区速裁案件占比普遍分布于20.00%~40.00%区间范围，速裁案件被告人数占比同样主要公布在这一区间，区别是更为集中；各地区简易程序审理案件占比主要分布于30.00%~60.00%区间范围。适用简易类程序审理案件占比达到44.46%。与在特定地区进行试点的情况相比，2018年《刑事诉讼法》修改后全国范围内认罪认罚案件适用速裁程序比例有所下降，适用简易程序比例有

---

〔1〕 樊崇义、何东青："刑事诉讼模式转型下的速裁程序"，载《国家检察官学院学报》2020年第3期。

所提高，但总体上适用快速审理程序审理案件占比有所下降。[1]

表 15 审理程序占比情况

地区	案件数	被告人数量	速裁程序案件数占比	简易程序案件数占比	普通程序案件数占比	速裁程序被告人数占比	简易程序被告人数占比	普通程序被告人数占比
北京	8115	9824	62.19%	25.14%	12.67%	55.15%	27.34%	17.51%
天津	7033	9430	34.76%	48.03%	17.20%	27.84%	47.33%	24.84%
河北	7115	9734	23.68%	40.58%	35.74%	18.60%	36.44%	44.96%
山西	3553	6762	19.59%	40.70%	39.71%	17.91%	36.73%	45.36%
内蒙古	3491	6804	56.69%	23.23%	20.08%	50.09%	24.72%	25.19%
辽宁	5305	6781	25.92%	34.57%	39.51%	21.65%	31.63%	46.72%
吉林	2938	4672	25.46%	43.29%	31.25%	20.40%	34.16%	45.44%
黑龙江	3847	4897	34.78%	39.15%	26.07%	29.59%	36.55%	33.86%
上海	8571	11 618	23.42%	70.02%	6.57%	18.66%	70.79%	10.55%
江苏	27 330	36 676	26.53%	60.47%	12.99%	21.13%	57.64%	21.23%
浙江	14 676	21 024	32.67%	55.09%	12.24%	24.16%	51.83%	24.01%
安徽	5950	8055	23.38%	55.04%	21.58%	18.06%	49.40%	32.54%
福建	7694	9989	38.52%	44.28%	17.20%	30.71%	41.47%	27.82%
江西	7282	10 280	13.33%	52.73%	33.93%	10.65%	47.67%	41.68%
山东	19 169	24 095	31.46%	34.40%	34.14%	27.79%	31.34%	40.87%
河南	20 448	25 702	42.76%	36.28%	20.96%	36.90%	33.78%	29.32%
湖北	15 124	19 413	45.58%	34.73%	19.70%	38.31%	33.78%	27.91%
湖南	9147	12 837	27.87%	53.89%	18.25%	21.56%	48.59%	29.84%
广东	21 609	27 916	36.69%	44.18%	19.13%	30.84%	42.92%	26.24%

---

〔1〕 根据最高人民法院刑一庭课题组发布的数据，截至2018年7月，试点地区认罪认罚案件适用速裁程序审理占比68.5%，适用简易程序审理占比24.9%，适用普通程序审理案件占比6.6%。参见最高人民法院刑一庭课题组、沈亮："刑事诉讼中认罪认罚从宽制度的适用"，载《人民司法（应用）》2018年第34期。

续表

地区	案件数	被告人数量	速裁程序案件数占比	简易程序案件数占比	普通程序案件数占比	速裁程序被告人数占比	简易程序被告人数占比	普通程序被告人数占比
广西	4250	5999	16.66%	66.73%	16.61%	13.47%	62.11%	24.42%
海南	873	2028	26.80%	40.44%	32.76%	23.52%	41.03%	35.45%
重庆	12 682	16 696	44.62%	35.37%	20.01%	38.24%	37.33%	24.43%
四川	13 474	17 497	41.06%	36.21%	22.73%	34.51%	35.78%	29.71%
贵州	5682	8012	29.53%	50.74%	19.73%	23.12%	47.68%	29.21%
云南	8863	12 091	24.35%	45.33%	30.32%	18.44%	39.96%	41.60%
西藏	49	104	34.69%	34.69%	30.61%	30.77%	33.65%	35.58%
陕西	5668	10 604	12.28%	37.84%	49.88%	10.35%	34.97%	54.68%
甘肃	2172	3834	35.82%	34.71%	29.47%	28.82%	33.93%	37.25%
青海	766	1672	35.90%	31.20%	32.90%	33.07%	29.25%	37.68%
宁夏	1143	2449	38.32%	32.81%	28.87%	33.73%	31.40%	34.87%
新疆	1876	3629	41.31%	40.99%	17.70%	35.79%	39.87%	24.33%
合计	255 960	351 190	33.52%	44.46%	22.02%	27.52%	42.18%	30.30%

　　理论上，尽管程序的简化程度与是否有律师进行辩护并无直接关联，甚至简化的审判程序更需要律师介入形成监督，避免被告人的诉讼权利遭受不当减损，或者因错误认定案件事实而得出不当结论。然而既往的研究表明，审理程序的简化确实影响着律师介入案件的比率，两者存在显著的正相关性。[1]认罪认罚案件是否也存在这一现象，可以通过大数据观察得出结论。

　　速裁程序适用条件包括主观上被告人认罪认罚，客观上案件事实能够达到证据确实、充分的证明标准，以及可能判处3年有期徒刑以下刑罚。通过比较《公布裁判文书规定》第4条和2018年《刑事诉讼法》第223条，前者是关于不予在互联网公布裁判文书的情形，后者是关于不适用速裁程序的情形，除两者均包括未成年人案件外，其中"涉及国家秘密"的案件必然"有

---

〔1〕　参见周长军："量刑治理的模式之争——兼评量刑的两个指导'意见'"，载《中国法学》2011年第1期。

重大社会影响",表明适用速裁程序审理的刑事案件大多符合互联网公布条件,除非"人民法院认为不宜在互联网公布"。因此,可以粗略认为通过分析互联网公布的适用速裁程序审理的认罪认罚案件裁判文书的数据得出的结果(表16),与司法实践情况高度拟合。从各地区统计情况看,委托辩护率最高的上海达到36.12%,最低的新疆是1.85%,相差极为悬殊,全国只有9个地区高于10.00%;指定辩护率最高的宁夏是18.16%,西藏为0.00%,福建为0.07%,13个地区不到1.00%,只有宁夏和陕西超过了10.00%。适用速裁程序的认罪认罚案件,不论是委托辩护率还是指定辩护率均较低。这主要源于此类案件往往事实清晰、争议不大,并且较为轻缓的法定刑使当事人认为律师能够发挥作用的空间较小;此外,此类案件很难符合法律援助条件,只有在被告人经济状况差或属于特殊群体,并主动申请时才有可能获得指定辩护。

表16　速裁程序审理的认罪认罚案件辩护率情况

地区	案件数	被告人数	委托律师辩护的被告人数	指定律师辩护的被告人数	有辩护人的被告人数	委托辩护率	指定辩护率	律师辩护率	总辩护率
北京	5047	5418	855	12	884	15.78%	0.22%	16.00%	16.32%
天津	2445	2625	167	10	186	6.36%	0.38%	6.74%	7.09%
河北	1685	1811	79	8	298	4.36%	0.44%	4.80%	16.45%
山西	696	1211	163	94	394	13.46%	7.76%	21.22%	32.54%
内蒙古	1979	3408	153	46	315	4.49%	1.35%	5.84%	9.24%
辽宁	1375	1468	103	13	187	7.02%	0.89%	7.90%	12.74%
吉林	748	953	47	6	128	4.93%	0.63%	5.56%	13.43%
黑龙江	1338	1449	79	84	474	5.45%	5.80%	11.25%	32.71%
上海	2007	2168	783	28	1105	36.12%	1.29%	37.41%	50.97%
江苏	7252	7748	585	17	687	7.55%	0.22%	7.77%	8.87%
浙江	4795	5080	527	11	687	10.37%	0.22%	10.59%	13.52%
安徽	1391	1455	171	128	386	11.75%	8.80%	20.55%	26.53%
福建	2964	3068	233	2	256	7.59%	0.07%	7.66%	8.34%
江西	971	1095	98	9	142	8.95%	0.82%	9.77%	12.97%
山东	6030	6695	695	658	2254	10.38%	9.83%	20.21%	33.67%
河南	8743	9485	733	358	1833	7.73%	3.77%	11.50%	19.33%

续表

地区	案件数	被告人数	委托律师辩护的被告人数	指定律师辩护的被告人数	有辩护人的被告人数	委托辩护率	指定辩护率	律师辩护率	总辩护率
湖北	6893	7437	578	306	1641	7.77%	4.11%	11.89%	22.07%
湖南	2549	2768	146	31	206	5.27%	1.12%	6.39%	7.44%
广东	7929	8609	1637	35	1837	19.01%	0.41%	19.42%	21.34%
广西	708	808	84	14	170	10.40%	1.73%	12.13%	21.04%
海南	234	477	12	6	38	2.52%	1.26%	3.77%	7.97%
重庆	5659	6385	565	36	615	8.85%	0.56%	9.41%	9.63%
四川	5533	6039	542	150	1295	8.97%	2.48%	11.46%	21.44%
贵州	1678	1852	112	161	369	6.05%	8.69%	14.74%	19.92%
云南	2158	2230	114	93	326	5.11%	4.17%	9.28%	14.62%
西藏	17	32	8	0	13	25.00%	0.00%	25.00%	40.63%
陕西	696	1098	95	163	306	8.65%	14.85%	23.50%	27.87%
甘肃	778	1105	60	21	151	5.43%	1.90%	7.33%	13.67%
青海	275	553	24	12	48	4.34%	2.17%	6.51%	8.68%
宁夏	438	826	64	150	290	7.75%	18.16%	25.91%	35.11%
新疆	775	1299	24	11	172	1.85%	0.85%	2.69%	13.24%

区别于速裁程序，简易程序可以适用于未成年人案件，这部分案件的裁判文书由于不在互联网上公布，通过大数据分析得到的指定辩护率可能会略低于实际数值。从各地区统计情况看（表17），上海、安徽的委托辩护率均超过40.00%，最低的西藏为8.57%，各地区委托辩护率主要集中于15.00%～40.00%；指定辩护率方面，宁夏超过了30.00%，陕西超过了20.00%，这两个地区的指定辩护率也超过了委托辩护率，贵州、山西、河南、云南、湖北超过10.00%，其他地区则低于10.00%。各地区适用简易程序的认罪认罚案件的律师辩护率总体上较速裁程序更高，主要源于简易程序较速裁程序适用范围更广，被追诉人委托辩护以维护自身权益的意愿通常也更为强烈，这可以解释为何委托辩护率更高，但无法合理解释为何指定辩护率更高。因为无论适用简易程序还是速裁程序的案件，都不一定符合强制辩护条件。如果以三年刑期作为划分罪责的界线，合理的解释可能是经济状况困难的重罪被告

人更倾向于申请法律援助，深层次原因则是被告人触犯重罪与其经济状况存在某种相关性。

表 17　简易程序审理的认罪认罚案件辩护率情况

地区	案件数	被告人数	委托律师辩护的被告人数	指定律师辩护的被告人数	有辩护人的被告人数	委托辩护率	指定辩护率	律师辩护率	总辩护率
北京	2040	2686	991	247	1245	36.90%	9.20%	46.09%	46.35%
天津	3378	4463	1374	76	1460	30.79%	1.70%	32.49%	32.71%
河北	2887	3547	651	119	792	18.35%	3.35%	21.71%	22.33%
山西	1446	2484	610	379	1048	24.56%	15.26%	39.81%	42.19%
内蒙古	811	1682	319	112	503	18.97%	6.66%	25.62%	29.90%
辽宁	1834	2145	516	83	694	24.06%	3.87%	27.93%	32.35%
吉林	1272	1596	283	48	335	17.73%	3.01%	20.74%	20.99%
黑龙江	1506	1790	394	105	553	22.01%	5.87%	27.88%	30.89%
上海	6001	8224	3705	114	4260	45.05%	1.39%	46.44%	51.80%
江苏	16 527	21 141	6624	298	7193	31.33%	1.41%	32.74%	34.02%
浙江	8085	10896	3588	418	4397	32.93%	3.84%	36.77%	40.35%
安徽	3275	3979	1683	224	1946	42.30%	5.63%	47.93%	48.91%
福建	3407	4142	930	42	1036	22.45%	1.01%	23.47%	25.01%
江西	3840	4900	1072	259	1361	21.88%	5.29%	27.16%	27.78%
山东	6595	7552	2164	613	2859	28.65%	8.12%	36.77%	37.86%
河南	7419	8681	1657	1240	2966	19.09%	14.28%	33.37%	34.17%
湖北	5252	6557	2027	699	3429	30.91%	10.66%	41.57%	52.30%
湖南	4929	6238	1302	250	1611	20.87%	4.01%	24.88%	25.83%
广东	9546	11 982	3798	478	4545	31.70%	3.99%	35.69%	37.93%
广西	2836	3726	903	123	1128	24.24%	3.30%	27.54%	30.27%
海南	353	832	157	2	184	18.87%	0.24%	19.11%	22.12%
重庆	4485	6233	1657	108	1856	26.58%	1.73%	28.32%	29.78%
四川	4879	6260	1576	345	2066	25.18%	5.51%	30.69%	33.00%
贵州	2883	3820	810	667	1568	21.20%	17.46%	38.66%	41.05%
云南	4018	4831	1096	548	1697	22.69%	11.34%	34.03%	35.13%
西藏	17	35	3	0	9	8.57%	0.00%	8.57%	25.71%
陕西	2145	3708	733	921	1710	19.77%	24.84%	44.61%	46.12%
甘肃	754	1301	256	106	487	19.68%	8.15%	27.82%	37.43%
青海	239	489	73	8	104	14.93%	1.64%	16.56%	21.27%

地区	案件数	被告人数	委托律师辩护的被告人数	指定律师辩护的被告人数	有辩护人的被告人数	委托辩护率	指定辩护率	律师辩护率	总辩护率
宁夏	375	769	182	288	476	23.67%	37.45%	61.12%	61.90%
新疆	769	1447	355	46	447	24.53%	3.18%	27.71%	30.89%
合计	113 803	148 136	41 489	8966	53 965	28.01%	6.05%	34.06%	36.43%

《指导意见》规定了被追诉人可以根据自身意愿选择适用的审理程序，认罪认罚案件不排斥普通程序。刑事案件律师辩护全覆盖要求所有适用普通程序的刑事案件的被追诉人均应当有律师辩护，包括委托辩护和指定辩护。但从数据统计结果上看，认罪认罚案件距离这一目标差距明显（表18）。由于指定辩护的前提条件是被告人未委托辩护人，这不仅指被告人未聘请律师辩护人，也包括未委托非律师的辩护人。因此，考察总体辩护率时，需要将非律师辩护包含在内。目前来看，北京的总辩护率是99.19%，基本达到了刑事案件辩护全覆盖，上海、浙江、广东的总辩护率均超过90.00%，有7个地区的总辩护率在80.00%～90.00%之间，11个地区的总辩护率在70.00%～80.00%之间，2个地区的总辩护率在60.00%～70.00%之间，5个地区的总辩护率在50.00%～60.00%之间，剩余2个地区的总辩护率则在50.00%以下。如果将刑事案件律师辩护全覆盖的实现标准定为90.00%的辩护率，只有北京、浙江、广东、上海4个居民生活水准较高的省市达标，实现刑事案件辩护全覆盖任重而道远。

表18　普通程序审理的认罪认罚案件辩护率情况

地区	案件数	被告人数量	委托律师辩护的被告人数	指定律师辩护的被告人数	有辩护人的被告人数	委托辩护率	指定辩护率	律师辩护率	总辩护率
北京	1028	1720	1136	558	1706	66.05%	32.44%	98.49%	99.19%
天津	1210	2342	1671	171	1863	71.35%	7.30%	78.65%	79.55%
河北	2543	4376	2133	286	2518	48.74%	6.54%	55.28%	57.54%
山西	1411	3067	1488	695	2339	48.52%	22.66%	71.18%	76.26%
内蒙古	701	1714	777	282	1210	45.33%	16.45%	61.79%	70.60%
辽宁	2096	3168	1189	121	1464	37.53%	3.82%	41.35%	46.21%

地区	案件数	被告人数量	委托律师辩护的被告人数	指定律师辩护的被告人数	有辩护人的被告人数	委托辩护率	指定辩护率	律师辩护率	总辩护率
吉林	918	2123	1405	151	1573	66.18%	7.11%	73.29%	74.09%
黑龙江	1003	1658	821	361	1215	49.52%	21.77%	71.29%	73.28%
上海	563	1226	1014	55	1192	82.71%	4.49%	87.19%	97.23%
江苏	3551	7787	5471	718	6405	70.26%	9.22%	79.48%	82.25%
浙江	1796	5048	3814	577	4746	75.55%	11.43%	86.98%	94.02%
安徽	1284	2621	1972	246	2331	75.24%	9.39%	84.62%	88.94%
福建	1323	2779	1815	128	2016	65.31%	4.61%	69.92%	72.54%
江西	2471	4285	2151	530	2749	50.20%	12.37%	62.57%	64.15%
山东	6544	9848	4218	875	5503	42.83%	8.89%	51.72%	55.88%
河南	4286	7536	4268	2021	6489	56.63%	26.82%	83.45%	86.11%
湖北	2979	5419	2926	1343	4538	54.00%	24.78%	78.78%	83.74%
湖南	1669	3831	2285	746	3136	59.65%	19.47%	79.12%	81.86%
广东	4134	7325	3644	2625	6744	49.75%	35.84%	85.58%	92.07%
广西	706	1465	882	144	1074	60.20%	9.83%	70.03%	73.31%
海南	286	719	156	39	262	21.70%	5.42%	27.12%	36.44%
重庆	2538	4078	1394	511	2174	34.18%	12.53%	46.71%	53.31%
四川	3062	5198	2234	1308	3930	42.98%	25.16%	68.14%	75.61%
贵州	1121	2340	1121	846	2102	47.91%	36.15%	84.06%	89.83%
云南	2687	5030	2484	1087	3837	49.38%	21.61%	70.99%	76.28%
西藏	15	37	13	4	23	35.14%	10.81%	45.95%	62.16%
陕西	2827	5798	1802	1410	3314	31.08%	24.32%	55.40%	57.16%
甘肃	640	1428	677	293	1105	47.41%	20.52%	67.93%	77.38%
青海	252	630	202	63	369	32.06%	10.00%	42.06%	58.57%
宁夏	330	854	355	327	737	41.57%	38.29%	79.86%	86.30%
新疆	332	883	528	59	622	59.80%	6.68%	66.48%	70.44%

不同审理程序之间进行比较（表19），速裁程序的平均委托辩护率是 9.33%，简易程序的平均委托辩护率是 24.85%，普通程序的平均委托辩护率

是 52.22%。其中速裁程序正偏离较为明显，其委托辩护率小于均值的地区相对较多，普通程序的标准偏差较大，其委托辩护率离散度更高，地区间差距更大。从统计结果可以得出，简易程序的委托辩护率是速裁程序的两倍多，普通程序是简易程序的两倍多，意味着审理程序的复杂程度与委托辩护率呈明显的正相关性，这一方面可能由于疑难案件往往适用相对复杂的审理程序，此类案件的被告人即使认罪认罚，也倾向于聘请律师保障其权益；另一方面，律师进行无罪辩护将导致案件不适用简易类程序审理。指定辩护率的情况有所类似，速裁程序的平均指定辩护率是 3.39%，简易程序是 7.21%，普通程序是 16.35%，复杂程度相邻的审理程序间同样呈现出两倍左右递增的关系。普通程序的律师辩护率均值是 68.57%，距离律师辩护全覆盖的要求差距较大，速裁程序律师辩护率均值是 12.72%，简易程序律师辩护率均值是 32.06%，均处于较低水平。

表 19　不同审理程序辩护率总体情况

	N	范围	最小值	最大值	均值	标准偏差	偏度		峰度	
	统计	统计	统计	统计	统计	统计	统计	标准 错误	统计	标准 错误
速裁委托辩护率	31	34.27%	1.85%	36.12%	9.33%	6.89%	2.485	.421	7.432	.821
简易委托辩护率	31	36.48%	8.57%	45.05%	24.85%	7.69%	.777	.421	1.118	.821
普通委托辩护率	31	61.01%	21.70%	82.71%	52.22%	14.72%	.130	.421	-.462	.821
速裁指定辩护率	31	18.16%	0.00%	18.16%	3.39%	4.53%	1.929	.421	3.458	.821
简易指定辩护率	31	37.45%	0.00%	37.45%	7.21%	7.95%	2.338	.421	6.509	.821
普通指定辩护率	31	34.47%	3.82%	38.29%	16.35%	10.32%	.699	.421	-.626	.821

三、按照审理法院层级划分的律师辩护率差异

2018 年《刑事诉讼法》规定了中级人民法院一审审理的某些特殊类型的案件可以划分为罪名特殊的案件和刑罚严峻的案件。其中，罪名特殊的案件

属于低发案率的案件，案件数在全部刑事案件中占比很低。加之关涉公众利益，蕴含较强的政治属性，容易受到政策环境影响，在法律适用上更加考验审判人员的专业素养和业务水平。[1]对于此类案件能否适用认罪认罚以及如何从宽，是理论与实践中需要解决的问题。而对于适用刑罚严峻的案件，司法实务人员往往主张此类案件因案件性质恶劣并且难以把握从宽幅度，较难具备制度适用的空间。[2]因此，中级人民法院负责审理的一审刑事案件适用认罪认罚的比例应当非常低，数据统计结果也验证了这一假设（表20）。2019年我国各地区中级人民法院审理的认罪认罚案件的被告人数占比普遍低于1.00%，甚至有些地区的占比数为0.00%。

表20 审理法院占比情况

地区	案件数	被告人数	基层人民法院案件数占比	中级人民法院案件数占比	基层人民法院被告人数占比	中级人民法院被告人数占比
北京	8115	9824	98.78%	1.22%	98.68%	1.32%
天津	7033	9430	99.70%	0.30%	99.48%	0.52%
河北	7115	9734	100.00%	0.00%	100.00%	0.00%
山西	3553	6762	99.89%	0.11%	99.84%	0.16%
内蒙古	3491	6804	99.91%	0.09%	99.90%	0.10%
辽宁	5305	6781	99.72%	0.28%	99.38%	0.62%
吉林	2938	4672	99.59%	0.41%	98.52%	1.48%
黑龙江	3847	4897	99.66%	0.34%	99.31%	0.69%
上海	8571	11 618	98.91%	1.09%	98.28%	1.72%
江苏	27 330	36 676	99.53%	0.47%	99.26%	0.74%
浙江	14 676	21 024	99.54%	0.46%	98.88%	1.12%
安徽	5950	8055	99.78%	0.22%	99.50%	0.50%

---

〔1〕 参见蒋志如："试论中级人民法院第一审程序的审判范围——以《刑事诉讼法》第20条为中心的思考"，载《河北法学》2014年第1期。

〔2〕 参见闵春雷："回归权利：认罪认罚从宽制度的适用困境及理论反思"，载《法学杂志》2019年第12期。

地区	案件数	被告人数	基层人民法院案件数占比	中级人民法院案件数占比	基层人民法院被告人数占比	中级人民法院被告人数占比
福建	7694	9989	99.47%	0.53%	99.07%	0.93%
江西	7282	10 280	99.78%	0.22%	99.68%	0.32%
山东	19 169	24 095	99.83%	0.17%	99.66%	0.34%
河南	20 448	25 702	99.89%	0.11%	99.82%	0.18%
湖北	15 124	19 413	99.70%	0.30%	99.52%	0.48%
湖南	9147	12 837	99.66%	0.34%	99.45%	0.55%
广东	21 609	27 916	98.47%	1.52%	98.11%	1.88%
广西	4250	5999	98.66%	1.34%	98.27%	1.73%
海南	873	2028	96.91%	3.09%	96.55%	3.45%
重庆	12 682	16 696	99.91%	0.09%	99.88%	0.12%
四川	13 474	17 497	99.64%	0.36%	98.94%	1.06%
贵州	5682	8012	99.30%	0.70%	98.95%	1.05%
云南	8863	12 091	97.64%	2.35%	97.28%	2.71%
西藏	49	104	95.92%	4.08%	93.27%	6.73%
陕西	5668	10 604	99.03%	0.97%	99.06%	0.94%
甘肃	2172	3834	99.82%	0.18%	99.24%	0.76%
青海	766	1672	99.74%	0.26%	99.70%	0.30%
宁夏	1143	2449	99.65%	0.35%	99.27%	0.73%
新疆	1876	3629	99.89%	0.11%	99.83%	0.17%
合计	255 960	351 190	99.43%	0.57%	99.15%	0.85%

　　辩护率方面，中级人民法院管辖的认罪认罚案件辩护率远远大于基层人民法院（表21）。全国各地区中级人民法院的认罪认罚案件辩护率多数在80.00%以上，9个地区的辩护率甚至达到了100.00%，代表着最为严重的认罪认罚案件的律师辩护率已经达到较高程度，江西、贵州、青海的指定辩护率更是高于其委托辩护率。由于中级人民法院审理的认罪认罚案件被告人数

占总被告人数比例很低，其律师辩护率对于总体律师辩护率的影响微乎其微，总体律师辩护率的高低很难反映出这部分案件的律师辩护情况。然而，这部分案件往往代表着最为严重的认罪认罚案件，裁判结果通常对个人利益甚至国家利益产生重大影响，加之被告认罪认罚客观上降低了控辩双方据理力争引导真相探寻的热切程度，更加需要充分的律师介入以避免因个人权益遭受不法侵害而引发冤假错案，并且此类案件极小的体量也使其具备立即实现100.00%律师辩护率的可能性。因此，首要的做法便是充分发挥指定辩护对于委托辩护的"补缺"作用，对于没有委托律师的被告，一律由中级人民法院通知法律援助机构指定律师辩护。

基层人民法院管辖的认罪认罚案件的律师辩护率主要分布于20.00%~40.00%区间范围内，6个地区低于30.00%，2个地区高于50.00%，较中级人民法院管辖案件差距明显。这一方面由于相对于严重的案件，较为轻缓的刑罚和更为清晰的案情不易激发被告人聘请律师辩护的积极性；另一方面则是大多数此类案件的被告人不符合法律援助条件，无法享受法律援助机构提供的指定律师辩护。此外，两级法院审理的认罪认罚案件中，指定辩护率均大幅度低于委托辩护率（表22）。基层人民法院管辖的认罪认罚案件，委托辩护率均值28.77%，指定辩护率均值8.65%，委托辩护率是指定辩护率的3.33倍；中级人民法院管辖的认罪认罚案件，[1]委托辩护率均值70.08%，指定辩护率均值19.61%，委托辩护率是指定辩护率的3.57倍。分析结果上看，当委托辩护率数值为1时，指定辩护率数值为-0.567，两者呈现出显著的负关联（表23）。基层人民法院则并不存在此类关系（表24）。究其根源，中级人民法院管辖的认罪认罚案件中有很多符合强制辩护条件，此类案件的被告人是否委托律师决定了其能否成为指定辩护的当事人，指定辩护对委托辩护形成"补缺"效应，基层人民法院管辖的案件则较少存在这种情况。对此，认罪认罚案件的法律援助需要打破上述相关性，不仅要填补委托辩护留下的空缺，更重要的是进一步扩大适用范围，实现更多案件类型的律师辩护全覆盖。

---

〔1〕 河北省的中级人民法院一审审理的认罪认罚案件数为0，因此不将其统计在内。

表 21 中级人民法院、基层人民法院审理的认罪认罚案件辩护情况

地区	中级人民法院			基层人民法院		
	委托辩护率	指定辩护率	律师辩护率	委托辩护率	指定辩护率	律师辩护率
北京	59.23%	36.92%	96.15%	29.97%	7.93%	37.90%
天津	73.47%	6.12%	79.59%	33.86%	2.71%	36.56%
河北	0.00%	0.00%	0.00%	29.41%	4.24%	33.66%
山西	90.91%	9.09%	100.00%	33.34%	17.29%	50.63%
内蒙古	71.43%	0.00%	71.43%	18.30%	6.47%	24.78%
辽宁	88.10%	11.90%	100.00%	26.28%	3.15%	29.43%
吉林	89.86%	4.35%	94.20%	36.35%	4.39%	40.73%
黑龙江	67.65%	23.53%	91.18%	26.14%	11.15%	37.28%
上海	96.00%	0.00%	96.00%	46.51%	1.73%	48.23%
江苏	86.45%	7.69%	94.14%	34.18%	2.78%	36.96%
浙江	87.71%	3.39%	91.10%	37.15%	4.80%	41.95%
安徽	75.00%	25.00%	100.00%	47.36%	7.34%	54.70%
福建	96.77%	0.00%	96.77%	29.18%	1.74%	30.92%
江西	36.36%	48.48%	84.85%	32.29%	7.63%	39.92%
山东	85.19%	12.35%	97.53%	29.18%	8.89%	38.08%
河南	97.87%	2.13%	100.00%	25.77%	14.10%	39.88%
湖北	68.09%	30.85%	98.94%	28.30%	12.00%	40.30%
湖南	78.87%	15.49%	94.37%	28.80%	7.96%	36.76%
广东	63.36%	14.31%	77.67%	31.94%	11.18%	43.12%
广西	50.00%	12.50%	62.50%	30.82%	4.55%	35.37%
海南	44.29%	0.00%	44.29%	15.02%	2.40%	17.42%
重庆	75.00%	20.00%	95.00%	21.59%	3.90%	25.50%
四川	71.51%	27.42%	98.92%	24.37%	10.12%	34.49%
贵州	48.81%	51.19%	100.00%	25.25%	20.57%	45.82%
云南	46.95%	46.65%	93.60%	30.10%	13.39%	43.49%

续表

地区	中级人民法院			基层人民法院		
	委托辩护率	指定辩护率	律师辩护率	委托辩护率	指定辩护率	律师辩护率
西藏	14.29%	28.57%	42.86%	23.71%	2.06%	25.77%
陕西	63.00%	37.00%	100.00%	24.44%	23.39%	47.83%
甘肃	89.66%	0.00%	89.66%	25.41%	11.04%	36.45%
青海	20.00%	80.00%	100.00%	17.88%	4.74%	22.62%
宁夏	83.33%	16.67%	100.00%	24.11%	31.35%	55.45%
新疆	83.33%	16.67%	100.00%	24.90%	3.17%	28.07%

表 22　两级人民法院审理的认罪认罚案件委托辩护率、指定辩护率情况

	N	范围	最小值	最大值	均值		标准 偏差	偏度		峰度	
	统计	统计	统计	统计	统计	标准错误	统计	统计	标准错误	统计	标准错误
委托辩护率（中）	30	83.58%	14.29%	97.87%	70.08%	4.02%	21.99%	-.973	.427	.440	.833
指定辩护率（中）	30	80.00%	0.00%	80.00%	19.61%	3.48%	19.03%	1.346	.427	2.080	.833
委托辩护率（基）	31	32.34%	15.02%	47.36%	28.77%	1.27%	7.09%	.748	.421	1.432	.821
指定辩护率（基）	31	29.62%	1.73%	31.35%	8.65%	1.25%	6.97%	1.599	.421	2.792	.821

表 23　中级人民法院审理的认罪认罚案件的指定辩护率与委托辩护率相关性情况

			委托辩护率	指定辩护率
肯德尔 tau_ b	委托辩护率	相关系数	1.000	-.567 **
		Sig.（单尾）	.	.000
		N	30	30
	指定辩护率	相关系数	-.567 **	1.000
		Sig.（单尾）	.000	.
		N	30	30

**. 在 0.01 级别（单尾），相关性显著。

表 24　基层人民法院审理的认罪认罚案件的指定辩护率
与委托辩护率相关性情况

			基层委托辩护率	基层指定辩护率
肯德尔 tau_ b	基层委托辩护率	相关系数	1.000	-.108
		Sig.（单尾）	.	.198
		N	31	31
	基层指定辩护率	相关系数	-.108	1.000
		Sig.（单尾）	.198	.
		N	31	31
		N	31	31

四、按照案件类型划分的律师辩护率差异

《中华人民共和国刑法》（以下简称《刑法》）目前设置了 483 个罪名。数据统计结果显示，2019 年认罪认罚案件共涉及 292 个罪名，占到全部罪名的 60.46%，其中既包括故意杀人罪等可能判处较重刑罚的罪名，也包括危险驾驶罪、侮辱罪等可能判处较轻刑罚的罪名，案件适用呈现出罪名种类多、分布范围广的特点。在被告人数量方面，认罪认罚案件则呈现出一定的集中趋势，危险驾驶罪、盗窃罪两项罪名的被告人数之和就超过全部认罪认罚案件被告人总数的 1/2，但其律师辩护率仅为 12.80% 和 26.18%（表 25）。2019年认罪认罚案件平均律师辩护率是 37.87%，被告人数排名前 20 的认罪认罚案件中，危险驾驶罪、盗窃罪、容留他人吸毒罪、滥伐林木罪、非法持有私藏枪支弹药罪 5 个罪名的律师辩护率低于全国平均值。在 109 个被告人数量超过 100 人的罪名中，[1] 走私废物罪、组织领导参加黑社会性质组织罪、组织卖淫罪、受贿罪、走私罪 5 类案件的律师辩护率超过了 90.00%；非法吸引公众存款罪、侵犯知识产权罪、贪污罪、侵犯公民个人信息罪、故意杀人罪

---

〔1〕　笔者之所以选择被告人数量超过 100 人的罪名，主要基于以下原因：一是这部分案件涉及的被告人数占所有认罪认罚案件被告人数的 90.00% 以上，具有较高代表性；二是被告人数量过低会导致律师辩护率数值失真。例如，被告人数量排名靠后的案件，律师辩护率呈现出非 0.00% 即 100% 的两极趋势。当被告人数量低至 1 时，律师辩护率只可能是 0% 或者 100.00%，进行数据分析时需要清洗掉此类数据。

27类案件的律师辩护率位于80.00%~90.00%;敲诈勒索罪、聚众斗殴罪、职务侵占罪、挪用公款罪、非法经营罪、合同诈骗罪等17类案件的律师辩护率位于70.00%~80.00%;诈骗罪、寻衅滋事罪、开设赌场罪、掩饰隐瞒犯罪所得罪、虚开发票罪等22类案件的律师辩护率位于60.00%~70.00%;故意伤害罪、赌博罪等8类案件的律师辩护率在50.00%~60.00%;交通肇事罪、妨害公务罪等14类案件的律师辩护率在40.00%~50.00%;危险驾驶罪、盗窃罪、毒品类犯罪等16类案件的律师辩护率在40.00%以下,其中14类案件的律师辩护低于全国平均值,这14类案件的被告人数量超过全部认罪认罚案件被告人数量的3/5。如果不将危险驾驶罪、盗窃罪的律师辩护率计算在内,剩余107类认罪认罚案件的平均律师辩护率则达到了64.90%。

表25　被告人数排名前20的认罪认罚案件的律师辩护情况

	案由	案件数	被告人数量	委托辩护率	指定辩护率	律师辩护率
1	危险驾驶	88 199	97 550	8.31%	4.49%	12.80%
2	盗窃	48 542	60 962	17.67%	8.50%	26.18%
3	故意伤害	14 378	20 436	37.79%	13.65%	51.44%
4	诈骗	10 580	18 822	55.06%	11.21%	66.27%
5	寻衅滋事	8343	17 440	50.39%	13.82%	64.21%
6	交通肇事	12 880	16 467	32.11%	10.50%	42.61%
7	走私、贩卖、运输、制造毒品	11 477	15 177	27.23%	11.87%	39.09%
8	开设赌场	5298	13 642	57.40%	12.08%	69.48%
9	容留他人吸毒	4977	5937	18.14%	7.83%	25.97%
10	妨害公务	4090	5257	38.62%	9.24%	47.86%
11	聚众斗殴	1553	4777	62.34%	14.19%	76.53%
12	非法拘禁	1512	4393	59.80%	15.09%	74.89%
13	敲诈勒索	1740	4153	62.80%	14.18%	76.98%
14	赌博	1798	3706	45.57%	8.26%	53.83%

续表

	案由	案件数	被告人数量	委托辩护率	指定辩护率	律师辩护率
15	非法经营	1757	3522	67.38%	6.90%	74.28%
16	掩饰、隐瞒犯罪所得、犯罪所得收益	1507	3125	51.58%	12.38%	63.97%
17	虚开发票	1041	2396	63.36%	5.47%	68.82%
18	滥伐林木	1537	2203	25.19%	8.08%	33.27%
19	非法持有、私藏枪支、弹药	1766	2161	26.01%	10.83%	36.83%
20	故意毁坏财物	1296	2099	38.11%	10.77%	48.88%

第四节 认罪认罚案件中律师辩护率的问题分析

一、认罪认罚案件律师辩护率的实践状况

（一）认罪认罚案件律师辩护率总体处于低位运行

作为"以审判为中心"背景下的一项重要诉讼制度改革，认罪认罚从宽制度自试点伊始，便引发了理论界和实务界的强烈关注，该制度催生出了值班律师、法律援助律师、委托律师三主体和法律帮助、律师辩护两层次的法律服务体系，进而衍生出律师辩护全覆盖，推动了辩护制度乃至整个刑事诉讼制度的纵深发展。[1]刑事辩护制度的发展也反作用于认罪认罚从宽制度，有利于防止该制度在司法实践中异变为追诉机关清除诉讼障碍、加速定罪追责的工具，学者在研究中也提出强化辩护权，尤其是提升认罪认罚案件辩护率对于制度运行的保障作用。[2]上文通过对2019年认罪认罚一审案件进行观察，发现此类案件的律师辩护率尚未达到四成，整体上仍处于低位运行状态，

---

〔1〕 参见顾永忠："刑事辩护制度改革实证研究"，载《中国刑事法杂志》2019年第5期。

〔2〕 参见龙宗智："完善认罪认罚从宽制度的关键是控辩平衡"，载《环球法律评论》2020年第2期。

与不认罪案件、认罪不认罚案件存在较为明显的差距。但同时也应注意到，如果不将危险驾驶罪和盗窃罪两项罪名计算在内，其他认罪认罚案件的律师辩护率为 64.90%，达到了较高水平。[1]

（二）认罪认罚案件辩护律师较为匮乏

按照我国被告人/辩护律师比的数值，如果欲实现真正意义上的律师能够参与到所有的认罪认罚案件中，即所有审理程序的被告人均配备律师提供辩护，需要此类案件代理律师的数量增加至目前的 2.67 倍；或者律师数量保持不变的前提下，每名律师代理的认罪认罚案件增加至目前的 2.67 倍。因此从数据上看，认罪认罚案件的辩护律师目前存在较大缺口，在律师数量难以实现短期内迅速增长的情况下，向认罪认罚案件提供更多的法律援助成为行之可能的措施。

（三）司法文明指数难以反映认罪认罚案件的律师辩护情况

审视人类文明发展演变的历史，落后与先进往往交织运行，野蛮与文明不时往复更替，有时甚至很难将两者进行有效区分，但毫无疑问，法制的形成是历史脚步向文明迈进的重要里程碑。[2]政治文明作为人类文明的重要组成部分，以法治文明为实现表征，而法治文明则以司法文明为基本标志。[3]司法文明不仅注重实体正义，也重视程序正义；不仅强调惩治犯罪、稳定秩序，更关乎人权保障。刑事诉讼法素有"小宪法"之称，其向来注重实体正义与程序正义兼顾、授权功能与限权功能并行，而律师辩护某种程度上则代表了刑事诉讼的发展历程。律师辩护的覆盖率增加，对于实现刑事诉讼的根本目标，推动法治文明建设具有重要意义。因此，可以在司法文明指数中增加律师辩护率的权重，使指标数值能够较为直观的反映出律师辩护的覆盖情况，进而推动律师辩护进一步普及，助力法治文明乃至政治文明的实现。

（四）指定辩护未形成委托辩护的有效补充

从上文统计数据可以看出，委托辩护率与当地经济发展水平具有显著的正相关性，而指定辩护率不存在此关系。按照刑事诉讼法的规定，被告人获取法律援助的前提是未委托辩护人，如果已委托辩护人，即使符合法律法援

---

〔1〕 此种计算方式并非表明这两类案件不需要律师辩护。

〔2〕 参见张晋藩："中国古代司法文明与当代意义"，载《法制与社会发展》2014 年第 2 期。

〔3〕 参见张文显："司法文明新的里程碑——2012 刑事诉讼法的文明价值"，载《法制与社会发展》2013 年第 2 期。

条件，也不应强制将委托辩护人替换为指定辩护人。[1]这一方面出于尊重被追诉人自主选择的权利，另一方面则避免了司法资源重复叠加所导致的浪费。因此，委托辩护在律师辩护中应当面对普遍情形发挥主导作用，而指定辩护则面向特殊情形提供有益补充。委托辩护主要产生于被告人或其近亲属与律师之间通过磋商最终形成的代理合意，是双方自由意志的体现，当事人支付能力、意识形态、谈判水平、外部环境等多方面因素均可能对其产生影响，认罪认罚案件的被追诉人聘请律师甚至有可能遭遇司法机关的阻挠。例如，笔者在同某些律师进行访谈了解到，在被追诉人认罪认罚的案件中，追诉人有时会以无必要的花费、律师很难发挥作用甚至有值班律师等理由建议被追诉人不要聘请律师，被追诉人由于已经与检察机关针对即将起诉的罪名和量刑建议达成了共识，更容易接受此类建议。尽管也有少数追诉人偶尔会建议被追诉人委托律师，但总体而言，司法机关对此很难起到积极影响。职是之故，委托辩护率受制于多方面因素，很难在短期内发生较大变化。相比之下，指定辩护并非发端于市场主体之间的商谈，而是由司法行政部门下属的法律援助机构承担的职责，政府在其中发挥着主导作用，政府重视程度、经费投入水平、具体政策变化更容易引发指定辩护率的波动。因此，指定辩护率具有短期内提升的可能性，政府的适当引导有可能使指定辩护与委托辩护形成良性互补。然而数据并未反映出上述结果，多数地区目前呈现出委托辩护率和指定辩护率"双高""双低"等样态，指定辩护并未形成对委托辩护的有效补充。

（五）认罪认罚案件未实现刑事辩护全覆盖

刑事案件律师辩护全覆盖要求普通程序的刑事案件律师辩护率应当达到100.00%。2019年作为认罪认罚从宽制度写入法律后正式运行的首个自然年，有近七成适用普通程序案件的被告人有律师为其辩护，律师辩护率总体上达到较高水平，但仍未达到刑事案件律师辩护全覆盖的要求。此外，适用简易类程序审理的案件的律师辩护率仍然较低，由于此类案件超过全部认罪认罚案件的九成，属于绝对多数，因此其对于认罪认罚案件整体律师辩护率的影响更为直观。

---

〔1〕　参见陈卫东、张桂勇："论律师在刑事诉讼中的作用"，载《法学家》1996年第5期。

二、认罪认罚案件律师辩护率的成因分析

（一）宏观层面：区域经济发展水平和市场供求关系

经济活动是人类赖以生存和发展的基石，社会组织和社会秩序基于有效开展经济活动的目的逐渐演变而来，两者又会对经济活动形成反作用。经济活动会受到特定区域内的组织和秩序影响，进而产生短期内区域间经济发展的不平衡。因此，经济发展水平不仅能够体现出本地区的市场活跃程度，也从侧面反映了政府治理能力和综合文明程度。党的十八届三中全会提出了推进国家治理体系和治理能力现代化的总体目标，国家治理体系包含着政治、经济、文化等紧密关联、相互影响的体制机制和法律安排，政治与经济的关系在总体目标的指引下更加密切，而包含在政治制度下的司法制度与经济发展之间必然形成某种程度的同频共振关系。认罪认罚从宽制度作为在司法领域及时合理化解矛盾、推动人权有效保障、优化配置司法资源的改革举措，推进过程中必然受到经济发展水平的制约，其中代表着人权保障的律师辩护率同样无法逃离经济发展水平的影响。经济活动主要在区域内进行，因此经济发展水平主要对本地区的律师辩护率产生影响。而相比于其他刑事诉讼制度，对于实现总体目标背景下推出的认罪认罚从宽制度和律师辩护制度的影响将更为显著。法律服务对于全面推进法治社会建设、提高社会治理法治化水平具有重要意义，国家在"十三五"规划纲要中也充分强调完善法律服务体系对于提升治理水平的重要性。刑事法律服务按照委托方式的不同，其属性也有所不同。委托辩护本质上属于市场行为，受市场供求关系制约，合同双方基于自主商谈建立委托关系。通过市场调节，律师可以通过不断提升业务水平赢得良好口碑，进而扩充业务来源并增加收入，形成稳定良性的刑事法律服务市场。《律师服务收费管理办法》要求律师服务收费实现政府指导和市场调节的双轨制定价，各地区也根据本辖区实际情况制定了相应的实施办法。目前，北京、湖北已经率先放开了律师服务收费，强化了市场在司法资源配置中的决定性作用，进一步优化了律师执业环境，有利于吸引更多人才投身于法律服务市场，形成法律服务的良性竞争。此举也有助于缓解刑事法律服务收入偏低而导致的人才流失状况，促进刑事辩护的专业化和全职化。通过对2019年认罪认罚案件各地区律师辩护率进行观察，笔者发现委托辩护率与经济发展水平呈现出显著相关性，而指定辩护率则不存在相关性。因此，

目前认罪认罚案件的委托辩护已经较为市场化，其数值更多取决于当地经济发展水平，司法行政部门想要靠一己之力在短期内提升委托辩护率不太现实。指定辩护虽然属于法律援助，带有公益性，但也会受到供求关系的影响，同样蕴含着市场性。以宁夏为例，较为旺盛的辩护需求和执业门槛降低带来的充足律师供应，使其指定辩护率高位运行，有效填补了委托辩护率留下的市场空缺。但对于多数委托辩护率较低的地区，指定辩护并未与之形成良性互补，而是呈现出"双低"局面。执业门槛高、经济发展缓慢导致律师数量较少，司法行政部门又未能充分激发指定辩护市场，在政府采购法律服务、执业准入制度和政策宣讲方面还有较大提升空间。

（二）中观层面：法律帮助和出庭辩护尚未形成有效衔接

律师辩护需要紧盯案件办理的关键环节，例如批准逮捕的"黄金三十七天"，律师在此期间如果没有通过有效辩护促使检察机关作出不予批捕的决定，在后续侦查阶段中进行辩护的难度将变得巨大，只能更多地寄希望于案件出现新的证据或者发生重大转机。在以审判为中心的诉讼制度改革背景下，律师对不认罪案件的辩护"主战场"更多出现在庭审中，需要通过参与实质化的庭审过程以实现最佳的辩护效果。而对于认罪认罚案件，量刑协商的进行和量刑合意的达成均处于审前阶段，该阶段自然成为案件办理的核心环节，[1]律师需要在此阶段发挥更多作用。庭审环节则更多是对于合意自愿性进行形式上的审查，这客观上降低了律师参与庭审的必要性，导致认罪认罚案件律师辩护率低于其他类案件。2018年《刑事诉讼法》赋予被追诉人享有全程法律帮助的权利。[2]权属方面，值班律师在此阶段具有会见、阅卷、协商等权利，除了不具有调查取证权外，与辩护律师的权利几乎相同。因此，值班律师如果有效履行法律赋予的职责，有可能在权益保障方面起到与辩护律师近乎等同的效果。2018年《刑事诉讼法》规定律师和被追诉人均需在具结书上签字，确保量刑建议得到了控辩双方的认可。具结书中的权利和义务并未对律师产生直接的影响和约束，律师在场更多是基于形式合法性的需要和权利保障者的使命。而如果值班律师未能履行上述职责，仅仅是在某一时刻见证

---

〔1〕 参见曹波："全国刑事速裁程序试点宏观状况实证研究"，载《河北法学》2019年第4期。

〔2〕 2018年《刑事诉讼法》第36条第1款规定，审前阶段的犯罪嫌疑人如果没有委托辩护人且不符合法律援助条件的，由值班律师为其提供法律帮助。

犯罪嫌疑人并非受到外力胁迫而"自愿"签署了具结书，不仅无法有效维护其合法权益，反而容易造成一种律师已经参与到案件当中的错觉，消解掉犯罪嫌疑人委托律师或申请法律援助指派律师的意愿。为了验证这一假设，笔者统计了 2019 年三类样本中出现值班律师的裁判文书数量占总裁判文书数量的比率，[1]将与其律师辩护率进行对比（图 8），发现法律帮助率与律师辩护率呈现出较为显著的负相关性。法律帮助率越高，律师辩护率则越低。此处与其说强调法律帮助必然与律师辩护相互排斥，毋宁说反映了法律帮助与律师辩护在目前的司法实践中所形成的客观关系。律师辩护率是多种因素综合作用后的结果，法律帮助率也仅仅是原因之一。值班律师制度的设立，本意上是通过加强审前法律帮助弥补刑事辩护覆盖面不足，实现刑事诉讼全流程的法律供给。如果法律帮助和出庭辩护形成有效衔接，对被追诉人权益保障无疑能够起到极大的促进作用。但值班律师并不属于辩护律师，不具有出庭辩护职能，仅能够提供阶段性的法律服务，有学者强调值班律师可以受指派或委托转化为辩护律师，[2]此举无疑有助于提升值班律师工作积极性和服务质量，也能够提升律师辩护率。但就数据结果显示，认罪认罚案件中，值班律师转化为辩护律师的比率仍然偏低，因为缺乏法律帮助和出庭辩护有效衔接的文件，值班律师很难完整参与全部诉讼流程。[3]这种法律帮助与出庭辩护的割裂，不光影响律师辩护率的提升，甚至可能进一步加剧法律帮助"脱实向虚"。

---

〔1〕 之所以如此计算，一是因为有些共同犯罪案件存在多名被告人，裁判文书中仅提到一次值班律师，无法据此确定接受值班律师提供法律帮助的被告人数；二是值班律师并非刑事判决书中必须体现的要素，各地审判机关对其书写存在差异。也正因如此，这种统计方式存在较大误差，无法像上文那样进行量化分析，此处主要对其进行定性分析。为便于描述，将正文中的比率称为"法律帮助率"。

〔2〕 参见吴小军："我国值班律师制度的功能及其展开——以认罪认罚从宽制度为视角"，载《法律适用》2017 年第 11 期。

〔3〕 参见樊崇义："值班律师制度的本土叙事：回顾、定位与完善"，载《法学杂志》2018 年第 9 期。

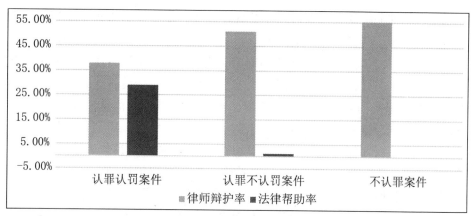

图8　三类案件的律师辩护率、法律帮助率对比〔1〕

（三）微观层面：简单多数和财富效应

有学者根据结果确定性强弱和是否容易判定将案件划分为"简单多数和复杂少数"，总结出法律领域存在的二八现象，并希望通过简化简单多数来优化复杂少数，以实现资源优化配置。〔2〕此处的简化主要通过简化诉讼程序以提升诉讼效率，这不仅有利于维护公共利益，也能够通过程序从简、量刑从宽的方式惠及被追诉人，但前提是不牺牲刑事诉讼程序的公正性，被追诉人的基本权利得到有效保障。认罪认罚案件中控辩双方已不存在根本性分歧，法院对于此类案件的量刑建议采纳率也高达95%，因此审理结果也比较容易预判。根据最高人民检察院相关精神，刑事案件中认罪认罚适用率未来普遍会达到70%。如果按照上述划分标准，认罪认罚案件在全部刑事案件中属于典型的"简单多数"，并且只有此类案件允许适用速裁程序，审判效率较其他类案件更高，但律师辩护率明显低于其他类案件的现状却也反映出当事人权利遭到了一定程度的缩减。进一步深入观察，仍以109个被告人数量超过100个的罪名为样本，危险驾驶罪、盗窃罪、故意伤害罪、交通肇事罪、毒品类犯罪、寻衅滋事罪、开设赌场罪、容留他人吸毒罪8个罪名的被告人数之和占到所有认罪认罚案件被告人总数近八成，这些案件通常相对简单，处理周

---

〔1〕　由于法律帮助率的数值较律师辩护率过小，为了能够直观反映相互关系，在图表中将法律帮助率统一扩大10倍，例如认罪认罚案件的法律帮助率为2.89%，图中数值为28.90%。

〔2〕　参见李本森："法律中的二八定理——基于被告人认罪案件审理的定量分析"，载《中国社会科学》2013年第3期。

期较短，例如危险驾驶案多适用速裁程序并实行多名被告人集中审理。如果不将这些认罪认罚案件计算在内，剩余 101 个罪名的律师辩护率达到了 65.44%，远大于所有案件的平均律师辩护率。因此，上述 8 个罪名简单但被告人数众多的案件拉低了律师辩护率的平均值。反观一些被告人数不多，但律师辩护率很高的案件，例如受贿罪、涉黑类犯罪、走私罪、组织卖淫罪、非法吸收公众存款罪、集资诈骗罪、滥用职权罪、贪污罪、假冒注册商标罪、挪用公款罪、行贿罪等，律师辩护率均在 85.00% 以上，被告人/辩护律师比均小于 1.2，意味着几乎实现了每名被告人均配备辩护律师，受贿罪的被告人/辩护律师比甚至低至 0.95，平均每名被告人配备了多于一名的辩护律师。上述案件主要以职务犯罪和经济犯罪为主，大部分被告人案发前具备一定的社会地位和经济实力。有学者通过对某一地区进行大数据研究发现，经济因素可能引导辩护资源配置，刑事辩护存在"财富效应"，[1]笔者的研究印证了在认罪认罚案件领域同样存在这一现象。律师辩护率较高案件的被告人往往经济状况更好，案发前在体制内任职或者以经商为业，具有聘请律师辩护的经济实力，受贿案中每 95 名被告人中便有 5 人委托了两名辩护律师。但由于这部分高辩护率的案件被告人数占比很低，难以影响整体的律师辩护率。因此，相对简单的认罪认罚案件在被告人数量方面占据绝对多数，形成此类案件中的"简单多数"。这类案件由于律师辩护率普遍较低，从而拉低了认罪认罚案件整体律师辩护率；经济状况较优的被告人拥有更为充足的辩护资源，但由于这类被告人数量较少，对于认罪认罚案件整体律师辩护率影响轻微，这也从侧面说明了经济状况较差的被告人较难获得辩护资源。

第五节　认罪认罚案件律师辩护率的提升路径

一、增加刑事法律服务市场的灵活性

区别于西方的法律服务行业，我国的律师职业脱胎于履行公共职能的国家公职系统。20 世纪 80 年代，以律师业为代表的法律服务行业伴随着准入机制、职业规范、管理制度的建立以及行业协会的形成，逐步由公职化转向了

---

〔1〕 参见左卫民、张潋瀚："刑事辩护率：差异化及其经济因素分析——以四川省 2015-2016 年一审判决书为样本"，载《法学研究》2019 年第 3 期。

市场化，当律所由司法行政部门下属事业单位改制为自负盈亏的合伙制企业后，法律服务行业逐渐展现出越来越浓厚的商业化色彩。而对于刑事法律服务领域，由于服务对象和内容的特殊性，刑事辩护律师承载了更多的公益责任，不仅需要保障被追诉人合法权益，还对法律适用和正义价值担负着一定的引导职责。国家通过立法刻意降低刑事法律服务的市场性，例如限制服务定位和代理方式，确定刑事辩护按件收费标准并且不允许风险代理等，无疑能够有效降低法律服务过于商业化所带来的道德风险，但也限制了律师与当事人之间进行法律服务产品与消费需求之间进行市场交换的空间。通过上文的大数据分析获悉，认罪认罚案件的委托辩护率会受到经济发展水平和市场供求因素影响，如果能够充分发掘市场潜力，激发更多律师投身于刑事辩护的热情，不仅有助于律师间通过良性竞争提升服务质量、加快专业化发展，也有利于刺激更多当事人通过聘请律师保障自身权益，形成供需两端的良性互动。有学者认为可以将法律服务理解为一种特殊的市场交易，进而提出了法律供求的行为方式和法律市场的运营场域。[1]承认刑事法律服务的商业属性，无疑有助于通过市场的力量增强刑事辩护供求双方之间的联系。一是逐步取消刑事辩护法律服务的政府指导定价，"把市场的交还市场"。目前，北京、武汉两地已明确取消了法律服务的政府指导定价，其他地区的指导定价也越来越难以适应当地经济发展水平和供求关系需要，进而演变成掣肘律师收费的工具，阻碍法律服务市场的健康发展。与刑事辩护律师高风险形成鲜明对比的是，刑事辩护过低的收费指导价格，让很多年轻律师对于刑事辩护避之不及。放开刑事法律服务定价，有利于提升刑事辩护价值，促使更多律师投身于刑事辩护领域。况且在司法行政部门和行业协会的监管下，律师的职业道德风险也能够得到有效控制。二是允许刑事辩护律师采取更加灵活的收费方式。目前刑事辩护主要采取分阶段收费和一次性收费两种方式，前者是多数律师采用的收费方式，后者主要为少数大要案当事人聘请资深律师的收费方式，这两种收费方式都带有无法将收费方式与刑事诉讼流程有机整合的缺陷。民事诉讼通常采取签订风险代理合同的方式，由签约主体约定按照最终获取收益的比例支付代理费用。相对于按阶段或一次性收费，这种收费方式有利于实现律师与当事人利益捆绑，激发律师工作热情、提升服务质

---

[1] 参见黄文艺、宋湘琦："法律商业主义解析"，载《法商研究》2014年第1期。

量。刑事案件虽然不宜完全采取这种纯粹结果导向的收费方式，但可以调整得更加灵活，例如将侦查阶段划分为批捕前和批捕后两个阶段，或者在委托协议中增加一些风险代理的因素，赋予合同双方更大的议价空间。有学者建议在委托代理合同中设置"服务菜单"，并在此基础上实施"基础性收费"和"拓展性收费"相结合的收费方式，[1]这不失为一种提升服务质量的激励方式。三是对于轻微刑事案件进行集中代理制度。可以将此种代理方式限定在适用速裁程序集中审理的案件中，例如危险驾驶案件，允许一名律师为所有当庭被告人进行辩护，前提是限定于非共同犯罪案件。

二、探索值班律师转任辩护律师途径

按照我国法律援助制度，指定辩护的依据大致可划分为三类：一是经济困难型。主要指被追诉人因经济困难等原因未能聘请律师辩护的，本人或近亲属被允许申请指派律师提供辩护服务。二是主体特殊型。主要指被追诉人具有某些生理缺陷，未委托辩护人时由相关部门通知法律援助律师为其辩护。三是刑罚严峻型。主要指被追诉人可能遭受完全剥夺自由权和生命权的刑罚时需要法律援助律师为其辩护。第一种属于依申请的指定辩护，后两种属于依职权的指定辩护，符合条件即强制指定。刑事案件律师辩护全覆盖制度则增加了一种新的指定辩护类型，即普通程序审理的依职权指定辩护。由此，在审判阶段，普通程序审理的案件均指定辩护，简易程序审理的案件指定辩护需要符合前三种要求；审前阶段符合上述三种要求的被追诉人指定辩护，不符合条件的由值班律师提供法律帮助。值班律师制度起源于英国，旨在弥补辩护律师不足情况下犯罪嫌疑人权利保障缺失，实现刑事案件律师参与全程化，因而其工作性质具有临时性和应急性，服务效果的好坏取决于权利行使方式和工作衔接是否顺畅。《法律援助值班律师工作办法》（以下简称《工作办法》）第 2 条明确将值班律师排除于辩护人之外，[2]同时对法律帮助与辩护进行了区分，但两者均立足于被追诉人权利保障，而承载这一目标的方式则是通过律师为被追诉人进行有效辩护。因此，法律帮助可以划入辩护的

---

〔1〕 参见陈瑞华："有效辩护问题的再思考"，载《当代法学》2017 年第 6 期。

〔2〕《工作办法》第 2 条规定："本办法所称值班律师，是指法律援助机构在看守所、人民检察院、人民法院等场所设立法律援助工作站，通过派驻或安排的方式，为没有辩护人的犯罪嫌疑人、被告人提供法律帮助的律师。"

范畴，进而形成广义上的辩护概念，为制度正当性提供支撑。目前，值班律师制度存在着理论界呼吁"辩护人化"和司法实践中"见证人化"两类理论与实践截然相反的趋势，值班律师对于当事人权益保障的重要性毋庸置疑，但实践中值班律师逐渐异化为推动程序运行的见证者和公权力的理想合作者。[1]尽管《指导意见》《工作办法》等文件明确赋予值班律师在审前能够行使丰富的权利，但由于其仅能够阶段性地参与刑事诉讼程序，值班律师较难有动力主动阅卷、会见，而多通过碎片化的残缺信息为当事人提供一些无关痛痒的建议，难以实现制度设立初衷。有学者呼吁，基于值班律师在司法实践中主要提供临时性和应急性的咨询，被追诉人一旦认罪认罚即有权申请法律援助辩护，除非其已自行聘请辩护律师。[2]此外，一些地区的司法实践逐步探索了值班律师转任辩护人机制，但接受辩护主体仍局限于符合法律援助条件的被追诉人，[3]而有些地区在此基础上进一步加大改革力度，例如北京市海淀区直接肯定了值班律师具有辩护人地位，实现了"值班律师辩护人化"，[4]在未降低刑事诉讼效率同时提升了人权保障规准，具有先进的示范意义。先进做法通过在实践中的良好运行已经证明其具备可行性，理论研究需要在实践基础上进行更为大胆的创新，不妨通过地区试点的方式开展值班律师转任辩护人的探索，例如选择一部分地区进行"值班律师辩护人化"试点，规定两种层次的值班律师转任辩护人形式：一是被追诉人认罪，但对于量刑无法与检察机关达成一致意见的，可以由固定的值班律师全程为其辩护；二是适用简易程序审理的案件，被追诉人可以申请值班律师担任其辩护律师。这种做法的好处一方面是有利于化解控辩分歧，最大化值班律师效用；另一方面能够激励值班律师更好履职，促进法律帮助实质化。

---

〔1〕　参见杨波："论认罪认罚案件中值班律师制度的功能定位"，载《浙江工商大学学报》2018年第3期。

〔2〕　参见杜磊："认罪认罚从宽制度适用中的职权性逻辑和协商性逻辑"，载《中国法学》2020年第4期。

〔3〕　参见熊秋红："比较法视野下的认罪认罚从宽制度——兼论刑事诉讼'第四范式'"，载《比较法研究》2019年第5期。

〔4〕　参见贾志强："论'认罪认罚案件'中的有效辩护——以诉讼合意为视角"，载《政法论坛》2018年第2期。

三、扩大刑事法律援助指定辩护范围

上文提到，认罪认罚案件相对于其他类案件律师辩护率较低，具体到案件类型化和身份差异化层面，被告人数量众多的相对简单案件拉低了整体律师辩护率，那么是否有必要仅仅为了提升整体律师辩护率而着重考虑这部分案件的律师参与问题？换言之，这些情节相对简单、流程相对较快、刑期相对较低的案件是否有必要进一步提升律师辩护率？首先，从认罪认罚从宽制度本身来讲，制度正当性需要由律师辩护提供支撑。认罪认罚从宽制度是基于被追诉人认罪认罚前提下对刑事诉讼格局的重塑，是实现部分刑事案件高速流转的重要举措。控辩双方由对抗转向合作，着力点由是否定罪转向程序的选择和量刑的确定，最终通过协商形成控辩共识。案件具备事实依据、认罪认罚的意思表示系被追诉人真诚作出是制度的正当性基础，这无关于案件本身大小，而是关涉到制度运行的根基。尤其在确保决定的作出符合被追诉人内心真实意思表示方面，脱离律师的有效参与和全程监督，完全依附于追诉人员的职业道德和良心发现，有可能使权利保障沦为摆设，也将使制度丧失存在根基。其次，基于被追诉人现实状况而言，其无法成为控辩协商的主体力量。涉嫌犯罪的被追诉人平均文化程度不高，认罪认罚案件的情况同样如此。确认案件事实基础方面，被追诉人作为亲历者和叙述者，具有积极作用。在认罪事实不存在疑问后，无论是自愿性保障还是量刑协商过程，都牵扯到具备高度复杂性和技术性的法律适用问题，这些也是不掌握特殊专业技能的被追诉人难以应对的，其权益的有效维护只能寄希望于律师这类专业人士的介入，[1]何况被追诉人接受教育程度普遍较低，很难在短期内充分理解语句晦涩、逻辑严密的法律条文。尤其对于上文列举出的那些案情简单但人数众多的认罪认罚案件，被追诉人往往处于社会底层，缺乏专业人士提供法律指导，很难有效维护自身权益。最后，律师参与有助于消解刑事辩护资源分布不均的现象。刑事诉讼程序是保障公民权益的最后一道屏障，不应当沦为"有钱人的游戏"，尤其是辩护资源应当相对平均地分布到大多数案件当中。这并非否认刑事辩护需要某种程度的市场化以及律师通过提高专业技能

---

〔1〕 See Judith L. Maute, "Allocation of Decisionmaking Authority Under the Model Rules of Professional Conduct", *U. C. Davis Law Review*, Vol. 17, No. 4., 1984, pp. 1049–1116.

以获取更优报酬的合理性，而是国家对于贫困人群的政策性倾斜。类似于我国为保障贫困人群的基本生活，规定了最低生活保障制度，在关乎尊严和自由等重大权利的刑事诉讼领域同样需要提供最低限度的辩护资源保障。这不仅应当包括适用普通程序的案件，同样需要涵盖适用简易类程序的案件。考虑到认罪认罚案件适用快速审理程序的总体比例，可以采取两步走的方式提升此类案件的律师辩护率。首先是在适用简易程序的案件中实现出庭辩护全覆盖，再逐步扩大至适用速裁程序的案件。[1]有学者建议考虑到地区经济发展差异，刑事法律援助范围扩大至可能判处五年以上有期徒刑案件为宜。实践做法和理论设想，均表明人们已经意识到，扩大刑事法律援助范围是实现诉讼制度改革和庭审实质化的重要保障，同样对于律师辩护权在制度中发挥重要作用举足轻重。增加的律师需求一方面可以由值班律师转任，另一方面也可以在实习律师考核中增加办理法律援助案件的要求。由于刑事案件的会见、出庭等关键活动要求至少一名执业律师参与，此举也可以带动更多执业律师参与到法律援助案件当中。此外，宁夏较高的指定辩护率也说明了政府完全具备提升法律援助的能力。因此，国家可以在一些经济发达地区率先开展认罪认罚案件律师辩护全覆盖试点，要求不论适用何种程序审理，未聘请律师的被追诉人均有权申请法律援助指定辩护，再根据试点情况逐步扩展至全国。

---

〔1〕　浙江、上海等地已将刑事法律援助的范围扩大至所有可能判处 3 年以上有期徒刑的案件。参见熊秋红：“审判中心视野下的律师有效辩护”，载《当代法学》2017 年第 6 期。

CHAPTER5

第五章

认罪认罚从宽制度中律师辩护的权利保障

律师辩护率代表了律师辩护权行使的广度。通过对认罪认罚案件律师辩护率进行实证考察，能够从宏观层面掌握律师参与认罪认罚从宽制度的情况。而立足于对律师辩护权进行规范性分析的基础上，可以管窥律师辩护权在制度运行过程中行使的深度。[1]认罪认罚从宽制度中，律师辩护权具有双重职能：一是防范被追诉人错误认罪认罚的风险；二是帮助被追诉人形成符合内心真实意愿、不轻易反悔的意思表示。因此，本章在对律师辩护权进行规范性分析的基础上，将其划分为监督性辩护权和主体性辩护权，详审其特殊性和司法实践中存在的问题，最终提出具有建设性的权利扩充与完善方案，夯实认罪认罚从宽制度正当性根基的同时，对认罪认罚被追诉人的权利形成有效保障。

第一节　认罪认罚从宽制度律师辩护权的基础问题

一、认罪认罚从宽制度控辩合意之正当性

《试点办法》要求被追诉人认罪认罚的，公诉机关应当在起诉书中予以说明，并且移送与认罪认罚相关的案件材料。2018 年《刑事诉讼法》将该内容

---

〔1〕　有学者指出，律师参与的广度与深度涉及律师辩护的质量，直接影响认罪认罚从宽制度的实施效果。参见孔超、方玉霞："认罪认罚从宽视域下律师辩护权的保障"，载《河南工程学院学报（社会科学版）》2018 年第 2 期。

正式确立。[1]有学者认为认罪认罚从宽制度借鉴了辩诉交易制度的协商元素，构建了能够使控辩双方"利益兼得""互惠共赢"的认罪协商程序。[2]控辩双方在审查起诉阶段展开商谈的过程中，辩护律师实质上有权就案件定性和惩罚方式等实体性问题以及程序性问题与追诉机关交流主张。[3]也有学者认为，我国已建立起具有本国特色的量刑协商程序，协商主体限于控辩双方，协商范围包括量刑和程序，协商阶段以审查起诉阶段为主，协商结果对审判机关具有一定约束力。[4]2019年10月，两高三部出台的《指导意见》中正式使用了"协商"一词，体现出量刑具结书的合意属性。[5]对于合意之正当性基础，学者们对此持不同观点。一是诉讼效率说。这也是目前理论界与实务界多数人认可的观点，认为通过协商而不是繁复的诉讼程序解决案件，能够实现"优化司法资源配置、提高刑事诉讼效率"效果，国家在节省司法资源的同时给予被追诉人量刑优惠能够实现互惠共赢。[6]二是人身危险性降低说。被追诉人进行认罪协商体现出的反省态度，表明被追诉人存在悔罪心理，再犯罪可能性小，[7]出于恢复性司法理念，给予量刑优惠有利于被追诉人早日回归社会。三是被追诉人权利说。对于程序选择和实体处置的诉讼合意需要控辩双方达成共识，其中不仅代表着国家机关的权力动作，被追诉方的自愿

---

〔1〕《试点办法》第11条第1款规定："人民检察院向人民法院提起公诉的，应当在起诉书中写明被告人认罪认罚情况，提出量刑建议，并同时移送被告人的认罪认罚具结书等材料。"虽然立法仍回避使用"协商"一词，但根据2018年《刑事诉讼法》第173条第1款规定，检察院在审查起诉时应当讯问犯罪嫌疑人，听取辩护人或者值班律师、被害人及其诉讼代理人的意见，并记录在案。辩护人或者值班律师、被害人及其诉讼代理人提出书面意见的，应当附卷。

〔2〕参见陈瑞华："'认罪认罚从宽制度'改革的理论反思——基于刑事速裁程序运行经验的考察"，载《当代法学》2016年第4期。

〔3〕对于被追诉人尚未认罪的案件，检察机关基于降低证明难度、提高诉讼效率等维度的考量，更有可能主动选择与辩护方就认罪认罚问题进行协商，具结书因此带有了控辩协议的性质。参见李奋飞："论'交涉性辩护'——以认罪认罚从宽作为切入镜像"，载《法学论坛》2019年第4期。

〔4〕参见杨立新："认罪认罚从宽制度理解与适用"，载《国家检察官学院学报》2019年第1期。

〔5〕《指导意见》第33条第1款规定："……人民检察院提出量刑建议前，应当充分听取犯罪嫌疑人、辩护人或值班律师意见，尽量协商一致。"

〔6〕参见攀崇义："刑事诉讼模式的转型——评《关于适用认罪认罚从宽制度的指导意见》"，载《中国法律评论》2019年第6期；朱孝清："认罪认罚从宽制度的几个问题"，载《法治研究》2016年第5期。

〔7〕参见熊秋红：《认罪认罚从宽的理论审视与制度完善》，载《法学》2016年第10期。

性和自主性同样不可或缺,这体现出被追诉方自主选择的权利属性,[1]"权力—权利交互说""权利放弃对价说"便是在此基础上提炼出的新理念。"权力—权利交互说"奉行被追诉人与司法机关通过反复商谈实现共识,司法机关基于商谈的真诚性和真实性兑现量刑优惠的承诺;[2]"权利放弃对价说"基于被追诉人在刑事诉讼中享有程序权利,允许其自愿作出对权利进行处分的决定,可以通过与国家进行合法协商后作出放弃某些权利的承诺,国家因此免受复杂程序带来的司法资源消耗压力,程序从简、量刑从宽优惠则作为权利放弃对价。[3]四是检察机关职能说。认罪认罚从宽制度不应违背实体真实原则和罪刑责相适应原则。公诉机关作为控方在制度运行中具有支配地位,控辩双方协商视为公诉机关履行职责的义务。一方面,公诉机关可以决定起诉的罪名和量刑的建议,辩方在上述环节通常起到的仅仅是被动反馈作用;另一方面,由于被追诉方天然处于弱势地位,公诉机关需要对其履行关照职责。[4]同时,持相同观点学者认为,"三位一体"的权力架构使检察机关在审前阶段具有绝对主导权,侦查机关应当籍由程序控制权激发认罪认罚从宽制度的程序分流功能。[5]也有学者认为制度运行主要建立在以听取意见为基础的职权决定模式基础上,由于协商的"定价权"并非控辩双方商定,而是由公诉方依职权确定,所以控辩协商本质上只是辩方提出一些关于量刑的意见,控方考虑是否听取的诉讼模式。这一模式并未突破我国传统的职权主义诉讼模式和理念,职权主义因素仍占据主要位置。[6]

上述四种观点中,诉讼效率说和社会危险性降低说侧重于合意的司法效果和社会效果,权利说和职能说则对于量刑具结书签署前控辩双方地位表达了不同观点。笔者在此不欲讨论哪种观点更具理论价值和实践意义,只希望

〔1〕 参见闵春雷:"回归权利:认罪认罚从宽制度的适用困境及理论反思",载《法学杂志》2019 年第 12 期。

〔2〕 参见吴思远:"我国重罪协商的障碍、困境及重构——以'权力—权利交互说'为理论线索",载《法学》2019 年第 11 期。

〔3〕 参见赵恒:"论从宽的正当性基础",载《政治与法律》2017 年第 11 期。

〔4〕 参见汪海燕:"认罪认罚从宽制度中的检察机关主导责任",载《中国刑事法杂志》2019 年第 6 期。

〔5〕 "三位一体"即检察机关角色定位的三重属性:侦查质量评价主体、司法资源的调控主体、诉讼权利的保障主体。参见李奋飞:"论检察机关的审前主导权",载《法学评论》2018 年第 6 期。

〔6〕 参见闫召华:"听取意见式司法的理性建构——以认罪认罚从宽制度为中心",载《法制与社会发展》2019 年第 4 期。

说明律师辩护在上述观点中均具有重要作用。区别于美国辩诉交易制度的流水性结构，认罪认罚从宽制度以双方签字具结作为关键环节，构成了集权利、程序、行为的制度约束，诉讼效率的提升主要依靠以当事人认罪为前提的适用速裁程序、简易程序后所减少的司法资源消耗。当事人同意放弃正式审判以及可能随之而来的无罪后果，不仅源于追诉机关所承诺的并非十分优厚的量刑减让和程序优惠，更重要的是已经了解到证据材料足以证明的犯罪事实难以避免定罪量刑的法律后果。绝大多数情况下，[1]即使忖度人性中"趋利避害"的心理，被追诉人也很难通过认罪认罚权利的告知便立即具备高瞻远瞩的战略意识，头脑冷静地作出暂且退让以便实现利益最大化的部署，合理的解释应当是行使辩护权后对于信息的全盘掌握和与辩护人进行磋商后达成的理性决策。虽然认罪认罚从宽制度并非以被害人同意为生效要件，但仍将其作为重要考量要素。[2]司法实践当中，公诉机关往往将被害人意见作为重要考量要素，以使最终的量刑建议因为考虑范围全面、丰富，而显得理性、客观。相比于公诉机关，辩护律师更有动力促进当事人与被害人达成谅解，通过积极劝说、沟通等行为，达到矫正犯罪与回归社会、吸收矛盾与治愈伤害的效果。此外，"纵观中国刑事诉讼制度的流觞与发展，总是夹杂着辩护权的据理力争和痛苦挣扎。"[3]如果将达成合意视作辩方应有之权利，权利可能遭受忽视甚至侵犯。暂不探究个人能力与国家实力对比悬殊的先天弱势以及司法人员个人偏好、被追诉人风险意识等特殊范畴的影响，[4]公权力的私权集约属性难免造成其对个人参与公法领域最终决策的层层限制。只有存在辩护权对任何细微权利的"锱铢必较"和"义无反顾"，被追诉人的权利才可能得到更多保障。面对强大的公权力，个体权利时刻面临着被压制和侵害的风险。[5]认罪认罚从宽制度中的辩护权也不例外。辩护权所追求和肯定的利

---

〔1〕 不排除司法实践中，被追诉人由于遭受非法手段或希望早日摆脱未决羁押而"被迫"认罪的特殊情况。

〔2〕《指导意见》第16条规定："……办理认罪认罚案件，应当听取被害人及其诉讼代理人的意见，并将犯罪嫌疑人、被告人是否与被害方达成和解协议、调解协议或赔偿被害方损失，取得被害方谅解，作为从宽处罚的重要考虑因素……"

〔3〕 李奋飞："论检察机关的审前主导权"，载《法学评论》2018年第6期。

〔4〕 参见郭枭："技侦证据审查相关问题的思索求解"，载《理论探索》2019年第3期。

〔5〕 参见［德］鲁道夫·冯·耶林：《为权利而斗争》，郑永流译，法律出版社2007年版，第103页。

益往往需要与观点相悖并且能够否决该利益的司法机关相对抗,因而辩护权的实现并非一路坦途,不仅需要据理力争地获取权利,还应当积极地行使权利。控辩合意的正当性正是来源于辩方权利的有效保障和充分行使。

二、控辩合意之律师辩护权

控辩合意达成需要律师参与。控辩合意不论归类于"讨价还价"的协商结果,还是单方听取的职权决定,都将对被追诉人产生重要影响。除非被追诉人非自愿认罪、推翻认罪、认罪没有事实基础或起诉罪名错误等,人民法院在审判中"一般应当"采纳量刑建议,并且法律赋予公诉机关自主选择对量刑建议进行调整的权力。[1]对于控辩双方不存在重大分歧且具备一定证据基础的案件,量刑建议的内容基本等同于最后的判决内容,虽然被追诉方具有名义上的"提出异议"和实质上的上诉反悔权利,但检察院同样能够启动抗诉程序,最终的后果对被追诉人可能更糟。此外,2018 年《刑事诉讼法》第 173 条对检察机关"听取意见"的应然要求既未明确听取的程序,又未设定听取的效果,甚至连何为"听取"都语焉不详,[2]其实然结果可想而知。将合意结果完全寄托于检察官的职业操守和专业素养,无异于给本不轻松的检察机关添加新的负担,也背离了立法者初衷。纵使检察官出于良知,完全排除了证据收集过程中个人取舍的可能性偏好(实际上不可能),也可能出于理解偏差或精力有限,于千头万绪的案件事实中遗漏或忽略一些线索。况且,国家机关囿于部门利益和个人评价,很难立足于被追诉人角度考虑问题,反而可能利用信息不对称或自由裁量权等优势迫使被追诉方接受对其不利的结果。尤其对于证据材料不扎实的案件,国家机关更有可能开出"高价"优惠作为诱饵,被追诉人容易陷入进退维谷的两难处境。[3]

辩护权的作用便是弥补控辩之间"实力落差",并基于维护被追诉人利益考量,监督公权力运行是否规范、鞭策公权力行使必要的保障职责,以及动

---

〔1〕 2018 年《刑事诉讼法》第 201 条规定:"对于认罪认罚案件,人民法院依法作出判决时,一般应当采纳人民检察院指控的罪名和量刑建议……人民法院经审理认为量刑建议明显不当,或者被告人、辩护人对量刑建议提出异议的,人民检察院可以调整量刑建议……"

〔2〕 参见杨宇冠、王洋:"认罪认罚案件量刑建议问题研究",载《浙江工商大学学报》2019 年第 6 期。

〔3〕 参见闫召华:"听取意见式司法的理性建构——以认罪认罚从宽制度为中心",载《法制与社会发展》2019 年第 4 期。

摇公权力对于不利事项的判断。〔1〕作为阐释性法理学（Universal Expository Jurisprudence）的研究对象，权利的准确含义长期以来难以界定。1913 年，分析法学派理论集大成者霍菲尔德在先哲研究的基础上构建起权利的八组概念，组成法律关系的"最小公分母"，〔2〕下文将以此为基础对各项律师辩护权进行规范性分析。

三、认罪认罚从宽制度中律师辩护权的规范分析

（一）调查取证权

我国律师调查取证权肇始于 1980 年的《中华人民共和国律师暂行条例》（已失效）。〔3〕彼时律师作为"国家的法律工作者"的职业定位，其享有的调查取证权应当划分为"权力"范畴，接受调查对象有配合调查的"责任"。1996年《刑事诉讼法》修改后形成了辩护律师进行调查取证前需要经过当事人和司法机关的双重同意模式，当年的《律师法》将律师的职业定位从国家公职人员转变为法律服务人员，辩护律师的调查取证权从"权力"正式转变为"自由"，因为此时接受调查的对象已经没有必须配合的义务，而辩护律师能够自行决定是否开展调查工作。同时，2012 年《刑事诉讼法》第 39 条赋予辩护律师在必要时向司法机关提出申请调查取证的权利，该条与第 41 条共同构成了辩护律师的申请调查取证权，这意味着辩护人的调查取证权按照是否自行开展可划分为调查取证的申请权和自行开展权。辩护律师的自行调查取证权在性质上属于"自由"，国家不能要求不进行，需要对此消极不作为，无权阻止辩护律师行使权利。而辩护律师的申请调查取证权是对司法机关的请求，要求对方积极履行作为义务，司法机关有义务协助辩护律师实现权利，没有正当理由不得拒绝履行，以使被追诉人受益。如果司法机关拒绝履行义务又无正当理由，应视为没有履行法律上要求其承担的"义务"。即使可能出现司法机关拒绝履行或履行不能的情形，也不能反向推导出辩护律师不享有

---

〔1〕　参见林钰雄：《刑事诉讼法》（上册），中国人民大学出版社 2005 年版，第 158 页。

〔2〕　关于霍菲尔德权利理论，参见黄士元："刑事辩护权利的解释原理"，载《中外法学》2018年第 2 期；万毅："刑事诉讼权利的类型分析——以分析实证主义法学为视角"，载《政法论坛》2014年第 2 期。

〔3〕　1980 年发布的《中华人民共和国律师暂行条例》第 7 条第 1 款规定："律师参加诉讼活动，有权依照有关规定，查阅本案材料，向有关单位、个人调查……"

相应的权利。申请调查取证权能够起到连接辩护律师自行开展的"权利"与司法机关依职权行使的"权力"的桥梁作用。2012 年《刑事诉讼法》修正明确了律师在侦查阶段具有辩护人地位。虽然彼时未对本项权利涉及的条款进行修改，但根据法律解释方法，律师的权利行使空间已拓展至侦查阶段。同时，第 40 条新增了辩护人对于三类证据的开示义务。[1]由于上述证据可能来源于辩护人的调查取证，所以证据开示义务应当属于调查取证权的衍生。反观侦查机关的调查取证权，2012 年《刑事诉讼法》第 52 条规定了公检法调查取证时，[2]接受调查对象的如实提供义务，这与第 60 条对"凡是知道案件情况的人，都有作证的义务"的要求相吻合，根据体系解释，知情人的作证责任对应公检法的调查取证"权力"，而非辩护律师的调查取证"权利"。辩护律师与公检法的调查取证权对比如下表所示：

表 26 调查取证权的规范分析

属概念	种概念	行使对象	行使条件	权利划分	对应物
辩护律师调查取证权	自行调查取证权	证人	接受调查方同意	自由	证据开示义务
	申请调查取证权	被害方	双重同意	请求权	
公检法调查取证权	无	知情人	内部审批	权力	协助律师调查取证义务

根据《指导意见》第 8 条规定，认罪认罚后如何从宽需要根据具体量刑情节和被追诉人意思表示作出时的情况而定。[3]该条规定不仅有效衔接了《刑法》中对于量刑根据的条文，还考虑到了被追诉人认罪认罚时的主观态度和客观背景，两者共同形成了从宽的法律依据。从逻辑顺序上讲，应当是量

---

[1] 即辩护人对"犯罪嫌疑人不在犯罪现场""未达刑事责任年龄""属于依法不负刑事责任的精神病人"的证据开示义务。

[2] 由于此后刑事诉讼法修改均未涉及调查取证权的条款，为方便对比，此处仍沿用 2012 年《刑事诉讼法》相关条款。

[3] 《指导意见》第 8 条第 2 款规定："办理认罪认罚案件，应当依照刑法、刑事诉讼法的基本原则，根据犯罪的事实、性质、情节和对社会的危害程度，结合法定、酌定的量刑情节，综合考虑认罪认罚的具体情况……"

刑依据在前，认罪认罚在后。如果没有量刑依据作为前提，被追诉人的认罪认罚便失去了事实基础，这违背了我国刑事诉讼法"以事实为准绳"的法律原则，即有充分证据材料指向的法律事实才能够作为量刑的基础。换言之，认罪认罚以量刑根据能够得到现有证据材料充分证明为事实基础，证据材料除了追诉机关通过侦查手段收集到的信息，也应当包括辩护律师调查取证时发现的各类信息，两类信息交互形成认罪认罚的事实基础，最终促使追诉机关与被追诉方达成共识。虽然我国刑事诉讼法规定被追诉人不需要承担证明自己没有实施犯罪的责任，公安机关具有全面搜集证据的客观义务，但这更属于一种应然面向的义务，与司法实践当中的实然状态可能尚存距离，中间的缝隙便需要辩护律师通过调查取证填充，以便使认罪认罚的事实基础更加贴近客观事实。尤其侦查阶段的主要任务倾向于通过证据的搜集理清办案思路、指明侦查方向，侦查人员虽然敏于行动、善于推理，却往往带着"有罪推定"的先入为主思维，对于法律的理解缺乏精准性，[1]可能会忽略与被追诉人利益攸关却偏离侦查思路的关键证据，辩护律师的调查取证便旨在发现此类证据。此外，法律赋予辩护律师对"三类证据"的及时开示义务，主要源于这能够从根本上转变公安机关的侦查思路、规范公安机关的侦查行为，对于被追诉人权益有至关重要的影响。所以辩护律师的调查取证活动应当首先针对"三类证据"展开，待掌握的案件情况日臻完善后再逐步扩大调查范围。此外，律师通过调查取证获得的信息具有客观性和一手性的特点，这与通过行使会见权和阅卷权得到的信息具有本质区别。

（二）会见通信权

我国法律目前已明确了"三证"会见制度，侦查阶段除两类涉及公共利益的特殊类型案件和监察委员会负责调查的案件外，[2]看守所应当及时安排律师会见。会见在押被追诉人是辩护律师向看守所等国家机关行使的"请求权"，看守所等国家机关具有配合的"义务"，履行"义务"的时间不能超过48小时。但被追诉人如果不同意会见，可以达到阻却会见的效果，所以就辩

---

　　〔1〕　参见朱孝清："侦查阶段是否可以适用认罪认罚从宽制度"，载《中国刑事法杂志》2018年第1期。

　　〔2〕　《监察法》规定职务犯罪案件由监察委员会负责调查，调查阶段尚不允许辩护律师介入。2018年《刑事诉讼法》将侦查阶段限制会见的三类案件修改为两类，去掉了"特别重大贿赂犯罪"，实现了与《监察法》的衔接。

护律师与被追诉人之间，会见权充其量作为辩护律师的"自由"，被追诉人作为提供信息的"证人"可以考虑是否配合，这一点与自行调查取证权类似。由于此处主要涉及辩护律师与国家机关的权利义务关系，所以对此不展开论述。另外，2018年《刑事诉讼法》第39条还规定了律师会见时可以通过当事人获取案件信息并为对方提供法律咨询，而且可以在案件移送检察院后核实有关证据。[1] 其中"了解案件情况"可以理解为辩护律师对被追诉人的知情"请求权"，"提供法律咨询"虽然可以视为辩护律师有向被追诉人提供法律帮助的"自由"，但基于双方的委托关系和《律师法》第31条关于律师对当事人忠诚义务的要求，提供有效法律帮助应视为律师对被追诉人的一项"义务"，被追诉人则具有获得法律咨询的"请求权"。"不被监听"应作扩大解释，不仅包括技术手段监听，也不允许侦查人员在现场监听。[2] 但同时，监视无法被涵摄至监听的文义之中，因而未被法律禁止，实践中大部分看守所为了便于管理安装了监控视频。对于"不被监听"，形式上看似符合"自由"特征，即"我可以要求不被监听，看守所不能要求我不要求不被监听。"但会见时不被监听是当代法治国家的通行做法，例如《日本刑事诉讼法》第39条规定了辩护律师在会见被追诉人时不被监听，[3]《德国刑事诉讼法典》第148条要求被追诉人与辩护人之间的谈话不被监听，即使内容是"辩护人是否接受案件"。[4]《葡萄牙刑事诉讼法典》第311条也要求会见要在保密的状态下进行。[5] 会见时不被监听主要是为了辩护律师对会见时了解到的案件情况进行保密，而根据我国刑事诉讼法赋予律师对当事人情况予以保密的权利，不被监听本质上可理解为律师的保密权。2018年《刑事诉讼法》第62条和第110条规定之作证和举报义务实质上由律师保密权所豁免。如果将会见权理解为辩护律师主动行使的一项积极性的作为权利，作证豁免权则是基

---

〔1〕 2018年《刑事诉讼法》第39条第4款规定："辩护律师会见在押的犯罪嫌疑人、被告人，可以了解案件有关情况，提供法律咨询等；自案件移送审查起诉之日起，可以向犯罪嫌疑人、被告人核实有关证据……"

〔2〕 参见汪海燕、付奇艺："辩护律师诉讼权利保障的法治困境"，载《中国司法》2014年第1期。

〔3〕 参见［日］田口守一：《刑事诉讼法》，张凌、于秀峰译，法律出版社2019年版，第183页。

〔4〕 参见［德］托马斯·魏根特：《德国刑事诉讼程序》，岳礼玲、温小洁译，中国政法大学出版社2004年版，第63页。

〔5〕 参见［葡］乔治·德·菲格雷多·迪亚士：《刑事诉讼法》，马哲、缴洁译，社会科学文献出版社2019年版，第304页。

于会见权派生出的一项消极性的不作为权利。而不被监听权又是基于辩护律师举报作证豁免权利派生出的诉讼权利，因而不被监听权本质上是基于律师保密义务派生出的诉讼权利。综上所述，会见权属于辩护律师的一项"请求权"，其派生出两项权利和一项义务，即了解案件情况的知情"请求权"、作证"豁免权"和为被追诉人提供法律咨询帮助的"义务"。概言之，就是获取信息的"请求权"和给予信息反馈的"义务"，作证"豁免权"则为两者提供保障。会见权的基本权利框架如下表所示：

表 27　会见权的规范分析

属概念	种概念	行使对象	行使条件	权利划分	对应物
会见权	知情请求权	被追诉人	被追诉人同意	请求权	提供法律帮助的义务
	作证豁免权	司法机关	自行免除	豁免	

相比于辩护律师的阅卷权，会见权作为一项"请求权"，行使时遇到的障碍相对较小，除了监察委负责调查的案件和"危害国家安全犯罪""恐怖活动犯罪"，原则上辩护律师手续齐全、提出申请，看守所便应当及时安排。《指导意见》明确规定被追诉人在任何刑事诉讼阶段都可以认罪认罚并获取相应的量刑从宽优惠，其中自然包括侦查阶段，而会见权则是为数不多辩护律师在此阶段能够充分行使的权利。认罪认罚时间的早晚将影响到被追诉人收获的对价大小，因而在刑事诉讼起始阶段作出决定可能会收获最大的实体和程序优惠，此时会见权的行使便格外重要。辩护律师行使会见权旨在保障当事人在知晓权责和法律规定的前提下作出认罪认罚的真实意思表示，[1]并对确保认罪认罚具有事实基础起到一定的辅助作用。一方面，在被追诉人配合的情况下，辩护律师通过知情请求权所了解的侦查情况，可确保被追诉人没有遭受暴力、威胁、引诱而作出违背内心真实意愿的意思表示，并且在决定作出时具备常人的心智和决断能力，并且明晰未来可能面对的后果；另一方面，辩护律师通过听取被追诉人口述，可了解案件事实情况。相比于调查取证权和阅卷权掌握的信息，当事人口述时由于身陷囹圄的焦虑心理和急于恢复自

---

〔1〕　参见闵春雷："回归权利：认罪认罚从宽制度的适用困境及理论反思"，载《法学杂志》2019 年第 12 期。

由的迫切心态，可能不自觉地进行信息筛选和过滤，选择有利于自己的信息进行详述，不提供不利信息或者"蜻蜓点水"式的简略描述。此时辩护律师获得的案件情况难免带有浓厚的主观色彩，难以据此准确预估认罪认罚是否存在事实基础，而必须结合调查取证权和阅卷权等其他权利获取的信息进行综合判断。因此，辩护律师行使会见权的作用不在于"获取"信息，而是通过对获取信息进行加工后"反馈"专业技术知识和法律咨询回复，这可能成为被追诉人作出是否罪认罚理智决策的基础。对 2018 年《刑事诉讼法》第 39条进行文义解释和内在逻辑解读，只能推导出会见通信权目前采用"单主体"结构，被追诉人并不享有。该条款规定了辩护律师会见时需要携带的手续、限制会见的情况和会见时允许开展的事项，通条以"辩护律师"为主语，仅在第 1 款后半部分将"其他辩护人"作为主语，与前半部分形成了并列关系。如果被追诉人也享有会见权，法律条文中应该作出如何行使以及何时可能受到限制的规定。此外，通过体系解释也能够得出同样结论。第 39 条设于 2018年《刑事诉讼法》第 4 章"辩护与代理"部分，与辩护律师其他权利形成并列关系，诸如阅卷权、调查取证权，意味着会见权目前只有辩护律师享有。2018 年《刑事诉讼法》要求当事人签署具结书时必须有律师或其他辩护人到场。[1] 而在司法实践中，被追诉人需要会见时，往往只能借助看守所民警转达或同监室被追诉人律师转告等"迂回"方式，[2] 这明显与立法精神不相符。尤其对于没有辩护律师的被追诉人往往是在签字具结时才首次见到值班律师，这导致值班律师见证人化和法律服务"形式化"和"空心化"。总体观之，律师会见权对被追诉人在侦查阶段决定是否认罪认罚具有重要作用，辩护律师通过会见通信权所获取的信息具有二手性、主观性等特点。

（三）阅卷权

1996 年《刑事诉讼法》对律师阅卷的时间、方式和对象均作出了限制性规定，并且不存在例外情况；[3] 2012 年《刑事诉讼法》将阅卷范围扩大至

---

〔1〕 2018 年《刑事诉讼法》第 174 条第 1 款规定："犯罪嫌疑人自愿认罪，同意量刑建议和程序适用的，应当在辩护人或者值班律师在场的情况下签署认罪认罚具结书。"

〔2〕 参见封利强："会见权及其保障机制研究——重返会见权原点的考察"，载《中国刑事法杂志》2009 年第 1 期。

〔3〕 1996 年《刑事诉讼法》规定辩护律师行使阅卷权的时间起始于审查起诉之日，方式是"查阅、摘抄、复制"，范围限于"诉讼文书、技术性鉴定材料"。参见杨鸿："我国刑事非法证据排除的理性思考"，载《学术研究》2004 年第 4 期。

"案卷材料"，时间不变；2018年《刑事诉讼法》修正时对此未作调整，《人民检察院刑事诉讼规则（试行）》（2012年修订）（已失效）第47条第2款明确了"案卷材料包括案件的诉讼文书和证据材料"。辩护律师具有前往检察机关查阅案卷的"请求权"，检察机关具有无条件提供案卷材料副本的"义务"。如下表所示：

表28　阅卷权的规范分析

属概念	种概念	行使对象	行使条件	权利划分	对应物
阅卷权	无	司法机关	无	请求权	无

由此观之，阅卷权相比于调查取证权和会见权最易行使，并且行使过程中不会伴生相应义务。2018年《刑事诉讼法》要求侦查机关移送审查起诉需要达到法定证明标准。[1]由于律师仅允许在审查起诉阶段查阅案卷，此时案卷中主要是用于证明被追诉人有罪的证据材料。如果案卷中的证据材料无法证明犯罪嫌疑人实施了犯罪行为，案件应当于侦查阶段被撤销，而非移送审查起诉。此外，案卷中也很难出现能够证明被追诉人罪轻的证据材料。一方面是由于侦查人员主观为之或能力所限，上文已对此论述；另一方面是由于侦查机关接到报案后主要围绕案件事实进行侦查，此时侦查场域内罪重证据远远大于罪轻证据，侦查机关获悉前者的概率自然远大于后者。一旦定罪证据达到法定证明标准，侦查工作将告终结，侦查机关将停止搜寻证据。即使侦查机关在工作中偶尔收集到了一些罪轻证据，也有可能会被后期工作中的证据覆盖。因此，辩护律师通过阅卷获悉的信息虽然具有客观性，但由于其二手性的特点，能够直接成为与检察官沟通筹码的证据可能较少，沟通筹码更多源于辩护律师与侦查机关因法律素养差异而产生的不同理解。

（四）申请变更、解除强制措施权

辩护律师申请变更强制措施的权利属于复合性权利，主要目的是解除对被追诉人的未决羁押或者将其变更为取保候审，而非获取信息。申请变更强制措施权可以自由行使，但申请对象并非必须作出变更的决定，总体而言属于一种"自由"权利。其在不同阶段、针对不同事项具有不同的行使方式，主

---

〔1〕 2018年《刑事诉讼法》第162条规定："公安机关侦查终结的案件，应当做到犯罪事实清楚，证据确实、充分……"

要包括以下几种：一是检察院审查批准逮捕时提出意见的权利。[1]二是逮捕后申请羁押必要性审查的权利。《人民检察院刑事诉讼规则》第574条规定，辩护律师可以在被追诉人被逮捕后"申请人民检察院进行羁押必要性审查"。三是向公安司法机关申请变更强制措施的权利。[2]由于公安机关在侦查阶段可以自主决定是否拘留，所以该项权利可以涵盖整个刑事诉讼阶段。如下表所示：

表29　申请变更强制措施权的规范分析

属概念	种概念	行使对象	行使条件	权利划分	对应物
申请变更强制措施权	申请不予批捕权	检察机关	无	自由	无
	申请羁押必要性审查权	检察机关	无	自由	
	申请不予拘留权	公安机关	无	自由	

根据法律和司法解释相关规定，认罪认罚作为被追诉人是否具有社会危险性的衡量指标，对检察院审查批捕的决定将产生重要影响。[3]因此，与上文提出的三项权利不同，被追诉人认罪认罚表面上是辩护律师行使此项权利的前提而非结果，但控辩双方进行认罪认罚沟通之前，辩护律师提出的意见中不仅针对量刑等实体问题，同时包含变更强制措施等程序性问题，最终形成实体和程序问题上的合意。所以尽管时间顺序上申请变更强制措施往往发生于认罪认罚之后，但认罪认罚合意往往以此为前提达成。

（五）在场权

目前我国刑事诉讼法尚未规定讯问、列队辨认等诉讼"关键阶段"的律师在场权，仅规定当事人签署具结书时必须有律师或其他辩护人到场。域外法治国家的律师在场权往往伴随着沉默权和对质权，例如，《德国刑事诉讼法

---

[1] 2018年《刑事诉讼法》第88条第2款规定："人民检察院审查批准逮捕，可以询问证人等诉讼参与人，听取辩护律师的意见；辩护律师提出要求的，应当听取……"

[2] 2018年《刑事诉讼法》第97条规定："……辩护人有权申请变更强制措施。人民法院、人民检察院、公安机关收到申请后……"

[3] 《人民检察院刑事诉讼规则》第261条第4款规定："辩护律师提出犯罪嫌疑人不构成犯罪、无社会危险性、不适宜羁押或者侦查活动有违法犯罪情形等书面意见的，检察人员应当审查……"2018年《刑事诉讼法》第81条第2款规定："批准或者决定逮捕，应当将犯罪嫌疑人、被告人涉嫌犯罪的性质、情节，认罪认罚等情况，作为是否可能发生社会危险性的考虑因素。"

典》规定了被追诉人在证人提供证言时的在场权和对质权。[1]如果证人可能不出现在未来庭审中或者申请了免证的特权，法官将作为证人在庭审时宣读询问笔录，被追诉人在庭审中将没有机会与证人对质，此时律师在场便至关重要，并且被追诉人往往在律师的陪同下到场。该法第218条规定了律师同样具有在对程序运行或裁判结果产生实质性影响的关键阶段的在场权，虽然没有被赋予警察讯问时在场的权利，但有经验的被追诉人可以通过行使沉默权来迫使警察允许辩护人在场。《葡萄牙刑事诉讼法典》第416条及之后的数条规定了"辩护人有针对的可能是任何参与人的证明措施中的在场权，并保证辩护人在整个审判听证期间都享有这一权利"，第244条第1款"对预备性预审中实施讯问时辩护人在场权从正面进行规范"，从中得到被追诉人沉默权的必然推论。[2]所以按照权利主体可将在场权划分为被追诉人在场权和辩护律师在场权，两者均为公安司法机关具有配合"义务"的"请求权"。目前我国尚未规定被追诉人在场权，辩护律师在场权也仅有一个条文。在场权基本构造如下表所求：

表30　在场权的规范分析

属概念	种概念	行使对象	行使条件	权利划分	相关权利
在场权	当事人在场权	司法机关	无	请求权	沉默权
	辩护律师在场权				

（六）证据开示权

按照权利主体划分，证据开示权可分为被追诉人的证据开示权和辩护律师的证据开示权；按照诉讼阶段划分，证据开示权可分为侦查阶段的证据开示权和起诉阶段的证据开示权（审判阶段由于法庭调查程序，不需要规定此权利）；[3]按照权利属性，证据开示权属于"请求权"。辩护律师通过行使阅卷权实质上享有了审查起诉阶段的证据开示权，被追诉人通过辩护律师核实

〔1〕参见［德］托马斯·魏根特：《德国刑事诉讼程序》，岳礼玲、温小洁译，中国政法大学出版社2004年版，第64、72页。
〔2〕参见［葡］乔治·德·菲格雷多·迪亚士：《刑事诉讼法》，马哲、缴洁译，社会科学文献出版社2019年版，第298、303页。
〔3〕参见柴晓宇："刑事证据开示制度研究"，复旦大学2014年博士学位论文。

相关证据的过程也享有了审查起诉阶段的部分证据开示权。但不论辩护律师
还是被追诉人，在侦查阶段均不享有证据开示权。一定程度上，证据开示权
是辩护律师能否实质行使申请变更强制措施权尤其是申请不予批捕权的前提，
只有对案件证据材料充分了解，才有可能针对审查批捕提出具有针对性的法
律意见。鉴于目前检察机关"捕诉合一"的职能改革，证据开示权的影响进
一步向后延伸至对被追诉人是否起诉的决定。为了确保被追诉人在知晓案件
信息的前提下作出真实认罪认罚的意思表示，《指导意见》明确了公诉机关可
以尝试创新证据开示制度，[1]这意味着检察机关下一步可能会补强被追诉人
在审查起诉阶段的证据开示权。由于该条文更多反映出一种探索性、原则性
的精神，被追诉人目前在审查起诉阶段的证据开示仅限于刑事诉讼法的规定。
证据开示权基本构造如下表所示：

表31　证据开示权的规范分析

属概念	种概念	行使对象	行使条件	权利划分	相关权利
证据开示权	当事人的受限证据开示权	司法机关	辩护律师启动	请求权	无
	辩护律师的证据开示权		无		

四、小结

辩护权旨在确保被追诉人认罪认罚自愿性的同时，通过获取信息增量以
更好的实现量刑协商效果，后者以调查取证权、阅卷权、会见权为代表。[2]
如下表所求：

表32　三类辩护权所获取的证据类型

	主观证据/客观证据	一手证据/二手证据
调查取证权	客观证据	一手证据

〔1〕　参见汪海燕："职务犯罪案件认罪认罚从宽制度研究"，载《环球法律评论》2020年第2期。
〔2〕　证据开示权与阅卷权本质上属同一种请求权。

续表

	主观证据/客观证据	一手证据/二手证据
阅卷权	客观证据	二手证据
会见权	主观证据	一手证据

三项权利共同增加了控辩双方达成认罪认罚合意过程中辩护律师的商谈砝码。辩护律师掌握的信息与检察官掌握的信息共同汇集成案件的全部证据信息,进而转化为最终的认罪认罚依据。2018 年《刑事诉讼法》第 52 条要求公检法工作人员全面收集证据,不论该证据是否有利于被追诉人。[1]第 55 条要求重证据,重调查研究,不轻信口供原则,突出了重视客观证据的精神。[2]简言之,最终的定罪量刑应当是基于全面、客观并且达到法定证明标准的证据。认罪认罚案件的证据标准虽然可以通过证据量体现差异化,但证明标准不应降低。[3]所以,律师辩护权的行使,一方面能够为认罪认罚被追诉人争取到最大的利益,更重要的是拓宽了定案的证据基础,有利于防止错案发生。如果双方最终达成认罪认罚合意,辩护律师的意见便成为量刑的一部分,将对法官的裁判权产生约束,因为量刑建议准确率作为检察机关的考核指标,检察官一经提出通常会坚持到底。[4]

第二节 认罪认罚从宽制度中律师辩护权的扩充与完善

认罪认罚从宽制度中律师辩护权的行使旨在确保被追诉人在对案件信息和法律规范全面了解的基础上,形成不轻易反悔的意思表示。[5]对于最终形成的决策,律师需要全面参与其中,通过沟通协商、量刑建议、促进和解等方式追求被追诉人利益最大化,实现个人利益与公共利益协调均衡。同时,

---

〔1〕 2018 年《刑事诉讼法》第 52 条规定:"审判人员、检察人员、侦查人员必须依照法定程序,收集能够证实犯罪嫌疑人、被告人有罪或者无罪、犯罪情节轻重的各种证据⋯⋯"

〔2〕 2018 年《刑事诉讼法》第 55 条第 1 款规定:"对一切案件的判处都要重证据,重调查研究,不轻信口供⋯⋯"

〔3〕 参见胡雪萍、李勇:"认罪认罚案件中的证据规则适用",载《人民检察》2019 年第 16 期。

〔4〕 参见李奋飞:"论'唯庭审主义'之辩护模式",载《中国法学》2019 年第 1 期。

〔5〕 参见张相军等:"检察环节认罪认罚从宽制度的适用与程序完善",载《人民检察》2016 年第 9 期。

制度运行过程中需要防范被追诉人被强迫自证其罪的风险，通过权利的行使确保自白代表了内心真实的意思表示，进而保障并维护认罪认罚自愿性。[1]按照履行职责时发挥作用的差异，可将律师辩护权划分为监督性权利和主体性权利，前者旨在通过"权利制约权力"方式实现对公权力实时监督与同步推进，确保公权力在法治轨道上有序运行的同时，与公权力共同促使事实真相的发现，包括在场权、申请强制措施变更权、申请非法证据排除权、控告申诉权等；后者旨在通过"权利对接权利"方式实现辩护律师与被追诉人权利随时交接，通过获取信息增量确保被追诉人能够获得有效的法律帮助，弥补其与公权力之间的实力落差，包括调查取证权、知情权、提供法律帮助权、会见权、阅卷权、证据开示权、上诉权、辩论权等，其中了解罪名和案件情况的权利与会见权实践效果类似，提供法律帮助的权利本质上属于集其他权利属性于一身的综合性权利，剩下的调查取证权、会见权、在场权、申请强制措施变更权、阅卷权、证据开示权与认罪认罚从宽制度密切相关。其中调查取证权、会见权、阅卷权、证据开示权主要涉及辩护律师的信息来源，旨在增加辩护律师与检察官沟通的筹码；在场权旨在确保当事人在清楚了解各类信息的前提下遵从内心意愿作出决定，并且决定的过程符合法律要求；申请强制措施变更权则是被追诉人认罪认罚后尽快将程序从宽结果变现的帮助性权利。律师行使各项辩护权并无先后顺序之分，更无本末源流之虞，关键在于根据不同案件、结合具体案情综合行使，以达到最大限度维护被追诉人权益的目的。目前，律师辩护权需要加以完善和适度扩张，以便在认罪认罚从宽制度中充分发挥作用。

一、监督性辩护权的扩充与完善

刑事诉讼程序形式上对称性地分配了检察官和辩护律师的庭审角色，以使法官可以作为不偏不倚的第三方进行观察或提问。庭审活动类似于控辩双方通过采取富有成效的策略以满足各自利益最大化的关切而形成的竞赛，溢出了所有与案件直接相关的事实。站在法官视角上，不论双方初衷如何，均对证据评价和判决作出具有构建性意义。[2]但审前阶段却并不具备判决作出

---

[1] 有学者将其称之为"权利保障模式"，并对应提出了"权力保障模式"。参见马静华："供述自愿性的权力保障模式"，载《法学研究》2013年第3期。

[2] 参见［德］哈贝马斯：《在事实与规范之间：关于法律和民主法治国的商谈理论》，童世骏译，生活·读书·新知三联书店2003年版，第288页。

所需的上述对称性结构，而是由追诉机关单方主导的封闭环境，这却构成了认罪认罚案件的关键环节。尽管 2018 年《刑事诉讼法》第 8 条规定了法律监督原则，但这种仅靠追诉机关主导的同体监督，很难有效防范利益驱动下冤假错案形成的风险，因此需要引入多元化监督模式，律师监督便是这一模式的重要组成部分。[1]律师通过行使监督性辩护权参与到追诉活动中进行同步监督，同时对于强制措施适用状况展开实时追踪，有利于确保当事人自主作出决定的同时，防范虚假认罪认罚的风险。

（一）完善申请变更、解除强制措施权

有学者指出，被追诉人认罪认罚自愿性的前提是身处相对自由的状态，非自愿认罪认罚往往源于自由受限而无法真实表达内心意愿。[2]换言之，被追诉人作出认罪认罚意思表示，最好是在未被限制人身自由时，如果处于未决羁押状态，很可能因为急于摆脱当前处境而作出违背内心真实想法的决定。审前羁押作为对被追诉人权益产生重大影响的强制措施，具有预防新的刑事犯罪、保障诉讼顺利进行、完成刑罚有序衔接等传统功效，但如今伴随着大数据技术发展、社会治理能力提升以及侦查手段日趋丰富，非羁押强制措施同样能够实现上述功效，未决羁押更多展现出一种实质性的惩罚效果和刑罚宣示功能。相比于过去通过羁押获取口供实现的客观证据填补功能，如今由此获取口供的高需求则更多基于其释明功效。那么对于大部分被追诉人已经提供自白的轻微案件是否还存在羁押的必要？法律对此的态度又是如何？我国相关部门在条文的制定上显然注意到了认罪认罚与羁押的特殊关系，《指导意见》明确将是否认罪认罚作为社会危险性评估的重要考量因素，而社会危险性又构成了是否批准逮捕的条件之一。这种通过恢复自由以鼓励认罪认罚的方式有助于实现侦查目标，获取被追诉人自白，也体现了公权力给予程序从宽的对等回报，但无益于认罪认罚自愿性的保障。因为这无法保障被追诉人在处于相对宽松的环境下作出认罪认罚决定，反而有可能促使其由于急于摆脱身陷囹圄的处境而虚假认罪认罚。司法实践当中，被追诉人审前认罪但庭审翻供的现象时有发生，虽然这无法完全归咎于审前羁押，但无疑也是重

---

〔1〕 参见刘计划："侦查监督制度的中国模式及其改革"，载《中国法学》2014 年第 1 期。

〔2〕 参见孔令勇："被告人认罪认罚自愿性的界定及保障——基于'被告人同意理论'的分析"，载《法商研究》2019 年第 3 期。

要原因。因此，如果希望在未决羁押效用和认罪认罚自愿性保障之间取得平衡，便需要律师更加充分地参与到强制措施的决定、变更和解除过程中，防止未决羁押成为认罪认罚的主导因素。2018 年《刑事诉讼法》规定被追诉人自第一次讯问伊始便允许委托律师，面对随后通常伴随的刑事拘留措施，律师除了应当有权向侦查机关申请变更强制措施外，还应当更加充分地参与到拘留措施的决定程序中。例如，侦查机关可以召开听证，当面听取律师意见，综合被害方是否谅解、被追诉人是否认罪等因素，决定是否变更为取保候审。批准逮捕方面，2018 年《刑事诉讼法》规定检察机关听取意见的方式主要为律师要求时的被动听取，如果律师未能够及时提出意见则可以不听取。同时，辩护律师并不包括值班律师，这与《工作办法》中值班律师工作职责的规定相矛盾。此处可以通过修订条文的方式，一是将检察机关听取意见的方式由被动变为主动，类似于审查起诉的程序；二是规定不论辩护律师还是值班律师，检察机关批准逮捕时均需听取其意见。《人民检察院办理认罪认罚案件监督管理办法》（以下简称《监督管理办法》）也规定了应当听取包括值班律师在内的诉讼当事人意见的条款，这里的意见不仅指量刑意见，同样包括关于适用强制措施的意见。此外，《监督管理办法》规定了符合一定条件的拟作不批捕和不起诉的认罪认罚案件可以召开听证，听证的结果无非是维持或推翻检察机关拟作出的不批捕和不起诉意见，这对被追诉人并无明显益处；对拟批捕和起诉的案件却未规定可以召开听证。这凸显了检察机关对不批捕和不起诉的谨慎态度。此外，由于是否批捕的意见形成于听证召开之前，听证程序可能沦为宣传教育的工具，从而限制其发挥对逮捕必要性进行综合评价的作用。因此，检察机关在审查批准逮捕前均应召开听证程序，辩护人或值班律师参与并发表意见。这一方面有利于促使被追诉人在律师和被害方的见证下表明认罪悔罪的态度，保障认罪认罚自愿性并促成刑事和解；另一方面能够打破批准逮捕单方主导的封闭环境，使是否逮捕的决定建立在综合各方意见基础之上，更具科学性和公平性。

（二）规范法律咨询的方式

被追诉人对认罪认罚程序规定和性质后果具有充分的了解，是其能够作出符合内心意愿决定的有效保障。是否认罪认罚本质上属于一项决策过程，最终决定的作出需要建立在掌握相关信息的基础之上。决策依据的信息主要分为两类：一类是与案件相关的信息；另一类是认罪认罚从宽制度本身的信息。前者由被追诉人亲身经历所感知到的信息和律师提供的侦查机关掌握信息组成，后者主要由追诉机关和律师通过告知的方式提供。在认罪认罚案件中，被追诉人的自愿性主要表现为以下几个方面：一是程序自愿，指各方当事人的做法符合认罪认罚的程序要求，被追诉人在没有受到外力胁迫和恐吓的前提下签字具结；二是实质自愿，指被追诉人通过获取到的信息认识到自己所触犯的罪名以及应当承受的刑罚，进而真诚地认罪悔罪；三是形式自愿，指对于同样的认罪认罚案件，被追诉人的自愿性使其能够受到无差别对待并获得类似结果。被追诉人在信息不完全的情况下也有可能作出有罪供述，但这仅达到了程序自愿，而实质自愿和形式自愿均需要以掌握足够的信息为前提。我国法律非常注重保护当事人作出决定的自愿性，公安司法机关在刑事诉讼各个阶段均有告知诉讼权利和法律规定的义务。司法机关和律师基于各自职能主要通过外部审查和法律服务的方式防范虚假认罪的风险，其中司法机关主要保障被追诉人认罪认罚的程序自愿性，实质自愿和形式自愿只能通过律师提供的法律咨询实现。例如，有学者通过实证调研发现，公权力机关通常能够积极履行告知义务以保障被追诉人的知情权，但告知内容多为程序性事项；而律师的告知义务由于缺乏规范而难以发挥有效作用。[1]程序本身只是技术框架，离开实体，对程序的保障更多体现出政策性原则，这种需求此时将微弱得可以忽略不计。[2]由于认罪认罚案件多适用简易类程序审理，[3]实体性问题往往不作为审理重点，因此审前阶段被追诉人认罪认罚的实质自愿性和形式自愿性需要额外得到保障。这需要律师通过法律咨询提供更加丰富的信息，帮助被追诉人完成决策。目前法律仅对签字具结时的律师在场提出强制性要求，但这仍局限于程序自愿性的范畴，而对于形式自愿和实质自愿，法律则规则阙如。笔者通过对一些检察官和法律援助机构工作人员进行访谈获悉，司法实践中值班律师几乎不会进行阅卷和主动会见犯罪嫌疑人，主要活动是见证犯罪嫌疑人签署具结书和为其家属答疑，很难想象如此的法律帮助究竟能够发挥多大作用。笔者建议，为确保实质自愿性和形式自愿性兼具，应当安排每名被追诉人至少在签署具结书前接受一次详细的法律咨询，

---

〔1〕 参见周新："认罪认罚被追诉人权利保障问题实证研究"，载《法商研究》2020 年第 1 期。

〔2〕 参见杜宴林："司法公正与同理心正义"，载《中国社会科学》2017 年第 6 期。

〔3〕 参见周新："认罪认罚被追诉人权利保障问题实证研究"，载《法商研究》2020 年第 1 期。

律师不仅应当告知其程序性事项，更需提供具体案件信息并加以分析，帮助其作出正确的决策。在审查起诉阶段，律师在提供法律咨询前应当完成阅卷并形成至少一份书面意见，在向被追诉人提供法律咨询的同时完成与检察官的协商。

（三）赋予律师认罪讯问时的在场权

相比于域外法治国家通过对重大强制措施进行司法审查或检警一体化所形成的嵌套结构，我国刑事诉讼程序三阶段相对独立，公、检、法往往能够在各自负责的阶段享有相对的主导权，尤其在侦查阶段，公安机关具备封锁任何信息的垄断地位，进而使侦查阶段形成一家独大的封闭环境。而在起诉阶段，检察机关的提审也是在相对封闭的环境中进行，尤其对于没有辩护律师的认罪认罚案件，检察机关享有事实上完全操控的主导地位。由于无法出现在审讯现场，律师很难为被追诉人提供以促使控辩对等的法律帮助，被追诉人作出的认罪认罚决定只能发生在追诉机关控制的封闭环境中。有学者指出，我国虽然通过历次修法逐渐完善了辩护权，但律师在场权的缺失仍然凸显了我国重实体轻程序、侦查模式过于依赖口供、律师制度发展滞后等现状，而伴随着"以审判为中心"诉讼制度改革所带来的一系列举措，律师辩护权迎来了新一轮的发展契机，认罪认罚从宽制度中增加律师在场权的条件也趋于成熟。[1]也有学者通过现场试验的实证研究发现，侦查阶段讯问时律师在场不仅不会对侦查活动的正常进行产生不利影响，反而降低了犯罪嫌疑人翻供的比率，因而受到犯罪嫌疑人和侦查人员的普遍欢迎。[2]此外，伴随着关键环节由审判阶段向审前阶段转移，被追诉人是否认罪认罚以及事实定性和惩处方式至迟在起诉阶段的讯问中大致定型，此时不允许律师在场有碍于被追诉人权利的实质保障。因而，认罪认罚案件律师在场权在具备了外在环境和内部需求，并且不会遭到司法人员反对的前提下，具有现实可行性。域外多数法治国家均设立了讯问时的律师在场权。美国1966年的米兰达案首先确认了讯问时的律师在场权，很多州法院要求讯问前需要首先告知被追诉人该项权利。欧盟于2013年出台的文件要求其成员国赋予律师讯问时的在场权和

---

〔1〕 参见陈卫东、孟婕："重新审视律师在场权：一种消极主义面向的可能性——以侦查讯问期间为研究节点"，载《法学论坛》2020年第3期。

〔2〕 参见顾永忠："关于建立侦查讯问中律师在场制度的尝试与思考"，载《现代法学》2005年第5期。

信息知悉权，并且为实现权利的充分行使应当采取积极有效措施。[1]英国的《警察与刑事证据法》赋予被追诉人随时进行法律咨询的权利，并且规定讯问时律师必须在场，警察每次讯问时都必须首先告知这一权利。[2]Salduz 案促使法国于 2011 年修改了刑事诉讼法，新增了被追诉人可以要求律师参与讯问的规定。[3]《奥地利刑事诉讼法典》为律师在场时的活动设置了限制，尽管允许律师于讯问时在场，但不能够进行任何沟通或提问。[4]俄罗斯允许律师在讯问时在场并向被追诉人提供建议，但侦查人员可以限制其提问。[5]邻国越南也赋予了律师广泛的在场权，律师有权在包括讯问等侦查活动中在场，并且可以向被追诉人提问并记录在案，律师有权在讯问前通过侦查机关获悉具体的时间和地点。[6]毋庸置疑，在场权有助于保障犯罪嫌疑人有罪供述的自愿性，对于制度发展具有积极意义，同时有利于弥补由于程序简化所导致的被追诉人权利减损。在权利实现方式上，律师在场权旨在防范讯问人员强迫被追诉人非自愿认罪认罚，律师主要承担确保程序顺利进行的辅助责任。但如果权利行使阻碍了侦查活动的有序推进，加剧了控辩双方的对抗氛围，这不仅有可能招致追诉机关的强烈反对，也无益于追寻事实真相的刑事诉讼目的。因此，律师在讯问中不允许非正常干扰、打断讯问活动，除非被追诉人遭到刑讯逼供时，律师有权要求讯问中止并向有关部门申诉；讯问结束后，律师允许与被追诉人进行简短商谈，以帮助被追诉人作出是否认罪认罚的决定；律师允许对讯问情况进行记录，但不得对外散布讯问内容和侦查秘密。权利实现与放弃方面，追诉机关每次讯问前应当确保犯罪嫌疑人清楚其具有律师陪同的权利，犯罪嫌疑人可以弃权。如果律师无法及时赶赴讯问现场，可以通过事后阅读讯问笔录了解情况。如果律师在场的情况下犯罪嫌疑人自

〔1〕　参见陈卫东、孟婕："重新审视律师在场权：一种消极主义面向的可能性——以侦查讯问期间为研究节点"，载《法学论坛》2020 年第 3 期。

〔2〕　参见 [英] 麦高伟、杰弗里·威尔逊主编：《英国刑事司法程序》，姚永吉等译，法律出版社 2003 年版，第 90 页。

〔3〕　参见邵聪："讯问时律师在场制度的域外考察与中国构想"，载《学术交流》2017 年第 10 期。

〔4〕　参见邵聪："讯问时律师在场制度的域外考察与中国构想"，载《学术交流》2017 年第 10 期。

〔5〕　参见卞建林、刘玫：《外国刑事诉讼法》，人民法院出版社、中国社会科学出版社 2002 年版，第 71 页。

〔6〕　参见伍光红："越南律师在场权制度对中国的启示"，载《云南民族大学学报（哲学社会科学版）》2013 年第 2 期。

愿作出有罪供述，讯问结束后可以立即签字具结。权利救济和保障方面，讯问人员尽量提前一天通知律师讯问时间，如果当天通知则应当给予律师合理的时间赶赴现场。对于侵害律师在场权的认罪认罚案件，被追诉人不受具结书约束，但公诉机关不允许以律师或被追诉人无罪辩护为由撤回量刑建议，也不允许以被告人上诉为由进行抗诉。

二、主体性辩护权的扩充与完善

交易成本构成了法律经济学的核心，相关的制度安排应当基于交易成本最小化原则进行，这逐渐成为法律经济学主导的分析范式。法律博弈论则揭示出"信息不完全和对策行为是我们迄今为止所揭示的交易成本最主要来源。"[1]律师开展辩护行动，旨在降低认罪认罚案件中控辩双方由于对策行为所引发的交易成本。信息不完全引发的成本主要包括以下几个方面：一是在证据不充分的案件中，被追诉人由于认罪而被定罪处罚，丧失了无罪释放的机会，这不仅有损于个人权益，也可能加重侦查行为的口供依赖；二是被追诉人由于协商能力不足而认可了较重的刑罚；三是事实上无罪的案件由于被追诉人错误认罪认罚而演变成冤假错案。主体性辩护权的行使旨在丰富被追诉人确定决策之前的信息，以降低信息不完全所导致的协商成本。

（一）强化调查取证权

调查取证权在认罪认罚案件中具有格外重要的作用，是律师查清案件事实、获取案件信息的重要途径。律师通过调查取证获取的大多数为一手客观证据，这部分证据未经侦查机关的过滤筛选，信息量丰富，不仅包含犯罪事实信息、量刑情节信息，也包含目前暂与案件无关但未来可能转化为与定罪量刑相关的信息。例如，律师了解到的被害方经济状况，虽然表面上与案件没有直接关联，但通过促成被追诉人赔偿以求得对方谅解，便形成了酌定量刑情节。认罪认罚案件强调控辩协商，协商本质上是各方根据掌握的事实进行论辩以说服对方的过程，包含了事实论辩和法律论辩，前者旨在通过证据信息还原案件事实真相，后者则在此基础上寻求合理的法律规范适用。追诉机关背靠国家提供的强大侦查能力并且事实上掌握协商结果的决定权，在协

---

〔1〕 ［美］格罗赫姆·罗珀：《博弈论导引及其应用》，柯庆华、闫静怡译，中国政法大学出版社 2005 年版，译者序。

商过程中占据着强烈的主导地位。站在工具主义角度，律师如果没有进行调查取证便与对方进行协商，基本等同于放弃了事实论辩，但"'案件事实'将成为一幅悄然决定最终意象的图景，引导着整个案件的定性"[1]，而多元化的信息增量则更有可能引导事实真相的重塑。如果仅基于法律适用层面据理力争，很难将这种相对主观的个人理解完全灌输于同样专业的对方。基于非工具主义角度，律师需要对控方提出的证据信息进行"反驳性检验"，在庭审阶段表现为通过质询直接反驳控方提供的判决生成基础信息，在审前阶段则强调通过调查取证获取有利证据以削弱追诉机关侦获的量刑建议生成信息。[2]然而，律师的调查取证受到诸多限制。例如，向被害方调查取证需要"双重许可"；民间调查公司由于尚未取得合法地位，只能游走于法律的灰色地带。[3]有学者对 120 余份刑事一审案卷进行查阅后，发现仅 1/5 的案件中律师进行了调查取证，提供的证据能够对案件走向发挥实质性作用的不到十份，此类案件仅占律师出示证据案件的 1/6，占所有案件的 1/24。[4]实证研究显示，辩护律师应当行使而不敢行使调查取证权的原因主要有三：一是担心自己被追究刑事责任，占到 42.2%；二是担心自己或接受调查人的人身财产安全受到威胁，占到 15.3%；三是担心追诉机关对被追诉人进行报复性处理，占到 12.3%。[5]此外，量刑具结书形成于审前阶段，律师行使调查取证权应当在被追诉人认罪之前，否则无法起到削弱追诉机关提供的量刑建议生成信息的效果。2018 年《刑事诉讼法》第 41 条规定了辩护人的申请调查取证权，但接受主体仅限于检察机关和法院，不包括侦查机关，而第 42 条又规定了辩护人收集到的三类无罪证据的开示责任。这可能导致辩护人在侦查阶段发现被追诉人可能无罪的线索但在自身不具备调查能力的情况下，无法申请调查取证的尴尬局面。如果查证属实，被追诉人可以即获自由；如果查否，被追诉人也可尽早认罪以收获更多的量刑优惠。鉴于上述情况，有必要完善认罪认罚案件中的调查取证权。首先，应当明确侦查阶段律师具有申请调查取证的

---

〔1〕　元轶："庭审实质化压力下的制度异化及裁判者认知偏差"，载《政法论坛》2019 年第 4 期。

〔2〕　参见魏晓娜："审判中心视角下的有效辩护问题"，载《当代法学》2017 年第 3 期。

〔3〕　参见熊秋红："刑事辩护的规范体系及其运行环境"，载《政法论坛》2012 年第 5 期。

〔4〕　参见康怀宇："让我看到法律——刑辩律师的真实处境及其他"，载《律师与法制》2005 年第 1 期。

〔5〕　参见陈瑞华主编：《刑事辩护制度的实证考察》，北京大学出版社 2005 年版，第 18 页。

权利。律师在侦查阶段的调查取证对象范围也需要扩大，不应局限于三类可能无罪的证据。相对于当事人主义国家，职权主义国家对于律师调查取证限制较多，但只要没有妨碍侦查正常进行便不应禁止。侦查机关应当成为接受申请的主体，这一方面有利于全面、客观地收集证据，也能够降低错案造成的责任追究，并且由此增加的对话沟通频率也有助于化解双方的对抗情绪。其次，面对律师提出的调查取证申请，接受机关应当以同意为原则、拒绝为例外，拒绝时需要说明理由。根据《人民检察院刑事诉讼规则》第50条，公诉机关作出是否接受申请的决定，主要着眼于目标证据与案件事实是否具备联系，但关联性往往在证据调查之后才容易显现出来。因此，除拒绝理由充分并明确告知外，其余应当一律批准，拒绝理由包括已存在达到相同证明作用的类似证据、不合理的诉讼拖延等。[1] 最后，对于不恰当拒绝或延迟调取产生不良后果的，被追诉人不受认罪认罚具结书约束，但控方仍受其约束。

（二）明确被追诉人的会见权

会见权是保障被追诉人与律师实现有效协作的基础性权利，不仅对被追诉人认罪认罚是否自愿起到一定的监督作用，更关乎到信息的获取与流转。《指导意见》要求保障被追诉人获得有效的法律帮助，会见权如果无法得到充分维护，其他权利的行使便无从谈起。会见权启动的主体不应当局限于律师，当事人也可以主动要求会见。律师启动会见的主体包括审前阶段的值班律师和辩护人，当事人也可以在刑事诉讼各阶段主动行使会见权。目前辩护律师"会见难"的问题已基本通过立法得以解决，[2] 而《指导意见》虽然赋予值班律师会见权，但对于会见时的具体行为内容以及是否不被监听尚未明确，并且值班律师缺乏通过会见了解案情的动力。[3] 目前，法律仅仅赋予辩护人发起会见的权利，而会见权作为一种辩护权利，被追诉人理应享有。权利主体地位的缺失导致其在刑事诉讼过程中不论面对追诉机关还是辩护律师，均处于弱势地位，很难有效维护自身权益。同时，被追诉人在决定作出有罪供

〔1〕 参见陈瑞华："增列权利还是加强救济？——简论刑事审判前程序中的辩护问题"，载《环球法律评论》2006年第5期。

〔2〕 参见顾永忠："我国刑事辩护制度的重要发展、进步与实施——以新《刑事诉讼法》为背景的考察分析"，载《法学杂志》2012年第6期。

〔3〕 参见林艺芳："值班律师再审视：与认罪认罚从宽的捆绑与解绑"，载《湘潭大学学报（哲学社会科学版）》2020年第4期。

述前，也需要通过会见与律师展开较为详实的沟通，即使能够约见值班律师，值班律师由于缺乏对案情的了解，较难为其提供有价值的建议，这也导致很多案件的被追诉人在签署具结书时才首次见到律师。因此，会见权需要由单向性向双向性转变，被追诉人与律师的会见应当由被动接受转变为主动要求，明确其权属地位。被追诉人在刑事诉讼各阶段均有权要求会见律师，公安司法人员接到申请后应当尽快与律师取得联系。对于没有辩护律师的被追诉人，可以安排值班律师当面为其提供法律服务。如果案件被移送至检察院后，值班律师应当于会见前完成阅卷，每次会见应当记录在案。犯罪嫌疑人签署认罪认罚具结书前，原则上至少安排一次律师会见，除非犯罪嫌疑人明示弃权。

（三）完善证据开示权

被告人认罪认罚的客体是通过证据所构建的法律事实，[1]这要求控诉机关尽可能全面地向被追诉方开示所掌握的证据材料和即将指控的案件事实。尽管我国目前尚未明确证据开示制度，但相关法律规定已经构建了具有中国特色的证据开示雏形。[2]在预计不会对追诉工作产生不利影响的前提下，部分证据向律师开示具备法律依据。[3]律师在侦查阶段也具有向侦查机关反向开示证据的权利和义务，例如在侦查终结前要求侦查机关听取意见的权利，主动开示搜集到能够证明无罪的三类证据的义务。审查起诉阶段，律师能够通过行使阅卷权全面、详实地了解追诉机关掌握的案件证据和侦查过程中的程序性材料，并且有权以核实真实性的方式向被追诉人开示。证据开示的价值在于通过简化案卷材料中的证据以消除由于信息占有不对等而引发的控辩力量失衡，从信息占有角度维持控辩力量均衡，有利于防范证据突袭，避免司法资源浪费。[4]但同时也可能妨碍追诉工作顺利进行，尤其是侦查阶段的

---

〔1〕　参见谢登科、周凯东："被告人认罪认罚自愿性及其实现机制"，载《学术交流》2018年第4期。

〔2〕　例如，2018年《刑事诉讼法》第38条规定："辩护律师在侦查期间可以为犯罪嫌疑人提供法律帮助；代理申诉、控告；申请变更强制措施；向侦查机关了解犯罪嫌疑人涉嫌的罪名和案件有关情况，提出意见。"根据《最高人民法院、最高人民检察院、公安部、国家安全部、司法部、全国人大常委会法制工作委员会关于实施刑事诉讼法若干问题的规定》《公安机关办理刑事案件程序规定》相关规定，案件有关情况包括已查明的主要犯罪事实、采取强制措施情况和羁押情况。

〔3〕　参见孔冠颖："认罪认罚自愿性判断标准及其保障"，载《国家检察官学院学报》2017年第1期。

〔4〕　参见马明亮："认罪认罚从宽制度的正当程序"，载《苏州大学学报（哲学社会科学版）》2017年第2期。

证据开示，可能会增加侦查的难度和风险，职权主义国家多对此加以限制。例如，德国便对律师在侦查阶段获取信息采取较为严格的限制，避免律师过度侵入到侦查程序中。与此同时，德国宪法也规定，权利如果因为他人利益或集体利益受到限制，这种限制必须是适当的、必要的和比例性的。[1]只有如此，作出集体利益对个人权利进行限制的命令才有可能是"最佳化命令"，既符合法律原则的道义论要求，又具有经济理性的色彩。[2]因此，在履行保密义务和不妨碍侦查进行的前提下，律师对于涉及犯罪嫌疑人权益保障和与案件主要事实密切相关的信息仍然享有知悉权，警察应当无条件配合。除了调查取证外，控方对辩方的证据开示是其获取信息的主要途径，也成为建立在犯罪嫌疑人充分知情前提下，自愿认罪认罚的基础性保障措施。[3]在信息获取渠道闭塞的尴尬处境下，犯罪嫌疑人失去了对追诉机关有意提供的诱导性错误信息进行甄别的能力，极易由此作出违背内心意愿的判断和决定。[4]因此，证据开示需要充分嵌入到认罪认罚从宽制度中才能更好发挥效用，即在被追诉人能够认罪认罚的三个阶段均应配备相应的开示权利。侦查阶段，侦查机关可以向被追诉人及其律师开示能够定罪的证据，以促使其自愿认罪；律师也可以向被追诉人核实相关证据以确定认罪是否具备事实基础。审查起诉阶段，检察机关可以组织证据开示听证，召集利害相关人员参加并对有争议的证据展开辩论和说明，最终形成证据开示清单、证据开示记录，[5]简单案件也可当场完成认罪认罚具结。有实务人员建议公诉机关在证据开示前准备好相应表格，详细记录证据开示的时间、地点、内容、参与人员并提前交予被追诉人和律师；[6]也有学者提议以《证据开示表》为载体对证据进行展

---

〔1〕 参见［德］罗伯特·阿列克西：《法 理性 商谈：法哲学研究》，朱光、雷磊译，中国法制出版社 2011 年版，第 163 页。

〔2〕 参见［德］罗伯特·阿列克西：《法 理性 商谈：法哲学研究》，朱光、雷磊译，中国法制出版社 2011 年版，第 162 页。

〔3〕《指导意见》第 29 条规定："……人民检察院可以针对案件具体情况，探索证据开示制度，保障犯罪嫌疑人的知情权和认罪认罚的真实性及自愿性。"

〔4〕 参见郭烁："认罪认罚背景下屈从型自愿的防范——以确立供述失权规则为例"，载《法商研究》2020 年第 6 期。

〔5〕 参见林战波、贾文琴："认罪认罚证据开示把握的原则及具体操作"，载《检察日报》2020年 7 月 2 日，第 3 版。

〔6〕 参见王帅琳、王杰："证据开示表：破解值班律师见证效率与效果难题"，载《检察日报》2020 年 3 月 8 日，第 3 版。

示和释明,[1]此举能够使辩方提前了解开示的大致信息,并在开示当天有针对性地探讨,进而提升诉讼效率。此外,证据开示的情况应当附卷备查,证据开示记录作为被追诉人权利得到有效保障以及未来获得量刑优惠的证明材料,公诉机关对此负举证责任。证据开示前原则上不允许签字具结,即使被追诉人签字也不受其约束,除非其主动放弃权利。如果由于证据开示问题导致被追诉人未能完成认罪认罚,律师在庭审时可以据此提出享有认罪认罚量刑从宽的辩护意见。

---

[1]　参见鲍文强:"认罪认罚案件中的证据开示制度",载《国家检察官学院学报》2020 年第 6 期。

第六章
认罪认罚从宽制度中律师辩护方式

美国著名律师艾伦·德肖维茨将诉讼律师的职业生涯比作一连串的考试，分数的高低直观体现为裁判结果的好坏，而辩护方式的优劣则代表了律师应试前的知识储备和考场上的临场发挥。[1]辩护方式会受到辩护理念、诉讼主体等因素的影响，在指导原则、路径设计等方面需要充分考虑认罪认罚从宽制度的特殊性。过于强调对抗性的辩护方式可能无法与制度运行兼容，也难以取得良好的效果；完全排斥对抗也难达到权益保障目的，甚至可能丧失辩护存在的意义。因此，认罪认罚案件的律师辩护行动需要兼顾适度竞争与互惠合作。竞争体现为力求使更多辩护意见形成裁判意志的基础；合作则是建立在以信息分享为核心要义的有限度协作。

第一节　认罪认罚从宽制度中主体间关系厘清

一、辩方内部关系：从交涉走向配合

刑事诉讼程序绝非国家司法机关的独白过程，而是诉讼主体间彼此互动、彼此影响、彼此制约的过程。[2]庭审过程中，控辩双方通过对案件定性发表不同意见、提出不同证据，影响诉讼进程。法官对于控辩两造提供的信息进行综合评判分析，结合经验法则和逻辑规则进行"加工"，最终形成相对公正的裁判结果。在刑事诉讼程序中，被追诉人由于缺乏相关的权能属性，面对

---

〔1〕　参见〔美〕艾伦·德肖维茨：《致年轻律师的信》（应用导读版），单波译，法律出版社2018年版，第57页。

〔2〕　参见齐建英："论被追诉人权利保障的主体间性向度"，载《甘肃社会科学》2012年第3期。

国家机关采用强制手段实施的追诉活动，势必处于天然的弱势地位。大多数情况下被追诉人的人身自由已受限制，无法亲自展开防御，加之公诉机关能够运用丰富的侦查手段限制其权利，进一步加剧了双方力量的悬殊程度。此时，被追诉人很难向法庭提供有价值的信息，仅有的少量信息也往往"淹没"于追诉信息中，法庭据此作出的判断较难保持公正。20世纪以来，刑事诉讼程序的发展历程可以被描述为"被追诉人权利保障不断得到增加和完善的历史"。[1]法治国家一方面通过无罪推定原则设计出一系列的程序机制，旨在限制公权力的恣意妄为，另一方面通过不断增强的律师辩护权力求使控辩双方"平等武装"。我国也通过数次法律修订追随了世界法治潮流，律师辩护的作用日益得到彰显。辩护律师在职权主义国家中，不仅对当事人负保密义务，也对法庭负真实义务；不仅作为当事人的代理人，也被誉为"独立的司法机关"。飘忽不定的职业伦理和界线不明的诉讼地位，使得辩护律师游走于公诉机关威胁和当事人不满的夹缝之中。被追诉人与辩护律师很难成为亲密无间的战友，更像是利益交换的过客，双方的交涉更多体现在合同条款约定当中。由于缺乏像民事案件一样的风险代理机制，刑事代理合同一旦签订，就意味着辩护律师与被追诉人主要的沟通即告结束，后续对庭审结果更为重要的针对辩护策略的沟通反倒可能沦为可有可无的闲置品。

认罪认罚从宽制度要求律师必须加入其中，就案件的实体处理和程序选择向检察机关提出专业意见。同时，律师为当事人提供法律咨询，旨在通过律师的专业帮助纠正当事人的认知偏差，填平控辩之间的实力落差，确保被追诉人自愿、理智地作出选择。我国法律非常注重保护当事人有罪供述的自愿性，检察官、法官均要详细了解被追诉人作出的决定是否出于自愿。有学者将这种自愿划分为形式自愿和实质自愿。前者指排除"暴力、胁迫、引诱"等不当行为干扰后，被追诉人自主作出的决定；后者除上述要求外，还需要排除制度性因素的不当干扰和为被追诉人理性选择提供必要的协助，[2]辩护律师提供有效的法律帮助便属于其中的重要内容。如果按照传统关系，辩护律师负责"冲锋陷阵"，被追诉人只是"静待佳音"，被追诉人更多体现出提

---

〔1〕　陈瑞华：《刑事诉讼的前沿问题》，中国人民大学出版社2016年版，第434页。

〔2〕　参见张建伟："协同型司法：认罪认罚从宽制度的诉讼类型分析"，载《环球法律评论》2020年第2期。

供信息的"信息源"作用，并且提供的信息极具主观色彩，极端情况下甚至可能与事实相悖，辩护律师需要对此类信息仔细甄别。辩护律师在部署辩护策略时往往不与被追诉人商议，主要依据阅卷获取的客观证据和自身的法律技能作出专业判断，这在控辩呈两造对抗之势的庭审过程中有可能取得一定效果，但在认罪认罚案件中则很难达成目的。控辩双方共同的意思表示促成了对案件最终处理结果共识的达成。控方代表着掌握强大侦查资源的侦查机关与具备丰富经验、专业背景的公诉机关组成的追诉"集团"，遑论审判机关的自由裁量权此时已部分让渡于追诉机关。相比之下权属职能本就羸弱的辩护律师与被追诉人的关系如果仍停留于商业交涉而非互通有无，很难寻觅出能够赢取更多利益的配合方案。如果"点对点"的委托辩护尚存上述问题，那么"点对面"的值班律师制度的问题则更加突出。与低廉经济效益难成正比的高频工作强度难以激发律师全力以赴的动力，法律帮助的职责定位、值班律师与委托律师转换渠道不畅进一步加剧了其与被追诉人之间的疏离，导致双方难以形成有效配合。如果合意的正当性只能更多寄希望于检察官的勇于担当和法官的尽职履责，认罪认罚从宽制度便无法避免沦为治罪工具，值班律师也难逃成为鼓动当事人配合追诉机关提供自白的说客。

二、控辩关系：从对抗走向合作

20世纪90年代以来，当事人主义国家平等对抗的刑事审判模式一直是我国着力研究和学习的对象，[1]也被很多理论学者看成是我国刑事诉讼制度改革的首要目标和必由之路。1996年《刑事诉讼法》的修正以此为师，吸纳了部分对抗式的合理因素，形成了富有中国特色的控辩式审判方式，但囿于"侦查中心主义"的思维惯性和本土司法资源的羁绊，控辩平等更多展现出一种宣示性的存在。司法实践中，控辩双方"你来我往"式的不断"交锋"成为刑事诉讼程序的"主旋律"。"平等武装"之下进行合理对抗有利于充分激发双方调查取证的动力，形成更加贴近事实真相的判决结果，更有可能使感受到程序正义、受到平等对待的被追诉人接受裁判结果，使其诚心悔罪、赔偿被害人并回归社会。公安司法机关形成的横向诉讼构造屡遭诟病为重配合

---

〔1〕 参见左卫民："对抗式刑事审判：谱系与启示——读兰博约教授的《对抗式刑事审判的起源》"，载《清华法学》2016年第5期。

而轻制约，检察机关身兼公诉和诉讼监督的双重职责无形中震慑着最终裁判者，辩方与其进行"平等"对抗无异于痴人说梦。2012年《刑事诉讼法》的修正极大拓展了被追诉人的律师辩护权，增加了"两造"中辩方对抗的规范基础，形成了控辩双方"两造对抗"的雏形，对控辩关系的基准进行了再调适。伴随着对庭审实质化的探索以及"三项规程"等规范性文件的问世，营造新型控辩格局的历史契机再度形成，控辩关系有望在此基础上得到进一步校准。法院定罪原则赋予被追诉人在判决下达前昂首挺立的姿态，非法证据排除、证人出庭制度的完善增加了庭审对抗的激烈程度，辩护律师全程的调查取证权丰富了自身展开对抗的"筹码"。各地公安司法机关保障律师执业权利文件的陆续出台，旨在维护诉讼参与人的合法权益、增强刑事诉讼程序的正当性、改变控辩力量对比悬殊的局面，使控辩平衡的追求向前再迈一步。

　　然而，对抗性的增加伴随着司法资源的巨大投入，并且对于我国高达95%以上的庭审认罪案件，[1]控辩双方对于案件定性不存争议的前提下，司法证明机制和无罪推定原则丧失了发挥作用的土壤。同时，以诉讼参与人主体身份觉醒为前提的主体间性理论的勃兴，形成了旨在追求更大利益的诉讼主体间的合作模式，控辩之间过于紧张的对抗关系此时却成为横亘在我国刑事诉讼制度发展之路上的阻碍。即便按照"以审判为中心"的诉讼逻辑，控辩双方也并非需要时刻保持剑拔弩张的态势。如果说国家机关之前迟迟无法屈尊身段，不知如何隐去权力面纱，与私权利坦诚以待，认罪认罚从宽制度便是立法者旨在纾缓资源紧张、加速正义实现、促进控辩合作的"信号"。不论是"时间贴现"、繁简分流对于司法机关的内在刺激，抑或捕诉双重把关对于辩护律师的有效钳制，[2]还是《刑事诉讼法》通过数次修正已形成了较为全面的辩护权保障体系，控辩从对抗走向合作已成为双方不得不面对的时代命题，这也构成了刑事司法改革号角下控辩关系新际遇的时代旋律。

　　上文提到，审查起诉阶段作为制度适用的核心环节，检察官将在该阶段将对移送的案卷材料和案件信息展开审核，最终决定是否启动认罪认罚程序；辩护律师也有机会进行阅卷，根据卷宗信息开展专业分析研判，与被追诉人进行较为正式的沟通交流，最终向检察机关提出自己对于案件的认识。但由

---

〔1〕　参见陈瑞华：《刑事诉讼的前沿问题》，中国人民大学出版社2016年版，第437页。
〔2〕　参见李奋飞："论控辩关系的三种样态"，载《中外法学》2018年第3期。

于缺乏听证程序的制约，控辩双方无法展开行之有效的竞争。我国 2018 年《刑事诉讼法》对认罪认罚具结书形成的条文一律采用"可以"而非"应当"的规范表述，检察机关对于量刑建议具有实质上的决断权，辩方行使"认罪认罚从宽"权利的意图需要经由检察机关的认可；辩方具有程序选择权，检察机关出于防范错案的现实考量某种程度上也需要辩护律师提出的合作意见。控辩双方合作前提已基本具备，合作的效果也得到一定认可，但存在合作空间受限、合作规则缺乏和控辩关系失衡等突出问题。首先，控辩形成合作的前提是具备理性观点和理性说服的交流形式，[1]能够在相互尊重的基础上倾听对方声音，尝试站在不同角度，理性对待不同意见，双方在"互通有无"的相互表述中最终达成统一。只有双方参与合作的机会均等，并对讨论的内容不作过分限制，才有机会形成理想的合作情境。我国 2018 年《刑事诉讼法》目前不允许对除量刑以外的内容形成合意，相比于美国的辩诉交易制度，我国控辩合作的空间尚待扩大。即使能够进行罪名和罪数协商，相比于美国直接略过定罪程序的审判流程，我国仍需要对认罪认罚自愿性和事实基础进行审查的庭审要求，也更有利于防范冤假错案。其次，就量刑规则而言，我国目前尚未明确认罪认罚后的"从宽"幅度，《指导意见》对此仅提出了较为原则性的要求，各地司法实践中主要给予 10%～30% 不等的量刑优惠，但量刑规则的缺乏直接导致做法虽带有普遍性但不具备足够的约束力。并且认罪认罚和犯罪嫌疑人与被害人达成的刑事和解亦有重合，最高人民法院仅要求不作重复评价，[2]但具体如何评价的规则至今阙如。最后，部分检察官忽视律师对于认罪认罚从宽制度的作用，将其异化为"见证人"，认为其仅能起到"站台效应"，[3]忽视了律师的告知和说理作用，[4]司法实践中甚至有在被追诉人签署具结书后才通知辩护律师的情况。由于权利天然所处的劣势地位，辩护律师在信息不对等、能力不平衡的情况下很难与检察官形成平等合作。

---

〔1〕 参见吴思远："我国控辩协商模式的困境及转型——由'确认核准模式'转向'商谈审查模式'"，载《中国刑事法杂志》2020 年第 1 期。

〔2〕 参见杨立新："认罪认罚从宽制度理解与适用"，载《国家检察官学院学报》2019 年第 1 期。

〔3〕 参见姚莉："认罪认罚程序中值班律师的角色与功能"，载《法商研究》2017 年第 6 期。

〔4〕 参见周新："认罪认罚被追诉人权利保障问题实证研究"，载《法商研究》2020 年第 1 期。

三、审辩关系：从冲突走向协同

理想的庭审程序中，检察官和辩护律师具有共同的说服对象，即通过法庭调查和法庭辩论向法官表明己方立场。法官对于需要展开调查的事项，主动履行探明职责。辩护律师与检察官、法官的对抗和沟通过程需要建立在平等、有效的基础之上。平等指三方地位无高下之分，不因观点不同而"因言获罪"；有效指各方应当立场鲜明，辩护律师对于追诉犯罪过程中可能存在的违法和侵权行为予以强烈反对，而非因过于在意与国家保持亲密、和谐关系而配合作出"表演性辩护"。〔1〕辩护律师合法使用质询、辩论、陈述等权利，向法官表达有利于被追诉人的观点，法官则不偏不倚地听取控辩双方发表的意见，客观、理性地作出专业判断，形成具备充分事实基础和法律依据的裁判结果。

然而，源于权力之于权利的傲慢以及权利与权力之间的博弈，审辩关系容易异化为法官排斥辩护律师参与庭审、辩护律师对于法官不尊重的积极审辩冲突和辩护律师与法官隐蔽不作为的消极审辩冲突。〔2〕审辩双方本应通过共同维护司法正义、遏制权力滥用的价值取向而展开合作，演变为法庭之上"水火不容"的冲突弥漫和相互推卸责任的惺惺作态。认罪认罚案件中，积极的冲突虽然得以在表面上缓和，但却往往以消极不作为冲突姿态的蔓延为代价。辩护律师对于案件进展的敷衍怠慢和法官对于合意审查的漫不经心，最终只能牺牲以被追诉人权益为表征的司法正义，看似"渔翁得利"的检察官也可能由于错案随时追究的监督机制而面临职业风险，正义倾覆之下并无胜者。如果能够以法官对于合意结果的自愿性以及是否具备事实基础进行审查为"底气"，辩护律师更可能敢于充分行使辩护权利，积极与检察官沟通协商，以求得最有利于被追诉人的结果，并且能够逼退偶尔萌生的通过权力寻租意图获得非法利益的胆大妄为；通过辩护律师尽职尽责的不懈努力，法官也更可能在庭审中迎来一份相对正义的合意结果，并且通过辩护律师的阐述

---

〔1〕　关于"表演性辩护"，参见李奋飞："论'表演性辩护'——中国律师法庭辩护功能的异化及其矫正"，载《政法论坛》2015年第2期。

〔2〕　关于审辩冲突的具体表现情形，参见亢晶晶："说服与判断：审辩关系的异化及回归——以'商谈理论'为视角"，载《河南大学学报（社会科学版）》2017年第3期；白宇："审辩协同：认罪自愿性及真实性的有效保障——基于A市认罪案件审辩关系的实证分析"，载《辽宁大学学报（哲学社会科学版）》2019年第3期。

形成合意签署时的场景重现。主动与被动之间不断转换的交互作用所形成的协同有序的审辩关系，使中立裁判者和权益保障者的角色定位更加清晰，也更有利于证成认罪认罚合意结果的正当。相反，如果法官仅仅考虑到快速结案所带来的组织利益和个人利益，[1]抑或为固守审判权威罔顾被追诉人认罪认罚的权利；辩护律师出于经济利益考量甘作被追诉人签字具结时的"稻草人"，抑或为追求无罪辩护率等个人名利无端吹毛求疵、对抗死磕，最终损害的对象不仅包括被追诉人的权益，更可能对司法公信力造成不良影响。

第二节　认罪认罚从宽制度中律师辩护方式总览

律师在认罪认罚案件中如何进行辩护，首先应明确需要遵循的指导原则，辩护实践的设计不能脱离原则的宏观指导。针对律师在认罪认罚案件中独特的辩护对象和辩护特点，辩护行动的路径架构需要符合其特殊性。"值班律师制度被认为是认罪认罚从宽制度的重要配套机制"，[2]值班律师的角色定位对于辩护行动的影响同样不容忽视。

一、辩护原则的宏观指引

除刑事诉讼法明确规定的基本原则外，律师在认罪认罚案件中选用何种辩护方式，需要遵循一些特殊原则。此类原则构成对律师进行辩护的宏观指导，律师的辩护策略以及辩护行动均应符合原则要求。总体而言，认罪认罚案件律师辩护原则具有以下几类特点：

一是律师辩护的原则必须与我国刑事诉讼基本原则相契合。刑事诉讼基本原则代表着我国刑事诉讼的基本法律精神，贯穿于刑事诉讼全流程，诉讼参与人在进行刑事诉讼活动中必须遵循。[3]不论是所有诉讼程序均应当遵循的基本原则，抑或刑事诉讼程序特有的基本原则，辩护原则的制定均不允许超出其范围。辩护律师在基本原则划定的框架内按照辩护原则设计辩护策略，

---

〔1〕　参见［美］斯蒂芬诺斯·毕贝斯：《庭审之外的辩诉交易》，杨先德、廖钰译，中国法制出版社2018年版，第20页。

〔2〕　李奋飞："论'交涉性辩护'——以认罪认罚从宽作为切入镜像"，载《法学论坛》2019年第4期。

〔3〕　参见陈光中主编：《刑事诉讼法》，北京大学出版社、高等教育出版社2016年版，第90页。

才有可能在不违反法律规范的前提下充分激发辩护潜能，同时因时制宜地调整辩护策略。

二是律师辩护的原则应当与认罪认罚从宽制度所代表的刑事诉讼理念和观念相吻合。理念代表社会公认的正解观点，观念代表目前主流的看法，原则主要解决规则和标准的问题。目前法治国家刑事诉讼理念由主体性向主体间性过渡，刑事诉讼制度中包含了平等主体间进行协商对话的因素，这同时也是不同历史时期司法能动与司法克制观念转变的结果，认罪认罚从宽制度改革也表现出上述特点，诉讼参与人在制度运行过程中发挥了重要作用。检察官在与被追诉方达成共识的过程中，需要充分听取被追诉人和辩护律师的意见，法官除承担必要的审判职能外对此并不过多干涉。辩护律师在此场域中进行辩护所遵循的原则，也需要体现出理念和观念的转向和革新。如果仍按照主体性理念将被追诉人当作惩罚犯罪的打击"客体"、抑或顽固秉持司法控制一切的保守观念所制定出的辩护原则，不仅无法形成对实践的有效指导，反而可能起到相反作用。

三是律师辩护的原则应当贯穿于认罪认罚案件全过程，具有相对普适的指导意义。律师辩护的原则应当是调整和规范此类案件中律师进行辩护活动的基本指导，辩护律师在整个认罪认罚案件流程中都需要遵循辩护原则。在侦查、起诉和审判阶段，律师对于辩护策略需要在原则的指导和约束下进行谋划，不仅需要时刻树立牢固遵循原则的主体意识，也要体现在随后进行的辩护活动中。

四是律师辩护的原则应当起到事先预防、事后控制的作用。辩护的原则综合考虑了诉讼主体的不同职能、辩护策略带来的效果以及特殊情况下可能引发的后果，原则是职能、效果和后果的抽象和概括，职能、效果、后果是原则的具体运用，两者的有机统一有利于达成最终的辩护目标，也有助于防范律师职业风险。

二、辩护策略的路径架构

认罪认罚从宽制度重塑了我国刑事诉讼格局，按照是否认罪认罚将刑事案件划分成两类。同样，律师辩护也因辩护对象和辩护特点的明显差异被划分成两类——认罪认罚案件的律师辩护和其他案件的律师辩护，两类案件的辩护策略具有明显差异。不认罪认罚的案件，律师辩护策略发挥作用的场域主要集中在法庭审理阶段，呈现出以庭审辩护为主、以庭前辩护为辅的特点。辩护律师在审前阶段主要通过行使各种辩护权以获取案件信息，并向公安、检察机关提出变更强制措施的法律意见，最好的效果是少数案件被撤销或不起诉，剩余的则进入到法庭审理中。我国法律要求适用快速审理程序的前提至少是被追诉人认罪，所以认罪不认罚案件在庭审阶段有可能适用普通程序或简易程序。此时辩护律师可以运用审前程序掌握的信息，通过行使质询权、辩论权等诉讼权利，对案件实体、程序和量刑等问题展开辩论。因此，不认罪认罚案件更加注重发挥法庭审理在案件裁判中的作用，强调法律事实背后的证据基础。[1]理想目标旨在通过赋予控辩双方"平等武装"以形成"两造对抗"之势，通过贯彻直接言词原则所形成的案件信息作为最终裁判结果的"排他性依据"。[2]与民事诉讼程序类似，我国刑事案件的事实认定模式大体属于协同型，[3]辩护律师通过各项权利的行使与法官、检察官共同完成案件真相的还原。此时定罪需要达到法定证明标准和较为严格的证据标准，最终定案需要法官通过庭审时筛选出的证据和控辩双方的辩论内容排除自己的"内心怀疑"。

与之相反，认罪认罚案件以被追诉人认罪并且认罚作为程序启动的逻辑起点。司法实践中，适用认罪认罚的案件预计将占到所有刑事案件80%左右。[4]此时，以无罪推定原则和不得强迫自证其罪原则为基础的程序设定对当事人的相关权益保障便失去了存在根基，控辩双方也失去了在法庭进行直接对抗的形式保障和实质要求。辩护律师的重点由庭审转向审前，由定罪辩护、程序辩护、量刑辩护并重转变为重点关注量刑辩护，以获取有利于被追诉人的判决调整为收获相对有利的量刑建议。据此，认罪认罚案件的辩护律师应当重点关注两方面问题：一是被追诉人是否作出了符合内心真实意愿的决定；二是这种意思表示是否具备事实依据。自愿性要求认罪认罚的决定在排除他人掣肘、支配的前提下依据被追诉人自由意志作出，以符合司法合理性的要

〔1〕 参见李奋飞："从'顺承模式'到'层控模式'——'以审判为中心'的诉讼制度改革评析"，载《中外法学》2016年第3期。

〔2〕 参见李奋飞："论控辩关系的三种样态"，载《中外法学》2018年第3期。

〔3〕 参见熊秋红："'两种刑事诉讼程序'中的有效辩护"，载《法律适用》2018年第3期。

〔4〕 参见王敏远等："刑事诉讼法三人谈：认罪认罚从宽制度中的刑事辩护"，载《中国法律评论》2020年第1期。

求，这构成了制度合法的基石。根据《指导意见》要求，第一类问题中的"自愿"需要做广义理解，实质上包括"五性"，即自愿性、明智性、明知性、真实性和合法性。[1]任何一方面的缺失将有损于构成制度正当性的实质要件，进而阻却制度的适用。一旦违背了"五性"中的任一方面，合意将面临被宣告无效的后果。事实基础的丧失则构成了阻却认罪认罚成立的实质要件，即使认罪认罚合意符合了"五性"要求，但如果没有事实基础的保障，将沦为自由意志空间被预先压缩，合理性因素即告丧失时被追诉人权衡利弊后作出的"两害相权取其轻"的无奈选择。律师辩护的目的即根据上述阻却事由的存在与否，最终制定出最有利于被追诉人权益并符合实体真相的辩护方式。哈佛大学教授、战略学权威迈克尔·波特教授指出，战略是"目标和为达到它而寻求的途径的结合物，具有计划性、全局性和长期性"，[2]律师在辩护过程中同样需要具备战略思维，为了最终的战略目标提前谋划出精准的辩护策略。具体到认罪认罚案件中，辩护需要从侦查阶段开始进行，将持续整个刑事诉讼阶段，是为长期性；辩护不应拘泥于事实规范和法律论证等司法场域，固守激烈对抗的辩护态度，而应将视野放眼于所有有利的生活领域，进而与公安司法机关进行合理的商谈沟通，是为全局性；采取每一步辩护行动之前做好有序而不僵的周密部署，有条不紊地开展辩护工作，又能够因时制宜地进行动态调整，是为计划性。认罪认罚案件并不因为对抗性减弱而削弱了律师辩护的作用，相反对辩护律师提出了新的要求。律师不能束缚于传统的思维模式，拘泥于固有的法律角度，而是需要在沟通商谈中尽可能地为被追诉人争取最大权益。

三、认罪认罚从宽制度中的值班律师角色

"值班律师"一词始见于 2006 年发布的《司法部关于法律援助事业"十一五"时期发展规划》，初衷是为"解决律师资源稀缺的地方有效调配资源"问题，随后值班律师作用被上升为"保障当事人诉讼权利，维护司法公正"。[3]十余年来，"值班律师"一词频繁见于各类司法改革文件，在快速审理程序、

---

〔1〕　参见张建伟："协同型司法：认罪认罚从宽制度的诉讼类型分析"，载《环球法律评论》2020 年第 2 期。

〔2〕　中国注册会计师协会编：《公司战略与风险管理》，经济科学出版社 2016 年版，第 2 页。

〔3〕　参见黎卫国："能动司法铸和谐"，载《人民法院报》2013 年 2 月 3 日，第 5 版。

认罪认罚从宽制度改革中均发挥出重要作用。2014 年，刑事速裁程序在全国 18 个地区进行试点，值班律师制度从一项宣告性的权益保障制度，被确立为被追诉人申请启动、审判机关和看守所具体实施的正式法律援助制度。伴随着认罪认罚从宽制度被正式纳入法律以及《指导意见》的出台，值班律师制度适用范围从速裁程序、认罪认罚程序拓展至所有刑事案件，逐渐发展为事关我国公共法律服务体系建设的"申请法律援助工作机制"。

法律层面，委托辩护和指定辩护大概占到所有认罪认罚案件的 30%，值班律师则承担了剩余案件的律师工作。[1]目前，我国已经将刑事辩护全覆盖从试点地区推向全国，工作办法要求简易程序和速裁程序的"被追诉人没有委托辩护人的，由值班律师为其提供法律帮助"。试点的 2014 年~2016 年期间，适用速裁程序的案件占同期全部刑事案件的 18.48%。[2]有学者经实证研究获悉，试点以来，有 54.9% 的案件适用了简易程序。[3]因此，适用简易类程序的案件总计占到 73.38%，剩余的 26.62% 的案件适用了普通程序，而同期的律师辩护率大致为 24.83%。[4]通过对上文数据进行分析，律师辩护率低于普通程序案件适用率不到两个百分点，考虑到统计数据存在误差，可以理解为两者大致相等。由于适用速裁程序和简易程序的均是被追诉人认罪的案件，庭审对抗性较弱，被追诉人主动委托辩护律师的意愿不可能太强，并且符合通知辩护的比例不会太高，对于最终结论形成的影响可以忽略不计，所以可大致推断出律师辩护更多出现在适用普通程序的案件当中，剩余案件的"辩护"职能则主要由值班律师承担，这部分案件占到全部刑事案件的七成多。据了解，目前检察系统已将推行认罪认罚从宽制度作为未来几年的工作重点，各地检察机关制定的认罪认罚适用率均不低于 70%，有些地方甚至要求不能低于 80%。而伴随着刑事案件律师辩护全覆盖试点在全国范围内的普及，所有普通程序案件均有律师提供辩护，如果按照 70% 的认罪认罚适用率和 73.38% 的认罪认罚案件适用简易类程序进行计算，认罪认罚案件中适用简

〔1〕 参见王敏远等："刑事诉讼法三人谈：认罪认罚从宽制度中的刑事辩护"，载《中国法律评论》2020 年第 1 期。

〔2〕 参见胡云腾主编：《认罪认罚从宽制度的理解与适用》，人民法院出版社 2018 年版，第 410 页。

〔3〕 参见王禄生："论刑事诉讼的象征性立法及其后果——基于 303 万判决书大数据的自然语义挖掘"，载《清华法学》2018 年第 6 期。

〔4〕 参见顾永忠："刑事辩护制度改革实证研究"，载《中国刑事法杂志》2019 年第 5 期。

易类程序的案件至少占到 51.36%，〔1〕这部分案件主要由值班律师提供法律帮助。加之部分适用普通程序的案件在审判阶段才有辩护律师加入，审前阶段的辩护职能主要由值班律师承担。因此，未来有待值班律师参与的认罪认罚案件数量远远超过了此类案件总数的"半壁江山"。甚至有学者分析认为，由值班律师提供法律服务的案件数量可能将占到全部认罪认罚案件的 80% 以上。〔2〕值班律师成为此类案件辩护供给的重要组成部分，因此需要在充分会见和阅卷的基础上，实质性地参与到量刑协商中，以保证量刑建议形成的公允与透明。〔3〕

第三节　认罪认罚从宽制度中律师辩护原则

认罪认罚从宽制度中律师辩护行动的指导原则可以分为基础性原则和实践性原则。前者旨在为律师辩护行动树立底线，是律师通过辩护达成各诉讼参与方心理认同的基石；后者旨在为律师辩护行动提供实践性标杆，指导律师辩护行动的具体展开。

一、基础性原则

认罪认罚从宽制度中的律师辩护行动带有强烈的互动色彩，这不仅体现在控辩双方在审前阶段的交互沟通以及由此而来的对于规范实施的意见交锋和针对价值判断的理念交融，同样表现出具备类似法律经验的法律共同体之间运用法律言语能力进行互动过程中所建立起来的稳定关系。以控辩双方建立起信任关系为表征，以对处罚结果形成共识为结局。按照哈贝马斯提出的行动有效性三要求：真诚性、正确性和真实性要求。〔4〕这里的有效性并非要求行动本身"有效"，而是指行动主体的有效性主张得到主体间认可。控辩

---

〔1〕　70% ∗ 73.38% = 51.366%。由于认罪认罚案件适用简易类程序的比例比其他类刑事案件更高，所以实际数值肯定高于 51.36%。

〔2〕　参见王敏远等："刑事诉讼法三人谈：认罪认罚从宽制度中的刑事辩护"，载《中国法律评论》2020 年第 1 期。根据上文实证研究所得数据，认罪认罚案件庭审阶段律师辩护率为 37.87%，考虑到一些被告人在聘请律师前，也有可能接受过值班律师提供的法律服务，因此与该数据并不矛盾。

〔3〕　参见程滔、于超："论值班律师参与量刑建议的协商"，载《法学杂志》2020 年第 11 期。

〔4〕　即所作陈述是真实的、与一个规范语境相关的言语行为是正确的、言语者所表现出来的意向必须言出心声。参见陈伟："哈贝马斯法哲学中的'事实性'与'有效性'"，载《南京社会科学》2011 年第 3 期。

双方基于对各自可供批判的有效性主张相互认可，是最终达成量刑共识的前提。

（一）真诚性原则

真诚性原则要求辩护行动所展示出的交互意向出自辩方真实的意思表示，亦即律师在被追诉人自愿认罪认罚的基础上，根据自白内容与控方展开交互沟通，这要求排除虚假认罪认罚和被迫认罪认罚。律师作为被追诉人的代理人，具有维护其合法利益的法定职责。律师辩护行动的首要任务便是确认被追诉人认罪认罚系自愿作出，而非在遭受侦查机关和检察机关欺骗、诱导、胁迫的情况下作出。此时，律师首先需要向被追诉人明确告知其程序性权利，例如在如实陈述前提下有权不回答与案件无关的问题、有权在讯问后核实笔录内容并要求更正不符合的记录、有权在遭受不公正待遇时向驻所检察官进行申诉控告等。同时，律师需要针对被追诉人告知的行为事实进行法律分析，初步判断法律规范对于行为事实的涵摄关系，例如被追诉人以涉嫌职务侵占被采取强制措施的案件，需要将职务侵占罪和与之类似的挪用资金等罪名相关法律规范进行告知，帮助被追诉人对自身行为的性质进行判断，进而决定是否认罪认罚。其次，律师应当明确告知认罪认罚相关的权利义务，包括但不限于权利属性、启动主体、商谈方式、律师作用以及可能面临的刑罚等，确定被追诉人对涉及自身的利害关系充分明晰，在此基础上作出是否认罪认罚的真诚意思表示。此外，由于认罪认罚蕴含的互惠性色彩，能够为控辩双方带来不同程度的利益，如果律师的辩护行动并非出自寻求合作的真实意愿，而是希冀通过欺骗方式获取利益，可能会招致对方或第三方惩罚。认罪认罚的协商可以视为一种控辩博弈，即控辩双方交互行动的过程，博弈局中人的行动选择和最终收益均取决于对方的选择。博弈双方希冀通过合作的方式实现各自收益最大化，探寻出一种最终的博弈均衡，而非不择手段地仅仅考虑自身利益，这意味着博弈各方需要恪守一种最低限度的交互理性（Mutual Rationality）。如果对方是理性的，那么促成合作便是理性的；如果对方是非理性的，那么放弃合作、选择对抗可能更符合理性选择。具体到认罪认罚中，理性要求律师一方面在与检察官的协商过程中避免作出虚假意思表示，真诚与对方进行商谈，通过法律认识的交互沟通谋求最有利于被追诉人的结果；另一方面律师也需要与被追诉人真诚交涉，在尊重其内心意愿的前提下提出一些切实可行的法律意见。交互理性作为控辩双方谋求互惠的商谈基础，理性的丧失将导致认罪认罚的互惠性基础湮灭，控辩双方将由理性交涉重回激烈对抗，而合作破裂后对抗的激烈程度可能比协商之前更甚。更重要的是，认罪认罚作为一项法律赋予被追诉人的权利，违背真诚性的辩护行动很可能导致这项权利的灭失，这样的辩护也很难被称为有效辩护。

（二）真实性原则

证据裁判原则代表了认罪认罚的底线，亦即被追诉人认罪认罚应当具备必要的事实依据。案件事实是通过合法有效的证据材料，根据经验法则和逻辑规则推导而来，并且能够排除合理怀疑。一方面，具体到律师辩护行动上，证据裁判原则要求律师的辩护行动应当能够得到客观事实的支持，支持的理由便是辩护行动建立在客观真实基础之上。另一方面，律师辩护过程中所进行的商谈内容是真实的，尤其是与被追诉人和检察官分别进行商谈后，将一方的真实意愿不加掩饰地表述给另一方。律师辩护行动的基础事实和陈述真实构成了辩护行动的真实性原则。如果说证据裁判原则作为制度运行所不能突破的刑事诉讼原则，是制度适用的应然要求；真实性原则则是律师辩护行动需要遵循的基础性原则，是律师辩护嵌入认罪认罚从宽制度的实然要求。证据裁判原则要求被追诉人认罪不能减轻控方对于证据的搜集责任和对犯罪事实的证明义务。申言之，即使被追诉人作出了有罪供述，控方掌握的证据材料如果无法达到证明被追诉人有罪的法定证明标准，便不应启动认罪认罚程序，也不应当同意被追诉人的认罪；如果控方掌握了足够的有罪证据，但缺乏量刑证据，也不应提出超越现有证据的量刑标准作为协商条件。控方原则上只能根据目前所掌握的证据，提出适当的协商条件与辩方进行商谈。同理，律师在辩护行动中，也应当根据自身掌握的信息进行合理判断，信息则来源于各种辩护权的实现。如果当事人已经作出有罪供述，但辩护律师分析认为不构成犯罪，则应当以事实优先，询问当事人认罪的原因、是否受到非法待遇，并向其提出无罪辩护的建议；或者在当事人坚持认罪的情况下与检察官进行商谈，能否在当事人认罪认罚的同时进行无罪辩护。如果当事人尚未认罪，辩护律师经过辩护权的行使以及与检察官的商谈后认为构成犯罪，则应当将得出的结论真实地反馈给当事人，由其作出最终选择。此时的真实性原则强调沟通的真实性，一方面将被追诉人的真实意愿反馈给检察官，不能代替其作出认罪认罚的意思表示；另一方面将自己和检察官的意见向被追诉人进行真实陈述，因为最终的惩处结果由被追诉人承担，其有权对于自己可能承担的法律后果作出选择。需要注意的是，由于律师的职业素养参差不齐、案件信息可能不断更新、法律共同体间的判断可能有所差异，律师的判断并非一定准确，在被追诉人坚称无罪的情况下，律师应当全力配合进行无罪辩护。但被追诉人的决定应当建立在充分的信息接收基础之上，而非律师的大胆冒进或为了继续代理的曲意逢迎。律师辩护行动只有以真实的内心意愿和证据事实为基础，才有可能取得令人满意的辩护效果。

（三）正确性原则

正确性原则要求律师辩护行动所采用的表述方式符合法律规范的语境要求，以及辩护行动过程和表达出的意思表示不违背相关的法律规范。卢曼的法律系统理论认为法律系统是一个自成一体、自我参照和指涉的封闭系统，这个系统在法律规范和法律语言上与外界其他社会性系统隔绝，仅仅是在自我调整过程中有选择性地与其他系统进行信息交互。哈贝马斯站在商谈语用学角度虽然否认这一说法，认为法律的合法性和合理的可接受性无法由法律本身所提供，而是在不同主体间的批判性商谈过程中建立起来，但仍然承认法律的语言表述具有区别于其他领域的特点，带有一定的封闭性。抛开站位的不同，这也解释了认罪认罚协商过程中，检察官有时会更加希望与律师而非被追诉人进行商谈，律师与检察官的商谈过程甚至可能比与当事人的沟通更加顺畅。控辩双方的商谈能否取得各方均能够接受的共识，亦即产生主体间性的交互意义，首先便是各方在商谈过程中所表述出的语意能够得到对方理解，进而使对方了解到自己所希冀达到的意图及提供支持的正当性理由，双方在此基础上通过反思性论辩最终达成共识。所以律师在辩护行动中表达的语意应当是明确且清晰的，陈述的方式需要符合法律语言规范，尤其避免因为表达失误损害当事人利益（例如错误地将侵占行为表述成盗窃行为）。区别于美国的辩诉交易制度，我国法律目前不允许对涉及案件定性的问题进行协商，只允许针对处罚结果发表法律意见。这意味着律师辩护行动中的协商过程需要被限定在此范围内进行，尤其是在书面记录的协商过程中不允许出现针对案件定性的问题的协商，否则将违反法律规定，也违背了正确性原则。[1]换言之，协商过程应当在控辩双方对于罪名和罪数不持异议的前提下，针对量刑展开。尽管罪名和罪数不属于协商标的，但控辩双方可以在追寻事实真

---

〔1〕 书面记录不仅指检察官对于控辩协商过程的记录，也包括辩护律师的书面记录。

相的共同目标指引下，通过法律论辩发表对此问题的不同意见，以此实现交互商谈。尤其对于一些定性困难的复杂案件，律师通过法律论辩的方式发表自身对于案件定性的意见，同时结合后果论辩（例如社会危险性和对被害人的赔偿情况）发表对被追诉人有利的法律意见。因此，律师如果希望通过辩护行动说服检察官或法官接受一个对被追诉人有利的观点，首先需要精准使用法律用语，尤其不能违背法律语言的常规用法，保证所表达出的语义能够得到对方的正确接受。在此基础上，律师通过法律论辩所表达出的观点最好能够符合过往的司法判例、证据规则和法律规范的通常用法。如果得出的并非显而易见的结论，则需要具备充分的理由，使陈述对象意识到这种结论的正确性。

二、实践性原则

（一）信息原则

律师辩护行动的开展需要建立在充足信息的基础之上，充足的信息能够帮助律师有效判断当前情势，并据此开展富有针对性的辩护行动。信息分为输入信息和输出信息，输入信息主要源自律师通过行使辩护权所获取的信息。输出信息是律师在此基础上结合自身分析向被追诉人和商谈对象输出的信息。按照科斯交易成本理论，信息成本构成交易成本的一项主要来源，而信息不完全则是信息成本产生的原因。认罪认罚从宽制度中的信息不完全主要包括案件信息不完全和指控信息不完全，而消除信息不完全的方式只有通过律师行使辩护权，通过会见、阅卷、调查取证等方式获取充足的案件信息，以及与追诉人员展开充分的商谈及时获取指控信息，进而将交易成本控制在恰当范围内。在此基础上，律师才有可能形成对被追诉人有利的信息，并输出给检察机关或审判机关，以寻求最有利于被追诉人的结果。此外，律师应当注意保存辩护过程中的信息，将辩护行动书面记录下来，这一方面有利于律师与被追诉人充分沟通辩护策略并达成共识，形成辩护合力；另一方面也有利于通过系统研判对手的策略，及时动态调整辩护行动。

（二）顺序原则

顺序原则要求律师的辩护行动及时、有序展开。认罪认罚从宽制度虽然并无适用阶段的限制，但关键环节主要集中在审前阶段，尤其是审查起诉阶段，往往是认罪认罚实质开始和终结的重要环节。意识的改变远远难于意识的灌输，律师的辩护行动需要在检察官形成内心确认的量刑意见前有效展开，否则很难形成卓有成效的辩护效果。加之我国很多刑事案件的当事人聘请律师多按照刑事诉讼程序进行的阶段性委托，律师介入案件的时间具有不确定性，有时因介入较晚，了解案情、行动谋划、展开商谈需要在短期内完成，对律师的辩护形成了巨大挑战。同时，律师的辩护行动需要在遵循客观原则的前提下，有顺序地策略展开。律师在与检察官进行商谈之前，应当经过多次与被追诉人进行会面和行使辩护权的反复交织，在掌握充足信息的前提下与被追诉人达成初步统一意见。认罪认罚的最终决定权本质上掌握在被追诉人和检察官手中，律师在未与被追诉人有效沟通时便与检察官商谈，很难保证在不违背被追诉人意志的基础上形成理想的合意，即使最终能够说服被追诉人同意律师意见，也难免产生"欲加之罪"之嫌。

（三）交互原则

交互指一种动态过程，强调主体间通过相互沟通和协商，进而实现相互影响和相互认可。[1]刑事诉讼程序中辩方的主体性地位只有在与其他主体的交互过程中彼此尊重和影响后才能得到确认，认罪认罚从宽制度由于强调诉讼主体间通过充分商谈以实现彼此理解和相对满意的共识，而更加注重动态交互的过程。此时控方的职权与辩方的权利从权力对权利的单向性主导向权力与权利的交互式影响转变，控辩双方通过动态互动以实现对于案件形成共识的共同事业的达成。[2]共同事业的价值取向将引导认罪认罚案件中控辩双方履行各自职责方式发生根本转变，律师的辩护行动也需要据此进行适当调整。此时律师的辩护行动除了"寸土必争"的"顽强抵抗"，必要的妥协乃至退让可能更能够体现出一种交互商谈的姿态，进而取得被追诉人满意的辩护效果。这种妥协或退让并非以被追诉人的利益损失为代价，而是通盘考量下的实现辩护目标的最优化选择，这种选择不仅符合当事人利益优先的律师职业伦理要求，也能够因时制宜地根据控方反应进行辩护策略的动态调整。交互性原则同样赋予了律师主动发起并促成交互商谈的责任，这需要律师不时站在控方立场考虑商谈的可能性。如果仍然墨守己方利益不可撼动的对抗

---

〔1〕 参见郭湛："论主体间性或交互主体性"，载《中国人民大学学报》2001年第3期。

〔2〕 参见［美］詹姆斯·费什金、［英］彼得·拉斯莱特主编：《协商民主论争》，张晓敏译，中央编译出版社2009年版，第129页。

性陈规，不仅很难取得良好的辩护效果，甚至有可能使被追诉人丧失行使认罪认罚权利的机会。

（四）有利原则

《律师法》赋予了律师对当事人的忠诚义务和公益义务，[1]律师的辩护行动不能对当事人的利益造成损害。这体现在所有刑事案件当中，不仅指认罪认罚案件。但在认罪认罚案件中，由于律师可能出于自身利益作出有损被追诉人权益的辩护行动，尤其是为了在单位时间内受理更多案件或避免与控方产生不快而说服被追诉人认罪认罚。因此，在被追诉人拒不认罪时，律师提出认罪建议应当慎之又慎。尤其是律师同样得出无罪的判断后，更不应当出于自身经济收益的考量建议被追诉人认罪，即便此时控方态度强硬，律师仍然需要坚守职业伦理底线。有利原则要求律师不应当在被追诉人可能无罪的情况下出于某种原因说服其认罪，同样不允许在被追诉人可能有罪并且其准备认罪的情况下阻止其认罪，这种辩护行动同样有损于被追诉人利益。律师未经理智评估和审慎判断便选择进行无罪辩护，有可能使众多对当事人有利的量刑情节（特别是酌定量刑情节）难以得到检察官认可，进而无法被评价为量刑建议的生成要素。[2]这不仅无益于争取无罪判决，甚至可能使当事人丧失通过认罪认罚换取从宽量刑的机会。作为一项被追诉人的权利，认罪认罚的机会不应当在律师换取无罪判决声誉的冒险中失去。

（五）可行性原则

"人不可能两次踏进同一条河流。"同理，司法实践当中也几乎不可能遇到两起完全相同的案件。律师的辩护行动尽管满足了上述基础性原则和实践性原则，也有可能因为案件情境的差异面临不止一种的行动选择，况且不同的律师面对相同的案情也可能萌生相异的应对策略。辩护的方式选择内生于辩护制度，辩护制度则从属于广义上的刑事诉讼制度，意味着刑事诉讼制度的方方面面均有可能对辩护行动产生影响。例如有学者指出，与认罪认罚颇为相近的"坦白从宽、抗拒从严"的刑事政策便使我国刑事诉讼制度形成一种"义务本位主义"的诉讼模式，被追诉人认罪与否将对定罪量刑、辩护效

---

[1]《律师法》第 31 条规定："律师担任辩护人的，应当根据事实和法律，提出犯罪嫌疑人、被告人无罪、罪轻或者减轻、免除其刑事责任的材料和意见，维护犯罪嫌疑人、被告人的诉讼权利和其他合法权益。"

[2]　参见陈瑞华："论刑事辩护的理论分类"，载《法学》2016 年第 7 期。

果等方面产生直接影响。[1]尤其是考虑到我国畸低的无罪辩护成功率，律师在选择辩护行动时需要进行通盘考量。此外，打击犯罪的专项行动也可能对辩护效果产生直接影响，例如反腐专项工作、扫黑专项行动以及地方不定期开展的专项工作。面对一些证据基础并非十分扎实、存在一定辩护空间的案件，律师的辩护行动需要遵循可行性原则，将影响案件结果的多方面因素纳入评估。这不仅包括法律因素，有时还需考虑社会因素和政策因素，有时甚至需要立足于更高的宏观层面进行研判。

第四节　认罪认罚从宽制度律师辩护行动的路径架构

一、认罪认罚从宽制度中律师辩护样态

正义的实现不应以任何一方受到伤害为代价，即任何一方的利益不能因此而受损。[2]这意味着利益的总和不被降低，构成了正义的应然要求。认罪认罚从宽制度也需要符合正义的要求，其正当性基础便是控辩中任何一方不会因此而遭受利益损害，即控方代表的公共利益和辩方代表的个人利益均得到有效保障。律师的辩护行动也应在此基础之上，首先立足于辩护行动的有效展开，在与控方交涉过程中对其意图进行分析判断，进而采取相应策略，最大限度为被追诉人争取利益；同时谋求与控方进行有效合作，在辩护行动中展示出互惠性姿态，配合对方实现公共利益扩大化。律师辩护，本质上是律师通过口头或书面形式的论辩以谋求其法律意见自洽性的交互过程，是辩证逻辑在刑事诉讼领域的事实展开。辩证逻辑是与形式逻辑对应的概念，康德在《纯粹理性批判》中用以表示样态范畴的存在与不存在、可能与不可能、必然与偶然的"三个假设"推动了逻辑学从传统的形式逻辑向现代的辩证逻辑

---

〔1〕　关于"义务本位主义"诉讼模式，参见陈瑞华："义务本位主义的刑事诉讼模式——论'坦白从宽、抗拒从严'政策的程序效应"，载《清华法学》2008年第1期。

〔2〕　马克思同样强调"正义不是一种独立存在的东西，而是在互相交往中，在任何地方为了不伤害和不受害而订立的契约"。参见《马克思恩格斯全集》第40卷，人民出版社1982年版，第34页；转引自刘玉贤："基于博弈均衡的自然正义——肯·宾默尔平等观的自然主义基础探究"，载《社会科学辑刊》2012年第3期。

转变。[1]因此，对律师辩护行动进行研究，首先需要关注辩护样态在司法实践领域的逻辑呈现。认罪认罚从宽制度自 2016 年 9 月试点至今已 5 年有余，学界对于其中涉及律师辩护问题的研究成果比比皆是，但研究律师辩护样态转变的成果寥寥，其中李奋飞教授关于"对抗性辩护"向"交涉性辩护"的辩护样态转变的探讨具有较强的影响力和典型性。

李奋飞教授通过行为、时空、对象三要素勾勒出"交涉性辩护"的样态意涵。律师需要在当事人表达认罪意愿的前提下，通过辩护行为确保意愿的内容既符合法律规范涵摄范围内的真实情境，又不违背当事人内心的确切想法；认罪认罚案件的庭审逐渐演变成"形式化确认"的方式，辩护的重点由庭审阶段转向审前阶段；律师的辩护对象集中在通过量刑辩护希冀获取的从宽处罚。[2]本部分内容在借鉴"交涉性辩护"的基础之上，着重于认罪认罚从宽制度中律师辩护样态的逻辑转变，强调不同的律师辩护样态转变并非一蹴而就，而是符合辩证逻辑的从量变到质变的过程。同时，律师辩护样态转变过程中，通常意义下处于不同面向的辩护样态既相互转化又彼此共存、既相互制约又相辅相成，呈现出交织运行的状态。

（一）实然面向：从庭审辩护到审前论辩

相比于近几年才逐渐推行的"以审判为中心"的刑事诉讼制度改革，律师从被赋予刑事辩护人身份伊始便将辩护工作的重心聚焦于法庭审理阶段。这主要是由于我国刑事辩护制度是伴随着《刑事诉讼法》修正逐步得以完善的。1996 年《刑事诉讼法》修正之前，辩护律师只有在案件起诉至法院后才被允许介入，律师只有此时能够查阅案卷、会见被告人，自然不可能在审前阶段开展任何辩护工作。1996 年《刑事诉讼法》修正，将被追诉人委托律师辩护的时间提前至起诉阶段，律师在该阶段的辩护权得到进一步提升，但仍然无法在侦查阶段进行辩护活动，这一现象于 2012 年《刑事诉讼法》修正后得到改善。被追诉人委托律师的时间提前至首次被讯问时，律师在被追诉人未被羁押时便能够开展相应的辩护活动，实现了与公安司法机关同步工作、

---

〔1〕　参见孙周兴："本质与实存——西方形而上学的实存哲学路线"，载《中国社会科学》2004年第 6 期。

〔2〕　李奋飞教授对于"交涉性辩护"进行了全面的论证，本处仅择其中与研究主题密切相关的内容简要介绍。关于"交涉性辩护"，参见李奋飞："论'交涉性辩护'——以认罪认罚从宽作为切入镜像"，载《法学论坛》2019 年第 4 期。

实时沟通的格局。与立法不断进步形成鲜明对比的是，律师的辩护行动很难称得上与时俱进。多数辩护律师仍然将大部分辩护活动限制在庭审场域，以当庭质证并发表辩护意见为核心要义，部分负责任的律师再于庭后将论辩意见进行梳理并形成正式的法律意见提交合议庭。除法律明确要求律师庭前必须开示的三类证据外，律师往往选择通过证据突袭谋求检察机关撤回起诉或人民法院作出无罪判决。有学者将其戏称为带有"大专辩论会"性质的辩护方式，[1]辩护俨然成为控辩双方在进行一场法律共同体内部的辩论赛，过程中不时夹杂着充满火药味的激烈对抗，甚至演变出带有"死磕"性质的控辩、审辩冲突。这种"唯庭审主义"的辩护模式将辩护场域限定于庭审环节，将宣读辩护词作为辩护活动的核心，忽视了审前阶段的辩护和与检方进行沟通合作。[2]不论是过度迁就庭审"游戏规则"的"协助式辩护"，抑或为达目的不择手段的"死磕式辩护"，最终的辩护效果皆差强人意。近年来，为改善这一局面，律师的辩护场域逐渐渗入到开庭审理前和庭审结束后，尤其审前阶段的辩护工作越来越得到律师重视。

伴随着认罪认罚从宽制度进入立法，以及《指导意见》《监督管理办法》等文件出台，律师辩护中蕴含的协商因子越来越得到认可，这一因子在刑事诉讼不同场域的作用赋值也有所不同。在不认罪案件中，由于控辩双方在是否有罪的观点上存在根本性分歧，寻求协商基础困难重重，此时双方的对抗性明显强于合作性；在认罪认罚案件中，由于关涉案件定性的根本性矛盾很大程度上得到消弭，仅仅少部分案件对于此罪与彼罪、量刑高低等问题持不同意见，大部分案件对于定罪、量刑等问题的观点一致。律师采取合理论辩的方式提出本方观点，通过交互商谈以谋求最有利于被追诉人的量刑处罚结果，最终体现为检察机关出具的量刑建议。审判机关对于量刑建议"一般应当"采纳的规范表述以及检察机关逐步推行实施的精准量刑建议，进一步凸显了审前协商的重要性。此外，律师通过结果性论辩等方式向检察机关表明被追诉人社会危险性降低，必要时选择一定程度的退让，以争取检察机关作出不予起诉的决定，或者通过不批捕决定争取审判机关作出缓刑判罚，为被

---

〔1〕 关于"大专辩论会"式辩护，参见陈瑞华："走出'大专辩论会'式的辩护格局"，载《中国律师》2018年第3期。

〔2〕 关于"唯庭审主义"的辩护模式的特征、成因、反思和突破，参见李奋飞："论'唯庭审主义'之辩护模式"，载《中国法学》2019年第1期。

追诉人争取利益最大化的同时，提早使收益贴现，可能取得良好的辩护效果。认罪认罚从宽制度并未对法院的审判权产生根本性影响，量刑建议也无法对最终的裁判结果产生强制性的约束力。相比于公诉机关单方出具的量刑建议，控辩双方在审前阶段进行充分论辩后得出的量刑结论更可能还原案件发生的真实情境以及准确找出能够将之涵摄其中的法律规范。可以说，被追诉人自愿认罪认罚前提下控辩双方共同认可的量刑建议更加具有客观性和真实性，也更有可能得到审判机关的最终认可。认罪认罚从宽制度并非排斥庭审辩护，恰恰相反，律师和被追诉人开展的审前论辩和庭审辩护往往交织运行。当事人仍然具有选择普通程序进行审理的权利，辩护律师也有权对量刑建议提出异议，甚至法律并未排除律师在被追诉人签署量刑具结书后进行无罪辩护的权利。

（二）或然面向：从零和对抗到知性交互

斯宾诺莎认为每个人都有"权利"违背自己曾经许下的承诺，具有虚伪行动的自由，除非遭受到善的希望或惩罚恐惧的束缚。[1]换言之，人们如果没有被赋予克制某种行为冲动的义务，便有权利开展这项行动，并且当内心的善无法克制行动的欲望时，付诸行动便成定局。罪刑法定原则表示法无明文规定不为罪、法无明文规定不处罚。[2]未被法律明确限制从事的行为，人们便有从事该行为的权利，并且这种从事行为不应当遭受任何处罚。诚然，这种对权利的定义可能患有过于自利的先天缺陷，但仍然从侧面反映出人们在仅以自身利益最大化、不考虑与他人互惠的情况下所可能采取的行动。刑事诉讼程序中，不同的角色主体仅在各自利益最大化的驱动下采取行动，有可能导致各方通过激烈对抗的方式进行博弈，尽管传统意义上控辩双方的两造对抗也被认为是打击犯罪、保障权利的必要举措。理想状态下形成的横向刑事诉讼构造与此相呼应，审、控、辩三方组成等腰三角形结构，控辩分隔于审判机关两侧。根据现行法律规定，侦查机关、检察机关应当全面搜集案件的证据材料，不因是否对犯罪嫌疑人有利而区别对待。这代表着控方不仅具有控诉犯罪的职责，同样具有发现事实真相的义务。辩护律师的责任则相对

---

〔1〕　萨格登最先提出了这一观点，将权利定义为一种博弈策略，霍姆斯对此持相同观点，斯宾诺莎的"自然权利"在此基础上为权利的探讨提供了一个策略性框架。参见［美］肯·宾默尔：《博弈论与社会契约》（第 2 卷：公正博弈），潘春阳等译，上海财经大学出版社 2016 年版，第 45 页。

〔2〕　参见张明楷："实质解释论的再提倡"，载《中国法学》2010 年第 4 期。

单一，仅仅负有通过提出无罪、罪轻意见以维护被追诉人合法权益的责任。
〔1〕站在经济学角度，履行各自职责时所带来的张力，使控辩双方很难找到合作的立足点。例如斗狠博弈中，如果对方是理性的，那么放弃对抗便是理性的；如果对方是非理性的，那么选择对抗便是理性的，亦即博弈双方的选择呈现出正相关性，对抗与非对抗几乎是成对出现的。〔2〕控方的控诉职责和真实义务并非能够时时达到平衡，由于事实上有罪的辩方有时会出于自身利益考量绞尽脑汁地掩盖犯罪事实，控方的控诉职责往往会压倒真实义务成为优先保障的目标，相比而言审判机关的居中位置则更具浓厚的澄清真相色彩。由于控方有时难以有效平衡控诉犯罪和探寻真相的义务，司法实践中易演变为重打击犯罪、轻人权保障，导致律师受制于此不得不采取针锋相对的辩护行动。律师出于维护自身话语权的需要以及"受人之托、忠人之事"的职业伦理要求，也容易剑走偏锋地采取与检察官极端对立的方式。此外，相对于法检的身份认同，同样作为法律共同体的律师身份很难说能够带来尊重和认可，庭审公诉人能够展开耗时的长篇大论，而辩护律师往往寥寥数语便可能被审判人员多次打断，进一步诱发了律师只能在庭审中言行激烈的据理力争、在庭外利用媒体进行加工渲染等"死磕"方式进行辩护；〔3〕极端情况下，某些案件中的律师甚至不再以说服审判者接纳自己提出的辩护意见为核心要旨，转而通过带有艺术表演性质的辩护方式意图引发聚焦效应以向有关部门施压，博得被追诉人及其家属的认可。〔4〕诚然，律师在辩护制度不断发展演变过程中形成的这种"千磨万击还坚劲、任尔东西南北风"的坚毅品质值得赞颂，很多律师之所以选择这种辩护方式也是经过理性思考后的，具有一定的客观性；〔5〕而辩护方式的显性表达离不开刑事诉讼制度背景下的隐性因素，但考虑到律师辩护的根本性目标旨在为被追诉人争取最有利的处理结果，这种一味强调对抗、忽略合作的辩护方式是否合理便值得商榷。

---

〔1〕 参见李奋飞："论辩护律师忠诚义务的三个限度"，载《华东政法大学学报》2020 年第 3 期。

〔2〕 参见陈常燊：《互惠的美德：博弈、演化与实践理性》，上海人民出版社 2017 年版，第 66、148 页。

〔3〕 参见李奋飞："律师辩护的'技巧'与限度"，载《工人日报》2015 年 7 月 25 日，第 6 版。

〔4〕 参见李奋飞："论'表演性辩护'——中国律师法庭辩护功能的异化及其矫正"，载《政法论坛》2015 年第 2 期。

〔5〕 黑格尔在其《法哲学原理》一书中提出了著名的 "Was vernünftig ist, das ist wirklich; und was wirklich ist, das ist vernünftig"（存在即合理）观点，表示现实中的现象均具备一定的合理性。

认罪认罚从宽制度为律师辩护样态的转变提供了契机，使律师在控辩双方带有协商诚意的善的驱动以及控方对于不合作行为出具较高量刑建议的惩罚威慑下，为摆脱单纯依靠对抗的方式维护被追诉人利益的局面，演变出基于知性交互展开辩护行动的可能。知性强调律师选择辩护行动时首先需要考虑贴现利益最大化的需求。相比于预设未来能够收获多少利益，贴现利益由于贴现导致的部分利息收益的丧失，在金额上可能较低，但律师辩护并非一项长期投资，法律的最终裁判结果也带有极强的不确定性。律师贸然采取对赌的方式希冀取得完全压倒控方的结果显得过于冲动，理性的选择应当是确保取得保底收益的基础上再争取更大的利益，这也是罗尔斯《正义论》中关于最小收益人最大化收益原则具体到个体利益上的结果，因为正义同样不排斥理性的选择。律师也应当具备辩护所需要的基本法律素养。律师的辩护不仅应当具备理性意识，也需要拥有实现理性的能力，即具备必要的认知、论辩、商谈、预判等能力，即必要的"律师技能"。我国明代心学强调"知行合一"，如欲深入认识万物的机理，唯有通过长期不懈的实践，两者密不可分，最终只有形成有机统一，才有可能达到预期的效果。再如英国，律师被分为事务性律师和出庭律师，事务性律师主要负责文书起草、会见客户等基础性工作，经验丰富的事务性律师才有资格晋升为出庭律师，作为被追诉人的辩护人开展辩护行动。律师对于控方每一步的行动策略应当有所了解，这能够使律师在充分行使辩护权的基础上与检察官展开有效沟通。孙子讲究"知彼知己，百战不殆"，曹操指出"善战者无赫赫之功"，均强调了有战略眼光的将领不打无准备之仗，引申到生活中便是做事需要事先有所准备。律师的辩护行动同样如此，只有通过行使辩护权掌握相应信息、与控方多次沟通后理解对方意图，才有可能做出最为适当的辩护行动。律师本身应当是理性的，并且引导被追诉人趋于理性。交互反映出主体间、主体与外部环境间的客观联系，强调通过言语等媒介加以协调的互动关系。认罪认罚案件的律师辩护行动应当在与控方进行交互的基础之上展开，律师需要掌握控辩双方的力量对比（例如无罪判决的概率），以控辩双方而非仅仅考虑单方利益为出发点提出辩护意见，并且利用委托—代理关系争取协商主导权（例如以需要取得被追诉人同意作为协商理由），从而合理应对控方的追诉策略。

（三）应然面向：从竞争博弈到互惠商谈

帕克教授于1964年发表的文章中将刑事诉讼划分为犯罪控制和正当程序

两种相互竞争的价值形态，犯罪控制模式旨在通过发挥刑事诉讼抑制犯罪的功能维护以安全和秩序为代表的社会利益，正当程序模式旨在通过平等审判、无罪推定等原则保障与国家相关的公民个人基本权利。[1]虽然帕克承认两种模式不是非此即彼的关系，更多呈现在刑事诉讼程序中的诸多微小调整之中，但两种模式背后折射出带有根本性差异的价值取向在刑事诉讼运行中彰显出了强大的张力。以公诉方代表的社会利益维护者和以辩护方代表的个人权益保障者在刑事诉讼中往往形成强烈的竞争关系，两方成为相互对立、彼此争斗、势同水火的敌对势力。尤其在不认罪案件中，控辩双方俨然成为利益无法调和的竞技主体，一方利益的增加通常导致对方利益的减损，控辩双方为此往往需要采取较为极端的方式提升对方获利的价码。例如，美国检察官在控诉过程中为了迫使辩方妥协，有时会采取控诉更为严重罪名或抬高刑期的方式，辩护律师也会穷尽各种手段将诉讼拖入漫长的拉锯战中，最终结果只能是社会利益和个人权益的两败俱伤。公共利益与私人权益之间如何实现平衡成为刑事诉讼运行当中亟待解决的难题。格里菲斯教授据此提出了刑事诉讼的第三种"模式"——家庭模式，富特教授在此基础上通过比较研究提出了日本刑事诉讼中的家长模式，[2]两种模式旨在强调社会利益与个人权益能够在刑事诉讼程序中实现协调，公职人员为此需要承担起更多的公益责任，以匹配其家长角色。尤其在认罪案件当中，控辩双方对被追诉人是否有罪的根本性争议不复存在，被追诉人的认罪情况往往成为量刑宽宥幅度的重要因素。[3]与此相对，律师则需要在与公诉人员进行竞争博弈外考虑新的选择——如何协助对方形成能够综合协调各方利益的最优决定，这要求律师能够与检察官进行一场卓有成效的、使双方均能够有所收获的带有互惠性质的商谈。

---

〔1〕 关于两种刑事诉讼模式，参见 [美] 赫伯特·L. 帕克："刑事诉讼的两种模式"，梁根林译，转引自 [美] 虞平、郭志媛编译：《争鸣与思辨：刑事诉讼模式经典论文选译》，北京大学出版社2013年版，第3~50页。

〔2〕 关于家庭模式和家长模式，参见 [美] 约翰·格里菲斯："刑事程序中的理念或刑事诉讼的第三种'模式'"，吴啟铮译，转引自 [美] 虞平、郭志媛编译：《争鸣与思辨：刑事诉讼模式经典论文选译》，北京大学出版社2013年版，第51~94页；[美] 丹尼尔·富特：《日本刑事司法中的家长模式》，刘丽君译，转引自 [美] 虞平、郭志媛编译：《争鸣与思辨：刑事诉讼模式经典论文选译》，北京大学出版社2013年版，第135~189页。

〔3〕 有学者将我国的认罪认罚从宽制度理解为"家长模式"。参见高童非："契约模式抑或家长模式？——认罪认罚何以从宽的再反思"，载《中国刑事法杂志》2020第2期。

　　认罪认罚案件中，针对定罪量刑的重大分歧往往已得到消弭，[1]律师如果一味沿用竞争博弈的辩护方式，仅仅强调自身利益最大化，意图使己方意见全盘压倒对方，这表面上是为了被追诉人的合法权益，实则可能起到相反效果。认罪认罚案件中，辩护的重点场域由庭审程序转向审前程序，此时由于中立裁判者的缺乏，检察机关毫无疑问承担了程序的主导作用。面对既是"博弈对手"、又是程序主导者的检察机关，律师的辩护行动更多表现为通过提出合理意见使对方听取并取得认罪认罚利益，[2]如果仍然采用一味竞争拒绝合作的方式展开辩护，无异于断送了被追诉人认罪认罚以换取量刑从宽之路。此外，律师辩护的根本目的是为当事人争取无罪或罪轻的处理结果，并非必须经过法庭审理才能够达成这一目标，检察机关出具的不起诉决定和刑期相对较低的量刑建议能够起到同样的效果，这又赋予了检察机关"准裁判者"的角色。除了充当被追诉人权益的保障者，律师辩护的主要目的便是说服裁判者作出对当事人有利的决定，说服活动的场域便构成了律师开展辩护工作的"主战场"。但相对于比较中立的法官而言，检察官并非对于刑事诉讼的裁判结果利益无涉。不论是职责所系的社会利益，抑或与辩护律师同等的需要面对裁判结果所引发的职业评价时关涉的个人利益，检察官与其说是价值中立的司法人员，毋宁说是参与商谈的利益攸关方。律师的辩护行动需要同时考虑检察官和被追诉人利益，在互惠性的基础之上展开。互惠性要求律师与检察官需要建立相互信任的基础。一方面，律师的辩护行动应当作为一种"阳谋"，展现出在不损害公共利益基础之上，因势利导地制定并执行的策略；另一方面，律师也应当识别出检察官是否正在真诚地协商。例如，笔者在访谈中获悉，某起认罪认罚案件中，检察官要求辩护律师说服被追诉人同意其提出的量刑建议，否则便提出更高的量刑建议。辩护律师在综合考虑后拒绝了该建议，最终检察官仍出具了相同的量刑建议，这说明检察官从一开始便无意与辩方协商。互惠性同样意味着辩护行动引导控辩双方走向皆大欢喜的合作。而商谈则意味着律师需要根据具体案情与检察官展开一种旨在达成共识的反思性沟通，这种沟通采取了论辩的形式，在检察官对其辩护意见

---

　　[1]　参见张俊、汪海燕："论认罪认罚案件证明标准之实践完善——兼评《关于适用认罪认罚从宽制度的指导意见》"，载《北方法学》2020年第3期。
　　[2]　有学者将认罪认罚从宽制度称为"听取意见式司法从宽模式"。参见闫召华："听取意见式司法的理性建构——以认罪认罚从宽制度为中心"，载《法制与社会发展》2019年第4期。

有效性进行挑战时予以回应。经过控辩双方多轮交互所形成的认罪认罚共识，同时体现了控方的求刑权力和辩方的宽宥请求。相比于庭审判决的作出主要来自商谈程序的真空—封闭的合议庭评议，[1]认罪认罚案件所形成的控辩双方的共识在某种程度上更能代表裁判结果的民主协商性质。

二、认罪认罚从宽制度中律师辩护之考量要素

通常认为，律师辩护主要指律师通过行使辩护权从案件事实和法律依据上对公诉机关指控的犯罪事实提出无罪、罪轻或免予刑事处罚等意见。此外，广义上的律师辩护还包括保证被追诉人合法权益免受侵害的行动。律师在认罪认罚案件中的辩护着力点由庭审阶段前移至审前阶段，律师需要在此时便开始进行卓有成效的辩护行动，力争促使控辩双方达成对于案件定性和处罚结果的共识。而在律师开展辩护行动之前，需要将相关要素纳入考量范围，在此基础上制定适当辩护策略。考量要素的确定，至少应当包含以下几个方面：一是能够帮助律师掌握具体案件情境的相关信息，以此作为律师辩护行动的事实依据；二是能够将案件情境涵摄其中的法律规范，以此作为律师辩护行动的规范依据；三是案件发生的政治背景和社会环境，以此作为律师辩护行动的环境依据；四是论辩对手的个人信息以及应当纳入律师辩护行动的考量要素。前三方面旨在通过加大辩护行动的信息密集度和技术性能，从而降低辩护结果的"技术不确定性"；第四方面旨在通过规避机会主义行为从而降低辩护效果的"行为不确定性"。[2]

（一）案件事实相关的信息

律师的辩护行动以说服对案件裁判结果产生重要影响的人员接受其辩护意见为根本目标，这里蕴含着律师通过对事实问题的阐述和对法律适用的分析表述己方观点的意味。通常而言，律师只有通过旨在追求上述目标实现的多种形式的辩护行动，最终说服对方作出有利于被追诉人的决定；或者律师

---

〔1〕 参见［德］哈贝马斯：《在事实与规范之间：关于法律和民主法治国的商谈理论》，童世骏译，生活·读书·新知三联书店2003年版，第290页。

〔2〕 按照经济学中的不确定性理论，不确定性可以划分为两类，一类是"技术不确定性"，即由于人们的技术水平不够、客观信息缺乏而导致的不确定性；另一类是"行为不确定性"，即由于博弈中参与人的机会主义行为而带来的不确定性。参见丁建锋："博弈论视角下的过程偏好与程序正义——一个整合性的解释框架"，载《北京大学学报（哲学社会科学版）》2019年第3期。

最终在证据所证明的事实面前被对方说服，最终接受对方作出的决定。这样的辩护行动才能被称为实质性的辩护。换言之，尽管案件的最终处理结果具有不确定性，律师也无法为自己或被追诉人预设任何结局，但律师的辩护行动则具有相对稳定的表征，即辩护行动必须建立在事实基础之上，需要通过对被追诉人不利的案件事实进行质疑的同时提出有利于被追诉人的事实，针对这两类事实与司法人员展开论辩，竭力获取针对不利事实的否定性评价和对有利事实的肯定性评价，进而引导诉讼向有利于被追诉人的方向推进。刑事案件事实可以划分为定罪事实和量刑事实，量刑事实往往在认罪认罚案件中占据重要地位，因为在被追诉人认罪的前提下，定罪事实往往不存在争议。律师与公诉方进行协商开始之前，需要挖掘、获取能够识别量刑事实的信息，并对这类相互杂糅甚至相互矛盾的信息进行甄别、分类、整理，筛选出其中最有利于被追诉人的真实信息以形成自己对量刑事实的初步判断。此外，虽然定罪事实在认罪案件中的争议性相比不认罪案件较低，但其重要性并未降低，甚至更为关键。不认罪案件的定罪事实往往能够通过后续庭审过程的调查、辩论等环节予以澄清，而对于被追诉人作出有罪供述的案件，由于后续庭审程序的简化，尤其是适用速裁程序的案件法庭调查和法庭辩论程序的省略，审前控辩双方对于定罪事实的合意至关重要。律师在辩护过程中仍然需要对定罪事实予以充分重视，注重相关信息的发现和分析，对于可能无罪的案件需要及时转变辩护思路，将无罪辩护纳入考虑方案。

（二）法律法规

在充分掌握案件事实信息的基础之上，律师需要引入适当的法律规范，形成对于案件处理结果的初步预判。法律规范是将案件情境进行抽象化的结果，在抽象化的法律规范与具象化的案件情境进行互动过程中形成了裁判结果，法律规范包含了能够涵摄具体事实情境的抽象化犯罪构成要件和与之对应的处罚要求。如果控辩双方对于案件事实不存在分歧，那么将犯罪事实纳入哪一条法律规范条文之下便是接下来需要解决的问题。《监督管理办法》《指导意见》等认罪认罚规范性文件均要求在确定量刑建议、签署认罪认罚具结书之前控辩双方针对量刑问题充分协商一致，而量刑问题直接关乎案件事实具体适用于哪项法律规范。认罪认罚从宽制度虽然禁止在已确定某项法律规范能够与案件事实相匹配的前提下，为了获取被追诉人自白，而以较轻罪名起诉或放弃对某些罪名的指控，但在此之前当然存在控辩双方针对案件定性进行论辩的空间。对于案件事实能够涵摄于哪一项罪名条款,具体能够适用于哪一档法定刑,律师的辩护行动主要通过论辩的方式与检察官展开交互商谈,目的是说服检察官能够接受辩护意见,从而认可相对较轻的量刑。尤其对于类似罪名的判断,律师需要提出对被追诉人有利的辩护意见。例如,对于职务侵占罪和挪用资金罪、抢劫罪和抢夺罪、盗窃罪和侵占罪,犯罪事实究竟适用于哪个罪名条款,将决定其量刑协商的基础。我国的刑事立法者在刑法典中将犯罪划分为法定犯和自然犯,"违反基本生活秩序的犯罪是自然犯,违反派生生活秩序的犯罪是法定犯"。[1]自然犯侵害的对象主要集中于人身权、财产权等带有"自然属性"的法益,而伴随着经济高速发展和法律高频修订,现行刑法已远远超出自然犯的核心领域,跨入"法定犯时代"。[2]律师为涉嫌违反行政法规而入罪的法定犯进行辩护,不仅需要考虑刑事法律规范,还需要将行政法规纳入考量要素。在一些行政违法行为导致的犯罪中,律师针对行政法规相关条文进行研究分析,对于随后辩护行动的开展至关重要。

(三) 辩护行动的环境背景

特定背景下,某些类型的案件往往不同程度折射出当前具有普遍意义的社会矛盾和内部冲突,[3]律师的辩护不仅应当考虑案件构成的相关要素,某些情况下需要跳出法律视域,立足于相对宏观的视角考量案件发生的背景,因为背景因素对于案件的最终裁判结果往往也会产生重要影响。例如,我国不定期开展的专项斗争,对于打击惩治犯罪、扫除社会痼疾的作用毋庸置疑,鉴于司法机关越来越重视对于法律政策和案例指导的研判,办案质量得到不断提高。但由于制定工作指标不合理、过度强调打击效果、片面追求办案绩效等违背客观规律因素的存在,某些案件在办理过程中可能存在问题。律师对此类案件展开辩护工作时,如果单纯依照法律规范制定辩护策略,而没有考虑案件的环境背景因素,在一些案件事实基本清晰、证据材料存在瑕疵的案件中轻率建议被追诉人放弃认罪认罚的机会,径直展开无罪辩护,可能无

---

〔1〕 关于自然犯与法定犯的划分及其立法体例,参见张明楷:"自然犯与法定犯一体化立法体例下的实质解释",载《法商研究》2013 年第 4 期。

〔2〕 参见车浩:"法定犯时代的违法性认识错误",载《清华法学》2015 年第 4 期。

〔3〕 参见顾培东:"公众判意的法理解析——对许霆案的延伸思考",载《中国法学》2008 年第 4 期。

法取得预期效果。例如，某些法官为了完成专项工作任务，偏离了审判中立的位置，不仅在讯问时明显偏向公诉方，[1]甚至庭审前胁迫被追诉人认罪认罚。[2]此外，对于一些经过网络自媒体聚焦甚至引发公众情绪发酵的案件，公众意见虽然依附于法律事实但与真正的法律思维又存在着天然的鸿沟，对于案件的浅表评价、深层讨论乃至情感宣泄交叉混杂。律师在开展辩护工作中也需要适度了解舆情内容并判断其对于裁判结果可能产生的影响，从而制定恰当的辩护策略。例如，在"昆山龙哥"案件发生前，我国司法实务部门对于正当防卫的认定相对谨慎。但该事件发生后引发了网络热议，公众对于嫌疑人普遍持同情态度，理论界也有相当数量的学者论证了该案适用正当防卫的合理性，结合近年来我国推行的"以审判为中心"等司法体制改革成效，公安司法机关更可能摒弃入罪思维，对此类有争议案件进行更加理性、客观的分析。律师如果在此案件中建议被追诉人认罪认罚，虽然具备一定合理性，但显然非最佳之举。

（四）论辩对手的个人信息

通常而言，裁判者能够不带预设地客观看待外界和判断他人。他对事实的分析和案件的判断，主要源于对有助于形成客观公正裁判结果的证据材料所作的多元性和审慎性的评断。[3]即便如此，裁判者仍或多或少会受到知识背景、个人经验等直觉因素的影响，[4]甚至对相似案件不时作出差异明显的裁判结果，作为法律职业共同体的检察官和律师同样有可能对同一起案件产生截然相反的认识和评价。认罪认罚案件的律师辩护并非照本宣科地机械套

---

　　[1]　有学者通过对搜集到的案件进行分析，发现司法实践中刑事审判权异化的问题较为突出。例如，有些法官不仅在讯问被告人时明显偏向公诉方，对于律师的辩护意见也往往未给予应有的重视，甚至还时常无理限制律师的发（问）言。有的案件律师才说几句话就被法官打断，而公诉人发表公诉意见则可以洋洋洒洒数千言。在有些案件中，律师仅仅是为了争取话语权就与法官发生了激烈的争吵。参见李奋飞："论'表演性辩护'——中国律师法庭辩护功能的异化及其矫正"，载《政法论坛》2015年第2期。

　　[2]　2020年6月9日，有微信公众号发布《法官被指胁迫"黑老大"认罪认罚》，焦作市中级人民法院经核查，确认存在此问题，后对相关人员予以问责。参见"情况通报"，载焦作市中级人民法院官网 http://jzzy.hncourt.gov.cn/public/detail.php? id=14122，最后访问日期：2020年6月12日。

　　[3]　参见［美］E.博登海默：《法理学：法律哲学与法律方法》，邓正来译，中国政法大学出版社1999年版，第454页。

　　[4]　参见寿媛君："论司法裁判法律效果与社会效果的统一路径——以刑事司法裁判为例"，载《法律科学》2020年第4期。

用法律的过程，而是在控辩双方你来我往的动态交互过程中不断调整切入点和着力点以寻求共识的意图。律师需要区别不同的商谈对象以制定相应的辩护策略，以期达到理想的辩护效果，检察官的职业素养、是否善意理性以及对于类似案件的态度自然应纳入到律师辩护需要考量的要素之中。

CHAPTER7

第七章

论认罪认罚从宽制度中的"竞合式辩护"

　　认罪认罚从宽制度设立的初衷之一便是通过贯彻宽严相济的刑事政策以减少对抗，[1]过于强调对抗性的辩护方式可能无法与制度运行兼容，也难以取得良好的效果。此类案件中，律师的辩护行动可能无法产生被追诉人立即无罪释放的震撼效果，甚至某些特殊情况下被追诉人即使认罪认罚，案件也并非一定取得理想结局。但律师每一次全力投入的辩护行动，通过对案件细节的抽丝剥茧和辩护策略的缜密研究，将关切到当事人的切身利益，最终可能惠及整个法治环境。上文所述，认罪认罚案件中的律师辩护样态在时间上向审前阶段倾斜、空间上向量刑辩护侧重、方式上强调互惠合作，但由于控辩双方存在根本目标的差异，适度的竞争对抗不可或缺。有学者将控、辩、审三方比作黑格尔哲学中的正反合关系，其中指控意见是肯定，辩护意见是否定，裁判结果是包含两者的合题。[2]认罪认罚案件则是通过将这一关系前置于审前阶段，通过控辩之间否定、否定之否定的论辩，最终形成控辩合作之命题的过程。因此，律师在认罪认罚案件中的辩护方式应当是能够区别于非认罪认罚案件的独特的类型化辩护方式。类型化辩护需要具体运用到司法实践中，并且不应当局限于审判阶段，侦查阶段和起诉阶段均需予以重视。认罪认罚案件的律师辩护行动呈现出以论辩、商谈的形式与控方展开适度对抗的竞争式辩护和谋求互惠性的合作式辩护交织运行的局面。这种竞争与合作都是附条件和相对的。竞争并非单纯为了赢得对抗以压倒对方，而更多体

---

〔1〕　参见张智辉："认罪认罚从宽制度适用的几个误区"，载《法治研究》2021年第1期。

〔2〕　参见胡云腾："为刑事辩护制度健康发展提供有力司法保障"，载法制网 http://www.legal-daily.com.cn/fxjy/content/2019-04/17/content_7833226.htm，最后访问日期：2020年7月2日。

现出一种在相互论辩的形式中寻求事实真相的稳定状态；合作也多建立在以自身利益最大化为前提的有限度合作上。站在博弈论角度，控辩双方这种竞争中有合作、合作中有竞争的博弈被称为竞合博弈。[1]职是之故，笔者将这种辩护行动总结为"竞合式辩护"，并以"论辩—互惠商谈"视角试析之。此外，基于无罪辩护与认罪认罚可能存在的天然冲突，两者能否在同一制度中兼容并存需要加以论证，通过裁判文书进行的实证研究有助于审视目前司法机关的态度。

第一节 厘清："竞合式辩护"的基本蕴含

公平正义是司法的核心价值追求，为保证案件处理结果能够体现公平正义，刑事诉讼程序不应当成为司法机关的"一言堂"，案件处理结果应当是建立在综合考虑代表不同利益主体的诉求基础上，各诉讼参与方通过理性论辩、商谈最终达成的共识。基于此，律师作为代表被追诉人的诉讼主体，需要通过辩护的方式依法维护被追诉人的各项权益。不认罪案件中，控辩双方存在诉讼目标上的根本冲突，公诉机关力求对被追诉人定罪、量刑，通过行使控诉职能要求法官对被追诉人所有涉嫌犯罪的行为进行否定性评价；被追诉人则希冀说服法官给予出罪的评价，实现有罪至无罪、重罪至轻罪的处理结果；律师作为被追诉人的代理人，以推翻控方出示的证据或提出的控诉意见为目标。控辩双方展开激烈的庭审交锋成为刑事诉讼的主基调。认罪认罚案件中，控辩双方由于对案件事实等基础性问题不存在分歧，多数情况下法律适用方面也达成了共识，仅仅在量刑问题上彼此可能存在心理预期的差异。此时，只要能够完成定罪目标，公诉机关已无必要在量刑问题上与被追诉人针锋相对，律师便因此具备与检察官展开合作的辩护空间，力争与控方取得对被追诉人从轻处罚的量刑合意，甚至争取到不起诉的处理结果。但这种合作式辩护并非全然排斥富含竞争性因子的论辩商谈，区别仅仅在于此时的竞争并非面对第三方裁判者的激烈交锋，而是控辩双方共同引导事实真相浮出水面的充满合作意味的意见交换。这种竞争旨在通过提出差异化辩护意见以实现与

---

〔1〕 参见陈常燊：《互惠的美德：博弈、演化与实践理性》，上海人民出版社 2017 年版，第 137 页。

控方的良性互动，不断在案件的细分领域取得控方的认可和理解，最终积累形成能够影响案件走向的共识，实现控辩双方的合作共赢。

司法裁判必须同时具备判决的自洽性和合理的可接受性，裁判结果的自洽性表明其根据法律秩序作出；合理的可接受性要求在同案同判的基础上因为充分的论辩而被参与者合理接受，裁判结果的作出能够体现出脱离偶然情境的同时，与法律制度相符之必然。不论是自洽性抑或合理的可接受性，均强调了司法裁判在作出过程中论辩各方的有效参与。自洽性要求司法裁判的作出过程符合法律秩序，这主要体现在裁判结果符合内部证成的形式理性要求中，对于各方已达成共识的案件事实和法律规范，通过演绎推理的方式导出结果；合理的可接受性则对实质理性提出了要求，即对于内部证成所适用的大小前提通过交互商谈的方式达成共识。认罪认罚案件中的量刑合意由于同时具备检察机关的控诉要求和律师辩护意见的双重属性，并且直接引导了最终判决结果的形成，同样需要具备自洽性和合理的可接受性。此时的量刑合意不应仅体现出检察机关的单方意见，更应代表着律师将其通过论辩方式提出的辩护意见与检察官进行交互商谈后进行批判性反思的结果。认罪协商之基石在于"对抗基础上的合意"，[1]律师的辩护行动需要以维护被追诉人权益为根本出发点，运用法律知识形成对案件的职业判断，在此基础上将辩护意见与公诉意见进行比照，保留不存在争议的部分，对于尚存争议的部分通过反复的沟通协商达成共识。不论最终的量刑合意采纳了控辩哪方意见，协商过程势必存在不同程度的分歧和对抗。是故，尽管认罪认罚从宽制度的合作性司法属性已普遍形成共识，律师的辩护行动需要在合作的基调下展开，但控辩双方在某些案件认定的细分领域并非不存在竞争，甚至合作的本身便是包容不同意见间博弈的求同过程。这种通过发表不同意见引导案件向有利于被追诉人方向发展的行动恰恰能够体现出律师辩护的作用和精髓，而论辩、商谈则是律师辩护行动实质内核的外在表征，主要包括辩护主体、辩护目标和辩护方式。

一、辩护主体的身份限定

认罪认罚案件中，律师辩护的目的是通过导入对案件关键部分的理解和

---

[1] 参见郭烁："二审上诉问题重述：以认罪认罚案件为例"，载《中国法学》2020年第3期。

认同，最终形成处理结果的共识。按照哈贝马斯的法律商谈理论，主体间意欲达成理性共识的前提是必须具备相应资质，即能够提出可理解性、真诚性、真实性和正确性商谈表达的"先验共识能力"。[1]其中真诚性、真实性和正确性作为行动有效性三要素成为律师辩护行动应当遵循的基础性原则，而可理解性则贯穿于主体间的论辩过程中，呈现出经验性的特点。可理解性要求通过可理解的表达使听话人能够揣测出说话人的意图，而为了使听话人更好地领会这种表达，说话人需要使听话人能够理解其表达背后的理由和有效性声称。只有具备了"先验共识能力"的主体才有可能通过有效的沟通最终达成共识。法律意义与其说完全取决于立法者的个人意志，毋宁说取决于特定法律制度环境下司法运行中通过法律解释进行的凝练，而制度环境某种程序上受制于法律共同体的认识、判断和意图。[2]律师辩护便是通过论辩的方式针对现实情境的不确定性和法律规范的不完善性提供的一种合理的解决方案，最终在先验共识能力的引导下与法律共同体达成共识。相比于普遍案件，认罪认罚案件的辩护重心前移至审前阶段，主要于控辩双方之间展开。由于缺乏第三方的居中裁判，自主商谈便成为控辩双方于审前阶段互动的主旋律，而此时作为法律共同体的检察官与律师的先验共识能力便成为控辩双方达成案件处理共识的基点。包括检察官与律师在内的法律职业共同体的先验共识能力发端于共同的法律学识熏陶、类似的职业经验浸润以及共同的法治精神信仰，使得共同体成员具备类似的法律技巧和法治观念，相互间在思维模式、处遇方式上潜移默化地趋同，从而强化了成员彼此间的理解和认可，在面对类似情况时更有可能产生相似的判断和评价。这种经过法律专业训练所形成的先验共识能力有助于控辩双方在排除外界干扰和强制的前提下，在规则框架内自发进行论辩，例如司法实践中法官、检察官偶尔会建议被追诉人聘请律师，初衷便是与律师的沟通更容易得到彼此的理解和认可。真正意义上的审前阶段的共识只能在检察官与律师之间形成，没有律师参与的控辩协商由于被追诉人缺乏先验共识能力，量刑建议只会沦为检察官灌输给被追诉人的产物。即便被追诉人具备一定的法律背景，甚至具有一定的辩护经验，仍难

---

〔1〕 参见刘晗："哈贝马斯基于交往的话语理论及其规范问题"，载《上海交通大学学报（哲学社会科学版）》2010年第5期。

〔2〕 参见［比］马克·范·胡克：《法律的沟通之维》，孙国东译，法律出版社2008年版，第272页。

以胜任自我辩护，例如曾经作为刑事辩护律师的李庄，同样需要聘请律师为其辩护。[1]因此，认罪认罚案件的辩护主体应当由律师担任，无论是值班律师抑或委托律师，均应当承担起与检察官展开论辩的主要职责，而非作为认罪认罚具结书的"见证人"或认罪认罚合法性的"背书方"。

二、认知纠偏的宗旨聚焦

人们的认知并非总是能够准确地反应自身和客观世界，反而容易受到情境的影响出现失真现象，导致认知形成偏差。这种认知偏差能够通过心理训练加以限制，但无法完全消除，即便受过专业法律技能训练、相比常人更富理性思维的司法工作人员，也无法在司法实践中完全克制。锚定效应、首因效应均属于在刑事诉讼程序中经常出现的认知偏差。锚定效应指信息决策者在一定情境中受初始信息的影响易作出向其趋近的认知偏差，[2]表现为对于类似事物的思维定式或思维惯性。刑事诉讼程序中，锚定效应突出表现为追诉机关有罪推定的思维惯性。毋庸讳言，我国长期以来奉行侦查中心的流水式犯罪追诉模式，绝大多数侦查机关抓获的犯罪嫌疑人最终均被定罪处罚，导致侦查人员逐渐形成了有罪推定的心理预判；加之其中的冤假错案客观上比例较低，进一步加剧了侦查人员的认知偏差，有罪推定思维主导了侦查工作，最终形成富含证明嫌疑人有罪和罪重信息的案卷材料。这种充满相对片面信息的证据载体移送至检察机关后，成为检察官接收案件信息的第一印象，这类信息也因为接收顺序的优势对检察官的认知产生重要影响。[3]认罪认罚案件中量刑协商涉及大量的信息交互和决策判断，消除控方人员的认知偏差成为律师辩护的重要目标。律师通过适时启动认罪认罚程序，及时提交辩护意见，使对被追诉人的有利信息和不利信息在检察官认知进程中形成博弈竞争，最终在信息交互过程中达到均衡。对于符合认罪认罚条件的案件，律师应当在与被追诉人充分沟通取得共识的前提下，主动启动认罪认罚程序，防

---

〔1〕 参见李奋飞："论'表演性辩护'——中国律师法庭辩护功能的异化及其矫正"，载《政法论坛》2015年第2期。

〔2〕 参见汤媛媛："警惕刑事审判中的锚定效应"，载《人民法院报》2020年3月5日，第5版。

〔3〕 这便是认知心理学上的"首因效应"，即交往双方形成的第一印象对交往关系的影响。参见"首因效应"，载百度百科 https://baike.baidu.com/item/首因效应/2167791？fr=aladdin，最后访问日期：2021年3月8日。

止检察官形成对被追诉人不利的"初始偏见"。[1]除几类特殊性质案件和"认罪认罚不足以从轻处罚的"案件,其他案件的被追诉人认罪认罚后均应得到从宽处罚。但不论司法工作人员是否决定从宽处罚,对被追诉人认罪认罚的意愿均应接受。根据法律规定和最高人民检察院官方意见,被追诉人有权申请适用认罪认罚从宽制度,但最终是否适用即是否对犯罪嫌疑人或者被告人从宽处罚,由司法机关根据案件情况依法决定。[2]同时根据《指导意见》,认罪认罚从宽制度适用于包括侦查、审查起诉和审判的刑事诉讼全阶段,每一阶段的司法工作人员均应当履行告知义务。被追诉人及其辩护律师在侦查阶段可以向侦查人员表达认罪认罚的意愿并提交书面法律意见,该意见应当纳入案卷材料。这使得案卷材料中的信息更加全面、客观,更重要的是案件材料将包含律师对于案件的评价和判断,对被追诉人有利和不利的信息同顺位进入检察官的认知领域,能够一定程度上纠正信息单一所造成的认知偏差。司法实践中,侦查机关移送诉讼卷宗后、检察机关允许律师阅卷前通常需要2~3天的扫描时间,检察官也往往在扫描后方才开始阅卷,而形成对于案件的清晰认知则需要更多时间。律师如果能够在检察官形成清晰认知前完成阅卷并与之有效沟通,强化对检察官信息输入的全面化和客观性,更有助于消除案卷材料造成的首因效应,帮助检察官形成科学的决策。有学者通过实证研究得出,有效率的决策信息供给机制,至少需要满足信息甄别成本的可控性、信息供给阶段的相对独立性和信息供给的竞争性三方面要求。[3]其中信息甄别成本的可控性主要通过程序性制裁所形成的否定性评价以实现信息供给真实;信息供给阶段的相对独立性则建立在多元化决策的制衡基础之上;而信息供给的竞争性则主要依靠律师通过辩护行动提供具有竞争性的信息内容予以实现。此外,卷宗移送所带来的认知偏差能够通过冗余信息和倒摄抑制对认知产生反方向吸引的方式予以抵消。传播学中,冗余信息指信息传输时产生了必要信息以外的多余信息。冗余信息可能导致不必要的损耗和传播频率的降

---

〔1〕 这主要指裁判者在正式审判之前,由于在法庭审判之外接触与案件相关之事实,而形成对案件先入为主的判断。具体到认罪认罚案件,意指检察官在收到没有辩护意见的案卷材料后形成的预断。

〔2〕 参见蒋安杰:"认罪认罚从宽制度若干争议问题解析(上)",载《法治日报》2020年4月29日,第9版。

〔3〕 参见杨彪:"司法认知偏差与量化裁判中的锚定效应",载《中国法学》2017年第6期。

低，通常带有负面的消极意义。但在交互沟通中，冗余信息却表现为一种语用策略，往往能够带来正面的积极效果，恰当释放有助于实现良性沟通。例如，量刑协商中检察官询问律师是否接受目前的量刑建议，律师并未简单回复接受或不接受，而强调某些量刑情节没有被考虑，这便是为了达到辩护目的而采取的冗余信息策略。这种策略将有利于被追诉人将"冗余信息"带入沟通领域，使之成为新的沟通焦点。除了语用学方面的意义，律师还能够通过频繁启动控辩商谈，实现高频重复的信息输入从而影响检察官的认知。而所谓的倒摄抑制，则主要指后信息对前信息的干扰作用，律师表达辩护意见的时间节点距离检察官作出量刑建议的时间间隔愈短，便越有可能对最终的结论施加影响，这也解释了为何"最后陈述制度被我们当作包括简易程序在内的所有庭审程序中都不可或缺的一环"。[1]因此，律师进行辩护时需要把控协商节奏，根据诉讼进程合理预判协商终点，进而在检察官作出量刑建议的决定前进行"最后陈述"。

三、法律论辩的方式要求

拥有"先验共识能力"的律师，通过提出辩护意见、反复展开商谈、发表"最后陈述"等辩护方式介入到认罪认罚案件中，力争使辩护行动具备时效性，并谋求在案件事实、法律适用层面达成对被追诉人最有利的控辩共识。司法裁判结果可以被看作是"特殊程序支配的论辩游戏的结果"。[2]在此过程中，律师辩护的内容聚焦于案件事实、法律适用以及由此推导出恰当的处理结果。前两者涉及对内部证成之大小前提的外部证立，后者则由达成共识的大小前提经内部证成得出。案件事实的证立涉及涵盖范围广袤的法庭科学体系内容，其又可以归属于分门别类的自然科学。由于自然科学法则无法通过纯粹的逻辑推演规则进行预设，此时需要将其过渡至专门对事实问题进行证立的证据规则，即受制于法律论辩的经验推论法则。案件事实作为既往的纯客观的存在，其中能够被思维和意识所感知的部分构成了可以用于构建法

---

〔1〕　所谓倒摄抑制，反映了这样的心理学原理：对一个人影响最深的一般是最后进行陈述的人。关于倒摄抑制对于认知偏差的抵消关系。参见元轶："庭审实质化压力下的制度异化及裁判者认知偏差"，载《政法论坛》2019年第4期。

〔2〕　参见［德］哈贝马斯：《在事实与规范之间：关于法律和民主法治国的商谈理论》，童世骏译，生活·读书·新知三联书店2003年版，第287页。

律推理过程的法律事实。可以说，法律事实之所以能够脱胎于案件事实，主要通过选择陈述的方式使判断者意识到被陈述的事实在法律上的重要性，[1]因此被赋予了可陈述性和经验性的特点。由于案件事实发生在过去的某一时刻，无法被直接感知和亲眼所见，必须转化为可直接作为裁判结果形成素材的法律事实，而证据便成为连接案件事实与法律事实的桥梁或将案件事实折射出法律事实样态的"镜子"。事实认定者只能通过证据进行经验法则范畴上的推论，以对事实发生的可能性作出盖然性裁断。[2]因此，法律事实与其说是客观现实在法律领域中的"投影"，毋宁说是诉讼过程中交互论辩的主观诠释的产物，其中至少涉及不同利益诉求者间的博弈、证据诠释者的主观判断、说服责任的要求以及论辩对手的限制等因素。有学者根据律师是否提出新的事实或诉讼主张将辩护分为积极辩护和消极辩护，[3]站在博弈论角度，这种划分能够体现出律师作出了不同的博弈选择。"最好的防守是进攻"，与其说论辩控方提出的事实不成立或与案件无关，不如直接提出一项于己有利的事实推翻对方主张。因为前者建立在论辩者主观判断和评价之上，不同诉求、不同利益集团的代表可能出现见仁见智的判断，而后者则建立在客观事实基础之上，不同的人能够得出相对普适的评判。律师在认罪认罚案件中首先应当进行消极论辩，以判断案件是否具备认罪认罚的事实基础，在此基础上再进行有的放矢的积极论辩。盲点效应揭示出，人们聚焦在某一类事物时，越是集中精神，越有可能忽视其他事物。由于被追诉人主动认罪的影响，律师有可能会过分聚焦于控方证据而忽视无罪证据，最终导致错误认罪。因此，律师在对控方证据展开消极论辩的同时，需要适度展开积极论辩，注意搜集可能使被追诉人无罪的证据。证据信息仅仅能够反映案件事实发生的概然性和或真性，不同的证据组合或证据解释可能映射出完全不同的法律事实。与检察机关不同，法律并非赋予律师提供不利于被追诉人的证据以及对证据作出不利解释的义务，律师需要根据执业经验和职业素养筛选出可能导致有利结论的证据信息，使之组成逻辑完整的证据链条，并对其进行合理化解释，最终与检察官达成对被追诉人较为有利的共识。与此同时，律师的根本目的

---

〔1〕 参见［德］卡尔·拉伦茨：《法学方法论》，陈爱娥译，商务印书馆2003年版，第160页。
〔2〕 参见张保生："事实、证据与事实认定"，载《中国社会科学》2017年第8期。
〔3〕 参见陈瑞华："论刑事辩护的理论分类"，载《法学》2016年第7期。

在于说服检察官接受己方主张，而非独白式的自说自话，说服责任要求律师对于经验事实的论辩对象应当包含尽可能完整的证据信息，并且在对证据进行诠释过程中选择相对理性而非充满情感的消极修辞语句。因为消极修辞语句强调事实的平铺直叙，积极修辞语句则注重价值的丰富渲染，如欲建立事实命题与价值判断之间的联系，则可能使控辩商谈陷入"休谟问题"的无解之中。[1]控辩协商的交互性决定了律师与检察官具有相互说服的意图和行为，而检察官则在此过程中毫无疑问地占据了主导地位，[2]律师的论辩势必受其限制和影响。控辩双方由于职能差异往往会呈现出信息不对称的状态，律师需要尽可能全面掌握控方获取的全部信息，才可能得出更为客观、理性以及检察官能够接受的结论。按照真理符合论，案件的现实情境土壤并非必须与法律规范所涵摄的范围具备同构关系，而更关乎于言说者与听众之间"对于法律论证的方法和结论"是否能够达成共识。[3]

法律适用的难题源于"过去"产生的法律规范如何准确适用于"现今"的法律事实，而法律规范又构成法律论辩与法律效力形成联系的媒介。[4]由于法律规范产生的时代背景和针对的现实情境均来自过去，而源自生活世界的案件事实又随着时代发展不断滚动翻新，两者之间如何有效衔接成为法律论辩需要解决的问题。控辩双方需要通过论辩消除影响定性的思辨性分歧和影响定量的实践性分歧，律师辩护的作用便是在分歧消弭的过程中引导结论向有利于被追诉人的方向发展。与司法工作人员不同，律师的论辩方向不需要也无法具备中立性，在法律事实达成共识的基础上，律师需要将于己有利的法律规范导入论辩。简易案件中，律师通过语义学解释便能够发掘出相应的法律规范；复杂案件中，律师则需要通过目的解释、历史解释等解释规准

---

〔1〕　休谟问题，指从"是"能否推出"应该"，即从"事实"命题能否推出"价值"命题。它是休谟在《人性论》中提出的著名问题，至今仍未被有效解答。参见［英］大卫·休谟：《人性论》，贺江译，台海出版社 2016 年版，第 74~191 页。

〔2〕　关于检察官的主导责任，参见汪海燕："认罪认罚从宽制度中的检察机关主导责任"，载《中国刑事法杂志》2019 年第 6 期；顾永忠："检察机关的主导责任与认罪认罚案件的质量保障"，载《人民检察》2019 年第 18 期；李奋飞："论检察机关的审前主导权"，载《法学评论》2018 年第 6 期。

〔3〕　参见雷磊："新修辞学理论的基本立场——以佩雷尔曼的'普泛听众'概念为中心"，载《政法论坛》2013 年第 2 期。

〔4〕　参见［德］卢曼：《社会的法律》，郑伊倩译，人民出版社 2009 年版，第 339 页。

明确能够将法律事实涵摄其中的法律规范。[1]当出现两个以上相互竞争的解释结果时，控辩双方的偏向性便可能显现，尽管律师此时竭尽所能说服对方作出，但共识并非各方一味强调己方利益、拒绝任何妥协情况下的产物。此时律师除了作出能够自圆其说的法律论断外，还需要运用法律共同体的"先验共识能力"判断出何种妥协更有可能使对方接受，亦即控辩双方的"共识点"位置。次优理论指出，在无法完全满足所有外部前提下，一味朝着最优方向努力无法实现帕累托最优的结局。换言之，在无法左右对方意志的情况下（左右对方意志明显是一个实现最优结局的外部必要条件），适度的妥协而非强硬的对抗往往能够取得更佳的效果。达成思辨性共识意味着控辩双方建立起认罪的基础，解决如何量刑的实践性问题则需要通过后果主义论辩和融贯性论辩，因为刑罚本身便带有强烈的价值属性。[2]律师通过后果主义论辩和融贯性论辩挖掘出与法律价值和法律原则相适应、对被追诉人最为有利的量刑结果，并通过提供于己有利的过往案例将案件推入判例的惯性轨道。由于是否认罪的根本性问题已得到解决，量刑共识相对容易达成，律师通过合理论辩收获理想效果具有更大可能性。

第二节　凝练："竞合式辩护"的实质追求

一、揭露真相的价值追求

德肖维茨在《致年轻律师的信》中坦言："称职的律师必须为其当事人做任何不为法律或法律行业规则所禁止的事情。"[3]这句话揭示出律师在辩护过程中需要承担两项义务：一是忠诚性义务，竭尽所能地维护当事人的合法权益；二是合法性义务，不允许从事法律明令禁止的活动。之所以要求律师承担合法性义务，主要基于法律价值的综合权衡。法律通过调整当事人间的权

---

〔1〕　关于刑法解释问题，笔者比较赞同冯军教授提出的刑法教义学观点。由于本书主要研究程序法而非实体法，故在此不展开论述，相关内容参见冯军："刑法教义学的立场和方法"，载《中外法学》2014年第1期。

〔2〕　关于刑罚的价值属性，参见赵秉志、陈志军："刑罚价值理论比较研究"，载《法学评论》2004年第1期。

〔3〕　［美］艾伦·德肖维茨：《致年轻律师的信》（应用导读版），单波译，法律出版社2018年版，第162页。

利、义务，进而关涉到个人利益和社会秩序，律师作为享有法律服务的垄断从业者，对法律的有序运行起到重要作用。基于工作性质的特殊性和享有的执业垄断权利，律师必然需要承担起相对于其他从业者更多的公益义务，即基于维护当事人利益的职业专注义务和兼顾公共利益的公共责任。[1]也有学者将两项义务划分为对当事人的忠诚义务和对法庭的真实义务，真实义务又可以划分为积极的真实义务和消极的真实义务。[2]积极的真实义务表现为"作为"的方式，主要由公诉机关承担；消极的真实义务表现为"不作为"的方式，包括律师在内的诉讼当事人均需承担。我国《刑事诉讼法》《律师法》对此均有规定。[3]真实义务使律师和司法工作人员的职业伦理产生交集，形成了彼此共通的价值追求，从而营造出合作的前提和商谈的"话语情境"。因此，身兼保障个人权益和维护公共利益双重职责的律师，更加注重通过"反复权衡，互相求证"的沟通技巧和"讲道理"式的修辞手法，通过与控方"反复进行克制性、互动性对话和论证"，实现"和而不同、互利共赢"，"展现了主体间性的互动特质和共鸣效果"，[4]尤其在办理认罪认罚案件中更加容易展现出这种双重职责。一方面，对于符合条件、当事人同意认罪认罚的案件，律师应当积极促成认罪认罚从宽制度启动，通过与检察官反复沟通协商寻求有利于当事人的程序处理和量刑意见，维护当事人权益；另一方面，律师需要将身份"投射"至公诉人员进行换位思考，获悉对方的利益关注点，以实现将心比心式的交融性理解，寻求双方利益的最大公约数。这主要体现在认罪认罚的事实基础和自愿性确认。美国的辩诉交易制度要求有罪答辩应当系被追诉人自愿作出，并且需要具备事实基础。[5]认罪认罚从宽制度同样未改变我国刑事诉讼对于事实真相的态度，不论被追诉人是否认罪认罚，司

---

〔1〕　参见卢少锋、冯雷："论辩护律师的真实义务"，载《河南社会科学》2019年第12期。

〔2〕　关于律师的忠诚义务和真实义务，参见郭恒："辩护律师忠诚义务论"，对外经济贸易大学2019年博士学位论文。

〔3〕　2018年《刑事诉讼法》第44条概括规定了律师的真实义务，主要涉及禁止辩护人从事伪造证据的消极不作为责任。《律师法》第2、3条不仅规定了律师应当"维护当事人合法权益"的忠诚义务，也赋予了律师"维护法律正确实施，维护社会公平和正义""以事实为依据，以法律为准绳"的真实义务，而这同样也是司法工作人员应当履行的职责。

〔4〕　杜宴林："司法公正与同理心正义"，载《中国社会科学》2017年第6期。

〔5〕　参见史立梅："美国有罪答辩的事实基础制度对我国的启示"，载《国家检察官学院学报》2017年第1期。

法工作人员均有义务首先确认案件的事实基础。2018 年《刑事诉讼法》新增了法院对量刑建议如何处理的条文，列举了五种可以不采纳的情况。其中第（一）项涉及认罪认罚不具备事实基础，第（二）（三）项涉及被追诉人认罪认罚自愿性问题。《指导意见》中也强调了检察机关在审查起诉阶段对于上述内容的审查义务。认罪认罚不自愿意味着被追诉人的诉讼权利可能遭受侵害，这同样可能导致案件的事实根基产生动摇，使事实真相掩埋于非自愿认罪构筑的虚假情境之下。我国刑事诉讼致力于追求案件事实真相和法律统一适用的基本价值取向不可能发生动摇。[1]作为强职权主义国家，追求事实真相体现了维护社会公共利益的根本价值追求，也是司法机关工作人员职责所在，有损于职责履行的事项势必引发强烈排斥，这一点与律师在认罪认罚从宽制度中的职责产生了共鸣，实现了公共利益与个人权益的价值交融。律师在认罪认罚从宽制度中的真实义务同样体现在确认认罪认罚的事实基础和被追诉人认罪认罚的自愿性方面，引导不具备事实基础的案件和被追诉人不认罪案件通过完善的法庭审理程序发现事实真相，有利于维护被追诉人的合法权益。因此，律师在认罪认罚案件中并非单纯的"见证人"或"协商人"，而是与司法工作人员具有共同价值追求、赋予制度运行合法性的实质参与方。检察官和律师，应当是司法公正的文化表征，是法治道德的灵魂和化身，他们对刑事诉讼的进程具有举足轻重的影响力。律师的辩护工作需要确保案件朝着揭露真相的方向发展，这承载了认罪认罚案件中控辩双方进行互惠合作的内源动力。

二、提升效率的导向趋同

刑事诉讼程序虽然无法对律师辩护的细节进行调校，但能够对其运行过程提供制度性框架。社会向度上，程序法赋予了刑事案件的原告和被告以检察官和被追诉人的角色出现在法庭之上，法官作为裁判者在原告和被告及其代理律师的协助下发现事实真相；实质向度上，控辩双方通过策略性行动尽可能展开于己有利的论辩，法庭对此综合评价后作出裁判；时间向度上，案件需要及时得到解决，审理期限既不应过于仓促，也不应久拖不下。[2]角色

---

〔1〕　参见魏晓娜："冲突与融合：认罪认罚从宽制度的本土化"，载《中外法学》2020 年第 5 期。

〔2〕　参见〔德〕哈贝马斯：《在事实与规范之间：关于法律和民主法治国的商谈理论》，童世骏译，生活·读书·新知三联书店 2003 年版，第 287~288 页。

分工的差异和追求结果的不同可能会加剧控辩双方的对抗和撕裂，而"高效率法律制度"这样一种普遍关切则成为各诉讼参与方共同关注的目标。对于被追诉人来说，刑事诉讼程序的延长会使其"遭受命运的延期不确定性而陷入困境"，而律师辩护将更有可能促进控辩协商达成，因为辩护律师更有可能帮助被追诉人"准确地估计审判的大概结果"。[1]诉讼成本和诉讼结果的不确定性是左右控辩协商是否达成的重要因素。对于应当适用认罪认罚从宽制度的案件，被追诉人认罪认罚的诉讼成本主要在于其几乎放弃了无罪释放的机会，因为案件的裁判结果很难存在变数（但并非绝对），而获取的收益则可能是立竿见影的程序从简和未来可期的量刑从宽。律师通过释明认罪认罚的权利义务以及由此而来的法律后果，在确保被追诉人认罪认罚自愿性上与追诉机关形成双重保障，更有利于及时启动简易审理程序，防范被追诉人无故反悔的风险，有效提升诉讼效率。同时，检察机关也需要律师及时提出辩护意见，并与律师就案件事实、法律适用以及量刑情节等方面进行审前论辩。双方在刑事诉讼较早阶段对容易产生分歧的部分予以澄清并达成共识，有助于检察机关及时根据案件情况采取更富效率的工作方法，并且事实的澄清也有助于其出具合理量刑建议，进而提升法庭采纳的比率。对于不适用的案件，如果当事人尚未认罪，律师通过论辩、商谈等方式与检察官沟通，说服对方及时终结刑事诉讼程序，作出不起诉决定。如果被追诉人已经认罪，律师需要以被追诉人能够理解的言语向其释明：一是基于辩护职责，自己将在法庭上进行无罪辩护；二是如果被追诉人不同意，有权解除委托或要求更换辩护人，否则可能承担无罪辩护所导致的程序性和实体性后果。同时，律师应当在开庭前与检察官对认罪认罚的基础性问题展开商谈，告知对方自己准备进行无罪辩护，说服对方作出不起诉决定。尽管江苏省高级人民法院出台的认罪认罚相关文件中，已明确指出律师进行无罪辩护的，案件应当适用普通程序进行审理。[2]但由于普通程序仍然会集中于控辩双方产生分歧的部分，并

---

〔1〕 参见［美］理查德·波斯纳：《法律的经济分析》，蒋兆康译，法律出版社 2012 年版，第 836~837 页。

〔2〕《江苏省高级人民法院关于办理认罪认罚刑事案件的指导意见》第 42 条规定："普通程序适用条件。对于被告人认罪认罚，案件事实清楚，证据确实、充分的案件，符合下列情形之一的，人民法院应当适用普通程序：（1）辩护人进行无罪辩护，被告人不同意无罪意见，坚持认罪认罚的……"

且此类案件容易出现被追诉人认罪后反悔的情形，[1]律师此举能够有效防止程序反转所引发的诉讼拖延。

三、互惠合作的外部效应

外部效应指一个人的行动可能会对他人产生影响。按照使他人受益还是受损，可将外部效应划分为正外部效应和负外部效应。传统的博弈论便源于外部效应。在无限次重复博弈中，互惠性（Reciprocity）是促成合作成为纳什均衡的支撑机制，它通过友好、报复、宽恕和清晰等策略解决了博弈双方的合作问题。[2]友好是双方产生互信合作的基础；惩罚性报复能够对对方可能采取的背叛行为产生威慑，宽恕有助于消除微小的隔阂，清晰使双方的沟通易于理解。其中强互惠包含着双重因素，有条件合作和利他主义惩罚，社会价值取向偏向于合作；弱互惠的行为主体则更加关注利益回报的时效性和等价性，虽然同样强调合作，但社会价值偏向于竞争，强调个人利益最大化。[3]认罪认罚从宽制度以合作性司法理念为基础，体现出对控辩合意的推崇，[4]互惠性能够成为各方合作的支撑点，律师也需要通过辩护行动使诉讼各方达成互惠性合作。根据《指导意见》第16条规定："……办理认罪认罚案件，应当听取被害人及其诉讼代理人的意见"，并将"赔偿被害方损失，取得被害方谅解，作为从宽处罚的重要考虑因素"。人民检察院在对认罪认罚案件进行审查时，需要审查被追诉人"是否向被害人赔礼道歉"。在某些涉及被害方赔偿的案件中，例如交通肇事案，律师需要促成被追诉人与被害方达成合作。而此时的合作属于强互惠性合作，律师通过促成被追诉人以单方支付必要的经济赔偿和赔礼道歉的方式给予被害方利益。此时被追诉人得到的回馈一方面体现为弥补过错的心理慰藉；另一方面则是取得了被害方的谅解。尽管被害

---

〔1〕 例如有司法实务人员经调研，发现某些案件中被告人当庭认罪认罚，却对某些事实不予认可，这阻却了认罪认罚从宽制度的适用。参见徐明敏："认罪认罚从宽制度诉讼效率全流程提升的困境与出路——基于S市C区法院速裁程序运行情况的实证考察"，载《司法体制综合配套改革与刑事审判问题研究——全国法院第30届学术讨论会获奖论文集》（下）。

〔2〕 参见［美］肯·宾默尔：《博弈论与社会契约》（第2卷：公正博弈），潘春阳等译，上海财经大学出版社2016年版，第301、357页。

〔3〕 参见陈宏波、罗辉："国内外强互惠理论研究最新进展及其评述"，载《科学与管理》2014年第6期。

〔4〕 参见赵恒："量刑建议精准化的理论透视"，载《法制与社会发展》2020年第2期。

方的谅解无法带来即时的利益，但其外部效应可能会使被追诉人收获相对有利的案件处理结果。区别于不计回报、完全善意的利他主义，虽然强互惠者多数情况下并非背叛者的对手，但往往会出现没有利益冲突的第三方对背叛合作的人进行惩罚，即使这可能导致自己付出高昂的成本代价。[1]在被追诉人与被害方进行和解的过程中，检察机关便充当了这一角色。如果被追诉人拒绝进行赔偿和道歉，则无法获得被害方的谅解，检察机关便可能以此为由拒绝适用认罪认罚从宽制度，并且出具较重的量刑建议。通过对背叛合作者进行惩罚，使得背叛所带来的收益低于可能随之遭受的可置信威胁，[2]从而抑制背叛合作者逃避责任的行为，即便此举可能造成资源的损耗。因此，在被追诉人多数身陷囹圄，其家属缺乏沟通能力的情况下，律师需要代表被追诉方积极与被害方进行商谈，发现被害方经济需求和被追诉方支付能力的平衡点，促成双方实现和解。相比而言，控辩双方的合作则属于相对自利的行为。具备适用条件的认罪认罚案件，检察官和律师尽管也强调各自利益最大化，但双方能够按照互惠性的要求考虑对方利益并给予必要回报。同时，控辩合作过程中不可避免地存在无法获得相应回报的风险，例如被追诉人认罪认罚后检察官却因各种原因没有出具较轻的量刑建议，此时需要律师通过法律共同体所特有的"先验共识能力"带来的共同价值观，利用引导合作的方式提升彼此间的信任感。同时，弱互惠合作掺杂着竞争与合作，有时需要一方首先表态以最小化竞争带来的影响，因为"单向的利益流动能够减少冲突现象的发生"。[3]例如，检察官很难在被追诉人未认罪时作出任何承诺，此时律师建议被追诉人首先认罪可能是控辩建立合作的基础。总体而言，律师通过作出于控方有利的辩护行动（前提是不损害被追诉人利益），引导对方作出于己有利的决定，从而实现互惠的积极外部效应。

---

〔1〕 参见张洪恩、王覃刚："强互惠理论的扩展"，载《中国工业经济》2007 年第 3 期。

〔2〕 参见韦倩："强互惠行为与人类合作的演进：拓展与创新"，载《理论学刊》2016 年第 3 期。

〔3〕 参见邹文篪等："'投桃报李'——互惠理论的组织行为学研究述评"，载《心理科学进展》2012 年第 11 期。

第三节 延展："竞合式辩护"的实现路径

一、适度维权的理性追求

刑事辩护作为公民的一项防御性行为，旨在通过提出对被追诉人有利的事实和理由以针对控方提出的刑事指控进行辩解，同时防止被追诉人的合法权益遭受公权力不公正的待遇和不应有的侵犯。[1]其中由律师提供帮助而进行的辩护是律师辩护，是刑事辩护的核心内容。律师的辩护工作主要围绕控方提出的指控事实展开，通过提出主张和商谈论辩等方式确保被追诉人免受过重刑罚；同时关注被追诉人在刑事诉讼中的各项程序性权利是否得到保障，并在权利遭受侵害时及时申请救济。刑事诉讼程序本质上属于控辩双方进行动态博弈的过程，律师的辩护工作以维护被追诉人合法权益为出发点和落脚点，通过增强被追诉人博弈的能力以实现利益最大化的纳什均衡。刑事辩护的价值恰恰体现在诉讼程序的不同阶段中，与控方针对指控内容开展"探索研究和富有想象力地提出疑问"。[2]尤其是认罪认罚从宽制度以被追诉人放弃某些权利为对价，在公权力的强大威慑下，如果律师无法提供法律帮助，制度有可能沦为公诉方治罪的工具，甚至造成新的冤假错案。因此，律师在认罪认罚案件中应当承担起维护被追诉人权益的职责，并通过辩护行动切实履职，搭建控辩协商之间的"桥梁"，使被追诉人能够与控方展开相对平等、均势的对话。例如通过及时会见了解案件情况，并向被追诉人告知认罪认罚的权利义务和可能后果，及时帮助被追诉人行使认罪认罚的权利；如果被追诉人由于遭受胁迫而非自愿认罪，及时向有关部门进行申诉、控告，保障被追诉人认罪认罚的自愿性。在被追诉人认罪认罚的案件中，律师通常不会选择无罪辩护，控辩双方由于在是否构成犯罪的问题上存在共识性基础，双方完成合作的土壤已经具备，此时仅仅需要在互信基础上达成最终的案件处理结果的共识。由于控辩双方利益并非完全冲突，立场也由对立转向趋同，"老

---

〔1〕 参见管宇："刑事诉讼视角下辩护权界说"，载《政法论坛》2007年第6期。

〔2〕 ［美］小查尔斯·F.亨普希尔：《美国刑事诉讼——司法审判》，中国政法大学研究生院教务处1984年版，第33页；转引自张建伟："以审判为中心的认识误区与实践难点"，载《国家检察官学院学报》2016年第1期。

三难"和"新三难"等问题在认罪认罚案件的律师辩护工作中通常不会遇到，[1]被追诉人自愿认罪后遭受非法讯问等严重侵害的可能性相对较低。此时律师如果动辄对一些微小问题采取吹毛求疵、小题大做的辩护行动，甚至企图采取阻碍刑事诉讼顺利进行的方式对公诉机关进行挑战，这不仅不利于控辩共识的达成，也无法为被追诉人寻求到理性的处理结果。因此，律师在辩护过程中需要时刻关注被追诉人的权利保障问题，但适度、理性的维权方式往往能够带来更为理想的效果。尤其在认罪认罚案件中，律师需要尽量避免采取冲动、过激的方式，否则不但无益于被追诉人的权益保障，甚至有可能损害其权利行使。

二、信息获取的核心支撑

辩护行动主要借助律师和被追诉人的信念和掌握的信息展开，并且基于特定目的：获取有利于被追诉人的案件处理结果，影响并改变裁决者的意志。律师的信念主要体现在合乎理性地维护被追诉人权益的追求，而获取有价值的信息以及与检察官进行充分沟通，成为律师辩护行动的另外两条路径。上文提到，理性的博弈建立在信息充分的基础上，信息不对称或不透明将导致博弈各方无法作出理性决策，进而影响各自目标的实现。这种信息不对称一方面体现在追诉机关无法完全掌握被追诉人知悉的案件信息；另一方面表现为被追诉人不了解追诉机关掌握的证据信息以及追诉机关准备发动的指控信息。此时律师需要通过会见、阅卷和调查取证，确定案件是否具备认罪认罚的事实基础。在案件符合认罪认罚适用的基础上，考虑到侦查机关长于抓捕、重在破案，工作重点往往瞄准犯罪证据而非量刑证据的固定，而公诉机关的案件信息更多出自侦查机关移送的案卷，偶有补充侦查也更多着眼于定罪证据的搜集，律师便需要竭尽所能地搜集与案件量刑相关的证据信息，尤其是容易被公诉机关忽略的酌定量刑情节信息。例如，生理心理健康情况、家庭情况、学校教育、犯罪原因、社区反映、被害人过错等方面的信息，[2]并将

---

〔1〕　"老三难"指"会见难、阅卷难、调查取证难"，而"新三难"指"申请调取证据难、法庭质证难、律师正确意见得到采纳难"。也有的学者将"新三难"概括为"发问难、质证难、辩论难"。参见亢晶晶："说服与判断：审辩关系的异化及回归——以'商谈理论'为视角"，载《河南大学学报（社会科学版）》2017年第3期。

〔2〕　参见陈瑞华："论量刑信息的调查"，载《法学家》2010年第2期。

搜集到的对被追诉人有利的信息毫无保留地分享给公诉人员，以便其作出的决定建立于信息充分的基础之上。认罪认罚案件量刑建议的信息来源之一，便是被追诉人及其辩护律师的量刑意见，而这需要建立在律师经过充分调查取证的基础之上。[1]例如，美国律协发布的《刑事辩护标准》便要求辩护律师在辩诉交易中需要调查所有与案件相关的信息，包括检察官掌握的起诉证据信息，并且应当将信息尽可能全面地告知被追诉人。此外，律师需要实时掌握控方对于案件的态度和判断。博弈论研究指出，双方合作博弈所证明的最佳行动策略是"一报还一报"，[2]即自己在不首先背叛的前提下，是否合作取决于对方是否背叛。如果控方没有打算适用认罪认罚程序，或者即使适用也不会出具被追诉人能够接受的量刑建议，律师的辩护行动将与之前有所区别。被追诉人认罪认罚是对控诉方指控的犯罪事实和提出的量刑建议进行的有效回应和承认，[3]律师与被追诉人需要进行充分的信息共享，形成信息汇聚，这不仅指上述客观信息，也包括对于案件的认识和判断等主观信息。因此，律师的辩护行动需要建立在被追诉人充分消化上述信息的基础上，而信息交互的前提是律师与被追诉人具有足够的会见次数和时长，这要求律师对于案件具备足够的职业责任感并履行勤勉义务，侦查机关也应当充分保障律师权利的行使。[4]此外，检察机关有可能利用其信息优势地位作出"虚假承诺"，或是由于工作失误导致"承诺溢出"。[5]律师需要利用专业技能及时甄别其中的失实部分并与检察机关展开沟通，同时将沟通情况实时同步给被追诉人，确保其认罪认罚的明知性。

---

〔1〕 参见顾玫帆："认罪认罚从宽案件量刑建议应关注三个问题"，载《检察日报》2019 年 3 月 4 日，第 3 版。

〔2〕 参见吴旭阳："从演化博弈看'司法裁判'的本质和完善——行为策略实验的视角"，载《自然辩证法通讯》2017 年第 2 期。

〔3〕 参见谢登科、周凯东："被告人认罪认罚自愿性及其实现机制"，载《学术交流》2018 年第 4 期。

〔4〕 受疫情影响，全国多地看守所均限制了会见的次数和时长，这显然不利于律师辩护工作的展开。

〔5〕 有学者将控方为尽早结案而作出的明知是虚假的、具有欺骗性的司法承诺称为"虚假承诺"，将控方的司法承诺超出其被授权的范围称为"承诺溢出"。参见刘泊宁："认罪认罚从宽制度中司法承诺之考察"，载《法学》2020 年第 12 期。

三、充分交互的机制保障

律师通过言语行为或书面行为与检察机关充分沟通，进而与对方建立起良性互动，实现控辩双方充分交互。交互过程作为一种行为协调机制，将参与者带有各自目的计划的行为结合起来以实现协调不同行为计划的互动，[1]其中包括参与者带有竞争性的不同利益诉求行为和实现彼此共赢的合作行为。交互各方需要同时具备言语和行为能力，一方在发布对方能够充分理解的表达后，如果得到对方的肯定回复，则意味着共识的达成，表达内涵中所体现的义务责任便成为各方的行为指南。行为协调机制的建立一方面有赖于参与者具备相应的"先验共识能力"，以便能够展开较为流畅的沟通；同时也需要进行适当的程序性控制，修正一方过度追求己方利益最大化的欲望。作为法律共同体的律师与检察官具备通过法律语言进行消除歧义状态下沟通的能力，双方出于法律信仰的精神纽带和职业技能的相似训练也拥有了达成共识的先验能力。但在行为能力上，检察官则拥有律师无法比拟的优势。例如，审前羁押的决定权便掌握在检察官手中，检察官作出是否逮捕的决定，能够为被追诉人带来身陷囹圄或"重获自由"的直观感受，逮捕甚至能够影响最终裁判结果的作出，演变为裁判结果的风向标。[2]更进一步，检察官还可以通过不起诉决定直接终结刑事诉讼程序。相比而言，律师的行动能力则受到诸多限制，尤其是认罪认罚的决定权取决于被追诉人，律师不能代替作出，甚至不应当强烈建议被追诉人认罪认罚。因此，律师辩护行动首先需要建立在与被追诉人协商一致的基础之上，只有被追诉人同意认罪认罚，律师才可以说具备了一定的行动能力，进而与检察官展开实质性交互。律师需要使辩护计划得到检察官认可，前提是同样关注到了检察官的计划目标，对双方计划中的分歧点进行分析以寻求可能的调和方式。交互过程会出现数轮的批判性检验和反思，律师需要根据交互情况实时调整计划并与被追诉人及时沟通，最终通过与检察官建立起的行为协调机制，激发其作出不予批捕甚至不予起诉的决定。律师应当对交互过程予以书面记录，以便随后对交互内容反复推敲，

---

〔1〕 参见［德］尤尔根·哈贝马斯：《交往行为理论》（第 1 卷：行为合理性与社会合理化），曹卫东译，上海人民出版社 2018 年版，第 361、372 页。

〔2〕 参见王彪："刑事诉讼中的'逮捕中心主义'现象评析"，载《中国刑事法杂志》2014 年第 2 期。

但更重要的是防止检察官违背自己先前作出的承诺。《监督管理办法》要求检察官应当将律师的书面意见、证据材料记录在案并附卷，当面听取意见时可以同步录音录像，同样体现出控辩协商的程序性控制要求。律师应当尽量与检察官达成精准化的量刑建议，因为尽管双方对于大部分法律语言的意义理解相同，但语言的多重涵义不可能得到根本性消除；幅度刑的量刑建议意味着双方的量刑分歧并未得到本质上消解，各自对于量刑的预期仍有所差异，否则不会出现量刑的上下幅度，某种程度上这也意味着交互尝试的失败。

第四节　反思："竞合式辩护"的隐忧与回应——如何避免辩护行动异化

"竞合式辩护"强调辩护行动兼具权益保障和交互合作双重属性，律师需要在两者之间寻求平衡，避免过度维权导致的控辩矛盾激化和一味妥协引发的控辩力量失衡。有学者曾将我国过去的庭审模式总结为"教化型庭审"，发现相比于查明事实真相，庭审更像是以劝说被告人认罪悔过、承担责任的教化式活动，此时的辩护人更类似于协助教化者而非公权力的制衡者。[1]由于职权主义国家对于权力的相对依赖和信任，其刑事诉讼程序天生便携带了较为浓厚的教育色彩，而教化功能易将刑事庭审打造成一场转化被告、教育大众的仪式，弱化其发现事实真相、提升诉讼效率等功能。在"以审判为中心"的刑事诉讼程序改革背景下，刑事庭审程序需要承担起更多的事实发现功能，因此需要将庭审功能予以适度分离，在庭审中以事实发现为主，同时通过审前的认罪教育等方式提升诉讼效率。对此，最高人民检察院在认罪认罚从宽制度推进会上强调检察院应当承担的主导责任时，便提到了"主动开展认罪认罚教育转化工作"，[2]司法实践中多地检察机关甚至侦查机关也通过权利义务告知、大众公开宣讲等方式对犯罪嫌疑人进行认罪认罚的教育转化。因此，认罪认罚从宽制度不仅有助于诉讼效率的提升，同时承载了过去庭审所承载的教化职能，检察机关对此仍然承担主导责任，庭审则是对基于教化结果的

---

〔1〕　参见李昌盛："刑事庭审的中国模式：教化型庭审"，载《法律科学（西北政法大学学报）》2011年第1期。

〔2〕　樊崇义："刑事诉讼模式的转型——评《关于适用认罪认罚从宽制度的指导意见》"，载《中国法律评论》2019年第6期。

自愿性进行的审查。律师虽然在认罪认罚从宽制度中同样起到了一定的教化作用，客观上有助于提升诉讼效率，但其权益维护的作用不应忽视。在事实基础得以确立和认罪认罚自愿性得到保障的案件中，律师除了与检察官进行量刑协商外，同样需要确保被追诉人了解目前证据信息指向的犯罪事实以及由此可能带来的处理结果，通过客观、理性的消极修辞使其对当前形势形成较为清晰的判断。在此基础上，律师通过开展与检察官类似的工作——告知认罪认罚的权利义务、促成对被害方的道歉赔偿——完成对被追诉人认罪认罚的转化。律师适度开展教化工作有易于与控方形成合作基础，进而为被追诉人争取到合理的量刑建议。然而，即使控辩双方就某些甚至全部争议达成共识，他们在诉讼中所处的立场仍然是对立的。[1]但由于权力与权利的不对等关系，律师在认罪认罚从宽制度中的角色易发生错位，[2]导致被追诉人权益无法得到有效保障。例如，司法实践中值班律师便很难发挥权力制衡的作用，主要工作几乎演变为解答被追诉人家属疑问、配合签署认罪认罚具结书，提供的法律帮助呈现出表面的形式化和实质的空心化。国外同样存在类似问题。以法国为例，值班律师主要用于缓解律师资源紧张问题，用于弥补法律供给与法律需求之间的缺口，加之主管部门缺乏精细化运行，因此并非所有值班律师均是精通刑事法律的专家。司法实践中一些值班律师对于刑事辩护工作的基本流程都不熟悉，甚至无法对被追诉人进行法律告知，加之此时律师掌握的案件信息较少，最终往往沦为建议与警察合作的消极的观察者。[3]此外，由于律师几乎不可能在不同的刑事案件中连续担任同一名被追诉人的辩护人，"口碑"对于刑辩律师并非如其他领域律师那般重要（但也并非完全不重要）；律师也很难长时期只与一名检察官打交道，无法在长期博弈中形成偏好程序正义的演化稳定均衡；[4]律师同样可能基于经济收益、职业风险等方面因素，产生教化被追诉人认罪认罚的过度倾向。因此，司法实践中，律师有可能基于多方面原因忽略了自己原本的权力制衡者的角色定位，其辩护

---

〔1〕 参见王新清："合意式刑事诉讼论"，载《法学研究》2020年第6期。

〔2〕 参见吴思远："论协商性司法的价值立场"，载《当代法学》2018年第2期。

〔3〕 参见陈卫东、孟婕："重新审视律师在场权：一种消极主义面向的可能性——以侦查讯问期间为研究节点"，载《法学论坛》2020年第3期。

〔4〕 关于程序正义如何在演化博弈中实现均衡，参见丁建锋："博弈论视角下的过程偏好与程序正义——一个整合性的解释框架"，载《北京大学学报（哲学社会科学版）》2019年第3期。

行动随之异化为"协助教化式辩护"。解决之道在于建立认罪认罚从宽制度的律师辩护职业准则和考评机制，使律师的辩护行动能够得到外界的客观评价。同时，建立公设辩护人制度，构建多层次的认罪认罚法律援助体系。

第五节 "竞合式辩护"之实践展开

从某种意义上讲，律师的辩护就是在绝对不确定性的前提下寻找相对确定性的过程。因为每起案件皆源自各异的现实情境，从而可能适用于不同的法律规范，引发不同的处理结果。不同的司法办案人员面对类似的情节，也会因其经验、理念的差别而作出不同的决定。律师的职责就是在这些不确定性的表象之下挖掘相对确定性的部分。认罪认罚案件同样不会例外。律师面对案件时首先需要关注其异于其他案件的特殊性，以确定根本性的辩护方向。在案件进入到认罪认罚从宽制度畛域后，律师的辩护重点则转向与控方展开存异求同的商谈，[1]最终在以合作为目标的竞争性商谈中实现理想结果。因此，律师在此类案件中需要重视审前辩护，尤其针对重点环节的"捕前辩护"和"诉前辩护"，尽早实现与检察官在审前达成共识。

一、侦查阶段律师辩护行动展开

（一）初步了解案件基本情况

律师由于在侦查阶段无法查阅案卷，了解案情的主要途径是通过会见听取犯罪嫌疑人的陈述和初步进行的调查取证。律师会见犯罪嫌疑人时需要重点了解以下方面情况：一是确认侦查人员是否存在刑讯逼供，或者采取疲劳审讯、欺诈、引诱、胁迫等行为获取犯罪嫌疑人自白。如果发现上述行为，律师应当立即记录行为发生的时间、地点和侦查人员的情况，以及确认犯罪嫌疑人是否对笔录进行核实并签名。律师此时需要告知犯罪嫌疑人有权拒绝签署记载非自愿供述内容或记载内容不属实的笔录，并向驻所检察官进行申诉、控告，律师也应当向属地检察机关申诉。如果犯罪嫌疑人尚未认罪，可

---

〔1〕 例如，有学者便认为商谈的本质在于"在协商中求同存异而不失其个性，在沟通中存异求同而力求达成共识"。参见参见高鸿钧："通过民主和法治获得解放——读《在事实与规范之间》"，载《政法论坛》2007 年第 5 期。

以告知其认罪认罚是法律赋予其的权利而非义务，其有权自主选择。不论律师认为犯罪事实是否系犯罪嫌疑人所为，均不应当建议其认罪认罚，并且在随后的审查批捕、审查起诉和庭审环节申请将上述口供作为非法证据排除。二是向犯罪嫌疑人提供详实的法律咨询。律师首先需要使其了解基本的程序性内容，例如刑事诉讼的阶段划分、每个诉讼阶段期限以及逮捕、起诉等关键节点对诉讼进程的影响等；其次是告知其相关实体法律规定，包括其涉嫌的罪名和与之类似的罪名，例如犯罪嫌疑人涉嫌贪污犯罪，除了贪污罪，也需要向其告知挪用公款罪的法律规定；最后是听取犯罪嫌疑人对于案件事实的陈述和是否认罪的意见，以及核对有无自首、立功等其他量刑情节。在此之前，如果犯罪嫌疑人有任何疑问，应当允许其向律师咨询，律师应当有针对性地回复不违反法律规定的问题。犯罪嫌疑人是否认罪的意见应当在听取律师法律咨询后经过谨慎考虑独立作出，如果无法决断可以暂缓作出，因此此时刑事诉讼程序方才启动，认罪条件尚未完全明朗。如果认罪过于仓促，一旦将来翻供，将对案件走向产生不利影响。

多数犯罪嫌疑人并非法律从业人员，对于案件的正面描述通常带有较强的主观性，并且可能遗漏细节，而侦查人员关注的问题和事实则相对客观，往往对案件走向产生更为重要的作用。律师无法实时掌握侦查人员调查得知的案件信息，但可以通过了解讯问情况大致勾勒出侦查方向以及重要的事实和情节。有学者通过实证研究发现，刑事案件中九成以上的犯罪嫌疑人在侦查阶段作出过有罪供述，[1] 而犯罪嫌疑人供述主观性较强但稳定性不足，侦查机关出于查明案件、固定证据的需要，往往会对某些重要事实和情节反复讯问，[2] 此时有可能出现犯罪嫌疑人先认罪后翻供的情况。对于同一案件中呈现出的内容各异的供述，有罪供述更有可能被司法机关采纳，由此埋下了冤假错案的隐患。[3] 律师首先需要了解犯罪嫌疑人是否认罪和相应的理由，以及供述是否出现过反复。当犯罪嫌疑人已经认罪并且供述出现过反复时，律师需要明确有罪供述和无罪辩解的供述分别出现在哪几次讯问中，以便在

---

〔1〕 参见闫召华：《口供中心主义研究》，法律出版社 2013 年版，第 141 页。

〔2〕 参见万毅："论'反复自白'的效力"，载《四川大学学报（哲学社会科学版）》2011 年第 5 期。

〔3〕 参见哈腾："冤假错案防范视阈下客观性证据审查模式的构建"，载《长白学刊》2020 年第 2 期。

审查起诉阶段阅卷时予以核对。如果犯罪嫌疑人自愿作出决定，律师也认同这一做法，有罪供述可以作为侦查阶段即认罪认罚的佐证，有利于犯罪嫌疑人争得最大的量刑优惠；如果案件不符合认罪认罚条件或者犯罪嫌疑人不认罪，无罪辩解也能够提供一些有利的线索。此外，律师需要了解侦查机关首次讯问的所有问题和其余讯问时重点关注的问题，尤其是不同讯问共同提到的问题，这些问题代表侦查机关重点关注的领域和侦查的方向。

（二）及时与公检机关展开商谈

律师应当在恰当的时机与侦查人员进行沟通，旨在掌握侦查机关掌握的犯罪事实和指控罪名，以及案件的背景和情况，并结合会见犯罪嫌疑人时获取的信息，判断其有罪或无罪的可能性。《公安机关办理刑事案件程序规定》对公安机关提出明确要求，有义务应律师要求介绍案件情况，律师有权对此提出辩护意见。但在司法实践中，律师向侦查人员询问案情时往往会遇到困难。笔者通过对多名律师进行访谈，发现多数侦查人员仅会告知部分程序性信息，甚至对申请批准逮捕时间等重要的程序性信息都较少告知，而对案件情况等实体性信息则多三缄其口（表33）。

表33　侦查机关告知情况总结表（N=20）

程序性内容		实体性内容	
采取强制措施情况	报捕情况	指控罪名	犯罪事实
20	7	20	3

造成上述情况的原因主要包括：一是侦查机关与律师追求的根本目标具有天然对立性。侦查机关主要职责在于打击犯罪、实施抓捕，侦查人员在长期工作中逐渐树立起来的有罪推定思维，更加关注如何使犯罪嫌疑人认罪，而律师的介入则往往对其实现工作目标形成阻碍，这也是其竭力避免的情况，因此侦查人员相对比较排斥律师。这一点在传统职权主义国家表现得尤为明显。例如，法国推行的刑事交易制度，创造性地允许在没有辩护律师的情况下，司法警察直接与被追诉人进行认罪协商，并且此时被追诉人不享有阅卷的权利。二是侦查阶段案件仍处于动态演变之中，侦查机关仍在搜集用以证明案件事实的相关证据，客观上侦查人员自身都无法准确梳理案件脉络，更无法向律师提供。同时，侦查工作的环环相扣要求侦查人员将某些对于未来

侦查方向具有重要价值的情况作为侦查秘密。但与此同时，律师却能够通过与侦查人员沟通获悉某些额外的有价值信息。例如案件涉及的背景因素，是否引起了司法机关高层关注或者犯罪嫌疑人在共同犯罪中的角色、地位等，这些情况往往对于犯罪嫌疑人是否选择认罪能够起到异乎寻常的作用。笔者在对某位律师进行访谈时获悉，其曾代理过的一起高层关注、涉及全国的诈骗案，虽然沟通中侦查人员以保密为由几乎未透露任何案件信息，但也表达了认为该律师代理的当事人涉案可能性不大的判断，不过由于案情重大，所有相关人员均被采取了强制措施。虽然按照内部要求，即便不构罪也不可能立即变更强制措施，但该律师结合会见了解到的情况，向当事人提出了不认罪的意见，检察院也最终对其作出了不批捕的决定。律师与侦查人员的商谈之路并非坦途，但在认罪案件中，双方却存在明显的利益契合点。对于事实清晰的简单认罪案件，律师与侦查人员具有加快诉讼进程的共同追求，此时律师与侦查人员从相互对抗转化为互助合作。相比于侦查人员，犯罪嫌疑人对于律师的依赖程度更高，律师提供的法律意见有助于增强犯罪嫌疑人供述的稳定性，减少侦查人员工作量的同时避免翻供造成的后期证据认定的困扰。同时，律师可以承担促成刑事和解的工作，积极协调犯罪嫌疑人对被害方进行赔付，并配合侦查机关出面主持和解。对于疑难、复杂的案件，律师与侦查人员的沟通仍应以获取信息为主，对于是否选择认罪需持谨慎态度，毕竟律师此时的判断基础均源自主观信息，主观性过强；重要案件的侦查工作也不会因为犯罪嫌疑人认罪而终止，侦查人员的承诺同样带有主观性。

　　审查逮捕环节作为检察职权嵌入到侦查阶段的重要诉讼节点，尤其2018年以后检察机关逐步推行的"捕诉一体"改革，批捕环节对于案件的后续办理将产生至关重要的影响。由于此时尚未形成起诉意见书，侦查机关在提请逮捕的卷宗里通常不会将犯罪嫌疑人是否认罪作为重点内容，从而降低了认罪对于强制措施适用的影响。2018年《刑事诉讼法》赋予了犯罪嫌疑人向检察机关当面陈述的权利。笔者经调研，发现有些地方的检察机关会在审查逮捕前通过驻所检察官以发放表格的方式征求犯罪嫌疑人是否需要当面陈述的意见。对于认罪的案件，律师应当在之前的会见中嘱咐犯罪嫌疑人务必尽可能把握此类机会，通过当面陈述的方式向检察官表明认罪悔罪的态度。如果所在地区未采用此类方式，犯罪嫌疑人可以向驻所检察官主动提出当面陈述的申请。此外，《监督管理办法》也赋予了律师当面反映意见的权利，律师可以结合犯罪嫌疑人认罪的情况向检察官当面陈述或提交书面意见。犯罪嫌疑人和律师需要把握当面向检察官陈述的机会，一是当面对话更易博得对方的同理心，引起重视；二是相比于空洞的纸质材料，通过直观的语言和神态所反馈出的信息，更容易让检察官当面感受到犯罪嫌疑人认罪悔罪的态度，进而影响其对于是否批准逮捕的决定和进行羁押必要性审查的判断。律师在审查逮捕环节的沟通需要注重时效性，应当在检察官形成是否逮捕的内心确认之前完成。犯罪嫌疑人被侦查机关羁押后，按照不同情况，提请公诉机关批准逮捕的时间分为 3 日、7 日和 30 日，公诉机关需要在 7 日内作出决定。司法实践中，侦查机关报捕的时间集中在 7 日和 30 日，3 日报捕的情况比较罕见，有些地区甚至以 30 日报捕为常态。[1]律师首先需要在上述时间节点前与侦查机关和有管辖权的检察机关联系，确定案件是否提请逮捕。在案件提请逮捕后的 3 天左右与检察官当面沟通并提交书面意见，因为过早沟通有可能因为检察官尚未阅卷而影响效果；太晚沟通则难以转变检察官已形成的内心确认意见。

（三）根据商谈结果作出反应

普通刑事案件中，律师在侦查阶段的辩护工作主要集中在提请逮捕之前，即司法实践中俗称的"黄金救援期"。逮捕决定到案件移送审查起诉这段时间，律师较难进行有针对性的辩护工作。而在认罪认罚案件中，律师的辩护工作更强调主体间的交互商谈，进而针对商谈情况进行批判性反思，辩护工作的连贯性要求更高。律师首先需要将新获取的信息与犯罪嫌疑人进行沟通，包括与侦查人员、检察人员商谈时获取的信息和通过调查取证获取的信息，以及自己对于案件分析判断得到的信息，以便犯罪嫌疑人能够在此基础上进行是否认罪的判断。其次，律师可以针对是否认罪提出有针对性的法律意见，但不适宜作出具体的建议，因为律师此时主要基于不完全信息作出主观判断，尤其在犯罪嫌疑人拒不认罪的情况下，应当尊重其意见。不论犯罪嫌疑人是否认罪，律师都应当展开初步的摸底论证，根据掌握的案件事实分析可能随之而来的后果。如果律师与当事人达成了认罪的共识，律师需要为其争取期限利益，与侦查人员协商尽快移送案件。在共同犯罪案件中，可酌情提出能否进行率先移送的分案处理。最后，律师可以协助侦查人员促成刑事和解以

〔1〕 结论系笔者根据调研访谈得出。

及挖掘、完善一些有利量刑情节，据此申请启动羁押必要性审查，并要求侦查人员在起诉意见书中对认罪认罚的情况予以确认，为下一步的量刑协商创造条件。

二、审查起诉阶段律师辩护行动展开

（一）形成案件事实结论

认罪认罚案件中的不确定性主要体现为以下几方面，一是事实基础的不确定性，即案件是否符合认罪认罚从宽制度的适用条件；二是追诉机关行动的不确定性，表现为追诉人员对于案件认识的不确定性和协商态度的不确定性。案件适用认罪认罚从宽制度的基础是被追诉人作出了符合内心真实意愿和客观事实的意思表示，只有达到这一基础性条件，认罪认罚程序才可以继续进行。律师在这方面主要起到核实作用和保障作用。核实作用旨在确认被追诉人实施了犯罪行为，如果发现被追诉人并未犯罪，则不应当认罪。例如在李某玩忽职守案中，李某已经作出有罪供述，律师的辩护意见也是针对李某自愿作出有罪供述等悔罪情节，希望给予从轻、减轻或免予刑事处罚的量刑辩护。[1]该案判决一经公开便引发了社会各界关注，理论界和实务界对于李某是否应当入罪形成了广泛讨论，多数意见倾向于不应认罪，主要理由集中于李某并未"严重不负责任、不履行或不认真履行职责"，并且郝某某在此之后正常付出劳动，将电业局为其所发工资视作损失并不恰当。本书主要研究程序性问题，对于此案的实体性判断不展开论述，但上述理由足以说明本案认罪认罚有待商榷。律师也并未起到应有的把关作用，在庭审中仅进行了量刑辩护。虽然律师此举可能系审前与检察官协商所致，以争取免罚的处理结果，但却动摇了认罪认罚的事实根基。不论是域外法治国家还是我国，只要涉及以当事人的认罪供述作为裁判依据的，无不强调事实基础，旨在避免无罪之人被错误定罪。保障作用是指律师需要确保被追诉人认罪认罚的自愿

---

[1] "公诉机关指控，2011年12月30日，时任集宁区人民法院刑事审判庭庭长云小霞在审理郝某某过失致人死亡案过程中，在作出的（2012）集刑初字第6号《内蒙古自治区乌兰察布市集宁区人民法院刑事判决书》中将集检公诉字（2011）第194号《集宁区人民检察院起诉书》中载明郝某某职业为"乌兰察布电业局职工"，错误地填写成"无业"，且在郝某某过失致人死亡案宣判后，未依法将2012集刑初字第6号《刑事判决书》送达乌兰察布电业局。李某作为时任分管集宁区人民法院刑事审判庭副庭长在对郝某某过失致人死亡案的《刑事判决书》审核签字时，未能严格把关，对工作严重不负责任，致使乌兰察布电业局损失137余万元。援引自（2020）内0928刑初1号刑事判决书。

性，防止其由于遭受胁迫、欺诈、引诱等情况认罪认罚。虽然目前尚未出现被追诉人非自愿认罪认罚的案例和媒体报道，鉴于各地逐渐提出提高制度适用率的要求，有些地区甚至要求达到80%的适用率，由于公诉机关目前只能通过宣讲或者程序、实体优惠进行引导，但无权在罪名和罪数方面与被追诉人进行协商，律师虽然能够起到一定的防范作用，客观上却无法完全避免追诉机关迫于考核压力采取非法手段迫使被追诉人认罪认罚的可能性。

律师在审查起诉阶段开始享有阅卷权，而案卷材料集合了几乎侦查机关掌握的全部与案件相关的证据信息以及据以定罪的工作思路，律师能够通过阅卷掌握更为全面、客观的案件信息，有助于消除事实基础的不确定性。律师的辩护行动需要建立在掌握充足信息的基础之上，如果将辩护行动形容为由各项工作组成的金字塔，阅卷便构成了金字塔的地基。尤其在我国以审判为中心的司法理念尚在建立、案卷审理的惯性思维依然存在的前提下，[1]卷宗信息的重要性愈发凸显。在具体案件中，律师的阅卷工作往往能够占据整个刑事辩护工作量的半数以上，律师通过阅卷为辩护工作的信息基础填补了最为重要甚至是最后一块版图，但在此之前，案件信息的准确性还有待嫌疑人的核实。将案卷信息展示给嫌疑人，使其有机会在掌握指控信息的前提下与律师协商如何展开防御，这不仅关乎权利保障，也有助于对案件信息进行反复筛选、去伪存真。[2]我国法律目前对此仍处于探索阶段，缺乏具体操作规范的指引，被追诉人的证据开示仍主要由律师完成。被追诉人在了解主要证据信息和起诉意见书后，可能对于其中某些信息或意见发表不同观点，并最终形成两类意见：一是要求律师对案件的定性展开辩护，例如是否可能无罪，或者被定性为较轻的罪名；二是决定作出有罪供述，并在此基础上与追诉机关进行量刑协商。律师通过对证据信息和嫌疑人反馈的信息展开调查核实后，最终确定案件的事实基础，并在此基础上形成相较之前更加合理的辩护意见。

（二）与当事人确定辩护思路

与当事人确定辩护思路即消除辩护目标冲突的过程。律师辩护的根本任

---

〔1〕参见霍艳丽、余德厚："论以审判为中心完善刑事案卷移送方式"，载《法律适用》2016年第12期。

〔2〕《指导意见》要求检察机关"探索证据开示制度"，旨在确保被追诉人认罪认罚的决定是基于充分认知的前提下自愿作出的。参见汪海燕："职务犯罪案件认罪认罚从宽制度研究"，载《环球法律评论》2020年第2期。

务是保障当事人权益，但可能出现律师与被追诉人目标无法达成统一甚至出现根本性冲突的情况。第一类目标冲突情况表现为被追诉人强烈排斥认罪认罚、律师根据专业判断却得出了相反结论，此时律师的辩护策略中可能包含了违背被追诉人意志的因素。区别于控辩协商，律师与被追诉人的协商过程由于专业技能和身处境遇等差异具有强烈的不对等性，律师往往有能力说服被追诉人改变意见。司法机关适用认罪认罚的初衷更多源自通过获取被追诉人的有罪供述以加快诉讼进程、提升司法效率，而律师则需要确保被追诉人能够通过认罪认罚获取相应的利益，而利益获取的前提应当建立在不违背被追诉人真实意愿的基础之上，因为真实意愿本身也是一种利益。换言之，律师在认罪认罚案件中的辩护职责表现为确保被追诉人自愿认罪认罚并获取相应收益，这同样涉及被追诉人辩护权利的有效行使。对于被追诉人要求无罪辩护的案件，律师可以开展适当的劝说工作，前提是基于被追诉人利益考量，而非律师本人利益或是控方利益。[1]律师如果根据证据信息得出有罪的结论，并且认为无罪辩护无法取得相应的效果，对被追诉人有害无利，律师既不能盲目顺从被追诉人的意见，也不应当极力说服被追诉人认罪，或是直接选择有悖于其意见的辩护方式。此时，律师需要本着被追诉人权益最大化原则，利用自己的专业判断和沟通技巧为其分析认罪与否的利弊得失，不应当由于被追诉人法律知识匮乏或固执己见而放弃履行职责，更不能违背被追诉人无罪辩护的要求而径直开展量刑辩护或轻罪辩护。《指导意见》中使用了"沟通""是否"而非"说服"，意味着律师有提出意见与被追诉人一起参详的职责，结果应由被追诉人自己确定。[2]如果律师与被追诉人无法对辩护思路达成一致，律师只能按照被追诉人的要求进行无罪辩护或者解除委托。被追诉人要求作轻罪辩护的案件，由于轻罪辩护同样不适用认罪认罚程序，而此罪与彼罪并非时时泾渭分明，律师可以先与检察官沟通轻罪的辩护意见，若沟通未果后仍未改变自己之前得出的结论，只能按照被追诉人的要求进行轻罪辩护或者解除委托。例如，美国的 *McCoy v. Louisiana* 案中，法官在裁判要旨中指出："律师即使根据专业判断认为认罪是避免死刑的最有效手段，但第六

---

〔1〕 参见闫召华："辩护冲突中的意见独立原则：以认罪认罚案件为中心"，载《法学家》2020年第5期。

〔2〕 参见王敏远、杨帆："认罪认罚从宽制度的新发展——《关于适用认罪认罚从宽制度的指导意见》解析"，载《国家检察官学院学报》2020年第3期。

修正案律师帮助权的本质要求被追诉人有权自主选择辩护内容并要求律师不得违背其意志认罪。"〔1〕德国有学者便指出律师不应当致力于获取"允诺的利益"而与司法机关进行"虚假"协商，并基于此目的诱导当事人作出有罪供述。〔2〕

第二类目标冲突表现为被追诉人决定作出有罪供述，律师经分析却得出不构成犯罪的情况。有学者经实地调研，发现认罪认罚对于检察官是否作出不起诉决定的影响微乎其微，有时甚至会产生反作用，因为不起诉决定的程序繁琐且阻力较大，尤其对证据并不充分的案件，被追诉人认罪认罚甚至可能导致检察官将不起诉案件直接转化为起诉案件。〔3〕此时律师应当首先向被追诉人告知自己准备作无罪辩护，但不建议其翻供，优先确保认罪利益"落袋"；其次是如实说明无罪辩护可能会带来程序性和实体性的法律风险，如果被追诉人不同意可以解除委托。被追诉人签字具结前，律师应当通过充分的商谈沟通了解到公诉机关对案件的认识和判断，并协助被追诉人作出是否接受公诉机关据此提出的量刑建议的决定。对于被追诉人确实有罪且拟认罪认罚的案件，如果涉及赔偿问题，律师需要帮助被追诉人掌握好时机和尺度，并非必须于庭前一次性全部赔付，可建议留适当金额待庭审确认采纳量刑意见后再行赔付，防止结果生变。例如北京余金平交通肇事案，犯罪嫌疑人在侦查阶段便赔付被害方160万元并取得对方谅解，公诉机关也据此出具了缓刑的量刑意见，结果不仅一审法院未采纳量刑建议并且重判，抗诉后二审法院更是直接改判了更重刑罚，致使赔付未取得应有效果。总之，律师在不损害被追诉人权益的前提下，可以适当保持辩护意见的独立性，正如有学者所言，辩护律师在被追诉人是否作出有罪供述的问题上提出不同意见，不仅不会侵犯被追诉人自主决定的权利，还更加有利于实现在此类案件中的有效辩护。〔4〕

（三）与检察机关达成共识

2020年11月发布的《关于规范量刑程序若干问题的意见》，要求公诉机

〔1〕 *McCoy v. Louisiana*（2018）.

〔2〕 参见李倩："德国认罪协商制度的历史嬗变和当代发展"，载《比较法研究》2020年第2期。

〔3〕 参见李大槐、师索："认罪认罚从宽与不起诉的逻辑关联"，载《西南政法大学学报》2020年第1期。

〔4〕 参见闫召华："辩护冲突中的意见独立原则：以认罪认罚案件为中心"，载《法学家》2020年第5期。

关对于认罪认罚案件均应提出量刑建议，并且为了提高诉讼效率，检察官要及早关注并注意听取犯罪嫌疑人、辩护人、值班律师的意见，鼓励犯罪嫌疑人、被告人及早提出对其有利的量刑情节。[1]这进一步拓宽了律师在认罪认罚案件中与检察官进行量刑协商的空间。对于律师与犯罪嫌疑人目标一致的认罪认罚案件，律师应当争取在检察官形成量刑意见前提交辩护意见，以最大程度影响其判断。律师与检察官的沟通应尽可能建立在两方面基础之上：一是对犯罪嫌疑人有利的类似案例，最好是本辖区审判机关过去对于类似案例作出的裁判文书；二是权威专家出具的量刑意见，例如理论学者出具的专家论证意见，或者审判专家对于案件量刑的意见。对于无法通过自行调查获取的有利量刑情节，应当申请检察机关进行调查取证。控辩双方对于案件的处理结果达成共识后，律师可以提出加快案件办理进度的建议，最大限度为犯罪嫌疑人争取期限利益。此处重点强调针对第二类目标冲突情况的商谈过程，因为此类案件律师在与检察官进行商谈时与犯罪嫌疑人尚未形成统一意见，因此商谈方式较其他案件有所区别。按照冲突产生的原因，可以将第二类目标冲突案件划分为两种类型。第一种类型是律师认为现有证据无法证明犯罪事实，或者能够证明犯罪事实的证据是应当予以排除的非法证据；第二种类型是律师认为犯罪嫌疑人的行为不应当被刑事处罚。理论上讲，第一种类型又可以划分为证据缺失型和证明力不足型。在证据缺失的案件中，如果缺失的证据能够通过补充侦查获取，律师在审前向检察机关以此为由提出无罪意见，检察机关很有可能根据律师意见要求侦查机关补充侦查，进而获取关键证据并形成完整的证据链条，无罪辩护难以达到相应效果。即使律师将上述问题留待审判阶段提出，根据 2018 年《刑事诉讼法》第 204 条规定，检察院可以在庭审过程中要求补充侦查，法庭在控方获取相应证据并形成证据链条后自然不会作出无罪判决。缺乏的证据如果无法通过侦查获取，律师可以选择审前向检察官提出无罪意见或者在庭审时作无罪辩护，可能出现法定不起诉和无罪判决两种理想结果。相比于寻求法官作出无罪判决，不起诉决定由于能够通过快速终结诉讼程序而为犯罪嫌疑人带来更大的期限利益，并且相比于法官作出无罪判决，检察官作出不起诉决定的阻力较小，律师妥当

---

[1] 参见罗庆东、刘辰："'两高三部'《关于规范量刑程序若干问题的意见》的解读"，载《人民检察》2021 年第 1 期。

的做法是选择审前与检察官进行沟通，争取早日终结诉讼程序。相比于在审判阶段申请非法证据排除所引发的强对抗性，起诉阶段的申请更易被检察机关接受，从而更具合作性。一方面是此时申请能够为检察机关的审查带来较为宽松的环境，避免其在审判阶段陷入被动；另一方面则使检察机关有机会进行必要的程序补救。[1]前者有利于控辩双方通过协商达成共识，后者旨在通过程序性辩护实现量刑协商的目的。而证明力不足则涉及是否达到法定证明标准的判断，这意味着面对相同证据信息时，律师和检察官对于信息反映出的案件事实产生了不同理解。根据卢曼的沟通概念，沟通可以由信息、通知和理解三要素构成，而"信息是消息由于提供了有限或无限数量的其他可能性而具有的意想不到的价值"。[2]律师在没有获取新证据信息的前提下，仅凭个人对于相同证据信息的不同主观理解难以完全说服对方。第二种类型也属类似情况，律师与犯罪嫌疑人和检察官的不同理解主要源于主观信息，即法律论辩结论差异。此时控辩很难达成共识，律师需要首先告知犯罪嫌疑人自己即将进行无罪辩护以及可能随之而来的后果，其次为了避免庭审时突然提出无罪辩护"误伤"到犯罪嫌疑人，应当在审前阶段即提出无罪辩护的书面意见，并争取通过当面商谈取得检察官的理解。

三、审判阶段律师辩护行动展开

(一) 检察院提出认罪认罚的案件

对于控辩双方在审前已经达成量刑合意，并且公诉人将控辩双方均认可的量刑建议提交法庭的案件，某种程度上协作取代对抗成为庭审主旋律，[3]双方的共同目标首先是说服法官接受量刑建议。公诉人此举旨在提升量刑建议采纳率，收获较高的考核评价；律师则是确保前期辩护的成果得以"落袋"。控辩双方说服的方式主要针对法院对认罪认罚案件的审查内容展开。[4]除了法官当庭得到的供述外，公诉人对此承担证明责任。司法实践中，无论

---

〔1〕 参见陈瑞华："论刑事辩护的理论分类"，载《法学》2016 年第 7 期。

〔2〕 ［德］卢曼：《社会的法律》，郑伊倩译，人民出版社 2009 年版，第 185 页。

〔3〕 参见樊崇义、徐歌旋："证明方法的体系化构建——兼论如何实现认罪认罚从宽的制度初衷"，载《北京工业大学学报（社会科学版）》2019 年第 5 期。

〔4〕 2018 年《刑事诉讼法》第 190 条第 2 款规定："……审判长应当告知被告人享有的诉讼权利和认罪认罚的法律规定，审查认罪认罚的自愿性和认罪认罚具结书内容的真实性、合法性。"

被告人是否反悔，其在讯问过程中提供的认罪的供述只要未被认定为非法证据，通常会成为起诉证据进入法庭，并且在与其他证据相互印证后得到法庭采信，[1]公诉方需要承担证明被追诉人认罪认罚真实性和合法性的义务，辩方对此并不负有证明责任。如果参加庭审的律师同时是具结书的签署人，法官通常会询问其对于案件处理结果的意见，但并不代表律师能够为认罪认罚的真实性和合法性"背书"。律师此时选择配合公诉人说服法官接受量刑意见，旨在维护审前辩护成果、最大化被追诉人利益，但如果此时发现被追诉人非自愿认罪认罚或者案件不符合认罪认罚条件，例如被追诉人曾遭受刑讯逼供却缄默其口，但当庭予以翻供，律师应当向法庭建议案件不适用认罪认罚。如果此时案件采取简易类程序审理，应同时建议转为普通程序，并且根据法律规定，量刑建议不应得到法院的采纳，法院应当根据案件事实作出裁判。2018 年《刑事诉讼法》第 201 条第 1 款列举了量刑建议"绝对排除"的情形，第 2 款则体现了量刑建议的"自我修复"的功能，公诉机关可以针对律师提出的异议调整量刑建议。因此控辩双方于审前达成的量刑合意并不妨碍律师针对新的量刑情节提出辩护意见，例如被追诉人审前认罪认罚并签署具结书，当庭又表示能够预缴罚金或具备对被害方提供更多赔偿的能力，律师可以据此提出进一步从轻处罚的辩护意见，并以发现新的量刑情节为由申请变更量刑建议。检察机关目前在全国推广精准量刑建议，理论界也多提倡量刑建议精准化，但由于检察机关量刑能力有待提升、某些案件事实错综复杂、控辩共识尚未完全达成等因素掣肘，检察机关有时会出具幅度刑量刑建议，建议合议庭在幅度刑内进行裁判，这也为量刑辩护提供了施展空间。如果检察机关提出的是幅度刑量刑建议，此时律师应当结合定罪证据、案件事实和法律适用进行量刑辩护。为了保障被追诉人利益最大化，律师可以首先明确被追诉人认罪认罚的态度，实现量刑从宽的"底线利益"；其次发表自己对于案件的不同观点，例如现有证据无法支撑犯罪事实或某些量刑情节未被采纳，为被追诉人争取"额外收益"。在适用快速审理程序审理的此类案件中，为弥补审理中某些程序简化甚至省略所带来的法庭论辩不足，律师可选择在庭后向合议庭提交针对量刑等关键问题的书面辩护意见。

---

〔1〕　参见秦宗文："认罪认罚案件被追诉人反悔问题研究"，载《内蒙古社会科学（汉文版）》2019 年第 3 期。

（二）检察院未提出认罪认罚的案件

在某些情况下，公诉机关可能未向法院提出适用制度的建议，这主要集中于被追诉人不认罪和认罪但不认可处罚结果的案件，或者虽然被追诉人作出了有罪供述并且认可处罚结果，但根据《指导意见》规定不宜适用的案件。律师首先需要听取被追诉人对于起诉书的意见，掌握其不认罪或认罪不认罚的理由；其次通过进一步审阅案卷，确定被追诉人是否作出过有罪供述，并形成对于案件的最终判断。如果律师同样认为被追诉人无罪或者起诉书中的罪名过重，并且被追诉人在审前阶段始终进行的是无罪辩解，律师应当与被追诉人沟通并得到同意后进行无罪辩护或轻罪辩护。如果被追诉人已经认罪认罚但公诉机关并未认定或被追诉人作出过不稳定的有罪供述，而除有罪供述外的其他证据并不足以支撑有罪或重罪的结论，律师需要如实告知被追诉人自己准备进行无罪辩护或轻罪辩护，但为避免从重处罚的风险，不建议其再次翻供。律师可以向法庭提交自己的辩护意见，若通过与法官的交谈得知辩护意见无法获得支持，可以选择争取法庭认定认罪认罚从而实现量刑从宽。而对于被追诉人认罪认罚但未获认定，并且证据足以支撑起诉书结论的案件，律师可以通过深挖量刑情节、量化具体刑期、提交法律意见、充分法庭辩论的方式争取法庭对认罪认罚予以认定并给予从宽量刑。

第六节　"竞合式辩护"之特殊样态——基于 103 份无罪辩护裁判文书的统计分析

一、研究问题和样本选取

认罪认罚案件能否进行无罪辩护，[1]目前尚未形成统一意见。有学者基于法律规定，认为被追诉人认罪认罚并不代表案件一定具备定罪的基础，律师进行无罪辩护的空间并未因当事人作出有罪供述而被压缩，两者并不矛盾；恰恰相反，无罪辩护才是律师基于最大化维护被追诉人合法权益的首选，此

---

〔1〕 这里的无罪辩护泛指通过对证据材料、案件事实、法律适用或认罪认罚自愿性等方面进行质疑，从而动摇认罪认罚的适用基础，促使法庭作出无罪或减少、变更起诉罪名的判决，主要包括无罪辩护、轻罪辩护、证据辩护、程序性辩护、罪数辩护。

类案件同样具备开展无罪辩护的可能性，律师应当合理把握机遇，力争被追诉人权益最大化。[1]有学者强调律师需要在被追诉人不认罪时与之保持一致，不能开展有罪辩护；而当被追诉人认罪时，律师并不受其约束，仍然可以基于其独立地位进行无罪辩护。[2]有学者基于辩护权的基本权利属性和法律依据，认为无罪辩护应被视作履行诉讼权利的正常活动，不应将其作为认罪态度的评判标准进而影响量刑。[3]"竞合式辩护"强调律师通过带有对抗性的辩护行动达成合作共赢的辩护效果。对抗性源于控辩双方核心利益的根本差异，是辩护的形式要求和存在依据；合作共赢则表现为控辩双方适度对抗后相互妥协的产物，是认罪认罚从宽制度的实质追求。律师作为被追诉人的代理人，必须首先基于委托人利益最大化的核心诉求与控方展开对抗，如果一味强调合作而忽略对抗，律师便违背了对于委托人的忠诚义务，其辩护行动也丧失了正当性基础。同时，律师同样担负一定程度的公益义务，尤其在认罪认罚案件中，律师需要通过采取相应的辩护方式协助法庭查明案件的事实基础和被追诉人认罪认罚的自愿性，无罪辩护的方式自然包含在内。然而，律师辩护的对抗性需要因案而异，具有"适配性"。对于被追诉人已经作出有罪供述并且认可处罚结果的案件，一味强调对抗有时不仅无法为被追诉人争得利益，甚至会造成其既得利益减损，偏离了辩护的实质追求。在各类刑事辩护中，无罪辩护无疑是对抗性最强的辩护方式，其成败可能造成控辩一方利益全有或全无的极端结果，这种辩护方式往往也会激起控辩双方最为激烈的对抗，甚至威胁到审前取得的协商成果。因此也有学者对此持谨慎意见，主要观点是制度适用应当建立在辩方放弃无罪辩护权利的基础上，[4]这里不仅包括不允许被追诉人自行无罪辩护，还限制辩护律师进行无罪辩护。整体而言，理论出现争鸣的情况下，不同学者基于各异的研究方法和理论视角可

〔1〕 参见樊崇义："认罪认罚从宽与无罪辩护"，载《人民法治》2019 年第 23 期。

〔2〕 参见张建伟："协同型司法：认罪认罚从宽制度的诉讼类型分析"，载《环球法律评论》2020年第 2 期。

〔3〕 参见杨宇冠、孙鹤源："认罪认罚改革背景下'认罪态度'与定罪量刑的内涵解读与技术分析"，载《求索》2020 年第 2 期。

〔4〕 参见陈瑞华："认罪认罚从宽制度的若干争议问题"，载《中国法学》2017 年第 1 期；孔令勇："论刑事诉讼中的认罪认罚从宽制度——一种针对内在逻辑与完善进路的探讨"，载《安徽大学学报（哲学社会科学版）》2016 年第 2 期；田宏杰："现代社会治理与认罪认罚从宽制度完善"，载《检察日报》2020 年 5 月 13 日，第 3 版。

能形成各具说服力的研究成果，彼此间并非总能够形成统一结论。理论可以作为科学研究的逻辑起点，指导经验资料的搜集、整理和解释，在此基础上的经验研究能够廓清、重塑乃至开创理论。[1]律师辩护的根本目标是收获理想的裁判结果，基于这一判断，不如将目光转向司法实践，通过对法律文书的统计分析，观察认罪认罚案件中无罪辩护对于裁判结果的影响，进而对其进行客观地评判。

"以裁判文书为载体的新型司法公开数据构成了当代中国法律大数据的基本源。"[2]为了充分反映无罪辩护对于裁判结果的影响，笔者使用关键词组合通过威科先行网检索了北京、天津、上海所有进行无罪辩护的认罪认罚刑事一审案件。之所以选择威科先行网，一是其数据信息较全，基本与裁判文书网同步；二是检索方式更为丰富，有利于满足研究需要；三是支持裁判文书批量下载；四是网站运行情况理想，裁判文书检索、下载过程中网站运行流畅。但也存在一些问题：一是裁判文书的发现主要通过网站自带的检索工具，局限于关键词组合、排序以及案件类型、文书类型、审判程序等限定方式，无法实现自然语义对于裁判文书的深度挖掘，可能出现遗漏案例的情况；二是变量生成基于笔者对每份裁判文书的细致阅读，这种人工识别的方式可能导致抓取的裁判文书中的变量信息出现遗漏；三是全国各地区审判机关对刑事判决书的起草方式尚存差异，尤其对于认罪认罚的适用情况尚未形成统一书写格式，有些内容因很难具体归类只能模糊处理。总体而言，上述问题在针对裁判文书的实证研究中普遍存在，其对于研究结论的影响属于可控范围。

二、变量描述、样本整理和分析方法

笔者在威科先行网站通过关键词"认罪认罚"＋"不构成 罪"～10，[3]限定条件为"刑事""一审""判决书""北京"or"上海"or"天津"，获得163份刑事判决书；通过"认罪认罚"＋"无罪""北京"or"上海"or"天津"，限定条件不变，获得133份刑事判决书。两者共计296份刑事判决书，笔者经过逐份阅读筛选，保留其中103份符合条件的文书，涉及117名被告

〔1〕 参见风笑天：《社会研究方法》，中国人民大学出版社2018年版，第34～36页。

〔2〕 左卫民、王婵媛："基于裁判文书网的大数据法律研究：反思与前瞻"，载《华东政法大学学报》2020年第2期。

〔3〕 表示一句话中同时包含"不构成""罪"，两个词间隔10个字数之内并且具有前后顺序。

人。笔者之所以聚焦于上述地区,主要基于以下几方面原因:一是北京、天津、上海作为经济发展水平较高的直辖市,其司法文明指数和信息公开程度较高,并且三市均是认罪认罚从宽制度首批试点地区,能够为实证研究提供较为理想的素材基础和环境支撑;二是刑事一审均为开庭审,其在认罪认罚从宽制度和刑事辩护制度中更具程序代表性;三是除判决书以外的刑事文书与研究问题无关。这部分文书同时符合以下两个条件:一是被告人于审前阶段或当庭认罪认罚;二是辩护人或被告人进行无罪辩护。同时,"变量必须具有可测量性,必须与研究的问题高度相关"。[1]笔者基于研究问题,根据样本直接观测到的数据,确定如下变量:

(一)变量描述

1. 因变量

根据研究问题,本部分将无罪意见采纳情况、量刑意见采纳情况和认罪认罚适用情况确定为因变量(表34)。辩护律师或被告人针对案件定性等问题提出的反驳意见被采纳的赋值1,不被采纳的赋值0;针对处罚结果提供的反驳意见被采纳的赋值1,不被采纳的赋值0。同时,当辩方尤其是辩护律师针对案件定性问题提出反驳意见时,案件是否仍然适用认罪认罚程序,也属于考察对象,因此也将其作为因变量,适用的赋值1,不适用的赋值0。

表 34 因变量赋值表

无罪意见采纳情况		量刑意见采纳情况		认罪认罚适用情况	
否	是	否	是	否	是
0	1	0	1	0	1

2. 自变量

辩护方式。审判阶段的刑事辩护可以根据目标和方法,划分为无罪辩护、量刑辩护、轻罪辩护、程序性辩护和证据辩护。[2]轻罪辩护、程序性辩护和证据辩护旨在通过重罪变更轻罪、程序抗辩和非法证据排除的方式改变案件

---

〔1〕 李本森:"刑事速裁程序试点实效检验——基于12666份速裁案件裁判文书的实证分析",载《法学研究》2017年第5期。

〔2〕 即刑事辩护的"五形态分类法"。参见陈瑞华:"论刑事辩护的理论分类",载《法学》2016年第7期。

的事实认定和法律适用，进而推翻公诉机关指控的罪名，本质上属于无罪辩护的特殊形态。为形成有效区分，研究中确定为自变量的"其他无罪辩护"指除上述三种辩护方式以外寻求无罪判决的辩护。其他无罪辩护、轻罪辩护、证据辩护和程序性辩护意见的采纳情况均归类为因变量"无罪意见采纳情况"。影响被告人量刑的情节包括法定量刑情节和酌定量刑情节，前者指自首、坦白、立功等法律明确规定的量刑情节，后者指被害方谅解、前科等法官酌情掌握的量刑情节。为深入统计分析，笔者根据辩护中提出的量刑情节，将量刑辩护细分为"量刑辩护法定"、"量刑辩护酌定"和"量刑辩护法定酌定"，加上另外四种辩护方式，共计7个自变量，同时根据辩护主体的不同进行了赋值（表35）。均未采用该类辩护方式的赋值1；律师采用的赋值2；被告人采用的赋值3；律师与被告人均采用的赋值4。

表35　辩护方式自变量赋值表

其他无罪辩护				量刑辩护法定				量刑辩护酌定				量刑辩护法定酌定				轻罪辩护				程序性辩护				证据辩护			
4	2	3	1	4	2	3	1	4	2	3	1	4	2	3	1	4	2	3	1	4	2	3	1	4	2	3	1
均采用	律师采用	被告人采用	均未采用	均采用	律师采用	被告人采用	均未采用	均采用	律师采用	被告人采用	均未采用	均采用	律师采用	被告人采用	均未采用	均采用	律师采用	被告人采用	均未采用	均采用	律师采用	被告人采用	均未采用	均采用	律师采用	被告人采用	均未采用

3. 控制变量

刑事案件的判决是多方因素综合形成的结果，考虑到认罪认罚案件的特殊性，笔者选取了对裁判结果可能产生较大影响的概念作为控制变量进行观察（表36）。一是委托律师情况。样本中的所有被告人均有辩护律师，辩护律师人数和律师性质则存在差异，赋值时需要对此作出区分。委托1名辩护律师的赋值1，委托2名的赋值2，指定1名律师辩护的赋值3，指定2名的赋值4。二是被告人退赔情况。有学者通过判决书进行大数据量化分析发现，刑事诉讼中的积极赔偿对量刑结果产生重要影响，[1]《指导意见》中也强调将被害方是否得到合理赔偿作为量刑从宽的重要考量因素，因此将被告人退赔情况作为控制变量。被告人进行退赔的赋值1，没有退赔的赋值0。三是认罪认罚阶段。由于被追诉人作出有罪供述的阶段将对量刑宽宥的幅度产生一

---

〔1〕 参见王芳："刑事诉讼中积极赔偿对量刑的影响及其合理控制研究"，载《法学论坛》2020年第3期。

定影响，笔者假设其对于因变量可能产生作用，因此将其作为控制变量进行观察。被追诉人于审前阶段认罪认罚的赋值1，当庭认罪认罚的赋值2。四是法院层级。认罪认罚适用案件在类型上虽没有明确限制，但对于重罪的适用应当格外谨慎。[1]由于中级人民法院直接受理的一审案件均是较为重大的特殊刑事案件，因此笔者引入了法院层级这一变量，观察重大案件中无罪辩护可能产生的影响。基层人民法院直接受理的赋值0，中级人民法院直接受理的赋值1。

表 36　控制变量赋值表

委托律师情况				退赔情况		认罪认罚阶段		法院层级	
1	2	3	4	0	1	0	1	0	1
委托1名	委托2名	指定1名	指定2名	否	是	审前阶段	审判阶段	基层	中级

（二）样本情况

经对样本进行梳理（表37），在117名被告人中，有69人委托1名律师辩护（占59%），33人委托2名律师辩护（占28.2%），13人指定1名律师辩护（占11.1%），2人指定2名律师辩护（占1.7%），这2人的辩护律师分别由执业律师与实习律师、北京律师与外地律师组成；基层人民法院负责审理的被告人105名（占89.7%），中级人民法院负责审理的12名（占10.3%）；78名被告人于审前阶段认罪认罚（占66.7%），39名被告人当庭认罪认罚（占33.3%）；45名被告人进行了退赔（占38.8%），71名被告人未退赔（占61.2%）。

自变量方面，69名被告人的辩护律师进行了其他无罪辩护（占59%），个别被告人当庭推翻了之前的认罪认罚供述，进行了无罪辩护（占3.4%）；量刑辩护主要由辩护律师进行，仅有2名被告人自主进行了量刑辩护（占1.8%）；7名被告人的辩护律师提出了非法证据排除（占6%），2名被告人的辩护律师进行了程序性辩护（占1.7%），理由分别是检察机关变更起诉不合法和管辖异议；18名被告人的辩护律师进行了轻罪辩护（占15.4%），其中2名被告人自行开展了轻罪辩护（占1.8%）。

因变量方面，88名当事人不适用认罪认罚（占75.2%）；仅有4名当事人的律师发表的针对案件定性的意见被采纳（占3.4%）；不到半数当事人的律师提出的量刑辩护意见被采纳（占41%）。

---

〔1〕　参见魏东、李红："认罪认罚从宽制度的检讨与完善"，载《法治研究》2017年第1期。

表 37　样本总体情况

	例数（n）	百分比（%）
法院层级（n=117）		
基层	105	89.7
中院	12	10.3
认罪认罚阶段（n=117）		
审前	78	66.7
当庭	39	33.3
是否退赔（n=116）		
是	45	38.8
否	71	61.2
委托律师（n=117）		
委托1名	69	59.0
委托2名	33	28.2
指定1名	13	11.1
指定2名	2	1.7
无罪意见采纳情况（n=117）		
是	4	3.4
否	113	96.6
量刑意见采纳情况（n=117）		
是	48	41.0
否	69	59.0
认罪认罚适用情况（n=117）		
是	29	24.8
否	88	75.2
其他无罪辩护（n=117）		
未采用	24	20.5
律师采用	69	59.0

	例数（n）	百分比（%）
被告人采用	4	3.4
律师与被告人均采用	20	17.1
量刑辩护酌定（n=117）		
未采用	113	96.6
律师采用	4	3.4
量刑辩护法定（n=117）		
未采用	110	94.0
律师采用	7	6.0
量刑辩护法定酌定（n=117）		
未采用	64	54.7
律师采用	51	43.6
被告人采用	1	0.9
律师与被告人均采用	1	0.9
程序性辩护（n=117）		
未采用	115	98.3
律师采用	2	1.7
轻罪辩护（n=117）		
未采用	99	84.6
律师采用	16	13.7
律师与被告人均采用	2	1.7
证据辩护（n=117）		
未采用	110	94.0
律师采用	7	6.0

（三）研究方法

本部分采取定量与定性相结合的分析方式，一方面利用 SPSS 统计软件，对样本中的变量进行二元回归和非参数检验分析，通过量化方式揭示认罪认罚案件无罪辩护的相关情况；另一方面通过对特殊案件进行定性分析，获悉特殊情境背后的普遍逻辑，进而寻求广泛适用的结论。

三、研究发现

（一）定量分析结果

通过非参数检验分析，量刑辩护法定的样本中指定律师与委托律师样本分布呈现出显著的差异性（表38）。合理的解释是法定量刑意见对于最终的判决往往产生较大影响，而法定量刑意见的提出需要在了解案情的基础上进行较为深入的法律分析，对律师的辩护工作要求较高。而委托律师与指定律师由于投入时间、收获报酬的不同，最终辩护成果的产出自然存在差异。

表38　辩护律师情况分析

	委托1名 (n)	委托2名 (n)	指定1名 (n)	指定2名 (n)	X2	P值
量刑辩护法定	69	33	13	2	8.908	0.048
量刑辩护法定酌定	69	33	13	2	4.314	0.043

利用非参数检验的 Kruskai-Wallis 检验进行分析，结果表明，委托律师的案例在量刑辩护法定具有统计学差异（$p < 0.05$），其他变量均无显著性差异（$p > 0.05$）

通过非参数分析，被告人是否对被害方进行赔偿的样本在量刑意见采纳方面存在显著性差异，因为被害方谅解本身便是酌定量刑情节，律师通常会在辩护意见中着重强调这一情节，甚至提前主动促成刑事和解。同时，尽管被害方意见不会直接阻却制度的适用，但认罪认罚从宽制度仍然强调被害方的权益保障，因此退赔情况对于量刑会产生重要影响。（表39）

表39　退赔情况分析

	退赔（n）	未退赔（n）	Z值#	P值
量刑意见采纳情况	45	71	2.052	0.0001

利用非参数检验的 Kolmogorov-Smirnov 检验进行分析，结果表明量刑意见

采纳情况在退赔和未退赔的案例中存在显著性差异（p<0.001），其他变量均无显著性差异（p>0.05）。

由于三个因变量均属于二元变量，本部分采用二元 logistic 回归分析（表40）。由于无罪意见采纳率过低，导致因变量无罪意见采纳情况的回归统计模型拟合度不理想，无法得出有效结论。量刑意见采纳情况和认罪认罚适用情况两个因变量的模型拟合度较为理想，尤其是量刑意见采纳情况的模型能够解释因变量 47.5% 的变异程度，结论具有较高的说服力。分析结果显示，无罪辩护、量刑辩护法定、量刑辩护法定酌定对于量刑意见采纳情况具有统计学上的显著贡献，尤其是两种量刑辩护方式对于量刑意见采纳具有相当大的影响。而仅仅提出酌定量刑情节的辩护方式未对量刑意见采纳产生显著的统计学差异。几种辩护方式均未对认罪认罚适用情况产生影响，尤其是律师进行无罪辩护并未显著导致认罪认罚不适用。

表 40 二元 logistic 回归分析[1]

变量	(model1) 量刑意见采纳情况	(model2) 认罪认罚适用情况
其他无罪辩护	0.0923**	
（参照组：未采用）	(0.0958)	
量刑辩护法定	15.08**	2.535
（参照组：未采用）	(15.91)	(2.879)
量刑辩护酌定	3.727	0.188
（参照组：未采用）	(5.506)	(0.264)
量刑辩护法定酌定	53.72***	1.409
（参照组：未采用）	(41.13)	(0.692)
轻罪辩护	0.554	2.258
（参照组：未采用）	(0.577)	(3.148)
证据辩护	4.842	1.008

---

[1] 自变量"程序性辩护"对于两个因变量、自变量"无罪辩护"对于因变量"认罪认罚适用情况"均因共线性（Collinearity）而被模型自动剔除（Omit）。

续表

	（model1）	（model2）
（参照组：未采用）	（5.534）	（0.970）
常数	0.422	1.973**
	（0.491）	（0.592）
样本量	117	95
伪判定系数（Pseudo R2）	0.475	0.027

注：* p<0.05，**p<0.01，***p<0.001，双尾检验，括号内为标准误。

（二）典型案例

在刘某某、陆某职务侵占、贷款诈骗一审刑事判决中，公诉机关指控同案被告人韦某、程某某涉嫌骗取贷款罪，二人均于审前阶段认罪具结。[1]经审理，合议庭建议公诉机关调整量刑建议并遭到拒绝后，决定不采纳量刑建议。鉴于此，二人的辩护律师分别提出了新的无罪辩护意见。最终，法院未采纳公诉机关提出的量刑建议和律师的辩护意见，作出了超过量刑建议的判决。在陈某、房某等寻衅滋事一审判决书中，陈某和刘某某于审前阶段均对案件定性和处罚结果表示认可并签字具结，后因二人辩护律师在庭审时发表了认为不构成犯罪的辩护意见，公诉机关要求撤回量刑建议，但遭到合议庭拒绝。[2]

---

〔1〕 参见（2018）津 0105 刑初 277 号刑事判决书。

〔2〕 合议庭拒绝的主要理由为：被告人自愿、真实地选择认罪认罚从宽程序，其理应承担选择适用该程序的一切法律后果，包括享有基于合理预期的量刑减让。同时，根据《刑事诉讼法》第 37 条等相关规定，辩护人根据事实和法律提出被告人无罪、罪轻或者减轻、免除其刑事责任的材料和意见，维护被告人的诉讼权利和其他合法权益。但因最终的刑事责任依然由被告人承担，因此辩护人的辩护理当以有利于被告人的原则开展。一方面，当被告人经过权衡以后，自愿、真实地选择对自己最有利的认罪认罚从宽程序后，其对选择该程序的法律后果已经明确且有预期的情况下，不能因为辩护人基于其辩护职责而提出的无罪辩护使该预期落空而承担不利的后果。另一方面，既然法院在审理过程中，对被告人认罪认罚的自愿性及其具结书的真实性、合法性进行了全面、实质地审查确认有效后，则意味着被告人的认罪认罚是自愿真实合法的，其所作的有罪供述亦可作为该案事实认定的重要参考。参见（2019）沪 0104 刑初 1195 号刑事判决书。

四、结论

（一）无罪辩护具有一定的策略性

有学者指出，当事人作出有罪供述而律师发表不构成犯罪的辩护意见有时会作为律师采取的辩护策略。[1]本部分的实证研究印证了这一结论。程序性辩护、轻罪辩护、证据辩护、其他无罪辩护均无法对无罪意见采纳情况产生实质性影响，却能够对量刑采纳情况产生影响。样本中的一些辩护律师采用了无罪辩护与量刑辩护相结合的方式，最终收获了量刑辩护意见得到采纳的效果。这一方面体现了辩护律师在认罪认罚案件中履职的特殊性，同时也符合一定的客观规律。毕竟律师对于案件的观点和看法可能随着案件的进展发生改变，进而与被告人、公诉人员产生差异。

（二）认罪认罚案件被告人对辩护律师仍具较强依赖性

样本数据显示，不论是量刑辩护，还是对专业素养要求较高的轻罪辩护、程序性辩护和证据辩护，被告人自主进行的比例都极低，并且很难提出有针对性的辩护意见。即使对抗性明显降低的认罪认罚案件，如果想让法官采纳辩护意见，作出至少是量刑获利的判决，仍然需要律师基于专业角度进行辩护。同时，样本案件的律师辩护率为100%，表明辩护律师参与了所有的无罪辩护样本案件，这也从侧面说明了此类案件的当事人对于辩护律师仍具有较强的依赖性。

（三）律师应当关注退赔情节

退赔作为法定量刑情节，对于量刑意见采纳情况具有显著的正相关性，对于判决中被告人的刑期减免具有积极的推动作用。律师需要在审前阶段将这一可能结果告知被追诉人，在条件允许的情况下促成刑事和解或者被追诉人退赃。根据退赔发生的时间，辩护律师可以在审前阶段与检察官展开协商，或者在庭审过程中提示合议庭充分关注这一情节。

（四）委托辩护的效果强于指定辩护

如上文所述，认罪认罚案件的辩护带有一定的策略性，司法实践中可能存在律师表面上对于案件定性和处罚结果均发表不同意见，实质上只寻求量

---

〔1〕　参见张建伟："协同型司法：认罪认罚从宽制度的诉讼类型分析"，载《环球法律评论》2020年第2期。

刑效果的情况。样本数据显示，以法定量刑情节为主的辩护效果强于仅提出酌定量刑情节的辩护，法定量刑情节相对于酌定量刑情节对于辩护工作的要求更高，需要律师进行更加深入的法律研究。分析结果显示，委托律师比指定律师更倾向于提出法定量刑情节，因而委托辩护的效果强于指定辩护。

（五）律师进行无罪辩护不会导致被告人不适用认罪认罚从宽处理

有学者呼吁，律师在庭审过程中发表对于案件定性的不同意见，不应当招致当事人不适用认罪认罚从宽制度的后果。[1] 从分析结果看，司法机关普遍对于律师进行无罪辩护采取较为宽容的态度。除了被告人当庭翻供导致的认罪认罚从宽制度不适用，律师进行无罪辩护往往不会对于制度适用产生影响。一方面，律师即使准备开展无罪辩护，对于审前已认罪认罚的被告人是否当庭否认指控也应当持谨慎态度，这有可能导致无罪辩护意见在未被采纳的情况下，认罪认罚既得利益丧失；另一方面，对于案件事实和法律适用确实存疑的案件，律师可以适当开展无罪辩护，前提是能够提出有依据的辩护理由，并且最好同时进行量刑辩护。

（六）庭审时律师辩护方式的转化

尽管检察机关对于认罪认罚案件具备一定的主导职能，并且审前控辩双方已经通过量刑协商形成合意，但这未不影响审判机关行使最终的裁判权。如果审判机关不认可量刑建议并提出了调整的要求，律师也需要相应改变辩护策略。如果检察机关同意调整，此时律师需要与检察官再次进行协商，双方未达成一致意见的情况下，则需要将案件视作不认罪案件展开辩护；如果检察机关拒绝调整，根据 2018 年《刑事诉讼法》规定，法官可以不采纳量刑建议直接作出判决，此时辩护律师应当基于被告人利益及时调整辩护思路，不再过分拘泥于审前量刑协商达成的合意内容。

---

〔1〕 参见肖中华：“认罪认罚从宽适用三题”，载《检察日报》2019 年 2 月 2 日，第 3 版。

CHAPTER8

第八章
认罪认罚从宽制度中律师辩护制度的规范

中共中央办公厅、国务院办公厅于 2016 年印发了《关于深化律师制度改革的意见》，对律师制度改革进行了全面部署，涉及律师执业保障、职业管理和队伍建设等方面内容，旨在通过进一步规范律师制度，改善律师执业环境、增强律师执业能力、提升律师队伍素质，使律师能够更加充分地履职尽责。具体到律师辩护制度，执业能力的增强和队伍素质的提升往往相辅相成，两者均对辩护质量的高低发挥直接作用，而以执业氛围和制度保障为依托的司法环境则能够对辩护质量形成长远影响。为了使律师在认罪认罚案件中充分发挥职能作用，需要构建起一套以执业能力和队伍素质为核心的质量控制系统，同时完善相应的配套制度，以实现认罪认罚从宽制度中律师辩护制度的规范化。

第一节　构建认罪认罚从宽制度律师辩护质量控制系统

近年来，"辩护质量"一词频繁见于各级法律文件之中，核心要旨在于"维护当事人的合法权益"，但由于理论和实务界对于辩护质量的标准尚存争议，因而仍规则阙如。"质量"一词内涵丰富，其含义跨越自然科学、人文科学和社会科学等多种学科，"辩护"作为一种带有公益性质的法律服务产品，服务的接受方为当事人，因而法律文件中多将"维护当事人的合法权益"紧随"辩护质量"之后，某种程度上反映了立法者基于当事人角度衡量辩护质量的态度。根据管理学大师约瑟夫·朱兰博士提出的质量即适用性的理念，产品质量的高低取决于其能否更加充分地满足用户需求，[1]因而律师辩护质

---

〔1〕　参见格雷戈里·H. 沃森："重新解读朱兰"，载《上海质量》2016 年第 9 期。

量可以理解为辩护工作满足当事人需求的程度。但辩护又非同于一般产品，其兼具服务性和公益性的双重属性，况且当事人的需要也并非一定切合实际，如果仅将此作为判断辩护质量高低的标准难免失之偏颇，甚至可能引发执业伦理和道德危机，也不符合我国强调发现事实真相的刑事诉讼理念。因此，辩护的服务对象应当限定于当事人的合法利益，而非当事人的所有要求，辩护质量据此可界定为：辩护工作满足受其实质性影响的当事人的合理需求程度。这里的"实质性影响"主要指辩护行动与当事人权益之间产生了直接的因果关系，例如律师的无效辩护导致合法权益遭到不当减损；如果辩护行动与当事人权益之间存在介入因素，即出现了因果关系阻却事由，辩护行动将不构成辩护质量评价的理由。例如，由于公权力的阻挠或忽视，律师的辩护行动无法有效展开或意见未得到合理采纳，公权力行为便构成了因果关系的介入事由，此时即使律师未能进行及时、有效的辩护，也不能因此获得否定性评价。"合理需求"主要指当事人对于辩护的要求，并且限定于维护自身合法权益的"合理"要求，主要包含两个方面：一是当事人的需求不违背法律规范和执业道德，例如要求律师协助伪造、销毁证据或者公开发表有违公序良俗的言论，这些要求不构成评判辩护质量的事由；二是当事人的需求与案件实际情况不产生直接冲突，例如明显的无罪案件，当事人执意律师配合其认罪，律师可以不满足这种"不合理"的需求。"满足程度"指律师通过具体的辩护行为使当事人满意的程度，包括主客观两个要件：一是当事人主观上的满意程度，即对律师辩护工作的认可和对裁判结果的认可；二是律师需要开展最低限度的辩护行动，例如会见的时间和次数要求，阅卷和提出法律意见的要求等。当事人的"满足程度"往往会受到具体案情、诉讼阶段、司法环境等因素的综合影响，因素的变化会使当事人对同一案件或同一律师提出不同的要求。即使对于当事人作出有罪供述的案件，律师提供的法律服务同样需要受到辩护质量的控制和约束，其中包括律师辩护质量的共性要求，也包括由于制度的特殊性而引发的个性要求。提升律师辩护质量属于一项系统性工程，既涵盖刑事诉讼制度的宏观设计，也涉及执业规范化、评价指标体系和纠错机制等操作层面。操作层面上，建立在共性和个性要求基础之上的质量控制系统，有助于引导认罪认罚案件的律师辩护走向规范化，同时通过评价指标的建立实现可供操作的质量评价体系，进而对未达标的律师辩护及时纠偏，防范低质量的律师辩护所引发的当事人权益遭受侵害的风险。

一、认罪认罚从宽制度辩护律师执业规范化瞭望

《指导意见》赋予被追诉人获得有效法律帮助的权利，旨在通过提升强化律师辩护功能和提升律师辩护质量，确保被追诉人在律师的协助下作出符合内心真实想法的决定并进行程序选择。[1]因此，认罪认罚从宽制度律师辩护质量控制系统的构建首先建立在律师辩护规范化的基础上，通过使重复性的辩护活动实现标准化以规范律师执业，尽可能维护当事人合法权益，使有效辩护成为可能。对于律师辩护如何规范化，目前仅全国律协出台的《律师办理刑事案件规范》对律师在刑事案件中的工作流程提供了原则性指导，以及最高人民法院、最高人民检察院、公安部、司法部专门出台相关司法解释就律师如何办理死刑案件作出了纲领性规定，但均未对律师辩护如何规范化提出具体性要求，尤其缺乏对认罪认罚从宽制度中格外重要的律师如何维护当事人利益、律师如何与公诉机关进行沟通协商等影响辩护效果的问题作出明确规范。[2]因此，如欲在认罪认罚从宽制度中实现有效辩护，至少应当从准入资质、能力要求、伦理约束、流程和评价等几个方面予以规范。

（一）执业资质规范化

执业规范化的首要问题便是辩护律师执业资质的规范化，即在执业准入方面予以规范。律师的门槛主要来自法律职业资格考试，任何人只要通过考试，再经过 1 年的实习期并通过律协组织的考核，便能够取得执业资格，从事所有律师业务。由于对考生没有专业要求，很多非法律专业考生通过短期法律学习通过司法考试成为律师后，便能够担任当事人的辩护人。国家司法考试改制后，对参考人员的专业要求有所提高。根据《国家统一法律职业资格考试实施办法》规定，本科或硕士专业属于法律类，或者在法律岗位上工作满 3 年即满足报名条件，而法律岗位工作满 3 年的要求较为宽泛，报名门槛仍然较低。相比于英美法系学徒式的实务研习和大陆法系的司法研修机构学习制度，我国律师不需要经过上述实操或学习经历，[3]执业门槛相对较低。

---

[1] 参见熊秋红："审判中心视野下的律师有效辩护"，载《当代法学》2017 年第 6 期。
[2] 参见陈瑞华："刑事诉讼中的有效辩护问题"，载《苏州大学学报（哲学社会科学版）》2014 年第 5 期。
[3] 参见陈瑞华："刑事诉讼中的有效辩护问题"，载《苏州大学学报（哲学社会科学版）》2014 年第 5 期。

在报名门槛和执业门槛"双低"的情况下，我国律师的专业化建议尚处起步阶段，只要取得了执业资格，律师便允许从事几乎所有类型的业务，其中自然包括刑事辩护业务。笔者通过对一些律师进行访谈获悉，由于缺乏限制执业领域的要求，律师在实践中的专业化分工更多表现为是否代理当事人出庭参加诉讼，据此将律师划分为出庭律师与非诉律师，出庭律师中以刑事辩护为主要业务的并不常见，但并不会拒绝任何报酬可观的刑辩业务，例如，一些以民商事诉讼为专业领域的律师表示，每年也会接受几位经济条件较好的刑事案件当事人的委托担任辩护人。由于精力有限，这部分律师对于刑事诉讼制度缺乏关注，甚至对于认罪认罚从宽制度根本不了解。很难想象，他们在代理认罪认罚案件中，有多大可能性与公诉机关展开有效协商。然而，伴随着刑事案件律师辩护全覆盖的铺开，我国刑事辩护尚存较大缺口，加之域外法治国家缺乏可供借鉴的先例，不宜立即在律师的执业领域方面施加过多限制，否则有可能造成刑事辩护律师的流失。但有必要通过规范执业资质，促进律师辩护的专业化和精细化。司法部于 2017 年印发的《关于建立律师专业水平评价体系和评定机制的试点方案》（以下简称《评价试点方案》），通过划分业务领域的评定方式迈出了律师专业化的试点步伐，并于 2019 年将试点扩大至全国地区。每名律师可以在包括刑事在内的 9 个专业领域中选择 2 个进行参评，是否参评并不影响律师从事该领域业务。由于律师参评相关专业需要符合特定条件，如果最终能够被评为专业律师，一定程度上说明律师具备了执业水准。因此虽然专业评定不会成为律师执业的壁垒，但应当扩大其对于当事人选择律师的影响。例如，通过各类宣传使社会民众了解到专业评审的存在，在刑事判决书中体现出辩护律师是否为刑事专业律师，使当事人在寻求辩护律师时更倾向委托刑事专业律师。此外，律协可以建议较大的律师事务所建立更加规范的刑事专业委员会，通过律所内部的管理机制和风控体系使得至少一名有经验的律师担任当事人的辩护人。[1] 在法律援助方面，指定辩护律师中至少一名必须由刑事专业律师担任。而为防止由于专业评定的原因导致律师无法开展辩护，可以将律师参评的专业数量扩大至 3 个，按

---

〔1〕 据笔者了解，国内某些大型律所目前已开始尝试这种方式。例如，要求刑事委托的建立必须经过刑事委员会的审核，以保证本所接办的每起刑事案件中至少有 1 名以刑辩为主要业务领域的律师参与。

照全部 9 个专业领域计算，律师在 1/3 的专业领域内获得评定资格较为合理。伴随着律师执业环境的改善和执业水准的提高，可以探索建立刑事辩护律师执业准入机制，律师担任刑事案件的辩护人需要符合两个基础条件：一是刑事辩护作为其通常承办的业务类型；二是其具有与该业务领域要求相适应的经验水平，以实现刑事辩护的专业化和精细化。例如，德国只能由律师担任刑事案件辩护人，英国律协甚至设置了一道额外的考试程序，作为刑事法律援助的执业条件。[1]对于被追诉人认可案件定性和处罚结果的案件，律师辩护的方式尽管存在特殊性，但由于律师介入时尚不确定被追诉人是否已作出了有罪供述，因此不易对此类案件的辩护律师资质提出单独要求，符合刑事辩护律师资质即可。

（二）执业能力规范化

认罪认罚案件的律师执业能力关涉到法律职业素养和沟通协商能力，前者至少包括律师的理论功底、专业技能、思维能力和相关知识，后者至少包括表达能力、反应速度、随机应变能力和亲和力。以量刑协商为例，毋庸讳言，尽管目前公诉机关要求对此类案件尽可能出具精准化的量刑建议，但相比于审判人员，律师和检察官在此方面均是短板，哪方能够提出更有说服力的量刑意见，便更有可能在协商中处于有利位置。此外，律师需要不断增强沟通协商能力，以适应认罪认罚案件的辩护特殊性。《最高人民法院统一法律适用工作实施办法》，要求对于辩护律师提供案例作为辩护理由的，法院需要予以回应。这意味着在认罪认罚案件的协商过程中，相似案例将成为律师协商的依据之一，律师在协商过程中提供类似案例将逐渐发展为标准流程，律师的类案检索能力也需要得到进一步提升。执业能力一方面会伴随着执业年限的增加和辩护经验的丰富而增长，另一方面也需要通过考核培训的方式予以督促。律协可以通过增加认罪认罚案件律师辩护培训以增加执业能力，在理念、知识和技能层面设定培训目标，然后分别将其细分为具体指标。理念层面旨在增强辩护律师维护当事人合法权益的认识，使辩护律师意识到当事人权利的重要性，以及维护权利所需秉持的专业精神和独立性，并促使律师更加及时地投入到认罪认罚案件的辩护工作中；知识层面旨在提升辩护律师

---

〔1〕　参见桑宁、蒋建峰："英国刑事法律援助质量控制体系及启示"，载《中国司法》2007 年第 1 期。

对于有效法律帮助内容的认知以及如何使当事人更加了解自身权利，使辩护律师在掌握认罪认罚案件特殊性的前提下具备辩护必要的知识，包括有必要协助当事人进行程序选择、为当事人解答认罪认罚权利义务规定和可能的后果等内容；技能层面旨在将律师辩护的理念和知识外化为核心技能，使辩护律师掌握与当事人沟通的技巧，如何在短期内获得对方信任并且向其提供丰富的有价值信息，同时增强辩护律师与检察官的协调沟通能力，把握好沟通的尺度、时间和方式，并形成辩护工作的纸质化记录，实现辩护规范化。

（三）执业伦理规范化

通常意义下的伦理，意指调节社会生活中人们如何交往的道德规范和准则。法学关注的主要问题来源于事实与规范，律师执业伦理则通过在事实上确立律师与当事人、律师与公共利益之间的关系，进而明确律师的执业操守与规范。前者可以理解为"忠诚义务"，后者可以理解为"公益义务"。传统的职权主义国家通常强调律师辩护的独立性，德国的主流理论便将辩护律师视为"独立的司法机关"，[1]葡萄牙学者也认为律师的权利并非单纯来源于当事人的授权，而是行使管理司法的公共职能，是"管理司法的机关"。[2]当事人主义国家则更强调"服从当事人"原则（"cab-rank" Principle），[3]律师作为当事人的利益代言人，被称为"雇佣的枪手"。[4]我国作为强职权主义国家，要求律师同时承担忠诚义务和公益义务。但两类义务如何定位，是并列关系还是以哪一类义务为优先，甚至实践中如果两类义务发生矛盾时如何处理，理论界和实务界均缺乏共识。鉴于执业伦理对于规范律师执业的重要性，尤其是近期热点案件多次反映出此类突出问题，逐渐吸引了理论界的目光，学者们开始对其展开热烈讨论。目前，一些学者发表了忠诚义务具有重要性和优先性的观点，区别仅在于公益义务是定位于律师执业伦理，还

〔1〕 参见陈瑞华："辩护律师职业伦理的模式转型"，载《华东政法大学学报》2020 年第 3 期。

〔2〕 参见［葡］乔治·德·菲格雷多·迪亚士：《刑事诉讼法》，马哲、缴洁译，社会科学文献出版社 2019 年版，第 287 页。

〔3〕 参见［英］麦高伟、杰弗里·威尔逊主编：《英国刑事司法程序》，姚永吉等译，法律出版社 2003 年版，第 286 页。

〔4〕 See Michele Taruffo, "The Lawyer's Role and the Models of Civil Process", *Israel Law Review*, Vol. 16, No. 1., 1981, p. 6; 转引自蔡元培："辩护律师程序异议机制初探"，载《法学杂志》2020 年第 10 期。

是真实义务的保障和边界。[1]笔者在此不再过多讨论律师执业伦理方面的问题，而是希望借此问题明确制度运行过程中律师如何处理与当事人的关系，一是辩护律师与当事人在是否作出有罪供述问题上产生分歧时应当如何处理？二是当事人作出有罪供述后辩护律师进行无罪辩护是否违背职业伦理？解决这两个问题，需要站在理论思辨和实践观察的双重角度进行分析。首先，忠诚义务要求辩护律师以维护当事人合法权益为首要目标，当事人的意见无疑应当受到辩护律师的尊重。辩护律师如果确认当事人认罪认罚出于自愿，即使不认可这种做法，也应当优先尊重其选择；对于不认罪的当事人同样如此，辩护律师不能劝说其认罪。其次，如果当事人的意见不合理，或者有损于公共利益，辩护律师应当慎重考虑。例如，辩护律师明确当事人系出于胁迫或为他人顶包的虚假认罪，则需要作出独立判断，而非一味迎合。再其次，公益义务要求律师不能主动阻碍发现事实真相，除此之外仍应当以保障当事人合法利益为出发点。这主要针对当事人不认罪的案件，即使辩护律师认为有罪，也不应当以发现事实真相为由进行有罪辩护。最后，律师可以适当不遵循当事人的要求发表能够为其争取利益的意见，或者在当事人默许下发表与其意见相左的辩护观点，但一旦发现有可能损害当事人利益，应当立即停止。上文的实证研究表明，辩护律师进行无罪辩护不会对认罪认罚适用产生较大影响，基于维护当事人权益考量，辩护律师可以对其认为无罪的认罪认罚案件展开无罪辩护，前提是不允许劝说当事人当庭翻供。如果此举可能引发检察官撤回量刑建议或法官宣告不适用认罪认罚从宽程序，辩护律师则需要申请休庭以寻求当事人同意，当事人未同意的情况应当放弃无罪辩护。

（四）执业流程规范化

律师辩护方式虽然因人而异、因案而异，但仍然可以通过预先设置一些基础性的执业流程清单，为律师辩护提供指引，使辩护工作走向规范化。执业流程清单有助于实现刑事辩护的精细化，提高刑事辩护的可操作性，也便于事后进行鼓励和监督。此外，规范化的流程也有助于帮助有些律师克服经

---

[1]　关于真实义务与公益义务之间的关系，参见陈瑞华："辩护律师职业伦理的模式转型"，载《华东政法大学学报》2020年第3期；李奋飞："论辩护律师忠诚义务的三个限度"，载《华东政法大学学报》2020年第3期；李扬："论辩护律师的公益义务及其限度"，载《华东政法大学学报》2020年第3期。

验不足的缺点，使其能够迅速投入到刑事辩护工作中。鉴于认罪认罚案件的特点，可以将规范化的执业流程按照刑事诉讼阶段予以划分，每一个阶段提出基本辩护工作的参照内容。在侦查阶段，律师至少需要完成会见和沟通工作，会见中除了确立委托关系、了解案件事实和罪名等常规性的内容外，还需告知提供有罪供述的权利义务以及可能承担的后果。辩护律师应当在与公安机关沟通过程中及时反映被追诉人认罪认罚的情况，并要求该内容写入起诉意见书，以便于公诉机关审查批捕时将被追诉人提供有罪供述的态度作为不予批捕的理由。在审查起诉阶段，律师需要明确阅卷的时间，以保证量刑协商的时效性，同时对协商的方式、记录、过程予以规范，明确需要自行或者申请调查取证的情形。例如，明确律师只有完成了规范化流程所要求的辩护工作后，才允许在具结书上签字。〔1〕在审判阶段，律师需要明确庭审论辩的方式和限制，例如不能建议当事人翻供，不能进行明显有害于当事人的辩护等。律协可以在《律师办理刑事案件规范》的基础上出台"律师办理认罪认罚案件规范"，对此类案件的工作过程进一步规范化，大型的律师事务所也可以自行制定认罪认罚案件规范化服务文本，以供所内律师借鉴参考。

（五）执业评价规范化

科学、规范的执业评价有利于督促辩护律师认真履职，进而实现有效辩护。执业评价可以分为形式评价和实质评价，形式评价主要针对辩护律师是否完成规定的执业流程。例如，在签署认罪认罚具结书前完成了阅卷和会见，与检察官进行过会商并形成了书面记录。辩护律师的执业资质也属于形式评价的范畴。对于实质评价，主要针对辩护过程中是否违背了执业伦理以及辩护效果展开，由于辩护效果属于相对主观的评价范畴，较难形成统一标准，可以将其分解为具体指标。例如，量刑建议是否属于合理范围、律师的辩护是否导致认罪认罚的不适用等。评价主体可以由司法行政机关工作人员、律师同行、法官等组成，但不宜由检察机关和当事人进行评价，因为两者均是辩护的主要利益攸关方，难以在评议中保持中立。认罪认罚案件的评价程序可以参照《评价试点方案》中的专业评定流程，在律师年度执业考核工作中，作为刑事专业评审中单独的组成部分，不专门授予相关称号，但可在刑事专业

---

〔1〕 参见韩旭："2018年刑诉法中认罪认罚从宽制度"，载《法治研究》2019年第1期。

律师后以补充描述的形式体现评价结果。[1]

二、认罪认罚从宽制度律师辩护质量评价指标体系

质量评价指标是对认罪认罚案件律师辩护进行综合性评判的工具，具有直观性和可操作性，具体指标的选择和指标体系的构建是确立认罪认罚从宽制度律师辩护质量控制系统的关键。

（一）指导原则

1. 尊重辩护规律原则

律师辩护是一项具有高度专业水准的职业活动，内含独特的运行规律。指标体系的构建首先应当符合律师辩护的运行规律，能够体现出律师辩护的内在规律和运行逻辑。认罪认罚案件的律师辩护重心前移至审前阶段，重在控辩之间的量刑协商，需要围绕此规律设置具体的指标体系，使评价结果具有科学性和合理性。

2. 导向性原则

指标体系需要能够真实地反映认罪认罚案件律师辩护的整体情况，以便最终形成对律师辩护的客观评价，使得司法行政机关、行业自治协会能够有针对性地调整管理策略，律师同样能够有针对性地对辩护方式进行改进。具体而言，指标体系既要能够对律师个体辩护质量进行有效评判，从而引导行政机关和自治协会据此设计出不断提升律师执业水准和促进职业道德养成的个性化方案；还应能够发现律师在刑事辩护，尤其是认罪认罚案件辩护工作中集中存在的共性问题，进而通过资源调配和改进管理等举措推动律师辩护质量的整体提升。

3. 融贯原则

作为辩护质量评价主要形式的质量控制系统，旨在通过各项评价指标实现评价过程的可操作性和评价结果的可视性，指标之间的抵牾将导致系统目标无法实现。因此，指标体系的融贯原则要求以目标为导向的系统内部诸指标之间的无矛盾性，以及尽可能实现评价对象的无遗漏。此外，即使指标体系能够由自身的融贯性得到证成，但也需要根据立法的更新和实践经验的调整恒久地随之改进。

---

[1] 例如，刑事专业律师如果一年之中办理认罪认罚案件超过5起，或者有影响力的认罪认罚案件超过1起，可以在专业律师证书后添加"认罪认罚"字样予以注明。

4. 实效原则

实效原则旨在通过指标体系的评价，形成优胜劣汰的参照标准。通过市场调节和行政干预的双重影响，激励辩护律师提升辩护质量，约束律师违规执业或懈怠执业，进而实现质量控制系统的总体运行目标。

5. 有别原则

辩护质量是律师辩护活动的综合反映，其反映了刑事诉讼各阶段律师辩护质量的综合叠加。由于律师在不同刑事诉讼阶段的辩护目标和辩护任务存在差异，尤其是被追诉人作出有罪供述案件中律师辩护具有其特殊性，指标体系的建立既要能够全面、综合反映出律师辩护的各个方面；各指标之间的权重又不应当等量齐观，需要根据其对于辩护质量的影响设置不同的赋值。具体设定方面，各个指标的权重需要根据各个诉讼阶段对于认罪认罚案件辩护要求的不同而有所区分，以实现指标间的主次之别。

（二）指导理念

发端于域外当事人主义国家的有效辩护理念目前已经得到包括我国在内的大多数法治国家的广泛认同，其核心要旨在于通过制定有效法律帮助的具体标准和关键举措，促进辩护律师的履职积极性及尽责程度，保障被追诉人不会因各种原因受到差别对待，并且律师提供的帮助更具有时效性。根据《布莱克法律辞典》，有效法律帮助（Effective Assistance of Counsel）理念最早来源于美国司法实践，法院认为宪法第六修正案所赋予被追诉人的律师帮助权中蕴含了获得有效法律帮助的权利，旨在要求律师通过提供尽职的、有意义的法律帮助，包括向被追诉人释明所有诉讼权利，根据刑事辩护中普遍的专业标准合理履行必要的任务。然而各级法院对于有效法律帮助的内涵尚未形成统一意见，目前比较严格的标准倾向于律师在普遍性专业领域能够达到基础性的要求；在特殊性专业领域能够掌握必备的技巧和经验；在工作态度方面能够做到尽职履责，为当事人输出专业帮助。即律师辩护需要具备"适格性""合理性""勤勉性"。这种基于律师辩护本身的质量，不考虑立法、程序环境以及组织结构等配套措施的有效辩护，有学者也称之为"狭义上的有效辩护"。[1]而"广义上的有效辩护"不仅体现出律师是否进行了合乎要

---

[1] 参见熊秋红："有效辩护、无效辩护的国际标准和本土化思考"，载《中国刑事法杂志》2014年第6期。

求的辩护行动，更关涉到与当事人权益保障相配套的制度和规则，这也体现了广义上的有效辩护内涵。[1]

　　获得有效的法律帮助特别是律师的有效辩护，对于制度的贯彻落实具有不可替代的作用。[2]有效法律帮助作为一种带有理想色彩的法律理念，其评判价值甚于规范价值。[3]然而，这种评判并非简单地基于最终结果来界定辩护有效与否，更应当关注辩护主体是否适格、辩护行动是否尽职、辩护策略是否得当。[4]简言之，有效法律帮助即适格的律师在勤勉负责态度的指引下所提供的合理帮助。基于辩护权本质上的防御属性，被追诉人在刑事诉讼程序的各个阶段的辩护权均需得到保障，因此审判阶段和审前阶段均需要有效辩护。[5]尤其是被追诉人于审前阶段已作出有罪供述的案件，越来越呈现出"以审查起诉为重心"的特点。[6]审前阶段实现有效辩护在此类案件中具有格外重要的价值。同时，此类案件在审前阶段和审判阶段的辩护方式呈现出较大的差异性，因而有效辩护的评判标准理应有所不同。由于除个别辩护权尚未明确外，值班律师与辩护律师在审前阶段开展的工作并无实质性差异，因而审前阶段两类律师的有效法律帮助可以适用同一标准，即符合执业资质规范化的律师，通过履行必要的义务和行使相应的辩护权，与当事人及检察官完成有效商谈，最终形成有利于当事人的法律意见并得到全部或部分采纳。

---

〔1〕 对于有效辩护的评估标准，欧洲学者按照影响因素提出了"三角模式"理论，包括处于三角形顶端的最重要的实质性程序权利，处于三角形左下端的旨在支撑顶端权利的权利、机制、规则，处于右下端的是性质、功能不同的权利。参见张中："论侦查阶段的有效辩护"，载《当代法学》2017年第6期；熊秋红："有效辩护、无效辩护的国际标准和本土化思考"，载《中国刑事法杂志》2014年第6期。

〔2〕《指导意见》也明确了认罪认罚案件的被追诉人具有"获得有效法律帮助"的权利。参见苗生明、周颖："认罪认罚从宽制度适用的基本问题——《关于适用认罪认罚从宽制度的指导意见》的理解和适用"，载《中国刑事法杂志》2019年第6期。

〔3〕 参见陈瑞华："有效辩护问题的再思考"，载《当代法学》2017年第6期。

〔4〕 有学者将有效法律帮助的含义归纳为以下四个方面："一是适格而称职的律师；二是充分而有针对性的辩护准备；三是经与委托人协商形成的适当辩护思路和辩护策略；四是富有成效的辩护手段和操作方式。"参见陈瑞华："刑事辩护制度四十年来的回顾与展望"，载《政法论坛》2019年第6期。

〔5〕 参见〔美〕伟恩·R.拉费弗等：《刑事诉讼法》，卞建林、沙丽金等译，中国政法大学出版社2003年版，第664页。

〔6〕 参见李奋飞："以审查起诉为重心：认罪认罚从宽案件的程序格局"，载《环球法律评论》2020年第4期。

例如，不论是值班律师还是辩护律师，最好能够是具备刑事专业资质的律师，并且具备一定的执业年限，同时应当完成会见、阅卷等必不可少的工作，并且履行告知义务并提供法律咨询，确保当事人认罪认罚的自愿性，最终形成有利于当事人的法律意见。认罪认罚从宽案件要求律师在审前阶段与检察官展开充分的量刑协商，进而通过卓有成效的辩护行动赢得有利于当事人的量刑意见。审判阶段，律师的资质要求可以适当提高。例如，英国根据审判法院或审理层级，对辩护律师的资质提出了不同要求。事务律师无法在除治安法院以外的其他法院担任辩护人，达到一定要求的资深律师才能够在更高级别的法院担任辩护人。我国也可以借鉴这一做法，按照审理程序、审理法院层级的不同，对认罪认罚案件的辩护律师资质提出不同的指导性建议。律师的辩护首先需要确保"既得利益"，在此基础上争取当事人利益最大化，尤其是在律师与当事人意见相左的情况下，应明确律师的辩护不能导致当事人利益的减损。

　　狭义的认罪认罚案件的有效辩护理念建立在一个核心、三个基本点之上（图9）。一个核心指立足于执业伦理规范化基础上的以当事人利益为核心，三个基本点分别代表律师能够充分行使辩护权利、律师有针对性地展开辩护行动和律师辩护的规范化。广义的理念则在此基础上涵盖了当事人自身拥有必要的辩护权并能够自行辩护，以及完备的保障当事人权益的配套制度。

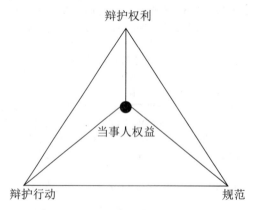

图9　认罪认罚案件的有效辩护理念

（三）指标确立

具体指标是对律师辩护质量进行综合评价的基础性工具，指标的选择及其权重的确立是构建认罪认罚从宽制度律师辩护质量控制系统的核心。

1. 指标体系的确立方法。一是密切关联法。即律师辩护质量指标体系的构建应当围绕律师辩护权利的行使和辩护策略的确定等最能反映质量内涵的要素。二是阶段差异法。即根据刑事诉讼的阶段性划分，按照不同的诉讼阶段确定评价指标，通过对不同诉讼阶段的辩护质量予以量化并进行结果汇总，综合反映认罪认罚案件律师辩护质量的整体情况。三是突出重点法。评价结果的精准程度不仅取决于具体指标的选择，同样与指标数量相关，指标数量的多多益善有助于辩护质量的整体评价，但同样有碍于实操性。因此，指标的选择需要能够全面反映律师辩护质量的重要方面，但无需面面俱到。

2. 具体指标的选择。律师辩护质量是不同刑事诉讼阶段评价指标的综合反映。评价指标的选择需要考虑到各诉讼阶段辩护的不同特点，以及对认罪认罚案件辩护质量的指向性，直观反映出不同阶段辩护质量的高低。同时，指标的数值并非越高越好，有些指标属于正量指标，数值越高说明律师在此阶段辩护质量越高；有些则属负量指标，数值越高反而说明律师的辩护质量存在问题。

三、加强对认罪认罚从宽制度中律师辩护的引导和纠偏

律师辩护质量的高低取决于多种因素的综合作用，至少包括宏观层面的制度性因素、中观层面的结构性因素、微观层面的律师执业能力和伦理道德水准因素。制度性因素表现为刑事辩护缺乏最低限度的指导规范，律师的辩护更多取决于自身的业务素养和执业经验，导致辩护的方式和策略因人而异、无章可循。结构性因素体现在公众对于刑事辩护缺乏必要的认识，囿于我国长期以来的高定罪率和"侦查中心主义"的刑事诉讼理念，公众对于律师辩护能够起到多大作用持怀疑态度，导致被追诉人聘请律师的积极性受限，即使聘请也难以接受较高的代理费用。加之政府对于刑事法律援助的补贴费用较低，使律师行业普遍将刑事辩护视作"低端"业务，难以激发律师投身于刑事辩护的热情。笔者通过对多名律师进行访谈获悉，目前我国虽然已经产生了很多知名的刑事辩护律师，也出现了以刑事辩护为主要业务的律师群体，但刑事辩护专业化程度仍然有限。有些律师即使目前以刑事辩护为主要业务，

往往也希望未来进入其他业务领域或通过转型以提升收入，刑事辩护的"低端"烙印明显。此外，大型的非诉项目和重大民商事诉讼已逐渐形成较为完备的磋商机制，例如 IPO 等大型非诉项目主要通过招投标或机构间的磋商来确定参与律师，并且标准化的业务流程使得律师的工作相对规范。机构通常会不定期发布民商事诉讼的招标信息，律师投标时需要按照当事人的要求提供相关信息，促进了律师代理的规范化。而刑事辩护业务仍主要停留在熟人介绍或是慕名而来，鲜有通过规范途径洽谈成功的案例。包括钱伯斯、Legal 500、ALB 在内的多家权威法律媒体在进行榜单评比中，均未将刑事业务领域纳入评比榜单，大多数刑事辩护律师仍处于主流视域之外，使得公众难以形成对刑事律师的直观认识。刑事律师在进行对外宣传时，多将代理过的职务犯罪案件置于首位，为某些"高官"辩护成为刑事律师的"名片"，而当事人曾经的地位与声望与律师是否进行了有效辩护实则无直接关联。微观层面的问题同样突出。由于缺乏制度约束和结构保障，刑辩律师的职业素养参差不齐，相比于通过完善专业技能、提供勤勉服务，通过代理有影响力的案件提升知名度成为刑辩律师发展的捷径，即使是负面评价，知名度的提升也会为律师带来更多案源。因此，通过质量评价指标进行正面引导势在必行，而对于不尽职甚至违背执业伦理的律师进行惩戒同样必不可少。惩戒措施秉持最后使用原则，穷尽其他措施无法有效解决问题时才谨慎使用。执业技巧和操守可以通过加强培训和教育等途径完善，执业伦理道德可以通过引导的方式提高。如果这些措施无法发挥作用，可以设立相应的纪律处分办法，由行业自治协会内的监督部门进行纪律惩戒。[1]

如果因律师自身问题（如主体身份不适格、辩护策略失范、辩护态度不勤勉）对被追诉人利益造成损害，除了给予律师纪律处分，被追诉人有权以此为由提请上诉，即律师不尽职的缺陷辩护有可能导致原判决被推翻。例如，美国早于 1985 年便将无效辩护的两步审查法适用于辩诉交易，并在随后逐步提高了律师履职的义务范围。[2]在认罪认罚案件实施普遍法律帮助和必要法律援助的背景下，可以考虑借鉴并引入无效辩护制度。其判断标准至少包括：

---

〔1〕 参见陈瑞华："审判中心主义改革的理论反思"，载《苏州大学学报（哲学社会科学版）》2017 年第 1 期。

〔2〕 参见祁建建："美国辩诉交易中的有效辩护权"，载《比较法研究》2015 年第 6 期。

律师之前的执业经历、律师的辩护行为对审判结果的影响以及这种影响是否主要出自律师的主观因素等。[1]对于律师的无效法律帮助有可能对被追诉人造成不利影响的，判决前被追诉人可以要求更换辩护人，法院也可以责令律师尽职履责；如果判决因此而导致被撤销的，可以追究律师责任并将其作为律师执业考核依据。如果非因律师个人原因，而是由于公权力部门阻挠导致律师无法提供有效法律帮助时，基于维护被追诉人权益、规范权力运行考量，可以通过设定判决无效的消极法律后果，对阻挠辩护的行为予以程序性制裁。需要认识到，纠偏机制同样是一项系统性工程，短期内实现所有影响因素的改变并不现实，这其中至少包括执业规范的引领、第三方的监督、当事人的评价以及其他与此相关的司法环境和思维模式等因素。以第三方监督为例，目前被追诉人以未获得法律帮助为由申请救济缺乏实操规范，可以考虑通过一审的合议庭审查、二审法院对一审辩护情况的审核等方式率先尝试。

第二节　完善认罪认罚从宽制度有效辩护的配套制度

构建认罪认罚从宽制度律师辩护质量控制系统固然重要，但随着时空场景的转换，尤其是我国处于刑事诉讼制度改革的转型时期，除了需要以科学性的态度和敏锐性的眼光对认罪认罚从宽制度律师辩护问题进行深入细致地研究，还需要以前瞻性的视野和开拓性的思维对配套制度进行审慎思考，以便最大限度地促进有效辩护实现。诚然，配套制度的完善是一个过于宽泛的话题，能够对认罪认罚从宽制度律师辩护产生影响的配套制度林林总总；制度的完善也是一项艰巨复杂的系统性过程，最终的结果充满变数。囿于篇幅所限，本部分主要选择与本书研究问题高度相关、理论学界广泛关注以及实践改革力所能及的制度加以研究，基于创新辩护制度和协商机制、探索社会治理路径、统一司法尺度、权利的完善与救济等方面内容，为认罪认罚从宽制度律师辩护提供制度保障。

---

　　[1]　美国法院在判断刑事被告人是否获得了律师的无效帮助时，通常考虑以下因素：第一，律师以前是否代理过刑事案件；第二，审判战术是否涉及所声称的无能力的行为；第三，所声称的律师无效帮助在何种程度上导致对被告人的偏见；第四，是否无效超出了律师的控制之外。参见熊秋红："有效辩护、无效辩护的国际标准和本土化思考"，载《中国刑事法杂志》2014年第6期。

一、设立公设辩护人制度

囿于经典博弈理论的诸多假设条件，理论界目前的研究热点更多集中于基于有限理性的演化博弈范畴。演化博弈论与达尔文建立在自然选择思想基础上的生物进化理论的分析框架类似，[1]认为人们在博弈过程中通过不断试错的方式逐渐实现均衡。如果将博弈时间拉长，从参与者之间的博弈上升到"代际"演化的维度，博弈参与方基于对综合事态的观察、领会以及随之而来的决策机制的动态演变，更有可能通过自然选择进化出合作主导型的博弈策略。[2]认罪认罚从宽制度中的控辩协商本质上属于基于各自利益最大化的博弈行为，如果按照传统的博弈论解释，控辩"双输"的可能性远远大于"共赢"。立足于制度背景，如果能够营造出一种控辩双方长期共存的稳定环境，形成博弈策略的代际传承，更有可能形成合作共赢的局面，进而实现双方利益最大化。要使认罪认罚从宽制度具备上述土壤，需要控辩双方形成稳定的博弈关系，尽量使双方在重复博弈中不断磨合，最终形成控辩合作的博弈策略。这种稳定环境要求博弈各方的稳定参与，不能频繁地更换人员，因为新加入的参与方并无长期磨合的经验累积。基于属地管辖原则，各地检察机关负责本辖区内刑事案件的追诉工作，因此检察官作为博弈的参与方具备较高的稳定性，但辩护律师的职业特点决定了其具有高流动性，无法形成与之相对应的稳定关系。例如，由于没有执业地域限制，律师可以代理任何地域的刑事案件，尤其是北京、上海等经济发达城市的律师经常在全国不同地区代理案件，与很多辖区的检察官交际寥寥，更谈不上形成长期稳定的协商关系。发端于美国的公设辩护人制度在此方面具有得天独厚的优势。公设辩护人制度主要指政府机构划拨出相应部门，吸收部分律师进入公务员队伍并将其全部或部分薪酬纳入公共财政预算体系，以实现覆盖特殊类型案件或者弱势被追诉人的援助模式。[3]公设辩护人与其他律师的区别在于其行政化色彩浓郁，

---

〔1〕 参见王先甲等："有限理性下的演化博弈与合作机制研究"，载《系统工程理论与实践》2011 年第 S1 期。

〔2〕 参见吴旭阳："从演化博弈看'司法裁判'的本质和完善——行为策略实验的视角"，载《自然辩证法通讯》2017 年第 2 期。

〔3〕 参见陈光中、张益南："推进刑事辩护法律援助全覆盖问题之探讨"，载《法学杂志》2018 年第 3 期。

由公务人员组成的公设辩护人系统类似于政府机关，具有完备的机构设置和健全的运转规则，[1]主要负责一定辖区内案件的辩护工作。内部同样按照案件类型划分为不同的业务部门，由固定辩护人从事某一类案件的辩护工作。公设辩护人由于人员构成、负责辖区和案件类型相对固定，有利于在与检察机关长期交往过程中形成稳定的协商关系；并且由于同属公务员身份，公设辩护人与检察官更容易展开平等协商。平等且相对固定的检察官和律师在长期交往中对彼此的职业素养、理念倾向甚至个人品性更为熟悉，有助于在不断磨合的过程中形成稳定的合作关系。如果将某一地域内的某类案件视作博弈的场景，控辩双方在此场景内长时间的博弈有助于形成"代际"传承，而这显然是其他辩护人无法具备的优势。此外，公设辩护人制度在当事人满意度、司法资源投入以及教育服务等方面也具备较为显著的优势。[2]诚然，公设辩护人制度除此之外还有众多优势，至少包括控辩双方地位平等、辩护人短期内积累大量经验、专业化的法律援助等方面。[3]但也伴随着一些风险，例如固定薪酬所导致的履职懈怠、控辩长期交往所削弱的必要竞争等。囿于篇幅所限，此处主要结合与本书研究问题密切相关的博弈论进行论述，基于控辩博弈的角度提出设立公设辩护人的合理性，以促进认罪认罚从宽制度中有效辩护的实现。

二、健全认罪认罚终止诉讼制度

认罪认罚从宽制度的确立，使诉讼流程运转得到进一步加速的同时，带来了强制措施和量刑的宽宥化，并且增加了新的附条件提前终止诉讼制度，即认罪认罚案件的特殊撤销案件制度和特殊不起诉制度。[4]我国法律制度对此已经具备一定兼容性，并不存在根本性的价值冲突和制度障碍。[5]两种制度的权限分别由公安机关和检察机关行使，但只有最高人民检察院享有核准

---

〔1〕　参见吴宏耀、余鹏文："构建多元化的法律援助服务提供模式"，载《中国司法》2020年第6期。

〔2〕　参见吴羽：《公设辩护人制度研究》，中国政法大学出版社2015年版，第147~195页。

〔3〕　参见吴雅莉："认罪认罚从宽制度中'公设辩护人'的价值与引入——以台湾地区公设辩护人制度运行为镜鉴"，载《人民检察》2018年第8期。

〔4〕　参见汪海燕："职务犯罪案件认罪认罚从宽制度研究"，载《环球法律评论》2020年第2期；董坤："认罪认罚从宽中的特殊不起诉"，载《法学研究》2019年第6期。

〔5〕　参见陈瑞华：《企业合规基本理论》，法律出版社2020年版，第271页。

权，这体现了将两种制度定位于中央事权以严格控制的态度。[1]认罪认罚终止诉讼制度的实质要件是"有重大立功或者涉及国家重大利益"，按照语义解释，"重大立功"与"涉及国家重大利益"当属并列关系，后者极可能与外交相关。比照《中华人民共和国反间谍法实施细则》中要求"重大立功表现"需要"对国家安全工作有特别重要作用"，前者也需要达到类似的程度。[2]目前，这种新的提前终止诉讼制度尚未在实践案例中得到具体运用，制度的内涵和外延也需要在进一步探索研究中加以细化，其中至少包括实质要件的具体界定、核准程序的运转规范、救济渠道的有效制约和程序反转的事项列举。律师代理此类案件，一方面应当有效保障当事人的各项合法权益，兢兢业业地做好各项本职工作；另一方面也应当通过提供法律咨询，使当事人了解到认罪认罚的权利和义务，如果有能力为我国的国家安全提供重大利益，即具备了撤销案件或不起诉的可能。

相比于针对自然人的认罪认罚终止诉讼制度，针对企业法人的终止诉讼制度，即刑事合规制度则更具现实操作性，律师也能够在其中发挥更大作用。企业合规是当事人主义国家设置的旨在规范公司运行管理的配套措施，[3]随着美国将合规作为对企业进行刑事宽大处理的重要依据，英国也将合规作为对企业不起诉或暂缓起诉的依据。例如，与辩诉交易制度相区别，涉案企业通过与美国执法部门签署起诉协议（DPA）或者不起诉协议（NPA），换取检察机关直接作出的不起诉决定，或者在完成合规计划等一系列义务后检察机关撤销起诉。其他引入暂缓起诉制度的国家则将司法审查加入其中。[4]法国2016年国会通过的《萨宾第二法案》确立了针对涉嫌犯罪企业的控辩协商机制，建立了"基于公共利益的司法协议"（CJIP）制度。[5]近年来，企业合规制度逐渐受到我国理论和实务界的重视，尤其"中兴事件"中美国监管部门便将重建合规体系列入暂缓起诉协议条款，引发了我国对于企业合规问题的思考。最高人民检察院负责人便要求落实好认罪认罚从宽制度，以检察履

〔1〕 参见胡云腾主编：《认罪认罚从宽制度的理解与适用》，人民法院出版社2018年版，第40～42页。

〔2〕 参见胡云腾主编：《认罪认罚从宽制度的理解与适用》，人民法院出版社2018年版，第41页。

〔3〕 参见陈瑞华："合规视野下的企业刑事责任问题"，载《环球法律评论》2020年第1期。

〔4〕 参见陈瑞华："暂缓起诉协议的司法审查模式"，载《中国律师》2019年第10期。

〔5〕 参见陈瑞华："法国《萨宾第二法案》与刑事合规问题"，载《中国律师》2019年第5期。

职助力构建有中国特色的企业合规制度，并要求建设好、使用好包括律师在内的第三方监管机制。[1]作为一项针对企业法人的诉讼终止制度，律师在其中发挥着无可比拟的作用。首先在量刑协商中，律师凭借着深厚的法律功底以及相对于检察官对涉案企业更为深入的了解，更有可能基于法律层面与检察官展开充分协商，而这显然是企业内其他从业人员无法做到的。在随后的合规体系建设中，律师仍然不可或缺，基于对专业的精通，律师的参与能够助力企业建立起一套有效防范法律风险的合规体系。最后，律师能够作为第三方中介机构协助检察机关对企业合规体系的完善情况进行监管。诚然，企业合规对律师的专业水准提出了更高要求，律师不仅需要精确刑事法律技能，还需要兼备风控、财务等其他领域的基础知识，起码能够实现与相关人员的有效沟通。在我国终止诉讼制度日趋完善的前提下，作为涉案企业的辩护人与控方进行协商并参与完成合规体系建设，极有可能成为认罪认罚从宽制度中辩护律师的"蓝海"业务。

三、探索审辩商谈机制

作为传统的职权主义国家，德国的刑事诉讼程序向来秉持实质真实理念。但伴随着近几十年来刑事案件数量的激增，以及德国刑事诉讼程序对于被追诉人权益保障的重视，国家越来越难以调和司法人员短缺与案件数量众多间的矛盾。20世纪70年代中期，德国在借鉴美国辩诉交易制度的基础上，对其进行了本土化改造，创设了以法官为核心的协商制度。在德国协商制度中，检察官仅有权在起诉前针对轻罪与辩护律师进行协商，最终形成的合意是针对轻罪的附条件不起诉或者申请法院下达处罚令，而真正的量刑协商只能发生在法官与被追诉方之间。案件一旦被起诉，在判决下达前，审辩双方均可以针对实体性问题和程序性问题进行协商。辩方通过认罪或放弃程序性权利，换取实体上的量刑优惠，甚至是程序上的强制措施变更。[2]我国作为强职权主义国家，与德国秉持相似的刑事诉讼理念，具备借鉴某些刑事诉讼制度的空间。与德国的刑事协商制度相比，认罪认罚协商的对象同样局限于处罚结

---

〔1〕　参见张军："创新检察履职 助力构建中国特色的企业合规制度"，载中华人民共和国最高人民检察院官网 https://www.spp.gov.cn/tt/202012/t20201227_503711.shtml，最后访问日期：2020年12月28日。

〔2〕　参见李昌盛："德国刑事协商制度研究"，载《现代法学》2011年第6期。

果的轻重，并不包括案件事实的确定，区别主要在于德国是审辩协商，我国是控辩协商。我国可以比照德国的审辩协商制度，探索具有中国特色的审辩协商机制。这至少能带来以下几方面益处：一是给予辩方更多的协商空间，防止量刑协商中公诉机关过于强势。检察机关在认罪认罚程序中占据当仁不让的主导地位，这一点已得到理论界和实务界的共识，而对此的约束仅是强调检察机关的关照义务和道德自觉。[1]无论是"关照"的语义所体现出的高高在上，抑或受制于个人道德水准的难以预期，律师很难在缺乏外部有效监督的情况下督促检察官履行义务。如果允许起诉后律师与法官进行协商，无异于增加了辩方选择量刑协商对象的筹码，也有助于部分消弭认罪认罚从宽制度中检察机关过于强势的掣肘。二是增加协商结果的确定性，避免协商允诺的利益无法兑现。尽管"一般应当"的规范表述增加了法院采纳量刑建议的概率，但法官仍然能够根据案件事实径直作出判决，而检察机关的抗诉由于不适用"上诉不加刑"，反而可能导致二审更重的判决。[2]同时，一些建立在巨额赔付基础上的量刑合意一旦未得到法院认可，被追诉方的利益很难得到有效保障。[3]而审辩协商则能够避免上述情况的发生，法官作为协商当事人作出的意思表示将对其之后的裁判行为产生约束，进而保障被追诉人的协商利益。三是有利于确保被追诉人自愿认罪认罚。审判阶段，法官首先是确定被告允许审辩之间进行协商，赋予法官在查明案件事实基础上给予更大量刑优惠的权力，[4]并对被追诉人权利进行必要限缩，例如不允许进行无罪辩护，不再拥有除上诉权以外的已经放弃的程序性权利。同时，如果一审适用速裁程序审理，被告人上诉后二审法院裁定撤销原判、发回重审，由于适用普通程序，不再受到"发回重审不加刑"的限制。[5]

毋庸讳言，审辩协商制度也蕴含着不可忽视的风险。例如，德国的量刑协商制度中，法官由于具备裁判的最终决定权，审辩之间的协商存在不平等的现象，甚至在司法实践中产生一系列异变。包括被追诉人更多是照本宣科

---

[1] 参见闫召华："检察主导：认罪认罚从宽程序模式的构建"，载《现代法学》2020年第4期。

[2] 余金平案便属其中一例。

[3] 同样是余金平案，被告人于审前阶段向被害方支付了巨额赔偿金，但鉴于法院最终作出了较重刑建议更重的判决，被告人的量刑优惠利益并未得到保障。

[4] 司法实践中通常做法是，被追诉人在审判阶段认罪认罚的，享有不超过10%的量刑优惠。

[5] 参见董坤："审判阶段适用认罪认罚从宽制度相关问题研究"，载《苏州大学学报（哲学社会科学版）》2020年第3期。

式的供述，而非针对案件事实细节的描述；法官也越来越怠于事实真相的发现，而更倾向于"口供兑现"。[1]法官在协商未果后的报复性裁判现象也颇为严重。[2]由于司法土壤的差异，审辩协商制度在我国可能会引发不同的风险，这需要司法机关在实践摸索中逐步解决，尤其是辩护律师应当恪守当事人利益优先原则，通过有效辩护尽力化解相关风险。

四、建立健全权利救济模式

"无救济则无权利。"但长期以来，我国缺乏对于辩方权利的保障传统和配套机制，权利救济的法律规范更多散见于相关条文之中。例如，2018 年《刑事诉讼法》第 49 条规定的申诉控告权，要求公诉机关承担权利保障的职责，《人民检察院刑事诉讼规则》《关于依法保障律师执业权利的规定》细化了具体事由和审查时限。但这些规范在司法实践中能否发挥应有效用存在疑问。一方面，这种以检察机关为中心的权利救济模式在司法实践中难以有效运行，有学者通过实证调研发现检察机关很少收到律师的申诉或控告。[3]究其根源，检察机关身兼追诉犯罪、司法监督和权利救济多项职责，各项职责所占权重无法做到完全一致。尽管检察机关在我国并非单纯的诉讼当事人，需要履行客观义务，与审判机关和辩护律师共同寻求事实真相，但作为唯一的公诉机关，检察机关在司法实践中很难面面俱到，况且基于心理活动规律，检察官往往会将追诉犯罪视作其"本职"。[4]此外，作为司法救济提供者的检察机关，在其绩效考评中并未将权利救济作为核心指标。最高检察机关近期不断推出的创新考核举措逐步实现了对检察系统的科学管理和客观评价，并且相关领导不断强调要重视保障律师执业权利，但仍未将救济情况作为业绩评判的核心依据。司法救济难以量化的现实困难确实存在，但结果导向的理念现状也不容忽视。另一方面，缺乏否定性评价的救济模式在实践中难以发挥应有效用。关于权利救济的法律条文多为纲领性的指导规范，缺乏具体

---

〔1〕　印波："以宪法之名回归法律文本：德国量刑协商及近期的联邦宪法判例始末"，载《法律科学（西北政法大学学报）》2017 年第 5 期。

〔2〕　参见闫召华："听取意见式司法的理性建构——以认罪认罚从宽制度为中心"，载《法制与社会发展》2019 年第 4 期。

〔3〕　参见陈卫东、亢晶晶："我国律师辩护保障体系的完善——以审判中心主义为视角"，载《中国人民大学学报》2016 年第 3 期。

〔4〕　参见龙宗智："中国法语境中的检察官客观义务"，载《法学研究》2009 年第 4 期。

的操作准则。例如，律师可以向公诉机关申诉或控告，但对方不予理睬如何解决？或者公诉机关即使受理，未按期核查与回复怎样规制？公诉机关查实了申诉或控告事由，由于权利行使遭受阻挠而导致的减损如何挽回？这些与救济密切相关的事项未在法律条文中体现，也造成了律师申诉或控告的动力不足。因此，我国需要构建新的权利救济模式，尤其在"以审查起诉为重心"的认罪认罚从宽案件中，需要在审前程序中引入听证程序，将相对中立的法官作为衡量权利是否遭受侵害的裁判者，构建以审判机关为主导的权利救济模式。程序方面，对于律师认为司法机关侵害其权利或不履行义务的，例如公诉机关无正当理由拒绝律师当面协商要求或出具量刑建议前未给予律师合理时间进行会见、阅卷的，律师可以向审判机关申请救济，审判机关应当召开听证会听取控辩双方意见。结果方面，审判机关如果查明律师权利确实遭受侵犯，即使被追诉人已自愿签署了认罪认罚具结书，审判机关应当要求控辩双方重新进行协商，但公诉机关不得出具高于之前刑期的量刑建议。如果检察机关拒绝重新协商，被追诉人的辩护方式不受量刑协商结果的约束，但公诉机关仍受其约束，并且不允许撤回量刑建议。管辖方面，律师可以向有管辖权的审判机关申请，以便听证结论与审判过程形成有效衔接。主体方面，法官主导的救济并不代表检察机关丧失了救济职责，检察机关仍有义务受理并解决律师提出的控告和申诉。侦查阶段，仍应以检察机关为主要的救济主体，律师对于侦查违法的行为需要首先向检察机关申请救济，无果后再向本辖区的法院申请；审查起诉和审判阶段，律师可以先向检察机关申请，无果后再向法院申请，或径直向法院申请。最终形成法院主导、检察院辅助的认罪认罚从宽制度权利救济模式。

五、完善常见犯罪的基本证据标准指引

《试点决定》中提出了要建立认罪认罚案件的证据标准，旨在通过规范事实认定方式，确保此类案件具备事实基础，进而防范司法的恣意性和任意性。同时，保障当事人的有罪供述系自决作出，实现资源配置优化和正义价值追求的统筹兼顾。目前，上海、贵州等地的高级人民法院通过制定常见犯罪证据标准，提升了刑事案件的审理质量，[1] 公诉机关也通过对一些高频案件规

---

〔1〕 参见周强："最高人民法院工作报告"，载《人民日报》2021年3月16日，第3版。

范证据搜集的方式和类型，提升了对审前关键环节的证据把控质量。刑事证据指引旨在规范公安司法机关对于证据的收集和审查，注重解决高频案件中关键证据收集程序的失范，进而根据完备的证据链条完成对既往情境的综合推断，最终形成较为确定的事实结论。换言之，在统一证据标准指引下，犯罪事实的确立标准更加清晰，据以逮捕、移送起诉、起诉和定罪的事实基础由于受到证据标准的约束，使得案件进程较少受制于口供依赖，对于某些证据无法达到指引标准的案件，即使被追诉人认罪认罚，办案机关仍不得据此采取限制人身自由的强制措施或者进行起诉，审判机关也不得作出有罪判决。因此，证据标准指引有助于侦查、起诉和审判机关统一证据尺度、实现精密司法，落实对被追诉人认罪认罚自愿性的保障。此外，制定证据标准指引有助于提升认罪认罚案件中律师辩护的可预期性。毋庸讳言，虽然最高检察机关在相关文件中均强调检察机关在出具量刑建议前应当与辩方进行充分的量刑协商，听取辩护律师和被追诉人意见，但鉴于辩方并不具备与控方展开平等协商的条件，控辩双方在量刑协商的过程中实质上处于不对等态势，检察机关的关照义务更多居于理念层面，缺乏实操性规范。加之目前法律所规定的逮捕、起诉的构成要件中掺杂了过多司法人员的主观判断，公诉人员由于个体因素的影响对类似的案件可能形成差异性的评判结果，辩护律师的意见往往难以起到立竿见影的作用。如果制定出基本证据标准指引，一方面，律师据此拥有了进行控辩协商的有力工具，律师根据指引提出的辩护意见更有可能得到控方接纳；另一方面，律师也有可能通过证据标准指引对案件走向产生更为清晰的预判，从而为被追诉人提供更为精确的法律咨询意见。制定证据标准指引，并不妨碍控辩双方针对证据较为薄弱的案件进行协商。[1]被追诉人认罪并提供案件线索，办案机关据此查获证据并达到了该阶段的证据标准，由于不违反自愿性原则，办案机关可以据此认定案件事实。对于是否需要单列认罪认罚从宽案件的证据标准指引，有学者提出此类案件达到基本事实清楚、基本证据确凿的证据标准即可。[2]这是否意味着认罪认罚案件的证据标准指引可以有别于不认罪案件？首先，我国刑事案件的证据标准指引

---

〔1〕　参见孙长永："认罪认罚案件的证明标准"，载《法学研究》2018年第1期。

〔2〕　参见卢建平："余金平交通肇事案事实认定与法律适用争议评析"，载《中国法律评论》2020年第3期。

尚未完成确立，在此基础上立即着手确立认罪认罚案件的证据标准指引不具备实务操作性；其次，认罪认罚从宽制度仍处于探索阶段，虽然学术界普遍支持不降低认罪认罚案件证明标准，但司法实践中对于案件事实的认定究竟能否适度变通尚存争议，此时不宜贸然制定指引标准，避免标准无法适应司法实践甚至造成两者相悖，阻碍认罪认罚从宽制度改革的进一步深化；最后，证据标准指引存在压缩律师辩护空间、抑制司法能动性的潜在风险，认罪认罚从宽制度需要对此进行一定时期的实践观察，防范标准制定得过于超前导致风险转嫁于制度本身。

六、保障被追诉人的诉讼主体地位

认罪认罚从宽制度首先需要确保被追诉人作出了符合内心意愿的真实意思表示，这代表了被追诉人作为诉讼主体参与到制度运行中，其主体地位得到了应有的承认和保障。[1]因此，认罪认罚从宽案件的风险主要来源于非自愿认罪，抛开被追诉人主动替人顶包型的虚假认罪，非自愿认罪的风险更多来自被追诉人自身能力水平的缺陷或急于摆脱现状的无奈选择。究其根源，与公诉机关处于不对等状态下的被追诉人很难保证作出的有罪供述源自内心真实意愿，因此要着力提升其诉讼主体地位，特别是审前程序中的主体地位，[2]进而加强其对公权力的防御力度，防范虚假供述风险。确保被追诉人自决作出供述的措施可以划分为内部保障和外部监督。前者指被追诉人自身辩护权的扩充和完善，后者包括上文提及的律师提供的有效法律帮助和当事人自决作出供述的环境保障。相较于提供法律帮助的律师，被追诉人作为刑事诉讼进程和最终判决结果的直接受众，其所具有的防御性权利是与其程序运行主体地位相适应的。一方面，被追诉人的辩护权源自自身利益可能遭受处分时，其作为利益相关方对自身权益所进行的必要维护；另一方面，辩护权能够为认罪认罚从宽制度提供最低限度的正当性，有助于防范被追诉人非自决作出有罪供述所形成的冤假错案。首先，应当明确被追诉人供述前的证据先悉权。我国《刑事诉讼法》目前尚未赋予被追诉人证据先悉权，其只能等到审查起

---

〔1〕 参见谢登科、周凯东："被告人认罪认罚自愿性及其实现机制"，载《学术交流》2018 年第 4 期。

〔2〕 参见李奋飞："以审查起诉为重心：认罪认罚从宽案件的程序格局"，载《环球法律评论》2020 年第 4 期。

诉阶段被动等待律师选择性地核实某些证据，核实证据的主动权完全依赖于律师的职业判断，并且核实证据的时间、方式、范围完全脱离于被追诉人的掌控，遑论目前尚存被追诉人未配备辩护律师的情况。被追诉人应当有权像律师一样进行阅卷，通过查阅案卷强化其认罪认罚的自愿性，这也有助于避免其未来掌握一定信息后对之前信息闭塞状态下作出的决定反悔。此外，应当明确被追诉人主动会见的权利。根据2018年《刑事诉讼法》，值班律师作为辩护律师的补充，在被追诉人未配备辩护律师时提供法律帮助，但对于有辩护律师的被追诉人能否申请值班律师的法律帮助则规则阙如。上文提到，被追诉人通常无法及时联系到辩护律师，而辩护律师也不可能完全按照被追诉人的意愿频繁会见，被追诉人的会见权难以得到保障。值班律师本质上提供的是一种普惠性质的法律帮助，接受对象不应当按照是否配备辩护律师予以区分，任何有咨询需要的被追诉人均应有权提出申请。未来立法可对此予以明确，被追诉人在签字具结前除了允许查阅案卷，还可以主动会见值班律师或要求羁押场所管理人员联系辩护律师前来会见。环境保障方面，首先需要进一步限缩审前羁押的适用范围，使得在审前阶段以非羁押为常态、羁押为例外，以便被追诉人得以在非羁押状态下考虑是否认罪认罚，而非迫于结束羁押的意愿"被迫"认罪。2018年《刑事诉讼法》将是否认罪认罚作为被追诉人社会危险性的考量要素，进而影响到是否批准逮捕的决定，这可能加剧"被迫"认罪现象，应当将被追诉人认罪认罚作为不予批捕的理由，但不认罪不应当成为高社会危险性的否定性评价。此外，对于公诉机关撤回量刑建议的行为和上诉的权利予以限制。控辩双方基于量刑协商合意形成的量刑建议，本质上类似于权利与权力达成的刑事契约，对合意双方均具有约束力。作出意思表示的公诉机关和被追诉人均需受到合意内容的约束，双方均不得无故反悔。尽管律师也在认罪认罚具结书上签字，但并非利益攸关方。辩护制度嵌入程序运行的核心要旨在于避免被追诉人非自决作出有罪供述，而非将律师作为契约当事方，因此其辩护行为不应当过分拘泥于契约内容。同时，认罪认罚是被追诉人基于其个人意志所行使的自我处分权，这种权利不应当由于律师提出不同的辩护意见而遭受减损，否则难以体现出被追诉人的诉讼主体地位。因而，只要被追诉人没有表达相反的意思表示，即使律师对案件的定性提出异议，公诉机关也不应当据此违背当初的量刑优惠承诺。同理，由于律师的辩护行动或法官依职权自主决定不采纳量刑建议而作出较轻判决时，公诉机关也不应当以此为由进行抗诉。而对于一审判决后被告人无理由上诉的情况，有学者建议检察机关原则上提出抗诉，[1]但根据 2018 年《刑事诉讼法》规定，上诉并非抗诉的法定事由，此建议缺乏法律依据。但鉴于被追诉人违背了之前作出的承诺，除非出现改变一审判决或撤销原判的情况，以及应当开庭审理的案件，二审法院原则上可不开庭审理。

---

〔1〕 参见苗生明、周颖："认罪认罚从宽制度适用的基本问题——《关于适用认罪认罚从宽制度的指导意见》的理解和适用"，载《中国刑事法杂志》2019 年第 6 期。

References

参考文献

一、著作类

1. 陈光中主编:《刑事诉讼法》,北京大学出版社、高等教育出版社 2016 年版。

2. 卞建林、刘玫:《外国刑事诉讼法》,人民法院出版社、中国社会科学出版社 2002 年版。

3. 陈卫东主编:《刑事辩护与代理制度:外国刑事诉讼法有关规定》,中国检察出版社 2017 年版。

4. 陈瑞华:《刑事诉讼的前沿问题》,中国人民大学出版社 2016 年版。

5. 陈瑞华:《程序正义理论》,中国法制出版社 2010 年版。

6. 陈瑞华:《企业合规基本理论》,法律出版社 2020 年版。

7. 陈瑞华主编:《刑事辩护制度的实证考察》,北京大学出版社 2005 年版。

8. 陈常燊:《互惠的美德:博弈、演化与实践理性》,上海人民出版社 2017 年版。

9. 崔敏:《中国刑事诉讼法的新发展——刑事诉讼法修改研讨的全面回顾》,中国人民公安大学出版社 1996 年版。

10. 风笑天:《社会研究方法》,中国人民大学出版社 2018 年版。

11. 胡云腾主编:《认罪认罚从宽制度的理解与适用》,人民法院出版社 2018 年版。

12. 何家弘、刘品新:《证据法学》,法律出版社 2004 年版。

13. 冯玉军:《法理学》,中国人民大学出版社 2018 年版。

14. 宋英辉等:《外国刑事诉讼法》,北京大学出版社 2011 年版。

15. 孙云、孙镁耀主编:《新编哲学大辞典》,哈尔滨出版社 1991 年版。

16. 邵建东主编:《德国司法制度》,厦门大学出版社 2010 年版。

17. 童世骏:《批判与实践:论哈贝马斯的批判理论》,生活·读书·新知三联书店 2007 年版。

18. 吴羽:《公设辩护人制度研究》,中国政法大学出版社 2015 年版。

19. 王洪：《法律逻辑学》，中国政法大学出版社 2008 年版。

20. 闫召华：《口供中心主义研究》，法律出版社 2013 年版。

21. （台）颜厥安：《法与实践理性》，中国政法大学出版社 2003 年版。

22. 杨正万：《辩诉交易问题研究》，贵州人民出版社 2002 年版。

23. 朱景文主编：《法理学》，中国人民大学出版社 2012 年版。

24. 左卫民等：《简易刑事程序研究》，法律出版社 2005 年版。

25. 中国注册会计师协会编：《公司战略与风险管理》，经济科学出版社 2016 年版。

26. 林钰雄：《刑事诉讼法》（上册），中国人民大学出版社 2005 年版。

27. 林山田：《刑事程序法》，五南图书出版股份有限公司 2004 年版。

28. ［比］马克·范·胡克：《法律的沟通之维》，孙国东译，法律出版社 2008 年版。

29. ［荷］伊芙琳·T. 菲特丽丝：《法律论证原理——司法裁决之证立理论概览》，张其山等译，商务印书馆 2005 年版。

30. ［德］尤尔根·哈贝马斯：《交往行为理论》（第 1 卷：行为合理性与社会合理化），曹卫东译，上海人民出版社 2018 年版。

31. ［德］哈贝马斯：《在事实与规范之间：关于法律和民主法治国的商谈理论》，童世骏译，生活·读书·新知三联书店 2003 年版。

32. ［德］罗伯特·阿列克西：《法律论证理论：作为法律证立理论的理性论辩理论》，舒国滢译，商务印书馆 2019 年版。

33. ［德］罗伯特·阿列克西：《法 理性 商谈：法哲学研究》，朱光、雷磊译，中国法制出版社 2011 年版。

34. ［德］K. 茨威格特，H. 克茨：《比较法总论》，潘汉典等译，贵州人民出版社 1992 年版。

35. ［德］卡尔·拉伦茨：《法学方法论》，陈爱娥译，商务印书馆 2003 年版。

36. ［德］卢曼：《社会的法律》，郑伊倩译，人民出版社 2009 年版。

37. ［德］马克斯·韦伯：《经济与社会》，林荣远译，商务印书馆 1997 年版。

38. ［德］托马斯·魏根特：《德国刑事诉讼程序》，岳礼玲、温小洁译，中国政法大学出版社 2004 年版。

39. ［德］彼德·吉靳斯等编著：《德国司法危机与改革：中德司法改革比较与相互启示》，法律出版社 2018 年版。

40. ［德］鲁道夫·冯·耶林：《为权利而斗争》，郑永流译，法律出版社 2007 年版。

41. ［法］孟德斯鸠：《论法的精神》，许明龙译，商务印书馆 2017 年版。

42. ［意］切萨雷·贝卡里亚：《论犯罪与刑罚》，黄风译，北京大学出版社 2008 年版。

43. ［美］加里·S. 贝克尔：《人类行为的经济分析》，王业宇、陈琪译，格致出版社、上海三联书店、上海人民出版社 2015 年版。

44. ［美］格罗赫姆·罗珀：《博弈论导引及其应用》，柯庆华、闫静怡译，中国政法大学出版社 2005 年版。

45. ［美］肯·宾默尔：《博弈论与社会契约》（第 1 卷：公平博弈），王小卫、钱勇译，上海财经大学出版社 2003 年版。

46. ［美］道格拉斯·G. 拜尔等：《法律的博弈分析》，严旭阳译，法律出版社 1999 年版。

47. ［美］斯蒂芬诺斯·毕贝斯：《庭审之外的辩诉交易》，杨先德、廖钰译，中国法制出版社 2018 年版。

48. ［美］莱斯利·A. 豪：《哈贝马斯》，陈志刚译，中华书局 2002 年版。

49. ［美］约翰·罗尔斯：《正义论》，何怀宏等译，中国社会科学出版社 1988 年版。

50. ［美］罗纳德·德沃金：《法律帝国》，许杨勇译，上海三联书店 2016 年版。

51. ［美］理查德·A 波斯纳：《法理学问题》，苏力译，中国政法大学 1994 年版。

52. ［美］理查德·波斯纳：《法律的经济分析》，蒋兆康，法律出版社 2012 年版。

53. ［美］米尔伊安·R 达玛什卡：《司法和国家权力的多种面孔——比较视野中的法律程序》，郑戈译，中国政法大学出版社 2004 年版。

54. ［美］约书亚·德雷斯勒、艾伦·C. 迈克尔斯：《美国刑事诉讼法精解：第一卷·刑事侦查》，吴宏耀译，北京大学出版社 2009 年版。

55. ［美］约书亚·德雷斯勒、艾伦·C. 迈克尔斯：《美国刑事诉讼法精解：第二卷·刑事审判》，魏晓娜译，北京大学出版社 2009 年版。

56. ［美］艾伦·德肖维茨：《致年轻律师的信》（应用导读版），单波译，法律出版社 2018 年版。

57. ［美］詹姆斯·菲什金、［英］彼得·拉斯莱特主编：《协商民主论争》，张晓敏译，中央编译出版社 2009 年版。

58. ［美］肯·宾默尔：《博弈论与社会契约》（第 2 卷：公正博弈），潘春阳等译，上海财经大学出版社 2016 年版。

59. ［美］伟恩·R. 拉费弗等：《刑事诉讼法》，卞建林、沙丽金等译，中国政法大学出版社 2003 年版。

60. ［美］虞平、郭志媛编译：《争鸣与思辨：刑事诉讼模式经典论文选译》，北京大学出版社 2013 年版。

61. ［美］E. 博登海默：《法理学：法律哲学与法律方法》，邓正来译，中国政法大学出版社 1999 年版。

62. ［葡］乔治·德·菲格雷多·迪亚士：《刑事诉讼法》，马哲、缴洁译，社会科学文献出版社 2019 年版。

63. ［日］田口守一：《刑事诉讼法》，张凌、于秀峰译，法律出版社 2019 年版。

64. ［英］大卫·休谟：《人性论》，贺江译，台海出版社 2016 年版。

65. ［英］詹姆斯·戈登·芬利森：《哈贝马斯》，邵志军译，译林出版社 2015 年版。

66. ［英］尼尔·麦考密克：《法律推理与法律理论》，姜峰译，法律出版社 2005 年版。

67. ［英］麦高伟、杰弗里·威尔逊主编：《英国刑事司法程序》，姚永吉等译，法律出版社 2003 年版。

68. 《德国刑事诉讼法典》，宗玉琨译注，知识产权出版社 2013 年版。

69. 《法国刑事诉讼法典》，罗结珍译，中国法制出版社 2006 年版。

二、论文期刊类

1. 陈光中、马康："认罪认罚从宽制度若干重要问题探讨"，载《法学》2016 年第 8 期。

2. 陈光中、肖沛权："刑事诉讼法修正草案：完善刑事诉讼制度的新成就和新期待"，载《中国刑事法杂志》2018 年第 3 期。

3. 陈光中、张益南："推进刑事辩护法律援助全覆盖问题之探讨"，载《法学杂志》2018 年第 3 期。

4. 卞建林、陶加培："刑事诉讼法学：推动刑事程序法治繁荣发展"，载《检察日报》2019 年 1 月 5 日，第 3 版。

5. 卞建林、谢澍："职权主义诉讼模式中的认罪认罚从宽——以中德刑事司法理论与实践为线索"，载《比较法研究》2018 年第 3 期。

6. 白宇："审辩协同：认罪自愿性及真实性的有效保障——基于 A 市认罪案件审辩关系的实证分析"，载《辽宁大学学报（哲学社会科学版）》2019 年第 3 期。

7. 白月涛、陈艳飞："论程序性从宽处罚——认罪认罚从宽处罚的第三条路径探索"，载《法律适用》2016 年第 11 期。

8. 鲍文强："认罪认罚案件中的证据开示制度"，载《国家检察官学院学报》2020 年第 6 期。

9. 陈卫东、亢晶晶："我国律师辩护保障体系的完善——以审判中心主义为视角"，载《中国人民大学学报》2016 年第 3 期。

10. 陈卫东等："变革中创新的意大利刑事司法制度——中国人民大学诉讼制度与司法改革研究中心赴欧洲考察报告之三"，载《人民检察》2004 年第 12 期。

11. 陈卫东、孟婕："重新审视律师在场权：一种消极主义面向的可能性——以侦查讯问期间为研究节点"，载《法学论坛》2020 年第 3 期。

12. 陈卫东、张桂勇："论律师在刑事诉讼中的作用"，载《法学家》1996 年第 5 期。

13. 陈卫东："认罪认罚案件量刑建议研究"，载《法学研究》2020 年第 5 期。

14. 陈卫东："认罪认罚从宽制度研究"，载《中国法学》2016 年第 2 期。

15. 陈卫东、胡晴晴："刑事速裁程序改革中的三重关系"，载《法律适用》2016 年第 10 期。

16. 陈卫东："从建立被告人有罪答辩制度到引入辩诉交易——论美国辩诉交易制度的借鉴意义"，载《政法论坛》2002 年第 6 期。

17. 陈瑞华："'认罪认罚从宽'改革的理论反思——基于刑事速裁程序运行经验的考察"，载《当代法学》2016 年第 4 期。

18. 陈瑞华："辩护律师职业伦理的模式转型"，载《华东政法大学学报》2020 年第 3 期。

19. 陈瑞华："独立辩护人理论的反思与重构"，载《政法论坛》2013 年第 6 期。

20. 陈瑞华："法国《萨宾第二法案》与刑事合规问题"，载《中国律师》2019 年第 5 期。

21. 陈瑞华："合规视野下的企业刑事责任问题"，载《环球法律评论》2020 年第 1 期。

22. 陈瑞华："论量刑信息的调查"，载《法学家》2010 年第 2 期。

23. 陈瑞华："论刑事辩护的理论分类"，载《法学》2016 年第 7 期。

24. 陈瑞华："企业合规视野下的暂缓起诉协议制度"，载《比较法研究》2020 年第 1 期。

25. 陈瑞华："认罪认罚从宽制度的若干争议问题"，载《中国法学》2017 年第 1 期。

26. 陈瑞华："审判中心主义改革的理论反思"，载《苏州大学学报（哲学社会科学版）》2017 年第 1 期。

27. 陈瑞华："司法过程中的对抗与合作——一种新的刑事诉讼模式理论"，载《法学研究》2007 年第 3 期。

28. 陈瑞华："刑事辩护制度四十年来的回顾与展望"，载《政法论坛》2019 年第 6 期。

29. 陈瑞华："刑事诉讼的公力合作模式——量刑协商制度在中国的兴起"，载《法学论坛》2019 年第 4 期。

30. 陈瑞华："刑事诉讼中的有效辩护问题"，载《苏州大学学报（哲学社会科学版）》2014 年第 5 期。

31. 陈瑞华："义务本位主义的刑事诉讼模式——论'坦白从宽、抗拒从严'政策的程序效应"，载《清华法学》2008 年第 1 期。

32. 陈瑞华："有效辩护问题的再思考"，载《当代法学》2017 年第 6 期。

33. 陈瑞华："有效合规计划的基本标准——美国司法部《公司合规计划评价》简介"，载《中国律师》2019 年第 9 期。

34. 陈瑞华："暂缓起诉协议的司法审查模式"，载《中国律师》2019 年第 10 期。

35. 陈瑞华："增列权利还是加强救济？——简论刑事审判前程序中的辩护问题"，载《环球法律评论》2006 年第 5 期。

36. 陈瑞华："走出'大专辩论会'式的辩护格局"，载《中国律师》2018 年第 3 期。

37. 蔡元培："辩护律师程序异议机制初探"，载《法学杂志》2020 年第 10 期。

38. 蔡长春："最高人民法院、司法部部署：扩大刑事案件律师辩护全覆盖和律师调解试点工作"，载《法制日报》2018 年 11 月 30 日，第 1 版。

39. 曹波："全国刑事速裁程序试点宏观状况实证研究"，载《河北法学》2019 年第 4 期。

40. 车浩："法定犯时代的违法性认识错误"，载《清华法学》2015 年第 4 期。

41. 陈超："比较法视野下的意大利辩诉交易制度"，载《人民司法（应用）》2014 年第 19 期。

42. 陈超："权利主导模式下的意大利刑事特别程序研究"，载《河南财经政法大学学报》2015 年第 3 期。

43. 蒋安杰："认罪认罚从宽制度若干争议问题解析（上）"，载《法治日报》2020 年 4 月 29 日，第 9 版。

44. 陈宏波、罗辉："国内外强互惠理论研究最新进展及其评述"，载《科学与管理》2014 年第 6 期。

45. 陈虎："独立辩护论的限度"，载《政法论坛》2013 年第 4 期。

46. 陈欢："美国的'九步审讯法'及其启示"，载《人民检察》2015 年第 7 期。

47. 陈伟："哈贝马斯法哲学中的'事实性'与'有效性'"，载《南京社会科学》2011 年第 3 期。

48. 程滔、于超："论值班律师参与量刑建议的协商"，载《法学杂志》2020 年第 11 期。

49. 池忠军："罗尔斯的正义之逻辑及其哲学基础"，载《中州学刊》2004 年第 1 期。

50. 丁建锋："博弈论视角下的过程偏好与程序正义——一个整合性的解释框架"，载《北京大学学报（哲学社会科学版）》2019 年第 3 期。

51. 董坤："检察环节刑事错案的成因及防治对策"，载《中国法学》2014 年第 6 期。

52. 董坤："认罪认罚从宽中的特殊不起诉"，载《法学研究》2019 年第 6 期。

53. 董坤："审判阶段适用认罪认罚从宽制度相关问题研究"，载《苏州大学学报（哲学社会科学版）》2020 年第 3 期。

54. 杜磊："认罪认罚从宽制度适用中的职权性逻辑和协商性逻辑"，载《中国法学》2020 年第 4 期。

55. 杜宴林："司法公正与同理心正义"，载《中国社会科学》2017 年第 6 期。

56. 樊崇义、何东青："刑事诉讼模式转型下的速裁程序"，载《国家检察官学院学报》2020 年第 3 期。

57. 樊崇义、徐歌旋："证明方法的体系化构建——兼论如何实现认罪认罚从宽的制度初衷"，载《北京工业大学学报（社会科学版）》2019 年第 5 期。

58. 樊崇义："2018 年《刑事诉讼法》最新修改解读"，载《中国法律评论》2018 年第 6 期。

59. 樊崇义："认罪认罚从宽与无罪辩护"，载《人民法治》2019 年第 23 期。

60. 通蜀："刑诉法修改：中国律师的渴望"，载《中国律师》1996 年第 3 期。

61. 樊崇义："值班律师制度的本土叙事：回顾、定位与完善"，载《法学杂志》2018 年第 9 期。

62. 封利强："会见权及其保障机制研究——重返会见权原点的考察"，载《中国刑事法杂志》2009 年第 1 期。

63. 冯军："刑法教义学的立场和方法"，载《中外法学》2014 年第 1 期。

64. 高鸿钧："通过民主和法治获得解放——读《在事实与规范之间》"，载《政法论坛》2007 年第 5 期。

65. 高通："德国刑事协商制度的新发展及其启示"，载《环球法律评论》2017 年第 3 期。

66. 高童非："契约模式抑或家长模式？——认罪认罚何以从宽的再反思"，载《中国刑事法杂志》2020 第 2 期。

67. 顾永忠："关于建立侦查讯问中律师在场制度的尝试与思考"，载《现代法学》2005 年第 5 期。

68. 顾永忠："关于'完善认罪认罚从宽制度'的几个理论问题"，载《当代法学》2016 年第 6 期。

69. 顾永忠："检察机关的主导责任与认罪认罚案件的质量保障"，载《人民检察》2019 年第 18 期。

70. 顾永忠："我国刑事辩护制度的重要发展、进步与实施——以新《刑事诉讼法》为背景的考察分析"，载《法学杂志》2012 年第 6 期。

71. 顾永忠："刑事辩护的现代法治涵义解读——兼谈我国刑事辩护制度的完善"，载《中国法学》2009 年第 6 期。

72. 顾永忠："刑事辩护制度的修改完善与解读"，载《甘肃政法学院学报》2011 年第 6 期。

73. 顾永忠："刑事辩护制度改革实证研究"，载《中国刑事法杂志》2019 年第 5 期。

74. 顾永忠："一场未完成的讨论：关于'以审判为中心'的几个问题"，载《法治研究》2020 年第 1 期。

75. 顾永忠："以审判为中心背景下的刑事辩护突出问题研究"，载《中国法学》2016 年第 2 期。

76. 高一飞："名称之辩：将值班律师改名为值班辩护人的立法建议"，载《四川大学学报（哲学社会科学版）》2019 年第 4 期。

77. 顾玫帆："认罪认罚从宽案件量刑建议应关注三个问题"，载《检察日报》2019 年 3 月 4 日，第 3 版。

78. 顾培东："公众判意的法理解析——对许霆案的延伸思考"，载《中国法学》2008 年第 4 期。

79. 管宇："刑事诉讼视角下辩护权界说"，载《政法论坛》2007 年第 6 期。

80. 郭树合："让律师在检察环节执业畅行无阻——山东：以'制度化'监督构建新型检律关系"，载《检察日报》2019 年 8 月 5 日，第 4 版。

81. 郭烁："二审上诉问题重述：以认罪认罚案件为例"，载《中国法学》2020 年第 3 期。

82. 郭烁："认罪认罚背景下屈从型自愿的防范——以确立供述失权规则为例"，载《法商研究》2020 年第 6 期。

83. 郭枭："技侦证据审查相关问题的思索求解"，载《理论探索》2019 年第 3 期。

84. 郭湛："论主体间性或交互主体性"，载《中国人民大学学报》2001 年第 3 期。

85. 哈腾："冤假错案防范视阈下客观性证据审查模式的构建"，载《长白学刊》2020 年第 2 期。

86. 韩旭："2018 年刑诉法中认罪认罚从宽制度"，载《法治研究》2019 年第 1 期。

87. 韩旭："律师辩护意见被采纳难的多视角透视"，载《海南大学学报（人文社会科学版）》2008 年第 4 期。

88. 何家弘、何然："刑事错案中的证据问题——实证研究与经济分析"，载《政法论坛》2008 年第 2 期。

89. 胡雪萍、李勇："认罪认罚案件的证据规则适用"，载《人民检察》2019 年第 16 期。

90. 黄士元："刑事辩护权利的解释原理"，载《中外法学》2018 年第 2 期。

91. 黄文艺、宋湘琦："法律商业主义解析"，载《法商研究》2014 年第 1 期。

92. 霍艳丽、余德厚："论以审判为中心完善刑事案卷移送方式"，载《法律适用》2016 年第 12 期。

93. 冀祥德："控辩平等之现代内涵解读"，载《政法论坛》2007 年第 6 期。

94. 冀祥德："论辩诉交易制度的生命基础"，载《河北法学》2009 年第 11 期。

95. 贾志强："论'认罪认罚案件'中的有效辩护——以诉讼合意为视角"，载《政法论坛》2018 年第 2 期。

96. 蒋德海："论裁判公正"，载《政治与法律》1995 年第 5 期。

97. 蒋志如："试论中级人民法院第一程序的审判范围——以《刑事诉讼法》第 20 条为中心的思考"，载《河北法学》2014 年第 1 期。

98. 焦宝乾："论证、法律论证及相关名词辨析"，载《法律方法》2006 年第 0 期。

99. 康怀宇："让我看到法律——刑辩律师的真实处境及其他"，载《律师与法制》2005 年第 1 期。

100. 亢晶晶："说服与判断：审辩关系的异化及回归——以'商谈理论'为视角"，载《河南大学学报（社会科学版）》2017 年第 3 期。

101. 孔超、方玉霞："认罪认罚从宽视域下律师辩护权的保障"，载《河南工程学院学报（社会科学版）》2018 年第 2 期。

102. 孔冠颖："认罪认罚自愿性判断标准及其保障"，载《国家检察官学院学报》2017 年第 1 期。

103. 孔令勇："被告人认罪认罚自愿性的界定及保障——基于'被告人同意理论'的分

析"，载《法商研究》2019 年第 3 期。

104. 孔令勇："论刑事诉讼中的认罪认罚从宽制度——一种针对内在逻辑与完善进路的探讨"，载《安徽大学学报（哲学社会科学版）》2016 年第 2 期。

105. 雷磊："新修辞学理论的基本立场——以佩雷尔曼的'普泛听众'概念为中心"，载《政法论丛》2013 年第 2 期。

106. 黎卫国："能动司法铸和谐"，载《人民法院报》2013 年 2 月 3 日，第 5 版。

107. 李本森："法律中的二八定理——基于被告人认罪案件审理的定量分析"，载《中国社会科学》2013 年第 3 期。

108. 李本森："美国刑事无效辩护制度及其对我国的借鉴"，载《北方法学》2016 年第 6 期。

109. 李本森："我国刑事案件速裁程序研究——与美、德刑事案件快速审理程序之比较"，载《环球法律评论》2015 年第 2 期。

110. 李本森："刑事速裁程序试点实效检验——基于 12666 份速裁案件裁判文书的实证分析"，载《法学研究》2017 年第 5 期。

111. 李本森："刑事速裁程序试点研究报告——基于 18 个试点城市的调查问卷分析"，载《法学家》2018 年第 1 期。

112. 李昌盛："德国刑事协商制度研究"，载《现代法学》2011 年第 6 期。

113. 李昌盛："刑事庭审的中国模式：教化型庭审"，载《法律科学（西北政法大学学报）》2011 年第 1 期。

114. 李大槐、师索："认罪认罚从宽与不起诉的逻辑关联"，载《西南政法大学学报》2020 年第 1 期。

115. 李奋飞："从'顺承模式'到'层控模式'——'以审判为中心'的诉讼制度改革评析"，载《中外法学》2016 年第 3 期。

116. 李奋飞："论'表演性辩护'——中国律师法庭辩护功能的异化及其矫正"，载《政法论坛》2015 年第 2 期。

117. 李奋飞："论'交涉性辩护'——以认罪认罚从宽作为切入镜像"，载《法学论坛》2019 年第 4 期。

118. 李奋飞："论'唯庭审主义'之辩护模式"，载《中国法学》2019 年第 1 期。

119. 李奋飞："论辩护律师忠诚义务的三个限度"，载《华东政法大学学报》2020 年第 3 期。

120. 李奋飞："论检察机关的审前主导权"，载《法学评论》2018 年第 6 期。

121. 李奋飞："论控辩关系的三种样态"，载《中外法学》2018 年第 3 期。

122. 李奋飞："律师辩护的'技巧'与限度"，载《工人日报》2015 年 7 月 25 日，第 6 版。

123. 李奋飞："以审查起诉为重心：认罪认罚从宽案件的程序格局"，载《环球法律评论》2020 年第 4 期。

124. 李麟："工具理性和底限正义：刑事速裁程序辩护的价值"，载《山西大学学报（哲学社会科学版）》2018 年第 1 期。

125. 李倩："德国认罪协商制度的历史嬗变和当代发展"，载《比较法研究》2020 年第 2 期。

126. 李扬："论辩护律师的公益义务及其限度"，载《华东政法大学学报》2020 年第 3 期。

127. 林艺芳："值班律师再审视：与认罪认罚从宽的捆绑与解绑"，载《湘潭大学学报（哲学社会科学版）》2020 年第 4 期。

128. 林战波、贾文琴："认罪认罚证据开示把握的原则及具体操作"，载《检察日报》2020 年 7 月 2 日，第 3 版。

129. 刘泊宁："认罪认罚从宽制度中司法承诺之考察"，载《法学》2020 年第 12 期。

130. 罗庆东、刘辰："'两高三部'《关于规范量刑程序若干问题的意见》的解读"，载《人民检察》2021 年第 1 期。

131. 刘方权："认罪认罚从宽制度的建设路径——基于刑事速裁程序试点经验的研究"，载《中国刑事法杂志》2017 年第 3 期。

132. 刘晗："哈贝马斯基于交往的话语理论及其规范问题"，载《上海交通大学学报（哲学社会科学版）》2010 年第 5 期。

133. 刘计划："侦查监督制度的中国模式及其改革"，载《中国法学》2014 年第 1 期。

134. 刘军、潘丙永："认罪认罚从宽主体性协商的制度构建"，载《山东大学学报（哲学社会科学版）》2020 年第 2 期。

135. 刘玉贤："基于博弈均衡的自然正义——肯·宾默尔平等观的自然主义基础探究"，载《社会科学辑刊》2012 年第 3 期。

136. 刘志丹："哈贝马斯真理共识论"，载《广西社会科学》2012 年第 8 期。

137. 刘志丹："交往如何可能：哈贝马斯普遍语用学新探"，载《中南大学学报（社会科学版）》2012 年第 1 期。

138. 龙宗智："完善认罪认罚从宽制度的关键是控辩平衡"，载《环球法律评论》2020 年第 2 期。

139. 龙宗智："中国法语境中的检察官客观义务"，载《法学研究》2009 年第 4 期。

140. 卢建平："余金平交通肇事案事实认定与法律适用争议评析"，载《中国法律评论》2020 年第 3 期。

141. 卢少锋、冯雷："论辩护律师的真实义务"，载《河南社会科学》2019 年第 12 期。

142. 马静华："供述自愿性的权力保障模式"，载《法学研究》2013 年第 3 期。

143. 马明亮："认罪认罚从宽制度的正当程序"，载《苏州大学学报（哲学社会科学版）》

2017 年第 2 期。

144. 苗生明、周颖："认罪认罚从宽制度适用的基本问题——《关于适用认罪认罚从宽制度的指导意见》的理解和适用"，载《中国刑事法杂志》2019 年第 6 期。

145. 闵春雷："回归权利：认罪认罚从宽制度的适用困境及理论反思"，载《法学杂志》2019 年第 12 期。

146. 闵春雷："认罪认罚案件中的有效辩护"，载《当代法学》2017 年第 4 期。

147. 闵春雷："认罪认罚从宽制度中的程序简化"，载《苏州大学学报（哲学社会科学版）》2017 年第 2 期。

148. 潘申明、刘宏武："论刑事辩护制度的革新——以新《刑事诉讼法》为基点"，载《法学杂志》2013 年第 3 期。

149. 攀崇义："刑事诉讼模式的转型——评《关于适用认罪认罚从宽制度的指导意见》"，载《中国法律评论》2019 年第 6 期。

150. 齐建英："论被追诉人权利保障的主体间性向度"，载《甘肃社会科学》2012 年第 3 期。

151. 祁建建："美国辩诉交易中的有效辩护权"，载《比较法研究》2015 年第 6 期。

152. 祁建建："无罪推定、排除合理怀疑与自愿性——对认罪认罚案件和普通程序庭审定罪正当性来源的思考"，载《人民检察》2018 年第 2 期。

153. 秦宗文："认罪认罚案件被追诉人反悔问题研究"，载《内蒙古社会科学（汉文版）》2019 年第 3 期。

154. 桑本谦、戴昕："真相、后果与'排除合理怀疑'——以'复旦投毒案'为例"，载《法律科学（西北政法大学学报）》2017 年第 3 期。

155. 桑宁、蒋建峰："英国刑事法律援助质量控制体系及启示"，载《中国司法》2007 年第 1 期。

156. 邵聪："讯问时律师在场制度的域外考察与中国构想"，载《学术交流》2017 年第 10 期。

157. 施鹏鹏："'新职权主义'与中国刑事诉讼改革的基本路径"，载《比较法研究》2020 年第 2 期。

158. 施鹏鹏："法、意辩诉交易制度比较研究——兼论美国经验在欧陆的推行与阻碍"，载《中国刑事法杂志》2007 年第 5 期。

159. 施鹏鹏："法国公诉替代程序研究——兼评'自然演进'型的司法改革观"，载《比较法研究》2015 年第 5 期。

160. 施鹏鹏："法国庭前认罪答辩程序评析"，载《现代法学》2008 年第 5 期。

161. 施鹏鹏："警察刑事交易制度研究——法国模式及其中国化改造"，载《法学杂志》2017 年第 2 期。

162. 史立梅："美国有罪答辩的事实基础制度对我国的启示"，载《国家检察官学院学报》2017 年第 1 期。

163. 史立梅："认罪认罚从宽程序中的潜在风险及其防范"，载《当代法学》2017 年第 5 期。

164. 寿媛君："论司法裁判法律效果与社会效果的统一路径——以刑事司法裁判为例"，载《法律科学》2020 年第 4 期。

165. 宋远升："律师独立辩护的有限适用"，载《法学》2014 年第 8 期。

166. 孙远："论程序规则的出罪功能及其限度——以程序违法的实体减轻效果为中心"，载《政治与法律》2020 年第 2 期。

167. 孙长永："认罪认罚案件的证明标准"，载《法学研究》2018 年第 1 期。

168. 孙志伟："意大利认罪协商程序及其对刑事案件速裁程序的启示"，载《河北法学》2016 年第 4 期。

169. 孙周兴："本质与实存——西方形而上学的实存哲学路线"，载《中国社会科学》2004 年第 6 期。

170. 汤媛媛："警惕刑事审判中的锚定效应"，载《人民法院报》2020 年 3 月 5 日，第 5 版。

171. 田宏杰："现代社会治理与认罪认罚从宽制度完善"，载《检察日报》2020 年 5 月 13 日，第 3 版。

172. 田琳："正义女神为何'蒙蔽双眼'"，载《人民法院报》2011 年 6 月 3 日，第 8 版。

173. 万毅："论'反复自白'的效力"，载《四川大学学报（哲学社会科学版）》2011 年第 5 期。

174. 万毅："刑事诉讼权利的类型分析——以分析实证主义法学为视角"，载《政法论坛》2014 年第 2 期。

175. 汪海燕、董林涛："日本刑事审前程序改进趋向与评析"，载《人民检察》2015 年第 11 期。

176. 汪海燕、付奇艺："辩护律师诉讼权利保障的法治困境"，载《中国司法》2014 年第 1 期。

177. 汪海燕："认罪认罚从宽制度中的检察机关主导责任"，载《中国刑事法杂志》2019 年第 6 期。

178. 汪海燕："职务犯罪案件认罪认罚从宽制度研究"，载《环球法律评论》2020 年第 2 期。

179. 王彪："刑事诉讼中的'逮捕中心主义'现象评析"，载《中国刑事法杂志》2014 年第 2 期。

180. 王彬："逻辑涵摄与后果考量：法律论证的二阶构造"，载《南开学报（哲学社会科学版）》2020 年第 2 期。

181. 王芳："刑事诉讼中积极赔偿对量刑的影响及其合理控制研究"，载《法学论坛》2020 年第 3 期。

182. 王国成："交互行为视野下博弈论与当代经济学的交汇及发展"，载《经济研究》2007 年第 12 期。

183. 王国成："西方经济学理性主义的嬗变与超越"，载《中国社会科学》2012 年第 7 期。

184. 王禄生："论刑事诉讼的象征性立法及其后果——基于 303 万判决书大数据的自然语义挖掘"，载《清华法学》2018 年第 6 期。

185. 王敏远等："刑事诉讼法三人谈：认罪认罚从宽制度中的刑事辩护"，载《中国法律评论》2020 年第 1 期。

186. 王敏远、杨帆："认罪认罚从宽制度的新发展——《关于适用认罪认罚从宽制度的指导意见》解析"，载《国家检察官学院学报》2020 年第 3 期。

187. 王敏远："认罪认罚从宽制度疑难问题研究"，载《中国法学》2017 年第 1 期。

188. 王帅琳、王杰："证据开示表：破解值班律师见证效率与效果难题"，载《检察日报》2020 年 3 月 8 日，第 3 版。

189. 张洪恩、王覃刚："强互惠理论的扩展"，载《中国工业经济》2007 年第 3 期。

190. 王夏昊："德沃金司法裁判方案的重构与批判——以法律论证理论为基础"，载《政法论丛》2017 年第 3 期。

191. 王先甲等："有限理性下的演化博弈与合作机制研究"，载《系统工程理论与实践》2011 年第 S1 期。

192. 王新清、李蓉："论刑事诉讼中的合意问题——以公诉案件为视野的分析"，载《法学家》2003 年第 3 期。

193. 王新清："合意式刑事诉讼论"，载《法学研究》2020 年第 6 期。

194. 王迎龙："协商性刑事司法错误：问题、经验与应对"，载《政法论坛》2020 年第 5 期。

195. 王喆："美国辩诉交易中的控辩协商——以'审判阴影模型'为视角的思考"，载《兰州大学学报》2019 年第 2 期。

196. 王中义、甘权仕："认罪认罚案件中法律帮助权实质化问题研究"，载《法律适用》2018 年第 3 期。

197. 韦倩："强互惠行为与人类合作的演进：拓展与创新"，载《理论学刊》2016 年第 3 期。

198. 魏东、李红："认罪认罚从宽制度的检讨与完善"，载《法治研究》2017 年第 1 期。

199. 魏晓娜："结构视角下的认罪认罚从宽制度"，载《法学家》2019 年第 2 期。

200. 魏晓娜："辩诉交易：对抗制的'特洛伊木马'？"，载《比较法研究》2011 年第 2 期。

201. 魏晓娜："冲突与融合：认罪认罚从宽制度的本土化"，载《中外法学》2020 年第 5 期。

202. 魏晓娜："审判中心视角下的有效辩护问题"，载《当代法学》2017 年第 3 期。

203. 魏晓娜："完善认罪认罚从宽制度：中国语境下的关键词展开"，载《法学研究》2016 年第 4 期。

204. 吴宏耀、余鹏文："构建多元化的法律援助服务提供模式"，载《中国司法》2020 年第 6 期。

205. 吴纪奎："从独立辩护观走向最低限度的被告中心主义辩护观——以辩护律师与被告人之间的辩护意见冲突为中心"，载《法学家》2011 年第 6 期。

206. 吴思远："论协商性司法的价值立场"，载《当代法学》2018 年第 2 期。

207. 吴思远："我国控辩协商模式的困境及转型——由'确认核准模式'转向'商谈审查模式'"，载《中国刑事法杂志》2020 年第 1 期。

208. 吴思远："我国重罪协商的障碍、困境及重构——以'权力-权利交互说'为理论线索"，载《法学》2019 年第 11 期。

209. 吴小军："我国值班律师制度的功能及其展开——以认罪认罚从宽制度为视角"，载《法律适用》2017 年第 11 期。

210. 吴旭阳："从演化博弈看'司法裁判'的本质和完善——行为策略实验的视角"，载《自然辩证法通讯》2017 年第 2 期。

211. 吴雅莉："认罪认罚从宽制度中'公设辩护人'的价值与引入——以台湾地区公设辩护人制度运行为镜鉴"，载《人民检察》2018 年第 8 期。

212. 伍光红："越南律师在场权制度对中国的启示"，载《云南民族大学学报（哲学社会科学版）》2013 年第 2 期。

213. 熊秋红："'两种刑事诉讼程序'中的有效辩护"，载《法律适用》2018 年第 3 期。

214. 熊秋红："比较法视野下的认罪认罚从宽制度——兼论刑事诉讼'第四范式'"，载《比较法研究》2019 年第 5 期。

215. 熊秋红："认罪认罚从宽的理论审视与制度完善"，载《法学》2016 年第 10 期。

216. 熊秋红："审判中心视野下的律师有效辩护"，载《当代法学》2017 年第 6 期。

217. 熊秋红："刑事辩护的规范体系及其运行环境"，载《政法论坛》2012 年第 5 期。

218. 熊秋红："有效辩护、无效辩护的国际标准和本土化思考"，载《中国刑事法杂志》2014 年第 6 期。

219. 夏伟："基于 Logistic 回归的无罪判决生成路径的实证分析"，载《中国刑事法杂志》2018 年第 5 期。

220. 肖胜喜："新刑诉法对辩护制度的重大发展"，载《中外法学》1996 年第 3 期。

221. 肖中华："认罪认罚从宽适用三题"，载《检察日报》2019 年 2 月 2 日，第 3 版。

222. 谢登科、周凯东："被告人认罪认罚自愿性及其实现机制"，载《学术交流》2018 年第 4 期。

223. 谢佑平、万毅："理想与现实：控辩平等的宏观考察"，载《西南师范大学学报（人文社会科学版）》2004 年第 3 期。

224. 徐明敏："认罪认罚从宽制度诉讼效率全流程提升的困境与出路——基于 S 市 C 区法院速裁程序运行情况的实证考察"，载《司法体制综合配套改革与刑事审判问题研究——全国法院第 30 届学术讨论会获奖论文集》（下）。

225. 闫召华："辩护冲突中的意见独立原则：以认罪认罚案件为中心"，载《法学家》2020 年第 5 期。

226. 闫召华："检察主导：认罪认罚从宽程序模式的构建"，载《现代法学》2020 年第 4 期。

227. 闫召华："论认罪认罚案件量刑建议的裁判制约力"，载《中国刑事法杂志》2020 年第 1 期。

228. 闫召华："听取意见式司法的理性建构——以认罪认罚从宽制度为中心"，载《法制与社会发展》2019 年第 4 期。

229. 杨彪："司法认知偏差与量化裁判中的锚定效应"，载《中国法学》2017 年第 6 期。

230. 杨波："论认罪认罚案件中值班律师制度的功能定位"，载《浙江工商大学学报》2018 年第 3 期。

231. 杨鸿："我国刑事非法证据排除的理性思考"，载《学术研究》2004 年第 4 期。

232. 杨立新："认罪认罚从宽制度理解与适用"，载《国家检察官学院学报》2019 年第 1 期。

233. 杨宇冠、刘曹祯："辩诉交易制度简论"，载《人民检察》2016 年第 11 期。

234. 杨宇冠、孙鹤源："认罪认罚改革背景下'认罪态度'与定罪量刑的内涵解读与技术分析"，载《求索》2020 年第 2 期。

235. 杨宇冠、王洋："认罪认罚案件量刑建议问题研究"，载《浙江工商大学学报》2019 年第 6 期。

236. 杨宇冠："企业合规案件不起诉比较研究——以腐败案件为视角"，载《法学杂志》2021 年第 1 期。

237. 姚莉："认罪认罚程序中值班律师的角色与功能"，载《法商研究》2017 年第 6 期。

238. 印波："以宪法之名回归法律文本：德国量刑协商及近期的联邦宪法判例始末"，载《法律科学（西北政法大学学报）》2017 年第 5 期。

239. 虞平："从辩诉交易看如何建立我国特色的认罪程序"，载《法学》2008 年第 7 期。

240. 元轶："庭审实质化压力下的制度异化及裁判者认知偏差"，载《政法论坛》2019 年第 4 期。

241. 张保生："事实、证据与事实认定"，载《中国社会科学》2017 年第 8 期。

242. 张保生："司法文明指数是一种法治评估工具"，载《证据科学》2015 年第 1 期。

243. 张建伟："审判中心主义的实质内涵与实现途径"，载《中外法学》2015 年第 4 期。

244. 张建伟："协同型司法：认罪认罚从宽制度的诉讼类型分析"，载《环球法律评论》2020 年第 2 期。

245. 张建伟："以审判为中心的认识误区与实践难点"，载《国家检察官学院学报》2016 年第 1 期。

246. 张进德："美国辩诉交易的改革实践及其启示"，载《人民检察》2011 年第 3 期。

247. 张晋藩："中国古代司法文明与当代意义"，载《法制与社会发展》2014 年第 2 期。

248. 张俊、汪海燕："论认罪认罚案件证明标准之实践完善——兼评《关于适用认罪认罚从宽制度的指导意见》"，载《北方法学》2020 年第 3 期。

249. 张明楷："实质解释论的再提倡"，载《中国法学》2010 年第 4 期。

250. 张明楷："自然犯与法定犯一体化立法体例下的实质解释"，载《法商研究》2013 年第 4 期。

251. 张述元："贯彻落实贵阳两个会议精神 推进以审判为中心的刑事诉讼制度改革"，载《人民法院报》2017 年 7 月 26 日，第 1 版。

252. 张文显："司法文明新的里程碑——2012 刑事诉讼法的文明价值"，载《法制与社会发展》2013 年第 2 期。

253. 张相军等："检察环节认罪认罚从宽制度的适用与程序完善"，载《人民检察》2016 年第 9 期。

254. 张艺芳："论美国刑事司法体系中的自我辩护权"，载《中国刑事法杂志》2014 年第 6 期。

255. 张智辉："认罪认罚从宽制度适用的几个误区"，载《法治研究》2021 年第 1 期。

256. 张中："论侦查阶段的有效辩护"，载《当代法学》2017 年第 6 期。

257. 赵秉志、陈志军："刑罚价值理论比较研究"，载《法学评论》2004 年第 1 期。

258. 赵东平："论美国'九步审讯法'中的'夸大策略'及其借鉴意义"，载《暨南学报（哲学社会科学版）》2014 年第 10 期。

259. 赵恒："量刑建议精准化的理论透视"，载《法制与社会发展》2020 年第 2 期。

260. 赵恒："论从宽处理的三种模式"，载《现代法学》2017 年第 5 期。

261. 赵恒："论从宽的正当性基础"，载《政治与法律》2017 年第 11 期。

262. 赵廷光："论罪行"，载《中国法学》2004 年第 3 期。

263. 褚国建："疑难案件与法律推理——麦考密克之《法律推理与法律理论》评析"，载《清华法治论衡》2009 年第 2 期。

264. 郑曦："英国被告人认罪制度研究"，载《比较法研究》2016 年第 4 期。

265. 周强："最高人民法院工作报告"，载《人民日报》2021 年 3 月 16 日，第 3 版。

266. 周新："认罪认罚被追诉人权利保障问题实证研究"，载《法商研究》2020 年第 1 期。

267. 周新："认罪认罚从宽制度立法化的重点问题研究"，载《中国法学》2018 年第 6 期。

268. 周长军："量刑治理的模式之争——兼评量刑的两个指导'意见'"，载《中国法学》2011 年第 1 期。

269. 周祯祥："理性、规范和面向司法实践的法律论证"，载《政法论丛》2015 年第 2 期。

270. 朱孝清："认罪认罚从宽制度的几个问题"，载《法治研究》2016 年第 5 期。

271. 朱孝清："认罪认罚从宽制度中的几个理论问题"，载《法学杂志》2017 年第 9 期。

272. 朱孝清："侦查阶段是否可以适用认罪认罚从宽制度"，载《中国刑事法杂志》2018 年第 1 期。

273. 邹文篪等："'投桃报李'——互惠理论的组织行为学研究述评"，载《心理科学进展》2012 年第 11 期。

274. 左卫民、王婵媛："基于裁判文书网的大数据法律研究：反思与前瞻"，载《华东政法大学学报》2020 年第 2 期。

275. 左卫民、张潋瀚："刑事辩护率：差异化及其经济因素分析——以四川省 2015-2016 年一审判决书为样本"，载《法学研究》2019 年第 3 期。

276. 左卫民："对抗式刑事审判：谱系与启示——读兰博约教授的《对抗式刑事审判的起源》"，载《清华法学》2016 年第 5 期。

277. 最高人民法院刑一庭课题组、沈亮："刑事诉讼中认罪认罚从宽制度的适用"，载《人民司法（应用）》2018 年第 34 期。

278. ［德］汉斯—约格·阿尔布莱希特："德国量刑制度：理论基石与规则演绎"，印波、郑肖垚译，载《人民检察》2018 年第 3 期。

279. ［德］罗伯特·阿列克西："法律的不确定性与司法的理性——评哈贝马斯《事实性与有效性》第五章"，冯威译，载《中国应用法学》2017 年第 2 期。

280. ［德］托马斯·魏根特："德国刑事协商制度新论"，琚明亮译，载《研究生法学》2016 年第 4 期。

281. ［德］约阿希姆·赫尔曼："德国刑事诉讼程序中的协商"，王世洲译，载《环球法律评论》2001 年第 4 期。

282. ［德］约阿希姆·赫尔曼："协商性司法——德国刑事程序中的辩诉交易？"，程雷译，载《中国刑事法杂志》2004 年第 2 期。

283. ［美］斯蒂芬·舒霍夫："灾难性的辩诉交易制度"，郭烁译，载《中国刑事法杂志》2019 年第 6 期。

284. ［日］齐藤由纪："犯罪事实与构成要件"，齐虹丽译，载《昆明理工大学学报（社会科学版）》2009 年第 3 期。

285. ［英］杰奎琳·霍奇森："法国认罪程序带来的检察官职能演变"，俞亮译，载《国家检察官学院学报》2013 年第 3 期。

三、学位论文类

1. 柴晓宇："刑事证据开示制度研究"，复旦大学 2014 年博士学位论文。
2. 郭恒："辩护律师忠诚义务论"，对外经济贸易大学 2019 年博士学位论文。

四、网站及其他

1. 张军："创新检察履职 助力构建中国特色的企业合规制度"，载中华人民共和国最高人民检察院官网 https://www. spp. gov. cn/tt/202012/t20201227_ 503711. shtml.
2. 张军："最高人民检察院关于人民检察院适用认罪认罚从宽制度情况的报告"，载中国人大网 http://www. npc. gov. cn/npc/c30834/202010/ca9ab36773f24f64917f75933b49296b. shtml.
3. 胡云腾："为刑事辩护制度健康发展提供有力司法保障"，载法制网 http://www. legaldaily. com. cn/fxjy/content/2019-04/17/content_ 7833226. htm.
4. "国家数据"，载国家统计局官方网站 https://data. stats. gov. cn/easyquery. htm? cn =E0102.
5. "宁夏大幅提高法律援助案件补贴标准"，载宁夏新闻网 https://www. nxnews. net/yc/jrww/201803/t20180306_ 4468428. htm.
6. "情况通报"，载焦作市中级人民法院官网 http://jzzy. hncourt. gov. cn/public/detail. php? id=14122.
7. "首因效应"，载百度百科 https://baike. baidu. com/item/首因效应/2167791? fr=aladdin.

五、外文文献

1. *Gideon v. Wainwright* (1963).
2. *People v. Wilkerson* (1992) .
3. *McCoy v. Louisiana* (2018).
4. *Henderson v. Morgan* (1976).
5. *North Carolina v. Alford* (1970).
6. *Carter v. Kentucky* (1981).
7. *Padilla v. Kentucky* (2010).
8. *Missouri v. Frye* (2012).
9. *Lafler v. Cooper* (2011) .
10. UK Sentencing Council, *Reduction in Sentence for a Guilty Plea: Definitive guideline* (*Revised* 2007).

11. D. K. Gode, S. Sunder, "Double Auction Dynamics: Structural Effects of Non-Binding Price Controls", *Journal of Economic Dynamics and Control*, Vol. 28, No. 9. , 2004.

12. Stephen C. Thaman, *World Plea Bargaining: Consensual Procedures and the Avoidance of the Full Criminal Trial*, Carolina Academic Press, 2010.

13. Rosch, Mervis, "Family Resemblances: Studies in the Internal Structure of Categories", *Cognitive Psychology*, Vol. 7, No. 4. , 1975, p. 575.

14. HH Judge David, *In the Crown* (1978), The Magistrate 151.

15. John F. Nash, Jr, "The bargaining Problem", *Eonometrica*, Vol. 18, No. 2. , 1950.

16. John F. Nash, "Equilibrium Points in N-Person Games", *Proceedings of the National Academy of Sciences of the United States of America*, Vol. 36, No. 1. , 1950.

17. Judith L. Maute, "Allocation of Decisionmaking Authority Under the Model Rules of Professional Conduct", *U. C. Davis Law Review*, Vol. 17, No. 4. , 1984.

18. Mirjan Damaška, "Negotiated Justice in International Criminal Courts", *Journal of International Criminal Justice*, Vol. 2, No. 1. , 2004, p. 1018.

19. Alexander Schemmel, Christian Corell, Natalie Richter, "Plea Bargaining in Criminal Proceedings: Changes to Criminal Defense Counsel Practice as a Result of the German Constitutional Court Verdict of 19 March 2013", *Germany Law Journal*, Vol. 15, No. 1. , 2014 .

20. Thomas Swenson, "The German 'plea bargaining' debate", *Pace International Law Review*, Vol. 7, No. 2. , 1995.

21. Yue Ma, "Prosecutorial Discretion and Plea Bargaining in the United States, France, Germany, and Italy: A Comparative Perspective", *International Criminal Justice Review*, Vol. 12, 2002.

22. Morgane Ferrari, "Compliance Law in the French Context: New Horizons for Legislative Policy", *International Comparative Jurisprudence*, Vol. 5, No. 1. , 2019.

23. Aude Dorange, Stewart Field, "Reforming Defence Rights in French Police Custody: A Coming Together in Europe?", *The International Journal of Evidence & Proof*, Vol. 16, No. 1. , 2012, p. 153.

24. Jacqueline Hodgson, "The Role of the Criminal Defense Lawyer in an Inquisitorial Procedure: Legal and Ethical Constraints", *Legal Ethics*, Vol. 9, No. 1. , 2006, p. 125.

25. Mirjan Damaška, "Negotiated Justice in International Criminal Courts", *Journal of International Criminal Justice*, Vol. 2, No. 4. , 2004.

26. Fed. R. Crim

27. Unif. R. Crim

28. National Prosecution Standards

29. Black's Law Dictionary (8th ed. 2004)